Christel Eggers (Hrsg.)

Alle Farben deiner Freude

Das JOYCE-Andachtsbuch

scm R.Brockhaus

Die Bibelverse entstammen folgenden Übersetzungen und sind jeweils mit den entsprechenden Abkürzungen gekennzeichnet:

Gebärdenübung (28.10.) in Anlehnung an: Pierre Stutz, Heilende Momente, Kösel-Verlag, München 2000.

Umschlag: Ursula Stephan, Wetzlar, nach dem Gemälde »Rose für Oma Gertrud« von Ute Sinn, Wetter
Satz: QuadroMedienService, Bergisch Gladbach-Bensberg
Druck: Ebner & Spiegel, Ulm
ISBN-10: 3-417-24967-8
ISBN-13: 978-3-417-24967-5
Bestell-Nr. 224.967

Herzlich Willkommen!

Ich freue mich, dass Sie dieses Buch in die Hand genommen haben und darin stöbern oder es richtig lesen. Denn es ist eine echte, kostbare Perle, vielmehr: eine ganz Perlenkette.

Es spricht von gelebtem Glauben. Davon, dass der ewige Gott ein Menschenleben berührt. Das ist natürlich sehr individuell und persönlich – so wie die jeweilige Autorin es erlebt hat.

Aber der Geist Gottes wirkt immer persönlich und deshalb bete ich zusammen mit jeder Autorin darum, dass er auf seine Weise zu Ihnen redet, dass er »Ihre« Sprache spricht und Sie durch die Lektüre berührt und gesegnet werden.

Damit das passiert, braucht es nach meiner Erfahrung nur zwei Dinge: ein offenes Herz, Ehrlichkeit und Zeit natürlich. Vielleicht schreiben Sie Ihre Gedanken und Fragen auch in ein Tagebuch?

Weil dies ein Andachtsbuch ist, das Bezug auf die Lieblingsbibelverse der Autorinnen nimmt, möchte ich auch dieses Vorwort – quasi als Motto zu diesem Buch – in Bezug setzen zu einem solchen:

Nicht dass wir Herren wären über euren Glauben, sondern wir sind Gehilfen eurer Freude. (2. Korinther 1,24; L)

Vor 15 Jahren hatte ich die Idee zu Frauen-Verwöhn-Wochenenden. Oder besser gesagt: das Bedürfnis danach. Als Mutter dreier Kleinkinder wollte ich gerne mal ein Wochenende auftanken. Gemeinsam mit dem Frauenteam der *WegGemeinschaft*, die den *Dünenhof* in Cuxhaven betreibt, wurde das Konzept entwickelt: Vorträge, in die kreative Elemente wie Filmclips, Schauspiel, Tanz, Kleingruppen, Spaziergänge zum Nachdenken eingebaut werden. Kreativität und Bewegung, Wind und Weite und Meer, wohltuend für die Seele, auftanken für den ganzen Menschen. Und viel Freiheit: Man muss nicht am gesamten Programm teilnehmen. Wer einen Mittagsschlaf braucht, soll schlafen können. Wer endlich wieder einmal Zeit zum Lesen findet, soll sich zurückziehen können.

Ich weiß es noch genau: Als die Frauen des allerersten Wochenendes auf dem Dünenhof ankamen, wünschten wir uns alle, es gäbe das berühmte Mauseloch, in das wir verschwinden könnten ... Die sahen alle so selbstbewusst, modisch und klug aus – so, als ob sie alles im Griff hätten in ihrem Leben. Was sollten wir denen zu sagen haben? Und in gewisser Weise gilt diese schüchtern-unsichere Frage auch diesem Buch: Was haben wir Ihnen schon zu sagen?

An mehr als 60 Wochenenden haben wir in der Zwischenzeit erfahren, was uns in der Nachbesprechung der Premiere wichtig wurde: *Gott selbst* hatte durch uns gesprochen und gehandelt und die Herzen berührt. Gott hatte gebraucht und benutzt, was wir eingebracht hatten. Jede Frau hatte etwas von ihm nötig – egal, wie selbstbewusst, modisch oder klug sie aussah. In Wirklichkeit hatte jede ihr Päckchen zu tragen, hatte ihre Fragen, ihre Geschichte.

Und wir hatten etwas Wichtiges gelernt: Es geht nicht zuerst darum, dass *wir* rüberbringen, was *uns* wichtig ist. Was *wir* denken, es wäre für die Frauen (oder Sie jetzt ...) dran oder gut oder richtig. Unsere Rolle ist es, eine Atmosphäre vorzubereiten, eine Tür zu öffnen, einen Raum, in dem Gott selbst reden und handeln und berühren kann. Eben nicht »Herren über euren Glauben« zu sein, sondern »Gehilfen zur Freude«. Weil nur Gott jedes Herz kennt.

Und genau das ist auch mein Wunsch für dieses Buch: Dass es für Sie, für Dich, einen Raum öffnet, eine Tür aufstößt, eine Hilfe zur Freude wird. Freude an einem wahrhaft lebendigen Gott, Freude an Jesus, dem Retter, und Freude am Heiligen Geist, dem Begleiter und Tröster. Freude am Leben.

Eine unbeschreiblich große Freude war für mich zu erleben, wie viele Frauen dieses Andachtsbuch-Projekt begeistert aufgenommen und sich beteiligt haben. Wie viele Frauen mit Gottes Wort leben, es reflektieren, ernst nehmen, auslegen und in ihrem Alltag anwenden – das, finde ich, ist Leben mit Hoffnung, mit Perspektive, das ist FrauSein mit Vision!

Herzlichen Dank euch allen!

Christel Eggers,
Redakteurin JOYCE

PS: Weitere Beiträge gibt es unter www.joycenet.de

1. Januar

»Ich werde mitgehen und du kannst ruhig sein.«

(2. *Mose* 33,14; *GN*)

Es ist der 1. Januar. Ich gehe aus meiner Wohnung, auf dem Kopfsteinpflaster durch die Altstadt meinem kleinen blauen Auto entgegen.

Es ist mit Blumen bemalt, die meine Freundinnen und ich in einer gemeinsamen Nachmittagsaktion draufgepinselt haben. Beim Einsteigen sehe ich den kleinen Zettel an meiner Windschutzscheibe, auf dem steht: »Ich werde mitgehen und du kannst ruhig sein.«

Darunter ist die Angabe der Bibelstelle. »Ich werde mit dir gehen und du kannst ruhig sein.« Wie schön. Die Schrift auf dem Zettel kenne ich nicht. Das Papier verrät nichts. Ist auch egal. Ich nehme es als ein Wort von Gott für mich. Nicht nur für diesen Tag, sondern für das ganze kommende Jahr, und wie sich später herausstellt, begleitet mich dieses Wort auch jetzt noch, Jahre später.

Gott geht mit mir und ich darf ruhig sein.

Klingt das nicht gut? Gott geht mit Ihnen und Sie dürfen ruhig sein. Gott, der Vater; Gott, der Schöpfer von Himmel und Erde; Gott geht mit Ihnen. Vielleicht ist er so was wie Ihr Bodyguard, ihr Beschützer.

Die großen Stars haben immer ihre Bodyguards dabei. Mit ihnen trauen sie sich überall hin. Ich habe immer Gott bei mir. Gott geht jeden Tag und überall mit mir hin. Das ist beruhigend. Er gibt mir die Ruhe und die Geborgenheit, die ich brauche, egal in welcher Situation.

Shalom: Gottes Friede sei mit Ihnen! Er ist da, egal wo Sie gerade sind.

Maren Hoffmann-Rothe

2. Januar

Ich vergesse, was dahinten ist, und strecke mich aus nach dem, was da vorne ist, und jage nach dem vorgesteckten Ziel, dem Siegespreis der himmlischen Berufung Gottes in Christus Jesus.

(Philipper 3,13-14;L)

Flucht nach vorne? Nein. Das ist damit nicht gemeint. In einfachen Worten würde ich sagen:

Jesus nachlaufen. Und das gefällt mir. Ob Sie nun sportlich sind oder nicht, darum geht es hier nicht. Wir sollen uns nicht joggend oder rennend durchs Leben bewegen, sondern immer hinter Jesus herlaufen. Schritt für Schritt. Unseren Blick auf ihn gerichtet haben.

Ich gehe nicht meinen Weg und sehe zu, ob Jesus einigermaßen konform ist mit meinem Plan, sondern ich richte meinen Blick auf ihn und folge ihm nach – im Vertrauen, auch wenn ich nicht weiß, wo es letztlich genau hingeht, und auch wenn der Weg nicht meinen Vorstellungen entspricht. Ich jage ihm nach mit Begeisterung, mit einer Liebe, die hoffentlich immer die erste in meinem Leben bleibt und die immer beschwingt ist von dem ach so bekannten Verliebtsein.

Ich will mich nicht von dem was war abhalten lassen, sondern mich des Anblicks erfreuen, den ich vor mir habe: Jesus, der König, Jesus, mein Freund, Jesus, Gott, Heiliger Geist, Jesus, der mir den Weg frei gemacht hat zum wahren Leben. »Jesus: egal wie meine Umstände sind, wie es mir geht, was ich denke und fühle: Ich will dir, Jesus, hinterher laufen. Ich lege dir meine Ideen, Gefühle und Vorstellungen hin und erlaube dir, mich zu leiten. Amen.«

Maren Hoffmann-Rothe

Mir ist alles erlaubt. Aber nicht alles ist gut. Es ist mir zwar alles erlaubt, doch ich will mich von nichts beherrschen lassen.

(1. Korinther 6,12; NL)

Empfinden Sie diesen Text als bedrohlich oder unangenehm? Ich nicht. Für mich steckt in diesem Vers unendlich viel Liebe Gottes. Gott ist da und will nichts sehnlicher, als dass es mir und Ihnen, seinen Geschöpfen, gut geht. Am liebsten würde er mich vor allem Negativen bewahren. Am liebsten würde er mich die ganze Zeit bei sich haben, mit mir Zeit verbringen und wissen, das ich mir nicht weh tue, den Fuß an irgendetwas stoße oder auf die Nase falle. Und ich glaube, dass es ihn Kraft kostet sich zu beherrschen und es auszuhalten, dass ich mich doch mal verletze. Er zuckt zusammen, wenn es mir nicht gut geht. Er leidet schon, bevor ich selber den Schmerz, das Leid registriere. Gott ist nicht nur der Schöpfer, der über alles Herrschende, der dreieinige Gott. Er ist mein Vater. Seine Augen gehen mir nach. Er beobachtet mich, meine Schritte, wie ich mich bewege, was ich tue, was ich lerne, und lauscht meinen Worten. Das ist Gott. Mein Leben mit Gott ist nicht ein Leben voller tadelnder »Das darfst du aber nicht«. Nein! Es ist ein Leben aus der Geborgenheit beim Vater heraus. Es ist eine Einladung, mit diesem und für diesen wundervollen und liebenden Gott zu leben. Liebe ist die Grundlage. Ich liebe ihn. Und ich liebe es, mich nahe bei ihm zu wissen. Und wenn ich ihm nahe bin, dann weiß ich, was gut für mich ist und was nicht.

Maren Hoffmann-Rothe

4. Januar

Wir zerstören damit Gedanken und alles Hohe, das sich erhebt gegen die Erkenntnis Gottes, und nehmen gefangen alles Denken in den Gehorsam gegen Christus.

(2. Korinther 10,5; L)

In diesem Vers geht es um Gebet. Gebet in einer mir von Gott gegebenen Autorität. Es geht darum, die eigenen Gedanken im Gebet im Namen Jesu Christi gefangen zu nehmen. Das mag für die eine oder andere extrem klingen, aber es ist gut. Für mich zumindest. Wie oft kommen mir doofe und destruktive Gedanken. Wie oft ertappe ich mich dabei, wie ich Gedanken nachgehe, die mir nicht gut tun und die mit Sicherheit nicht von Gott sind: Gedanken mit negativen Bildern von mir selbst. Gedanken, bei denen ich die Kleine und Dumme bin. Gedanken, die mein Selbstbild verzerren und bei denen ich mich bestimmt nicht so sehe, wie Gott mich sieht. Und es gibt auch Gedanken, in denen andere ganz schlecht dastehen.

Schlechte Gedanken gibt es wie Sand am Meer. Ich liebe den Sand und das Meer, aber nicht diese Gedanken. Ich möchte mich, mein Leben und meine Umwelt so sehen, wie Gott mich und die Dinge sieht. Mit dieser Bibelstelle gibt Gott mir Worte an die Hand, mit denen ich mich effektiv wehren kann. Effektivität ist für mich an dieser Stelle gefragt. Ich will nicht eine halbe Stunde gegen einen Gedanken kämpfen müssen, um mich dann, nach einem hart errungenen Sieg, dem nächsten stellen zu müssen. Ich wünsche mir, dass meine Gedanken mehr und mehr von der Liebe Gottes durchdrungen sind. Da hilft mir diese Bibelstelle. In diesen Momenten, wenn die doofen Gedanken kommen, bete ich 2.Korinther 10,5 und mache mir im Anschluss bewusst, wie Gott dieser bestimmten Sache gegenübersteht und was wohl seine Gedanken sind.

Maren Hoffmann-Rothe

5. Januar

»Meine Schafe hören meine Stimme und ich kenne sie und sie folgen mir. Ich gebe ihnen das ewige Leben und sie werden niemals umkommen. Und niemand kann sie aus meiner Hand reißen.«

(Johannes 10,27-28; L)

Was sind das für Worte! Das sind doch gute Worte, ermutigende Worte. »Meine Schafe hören meine Stimme«. Wenn Menschen mir sagen, Gott redet nicht, dann sage ich »Das stimmt nicht. Gott redet.« Und ich bin mir da so sicher. Warum? Weil es da steht. Es steht in der Bibel. Und die Bibel lügt nicht. Dieser Vers ist eine Zusage Gottes. Er ist eine Verheißung. Ein Versprechen. Ich glaube, wir Christen müssen lernen seine Stimme zu hören, bei all den Stimmen, die wir um uns herum haben und die täglich auf uns einströmen. Wenn wir nicht gerade an einem Ort der Stille sind, dann hören wir viele Geräusche und Stimmen. Gott ist nicht der, der noch lauter wird, um alle anderen zu übertönen und gehört zu werden. Aber er redet. Ganz ehrlich, Gott will doch nichts mehr, als mit uns, seinen Kindern, Zeit zu verbringen und mit uns zu reden. Seine Beziehungen sind nicht auf Schweigen gegründet!

Ich bin Gott zutiefst dankbar, dass ich seine Stimme, seine Ermutigungen, seine Verheißungen, seine Zurechtweisungen – all das zu hören kriege. Er meint es gut mit mir. Mit jedem seiner Kinder. Ich brauche seine Worte für mein Leben. Ich brauche jedes seiner Worte. Ja, ich lebe nicht vom Brot allein, wie es im Alten Testament heißt. Ich brauche es, dass er mir Worte zuflüstert, ins Ohr haucht, mir auch sagt, dass er mich liebt, und dass diese Liebesbekundungen mir nach so vielen Jahren immer noch Tränen in die Augen treiben. Ich brauche es, dass er mir den Weg weist, wenn ich nicht weiter weiß. Ich brauche es, dass er mir klar die Meinung sagt. Ich brauche es, dass er aus all seinem Wissen mir Gutes und Wahres weitersagt. Er ist Gott. Er weiß alles. Was mag er Ihnen und mir heute sagen wollen?

Maren Hoffmann-Rothe

Jesus sagte zu den Leuten: »Ich bin das Licht der Welt. Wer mir nachfolgt, braucht nicht im Dunkeln umherzuirren, denn er wird das Licht haben, das zum Leben führt«.

(Johannes 8,12; NL)

Dieser Vers war mein Konfirmationsspruch. Mit meinen damals 13 Jahren habe ich ihn mir aus der Bibel rausgesucht. Warum, weiß ich heute nicht mehr. Äußerlich war ich an und für sich die Brave, Gehorsame und immer Vernünftige. Ich hatte bestimmt nicht das Wissen von Licht und Finsternis und dass ich ohne Jesus in der Finsternis bin. Vielleicht aber habe ich es geahnt? Ich habe doch auch gespürt, dass es mehr geben muss als das, was mein Leben bis dahin gefüllt und ausgemacht hat.

Kurz nach meiner Konfirmation haben meine regelmäßigen Gespräche mit Gott angefangen. Er wurde mein täglicher Begleiter und bester Freund. Er, die Liebe in Person, fing an mein Herz zu erwärmen. Er, der Sinn des Lebens, zeigte mir, dass mein Leben einen Grund hat.

Seitdem weiß ich, egal welche Jahreszeit wir nun haben, egal wie hell oder dunkel es um mich ist: Das Licht wohnt in mir und ist um mich. Die Welt ist für mich nicht mehr dunkel und kalt. Gott ist da. Und so lange er da ist, wird immer Licht und Wärme zu finden sein.

Gott hat mich aus dem Dunkeln in sein Licht geführt. Ich stehe nicht mehr im Dunkeln. Sein Licht dringt selbst in die dunkelsten Ecken meines Seins. Sein Licht tut gut und ermutigt. Egal, was er auch Unschönes in mir anstrahlt: Seine Liebe strahlt immer mit.

Ich wünsche mir, dass noch viele Menschen dieses Licht und diese Wärme erfahren und kennen lernen. Ich wünsche mir, dass kein Mensch mehr in der Dunkelheit herumtapsen muss. Sie auch?

Maren Hoffmann-Rothe

»Ich versichere euch: Wer an mich glaubt, wird dieselben Dinge tun, die ich getan habe, ja noch größere, denn ich gehe, um beim Vater zu sein.«

(Johannes 14,12; NL)

Jesus hat viel Gutes gesagt. Gutes und Herausforderndes. Wenn ich diesen Vers lese und ernst nehme, Jesus also beim Wort nehme, dann will er durch uns Christen ganz schön was tun. Durch Sie genauso wie durch mich. Ein Blick in die Evangelien zeigt uns, dass seine letzten drei Jahre auf Erden von bewegenden Worten genauso wie von Zeichen und Wundern durchzogen sind. Er hat Dinge gesagt und getan, die keiner vor ihm und keiner nach ihm so sagen und vollbringen konnte. In seiner ganzen Person war er einzigartig. Göttlich. Und jetzt, wo er nicht mehr hier auf Erden ist, will er diese Zeichen und Wunder durch uns wirken. Was sind das für Dinge?

Kranke heilen, Menschen ermutigen, Tote auferwecken,

Gebundene freisetzen, Menschen die gute Nachricht erzählen,

Menschen die Wahrheiten Gottes lehren, Menschen segnen und noch einiges mehr.

Christ sein, ein Leben mit Gott, muss demnach ein übernatürlich natürliches und ein natürlich übernatürliches Leben sein. Gott ist doch der Gleiche gestern, heute und in Ewigkeit. Und wenn das so ist (und es ist so), dann werden wir manches Mal staunen über das, was wir mit ihm erleben. Seine Übernatürlichkeit darf und muss für uns natürlich werden.

Eins ist mir zum Abschluss wichtig, es steht im Text und für mich an erster Stelle: seine Einladung, mit ihm verbunden zu bleiben. Kein Wunder ist mit der Beziehung zu Jesus gleichzusetzen, sei es noch so Staunen erregend. Nichts und niemand geht über eine Minute Gemeinschaft mit Jesus Christus. Nichts kann Jesus ersetzen. Und nichts geht ohne ihn. Aber aus dieser Beziehung heraus will er, durch uns, auch heute noch, Wunder wirken.

Maren Hoffmann-Rothe

Befiehl dem Herrn *deine Wege und hoffe auf ihn, er wird's wohl machen.*

(Psalm 37,5; L)

Dieses Psalmwort gehört sicherlich zu den bekanntesten. Aber bei Bekanntem läuft man Gefahr, nicht mehr genau hinzuhören, nicht mehr genau wahrzunehmen. Man kennt das ja schon.

Heute hören wir viel von Selbstbestimmung, Selbstentfaltung, Ich-AGs, Ich-Findung. ICH bestimme mein Leben. ICH muss zum Zuge kommen, ICH ..., ICH ..., ICH ...

Wie so ganz anders beginnt dieses Psalmwort: Befiehl ... Das bedeutet: sich anbefehlen, sich anvertrauen, zum Schutz anvertrauen – das klingt nach Kindsein und so gar nicht nach Selbstsicherheit, nach Eigenmächtigkeit. Schutz brauchen doch nur die Schwachen, die, die ihr Leben nicht selber in die Hand nehmen können.

Und das mit dem Anvertrauen ist auch so eine Sache. Wem soll ich, wem kann ich mich anvertrauen? Bei wem und wo finde ich Schutz? Wie oft in meinem Leben bin ich schon enttäuscht worden, wurde Vertrauen missbraucht, hintergangen? Wie oft habe ich selber auch schon Vertrauen enttäuscht! Der Psalmist bietet uns an, ja ruft uns zu: Vertrau dich dem Herrn an!

Paul Gerhardt, der bekannte Pfarrer und Dichter, hat zu jedem einzelnen Wort eine Liedstrophe gedichtet. Nehmen wir heute die ersten beiden mit in den Tag:

Befiehl *du deine Wege und was dein Herze kränkt*
der allertreusten Pflege des, der den Himmel lenkt.
Der Wolken, Luft und Winden gibt Wege, Lauf und Bahn,
der wird auch Wege finden, da dein Fuß gehen kann.

Dem Herren *musst du trauen, wenn dir's soll wohlergehn;*
auf sein Werk musst du schauen, wenn dein Werk soll bestehn.
Mit Sorgen und mit Grämen und mit selbsteigner Pein
lässt Gott sich gar nichts nehmen: es muss erbeten sein.

Angelika Steeb

Befiehl dem Herrn **deine Wege** *und hoffe auf ihn, er wird's wohl machen.*
(Psalm 37,5; L)

Es ist eine Aufforderung, eine Einladung, die uns der Psalmist hier macht. Es ist ein Angebot, sich dem Herrn anzuvertrauen – nicht nur für einen Moment, einen Weg, sondern mit all unseren Wegen, mit dem ganzen Leben.

Solch ein Angebot kann ich ignorieren, ablehnen oder annehmen. Auf jeden Fall aber führt dieses Wort zu einer Entscheidung. Zu einer Entscheidung, deren Konsequenzen nicht gleich absehbar sind.

Paul Gerhardt hat in frühen Jahren während des Theologiestudiums in Wittenberg seine Lebensentscheidung getroffen. Er wollte Gott und der lutherischen Lehre treu bleiben. Was das für sein Leben bedeuten würde, ahnte er nicht. Aber dass es unter Umständen schwierig werden kann, das wusste er von seinem Großvater, der wegen seines Bekenntnisses »ins Elend« geschickt wurde, d. h. er hatte keine Anstellung mehr und durfte auch nicht mehr predigen.

Gerhardt hat in seinem Leben erfahren, was er dichtet:

Dein *ewge Treu und Gnade, o Vater, weiß und sieht,*
was gut sei oder schade dem sterblichen Geblüt;
und was du dann erlesen, das treibst du, starker Held,
und bringst zum Stand und Wesen, was deinem Rat gefällt.

Weg *hast du allerwegen, an Mitteln fehlt dir's nicht;*
Dein Tun ist lauter Segen, dein Gang ist lauter Licht.
Dein Werk kann niemand hindern, dein Arbeit darf nicht ruhn,
wenn du, was deinen Kindern ersprießlich ist, willst tun.

Angelika Steeb

Befiehl dem Herrn deine Wege **und hoffe** *auf ihn, er wird's wohl machen.*
(Psalm 37,5; L)

Unsere Lebenssituationen sind ja sehr, sehr unterschiedlich. Die einen erleben gerade schöne, ja beinahe paradiesische Zeiten. Und die dürfen wir erleben und wollen sie dankbar genießen.

Aber für andere sieht der Alltag ganz anders aus. Da drohen finanzielle Nöte die Lebensperspektiven zu zerstören. Oder zerbrochene Beziehungen mit all ihren Folgen wollen die Luft zum Atmen nehmen. Schwere Krankheiten nehmen wieder anderen jeglichen Lebensmut und verbreiten Dunkelheit und Angst. Krieg, Verfolgung, Elend, Katastrophen – ich mag oft gar nicht mehr die Zeitung lesen.

Hoffnung? Haben wir Hoffnung?

Ich muss wieder an Paul Gerhardt denken: Er hat den 30-jährigen Krieg erlebt. Unvorstellbares Leid. Er erlebte, wie die Pest Mitschüler, Freunde, liebe Menschen dahinraffte.

Was hielt ihn? Er hatte Hoffnung, gegründet auf Gott und sein Wort. Er wusste, dass, auch wenn das Böse viel Macht und Raum hat in der Welt, doch Gott seine Kinder nicht verlässt. Gott nimmt nicht immer das Schwere, aber er hilft tragen. Ich sehne mich nicht nach Schwerem, aber mein Gebet ist, dass ich festhalte an dieser Hoffnung auf Gott.

Und *ob gleich alle Teufel hier wollten widerstehn,*
so wird doch ohne Zweifel Gott nicht zurücke gehn;
was er sich vorgenommen und was er haben will,
das muss doch endlich kommen zu seinem Zweck und Ziel.

Hoff, *o du arme Seele, hoff und sei unverzagt!*
Gott wird dich aus der Höhle, da dich der Kummer plagt,
mit großen Gnaden rücken; erwarte nur die Zeit;
so wirst du schon erblicken die Sonn der schönsten Freud.

Angelika Steeb

Befiehl dem Herrn deine Wege und hoffe **auf ihn,** *er wird's wohl machen.*

(Psalm 37,5; L)

Hoffe auf ihn! Er, der Herr, ist Autorität, höchste Instanz, der Regent für mein Leben. Das führt im Leben manchmal in schwierige Situationen. Da kann ich nicht mitmachen bei unlauteren Geschäftspraktiken. Da muss meine Steuererklärung sauber sein. Da kann ich nicht lügen, auch wenn es leichter wäre und eben oft üblich ist. Das »macht doch jeder, ist nicht so schlimm« kennen wir ja.

In manchen Ländern gilt der Glaube an die Autorität Gottes als Affront, als Widerstand gegen den Staat. Und die Menschen, die trotzdem »auf ihn« hoffen, leiden unsäglich. Treue, Geradlinigkeit und Eindeutigkeit haben ihren Preis.

In den nächsten zwei Liedstrophen spricht Gerhardt von Regenten und Fürsten. Diese hatten damals absolute Autorität, absoluten Herrschaftsanspruch, und erwarteten Gehorsam und Unterwerfung. Man war sehr abhängig von ihnen.

Paul Gerhardt war an der Nikolaikirche in Berlin angestellt. Es regierte der »Große Kurfürst« Friedrich Wilhelm. Gerhardt verweigerte ihm eine Unterschrift unter ein Edikt, weil es gegen seinen Glauben, sein lutherisches Bekenntnis und sein Gewissen war – und wurde entlassen. Besondere Ironie: Dieses Lied »Befiehl du deine Wege …« war das Lieblingslied des Kurfürsten.

Auf, *auf, gib deinem Schmerze und Sorgen Gute Nacht!*
Lass fahren, was das Herze betrübt und traurig macht;
bist du doch nicht Regente, der alles führen soll:
Gott sitzt im Regimente und führet alles wohl.

Ihn, *ihn lass tun und walten! Er ist ein weiser Fürst*
und wird sich so verhalten, dass du dich wundern wirst,
wenn er, wie ihm gebühret, mit wunderbarem Rat
das Werk hinausgeführet, das dich bekümmert hat.

Angelika Steeb

Befiehl dem Herrn deine Wege und hoffe auf ihn, **er wird's** *wohl machen.*

(Psalm 37,5; L)

Er wird – aber nicht unbedingt gleich. Warten fällt uns schwer. Heute besonders, da wir ein unglaubliches Tempo hinlegen. Wir sind auf flott getrimmt. Heute bestellt, morgen geliefert – wehe, es klappt nicht. Warten an der Kasse, weil jemand sein Geld langsam zusammenzählt, eigentlich unzumutbar. Gleich, sofort und jetzt – das ist heutiger Stil. Allerdings ist vieles genauso schnell wieder uninteressant, *out*, und wird verworfen.

Warten – die Bibel spricht von ausharren – auf Hilfe, Trost in schwierigen Situationen, ist eine große Herausforderung.

Anna und Paul Gerhardt hatten fünf Kinder, vier davon starben, davon war keines älter als 14 Monate. Dass es vielen Müttern damals so erging, ist kein Trost.

Anna schrieb am Sterbetag des zweiten Kindes: ... *Ich weiß, Herr, Du hast Macht, zu tun mit den Deinen, was du willst, aber lass mich klagen und weinen!* Beim dritten Kind schrieb sie: *Herr, du weißt, was ein Mutterherz tragen kann. Darum will ich meine Hand auf meinen Mund legen und schweigen ...*

Klagen, weinen, schweigen, warten.

Paul hatte schon früher gedichtet:

Er *wird zwar eine Weile mit seinem Trost verziehn*
und tun an seinem Teile, als hätt in seinem Sinn
er deiner sich begeben und solltst du für und für
in Angst und Nöten schweben, als frag er nichts nach dir.

Wird's *aber sich befinden, dass du ihm treu verbleibst,*
so wird er dich entbinden, da du's am mindsten gläubst;
er wird dein Herze lösen von der so schweren Last,
die du zu keinem Bösen bisher getragen hast.

Angelika Steeb

Befiehl dem Herrn deine Wege und hoffe auf ihn, er wird's **wohl** *machen.*

(Psalm 37,5; L)

Christen wird immer wieder vorgeworfen, sie wären zu wenig diesseitsorientiert. Immer dieses Gerede vom Jenseits. Diese billige Vertröstung, dass da mal alles besser wird.

Es stimmt: Christen haben eine Ewigkeitshoffnung. Gott selber hat es uns versprochen: »Also hat Gott die Welt geliebt, dass er seinen eingebornen Sohn gab, auf dass alle, die an ihn glauben, nicht verloren gehen, sondern das ewige Leben haben.« (Johannes 3,16)

Aber wir sollen auch die Erde uns untertan machen, sie bebauen und bewahren. Zwischen diesen beiden Polen besteht eine ungeheure Spannung. Ich habe meinen Platz hier in dieser Welt, meine Aufgaben. Die Perspektive der Ewigkeit gibt dem allem eine andere Gewichtung, einen Sinn und Zuversicht. Es lohnt sich, mit beiden Beinen hier in der Welt zu stehen, es gibt nichts zu verlieren, denn dahinter steht die Ewigkeit. Der Tod hat nicht das letzte Wort, Gott wird's wohl machen.

Wie passend drückt das Paul Gerhardt aus. Es lohnt sich, diese Liedstrophen auswendig zu lernen, damit sie uns begleiten können:

Wohl *dir, du Kind der Treue! Du hast und trägst davon*
mit Ruhm und Dankgeschreie den Sieg und Ehrenkron:
Gott gibt dir selbst die Palmen in deine rechte Hand,
und du singst Freudenpsalmen dem, der dein Leid gewandt.

Angelika Steeb

Befiehl dem Herrn deine Wege und hoffe auf ihn, er wird's wohl **machen.**

(Psalm 37,5; L)

Ich lese gerne Biographien. Mich interessiert es, wie Menschen in ihrer Zeit, in ihrem Umfeld ihr Leben gelebt haben. Da kommt nicht theoretischer, sondern praktisch gelebter Glaube rüber. Das hinterfragt meinen eigenen Glauben. Es relativiert meine Lebenssituationen, es holt meine Probleme und Schwierigkeiten runter auf Normalmaß. Der Horizont wird weiter.

Was war das Leben Paul Gerhardts? Früh Vollwaise, 30 Jahre furchtbarster Krieg, unvorstellbares Leid, Pest, an vier Kindergräbern gestanden, ein Sohn blieb ihm, nach 13 Jahren Ehe seine liebe Frau verloren, des Amtes enthoben (Sozialversicherung gab's damals nicht). Ein geprüftes, durchgeschütteltes Leben.

133 Lieder sind uns von ihm erhalten geblieben. Sie wurden über die Jahrhunderte hinweg für viele zum Segen, auch für Persönlichkeiten wie Matthias Claudius, Johann Jacob Moser, Kurfürst Friedrich Wilhelm, Dietrich Bonhoeffer. Es sind Lieder mit Tiefgang, weil er lebte, was er sprach und dichtete. Er kannte Schwäche, Angst, Verzweiflung. Er sah auch das Schöne, das Gott geschaffen hat, und freute sich daran. Wer kennt nicht sein Lied »Geh aus, mein Herz, und suche Freud«. Und in allem wusste er sich getragen, er lebte in tiefem Gottvertrauen. Das kommt in dem letzten Vers dieses Liedes zum Ausdruck:

Mach *End, o Herr, mach Ende mit aller unsrer Not;*
stärk unsre Füß und Hände und lass bis in den Tod
uns allzeit deiner Pflege und Treu empfohlen sein,
so gehen unsre Wege gewiss zum Himmel ein.

Angelika Steeb

»Der Mensch lebt nicht vom Brot allein, sondern von einem jeden Wort, das aus dem Mund Gottes geht.«

(Matthäus 4,4; L)

Im Biologieunterricht einer 5. Klasse steht ein Käfig mit einer Rennmaus auf dem Pult. Die Kinder drängen sich um den Tisch und freuen sich an dem lustigen Tierchen, das munter herumspringt. Dann decke ich den Käfig mit einem Tuch zu und lenke die Aufmerksamkeit der Schüler auf eine kleine graue Spielzeugmaus aus Blech. Ich ziehe sie auf und lasse sie auf dem Pult herumlaufen. Sie dreht ihre Kreise und wackelt mit dem Schwanz, dann wird sie langsamer, schließlich bleibt sie stehen. Aus, vorbei. Kennzeichen des Lebens, so lautet das Thema der Stunde, und am Ende steht es an der Tafel: Bewegung, Reizbarkeit, Stoffwechsel, Wachstum, Fortpflanzung. So ist es das Lernziel im Biologiebuch.

Philosophie, Psychologie und Medizin geben sich mit diesem Ergebnis nicht zufrieden. Der Mensch ist mehr als nur ein Wesen mit biologischen Funktionen. Leib, Seele und Geist in ihren Beziehungen zueinander und zur Außenwelt machen den Menschen aus. Und das kommt dem biblischen Befund schon näher.

Der Mensch lebt eben nicht vom Brot allein. Er braucht die Beziehung zu anderen Menschen und besonders die Beziehung zu seinem Schöpfer, der ihn mit seinem mächtigen Wort ins Leben gerufen hat. Nicht nur die Erfahrung, dass ein böses Wort verletzt, ein liebevolles Wort aufrichtet und ein wegweisendes Wort hilfreich ist, macht deutlich, dass der Mensch ohne Worte nicht leben kann. Brot und Wort – so ähnlich im Klang und den Buchstaben – gehören zusammen. Beides brauchen wir zum Leben.

In den nächsten Tagen wollen wir das Wort Gottes aufnehmen mit all unseren Sinnen. Wir wollen es schmecken, riechen, fühlen, sehen und hören und erleben, wie es unser Leben reich macht.

Marieluise Bierbaum

16. Januar

Dein Wort ward meine Speise, sooft ich's empfing, und dein Wort ist meines Herzens Freude und Trost, denn ich bin ja nach deinem Namen genannt.

(Jeremia 15,16; L)

Kann der Mensch von Worten leben? Im 13. Jahrhundert wollte der deutsche Kaiser Friedrich II. herausfinden, mit welcher Sprache die Menschen von selbst zu sprechen beginnen. Zu diesem Zweck sollten Pflegerinnen Säuglinge mit allem versorgen, was sie zum Leben brauchten. Nur eins durften sie nicht: mit den Kindern sprechen. So wuchsen diese heran, ohne jemals ein menschliches Wort zu hören. Es verwundert nicht, dass der Kaiser die Ursprache nicht gefunden hat. Die Kinder blieben nicht nur stumm, sie verkümmerten auch an Leib und Seele und bezahlten den unmenschlichen Versuch mit ihrem Leben.

Der Mensch braucht das Wort wie die tägliche Speise. Ohne diese Nahrung kommt es zu Mangelerscheinungen und schließlich zum Tod durch Verhungern – trotz einem gefüllten Magen. Die Seele verhungert, weil sie keine Beziehung zu einem »Du« erlebt.

Nahrung ohne Geschmack ist fad. Ihr fehlt die Würze, sie macht uns keinen Appetit. Gott will durch sein Wort eine Beziehung zu uns schaffen. Deshalb hat er seinem Wort Geschmack gegeben. Er will, dass wir es aufnehmen und uns schmecken lassen. Mal süß, mal würzig und manchmal auch bitter – aber immer ist es wertvolle Nahrung für unsere Seele. Den Vers aus Jeremia hat ein Pastor für mich als Konfirmationsspruch ausgewählt. Damals konnte ich wenig damit anfangen. Aber heute weiß ich, wie die Speise des Wortes Gottes mich über all die Jahre ernährt hat. Es hat mir nicht immer gut geschmeckt, z. B. dann wenn es mich ermahnt hat. Aber es war immer lebensnotwendig für die Gesundheit meiner Seele. Es hat mir Freude geschenkt und, wenn es nötig war, auch Trost.

Wir wollen diese Speise täglich zu uns nehmen, damit wir immer wieder sehen und schmecken, wie freundlich der Herr ist (Psalm 34,9).

Marieluise Bierbaum

Gott aber sei gedankt, der uns allezeit Sieg gibt in Christus und offenbart den Wohlgeruch seiner Erkenntnis durch uns an allen Orten! Denn wir sind für Gott ein Wohlgeruch Christi unter denen, die gerettet werden und unter denen, die verloren werden: diesen ein Geruch des Todes zum Tode, jenen aber ein Geruch des Lebens zum Leben.

(*2. Korinther 2,14-16; L*)

Eine Seidenspinnermotte kann ein Weibchen auf eine Entfernung von 11 km riechen! So wie dieses Insekt haben viele Tiere einen ausgeprägten Geruchsinn. Sie brauchen ihn zur Orientierung, um ihr Revier abzustecken, um Beute oder Geschlechtspartner zu finden. Der Mensch hat diese Art der Orientierung nicht. Sein Geruchsinn ist verkümmert und scheinbar unwesentlich geworden. Dabei kann er durchaus lebenswichtig sein, wenn er uns nämlich warnt vor giftigem Gas, Fäulnis und Verwesung. Er macht uns Lust auf leckere Speise oder bereitet uns einfach Freude, wenn wir z. B. den Duft einer Rose wahrnehmen. »Den kann ich nicht riechen«, sagt da jemand und meint damit: »Ich kann ihn nicht leiden, er ist mir unsympathisch.«

Haben Christen einen Geruch an sich? Ich meine nicht den oft zitierten »Stallgeruch«, an dem sie sich erkennen, auch nicht den muffigen Geruch alter Traditionen, in denen jedes Leben erstickt, sondern den guten Geruch der Erkenntnis Gottes, der ein Geruch des Lebens zum Leben ist.

Im Alten Testament ist ein Opfer, das aus einem guten, dankbaren Herzen kommt, »ein Opfer, das Gott wohl gefällt«. Als Noah nach der Sintflut ein Opfer brachte, da »roch der Herr den lieblichen Wohlgeruch«, und er versprach den Menschen, sie nicht mehr global zu vernichten (1.Mose 8,20-22). Im Neuen Testament ist der Opfertod Jesu am Kreuz zu unserer Errettung solch ein »lieblicher Wohlgeruch« (Epheser 5,2). Und so sollen auch die Christen ein Wohlgeruch für die Welt sein. Dieser Geruch soll die Menschen locken, damit sie auf die richtige Lebensspur kommen.

Marieluise Bierbaum

Und alles Volk suchte, ihn anzurühren; denn es ging Kraft von ihm aus, und er heilte sie alle.

(Lukas 6,19; L)

Die Haut ist unser größtes Organ. Sie macht rund 15% des Körpergewichtes aus und dient nicht nur zum Schutz und zur Temperaturregelung, sondern ist ein Sinnesorgan mit vielfältigen Leistungen. So können wir damit Berührungen, Wärme, Kälte und Schmerz fühlen. Liebevoll in den Arm genommen zu werden, jemandem freundlich die Hand zu reichen, wie gut tut das! Und wie schmerzhaft ist ein Schlag oder Stoß als Zeichen der Ablehnung oder Strafe.

Die Bibel berichtet uns an vielen Stellen, dass die Menschen sich danach drängten, Jesus zu berühren. Sie hatten erlebt, dass er Kranke gesund, Blinde sehend und sogar Tote lebendig gemacht hatte, nicht mit einer langwierigen Behandlung, sondern allein durch seine Berührung. Die heilende Kraft, die von ihm ausging, wollten sie selbst spüren, und daher versuchten sie, ihn oder wenigstens sein Kleid anzufassen. Sie brachten ihre Kinder und ihre Kranken zu ihm, damit er sie anrührte.

Wer von Jesus berührt wird, der bleibt nicht so, wie er ist. Er wird gesegnet und heil an Leib und Seele. Das galt damals und gilt auch heute. Zwar können wir Jesus heute nicht leiblich anfassen, aber wir haben sein lebendiges Wort.

Können wir Worte fühlen? Ich denke, wir haben es alle schon erlebt, dass ein Wort auch ohne körperliche Berührung beides sein kann: eine Liebkosung, bei der es uns ganz warm ums Herz wird, oder ein Schlag ins Gesicht, der uns erzittern lässt. Wie oft habe ich es schon erlebt, dass mich ein Wort Gottes, gelesen oder gehört, so berührt, dass meine Seele und auch mein Körper es spüren, dass es mich streichelt und tröstet oder aufrüttelt und zurechtweist.

Gottes Wort fühlen, das können wir erleben, weil Jesus selbst in diesem lebendigen Wort lebt.

Marieluise Bierbaum

Herr, nun lässt du deinen Diener in Frieden fahren, wie du gesagt hast; denn meine Augen haben deinen Heiland gesehen.

(Lukas 2,29-30; L)

Von allen Sinnesorganen haben die Augen die größte Bedeutung. Sie nehmen mehr Informationen auf als alle anderen Sinne zusammen. Bei einem Seminar habe ich einmal eine Vertrauensübung gemacht. Ich musste mich mit verbundenen Augen einen unbekannten Weg führen lassen. Dabei habe ich gemerkt, wie unsicher und hilflos ich war und wie sehr ich mich sonst auf meine Augen verlasse. Und doch ist diese äußere Orientierung nicht alles, was unsere Augen können. Sehen im umfassenden Sinn ist mehr als die Fähigkeit, Formen und Farben wahrzunehmen. Hinter die Dinge sehen, äußerlich Unsichtbares erkennen, das ist viel mehr. »Man sieht nur mit dem Herzen gut«, sagt der Dichter Saint-Exupéry.

Hat unser Herz Augen? Ich habe das Bild eines Schülers vor Augen. Zwei Jahre sitzt er schon in meiner Klasse. Seine auffallende Frisur, seine schwarze, mit Ketten verzierte Kleidung und sein verschlossener, zuweilen aggressiver Gesichtsausdruck haben mich schon oft erschreckt. Ich habe für ihn gebetet. Und da geschah es eines Tages, dass ich seine traurigen Augen entdeckte und dann im Gespräch seine Geschichte hörte. Äußerlich hat er sich nicht verändert, aber ich sehe ihn mit anderen Augen an.

Als der greise Simeon im Tempel den Eltern Maria und Josef mit dem Jesuskind begegnet, da sehen die Augen seines Leibes ein junges Ehepaar mit einem Baby. Aber die erleuchteten Augen seines Herzens erkennen in diesem Baby den Sohn Gottes, den Heiland für die Welt. Und es ist dieser Heiland, der aus Augen, die nur die äußerlichen Dinge sehen, Augen macht, mit denen wir ihn erkennen als das Fleisch gewordene Wort. Solche Augen, die hinter die Dinge sehen, die wünsche ich mir für die Erkenntnis meiner Mitmenschen und für die Erkenntnis Gottes.

Marieluise Bierbaum

»Selig sind, die das Wort Gottes hören und bewahren.«

(Lukas 11,28; L)

Breminale am Osterdeich: Der Boden unter meinen Füßen vibriert von den lauten Bässen der Band auf der Bühne. Ich fühle mich unwohl, kann meinem Mann nur mit Gesten zu verstehen geben, dass ich dort weg will. Das halten meine Ohren einfach nicht aus.

Lärm macht krank. Unsere Ohren sind für solche Lautstärke nicht geschaffen. Dabei sind gerade unsere Ohren unser »sozialstes Organ« – ausgerichtet auf Kommunikation, Gespräch, Beziehung zu einem »Du«. Wer nicht hören kann, wird auch stumm.

In unserer lauten Zeit ist das Hören zu einem rein passiven Geschehen verkommen. Dauerberieselung durch Walkman oder MP3-Spieler sind für viele heute eine Selbstverständlichkeit. Gleichzeitig ist die Stille ein kostbares Gut. Und die Zahl der Menschen, die zur Ruhe kommen wollen und die Stille suchen, wächst – nicht nur zum Ausschlafen und Relaxen, sondern auch zum aktiven Hören auf die unruhigen Stimmen der eigenen Seele. Und zum Hören auf die Stimme Gottes in seinem Wort. Und diese Stimme kommt nicht laut daher mit Pauken und Trompeten.

Gott hat viele Möglichkeiten zu uns zu sprechen. Er kann es tun durch das Wort anderer Menschen, durch Predigt und Vortrag. Aber vor allem tut er es durch sein Wort in der Bibel. Dieses Wort ist lebendig und trifft uns, so wie wir es gerade brauchen: mahnend, tröstend, aufbauend, erklärend. Und es fordert uns heraus zu einer Reaktion. Hören und Antworten, das gehört zusammen.

Das Gehör ist das wichtigste Organ zur Kommunikation. Das gilt auch für die Kommunikation mit Gott, für das Gespräch mit ihm: Beten fängt mit Hören an. Diese Erfahrung haben viele gemacht, die in der Stille die Gemeinschaft mit Gott suchen.

Marieluise Bierbaum

»Meine Worte, die ich in deinen Mund gelegt habe, sollen von deinem Mund nicht weichen.«

(Jesaja 59,21; L)

Unsere Sinnesorgane sind die Tore zur Welt. Durch sie strömen die Eindrücke der Umwelt in uns hinein: schmecken, riechen, fühlen, sehen, hören. Sie nehmen Reize auf und leiten sie weiter an unser Gehirn. Dort werden die Eindrücke dann verarbeitet, gespeichert und beantwortet.

Auch das Wort Gottes, das wir mit all unseren Sinnen ganzheitlich aufnehmen, wartet auf eine Antwort. Es will weitergegeben werden. Wir sind aufgefordert, von dem Wunderbaren, das wir selbst erlebt haben, den Menschen zu erzählen. Im privaten Bereich, in der Familie, der Nachbarschaft und am Arbeitsplatz; oder öffentlich in Predigt und jeder Art von Verkündigung.

In der Losung vom 1. Dezember 2000 fand ich den oben genannten Vers aus Jesaja. Ich sah ihn mit meinen Augen. Gleichzeitig hörte ich, wie Gott mich ganz persönlich ansprach, und ich fühlte eine warme Welle der Liebe Gottes. Der Vers traf mich in einer besonderen Situation: Drei Wochen vorher hatte mein Mann einen schweren körperlichen Zusammenbruch erlitten. Seitdem lag er im Krankenhaus und erholte sich langsam. Das Schlimmste aber war: Er redete nicht mehr. Er sagte nur noch unbedingt notwendige Sätze und antwortete auf Fragen mit »Ja« oder »Nein«. Voller Angst dachte ich an die Zukunft. Wie sollte er jemals wieder das Wort Gottes verkündigen? Und dann dieser Vers! Es war wie ein Versprechen Gottes an mich. Eine Zusage, die ich mit allen Sinnen spürte.

Im Januar des folgenden Jahres stand mein Mann wieder auf der Kanzel. Mit bangem Herzen saß ich in der Kirche – und durfte erleben, wie Gott sein Versprechen hielt. Fünf Jahre sind seitdem vergangen, und ich will nie aufhören, Gott zu loben und weiterzusagen, was er mir Gutes getan hat.

Marieluise Bierbaum

Einen anderen Grund kann niemand legen als den, der gelegt ist, welcher ist Jesus Christus.

(1. Korinther 3,11; L)

Falling in love, verliebt bis über beide Ohren«, wir konnten kaum den Blick, die Hände voneinander lassen und es war beschlossene Sache, dass wir das Leben von nun an gemeinsam meistern wollten. Auf rosa Wolken schwebend schmiedeten wir Pläne und die Liebe war wunderschön.

Aber dann fiel an jenem Abend unser Blick auf den Kalender, dort stand dieser Vers: »Es gibt keinen andern Grund ...« Auf einen Schlag ergriff uns eine erschreckende Klarheit. Unsere Liebe, unsere Treue, unsere Gaben würden nicht ausreichen, alleine konnten wir es nicht schaffen. Wenn der Hormonspiegel sich normalisiert hätte, die liebenswerten Schrullen zu nervtötenden Angewohnheiten geworden wären und unsere Ehe Belastungen ausgesetzt werden würde, wäre das nicht Halt genug gegen die Stürme des Lebens.

»In guten wie in schlechten Tagen, bis der Tod uns scheidet« – um das zu schaffen, brauchten wir Hilfe!

In dieser Nacht baten wir Jesus, das Fundament unserer Ehe zu sein. Und so wurde dieser Vers unser Trauspruch, der uns erinnert, dass wir die vergebende Liebe Gottes bitter nötig haben.

Es gab in all den Jahren reichlich Grund, sich auf unser gemeinsames Fundament zu besinnen. Wir wurden nicht vor den Stürmen in unserer Ehe bewahrt, aber das Fundament hat gehalten. So mancher Schaden an unserem Ehehaus musste repariert werden, aber es ist nicht weggespült worden. Heute wissen wir, dass es stimmt: »Gott erfüllt nicht all unsere Träume, aber all seine Versprechen«. Ich weiß, dass das nicht nur für unsere Ehe gilt, sondern für alle Bereiche in meinem und deinem Leben.

Friedlinde Koberg

»Solange die Erde steht, soll nicht aufhören Saat und Ernte, Frost und Hitze, Sommer und Winter, Tag und Nacht.«

(1. Mose 8,22; L)

Das Wasser stand uns bis zum Hals, wir wussten nicht, wie wir den nächsten Winter überstehen sollten. Zehn Jahre lang hatten wir alles an Energie und Geld in unsere Ferienwohnungen gesteckt und nun waren die Töpfe leer, die Saisoneinnahmen würden nicht reichen und meinen Job war ich los.

Existenzangst blubberte wie Wasser in meinen Lungen und nahm mir die Luft zum Atmen. Um mich trösten zu lassen, hörte ich eine Lobpreis-CD. Dann nahm ich unseren Hund und machte mich auf den Weg. In mir klang noch immer das Lied »Gott ist gegenwärtig« nach, meine Schritte nahmen den Takt auf und mein Herz erlief sich den Text. »Gott ist in der Mitte, alles in uns schweige ...«, sang ich und die Furcht fiel von mir ab, Zuversicht machte sich breit, denn ich spürte: Gott ist da!

Und dann sah ich ihn: Ein Regenbogen spannte sich über den Himmel und stand in unserem Garten. Mein Herz hüpfte vor Freude und je näher ich kam, desto deutlicher wurde der zweite Bogen. Nun sah ich: Er war zwischen unsere Häuser gepflanzt. Noah, die Flut und Gottes Versprechen: »Solange die Erde steht, soll nicht aufhören ...« fielen mir ein.

Gott schickte mir nicht nur einen Trost – nein, er war gegenwärtig und gab mir ein Versprechen. Und das hat er gehalten. Es ist ein bisschen wie bei Elia: Im »Topf« ist immer genug für den Tag. Und dann wieder für einen Tag ...

An meinem Arbeitsplatz habe ich das Foto stehen. Man muss sehr genau hinsehen, um den Regenbogen zu entdecken, aber ich weiß, dass er da ist, so wie ich weiß, dass Gott mir dieses Versprechen gegeben hat und es auf seine Weise erfüllt.

Friedlinde Koberg

24. Januar

Der heilige Geist, den Gott uns geschenkt hat, ist nicht ängstlich, sondern kräftig, voll Liebe und Klugheit.

(2. Timotheus 1,7; Berger)

Der Wecker zerrt mich hartnäckig in den Tag. Bilder von dem, was mich erwartet, dringen in mein Bewusstsein: Ich sehe Menschen, vor denen ich mich fürchte, Entscheidungen, die mich überfordern, Probleme, denen ich nicht gewachsen bin.

Zu erschöpft, zu ängstlich, um auch nur ein Bein vor das Bett zu stellen, ganz zu schweigen davon, mutig die Arbeit in Angriff zu nehmen, kluge Entscheidungen zu treffen und den Menschen liebevoll zu begegnen, ziehe ich die Decke über den Kopf und schreie stumm nach Hilfe. Aber wer sollte mich hören?

Plötzlich dringen ganz andere Töne an mein inneres Ohr: »Ich werde euch den Tröster, den Helfer senden, der euch sagt, was ihr beten, reden, tun sollt ...«

Es hat mich doch jemand gehört und erinnert mich daran, dass ich diesen Tag nicht alleine in Angriff nehmen muss!

Jesus wusste, dass wir in dieser Welt gegen Überforderung, Lieblosigkeit und Angst kämpfen und daran scheitern werden und schenkte uns seinen Geist als Beistand!

Ich begreife: Die Hilfe, die ich so nötig habe, steckt in diesem Geschenk. Ich fühle mich wie als kleines Mädchen, als ich meinen großen Bruder zu Hilfe rufen konnte. Mit ihm an der Seite brauchte ich mich nicht zu fürchten.

Deshalb verwandelt sich mein Hilfeschrei in einen Dank an Jesus und ich gehe mit der Bitte in den Tag, dass sein Geist die Führung übernimmt.

Am Abend bin ich überrascht, mit wie viel Liebe, Mut und Klugheit ich den Herausforderungen begegnen konnte, und zu meinem Dank gesellt sich die Bitte, dass ich nie wieder einen Tag ohne ihn leben muss.

Friedlinde Koberg

Hört nie auf zu beten und zu bitten! Gottes Heiliger Geist wird euch dabei leiten.

(Epheser 6,18a; HfA)

Da steht sie vor mir, die Forderung, die mich wie ein schwerer Rucksack niederdrückt und mit der ich kaum einen Schritt vorwärts komme. Ich möchte ja gehorchen, aber wenn ich die Hände falte, ist mein Kopf Kampfplatz zwischen Gebetsanliegen und »To-do-Liste«. Der Kampf ist ungleich, der Verlierer steht fest. Immer wieder scheitere ich, trotz Gebetsliste und Tagebuch oder was es sonst noch an Strategien gibt. Mein Gebetsleben ist öde und blutleer und ich bin am Ende. Da richtet sich meine Aufmerksamkeit auf den Satz: »Gottes Heiliger Geist wird euch dabei leiten«, und es fällt mir wie Schuppen von den Augen. Ich muss es gar nicht alleine schaffen, Jesus selbst hat mir die beste Hilfe geschenkt, die es gibt!

Das nächste Gebet geht mir leicht über die Lippen: »Herr Jesus, du siehst meine kümmerlichen Versuche zu beten, du weißt, dass ich kaum fünf Minuten hinkriege, geschweige denn den ganzen Tag. Deshalb bitte ich dich, dass du mir durch deinen Geist die Anleitung gibst.«

Seitdem lausche ich nun Tag für Tag seiner Stimme, die mich aufmerksam macht. Mir fehlt zwar noch viel Übung, um in der Hektik zu hören, aber es gelingt mir immer besser. Nicht nur in meiner Gebetszeit, sondern immer wieder fällt mir im Laufe des Tages etwas ein, wofür ich beten soll: beim Kochen, Putzen, wenn ich an der Aldikasse stehe, einen Nachbarn vorbeifahren sehe oder einem Heimbewohner das Essen reiche ...

Dann bitte, danke oder lobe ich im Stillen oder laut. Mein Herz wird dabei froh und ich entdecke das große Geschenk, das Jesus uns macht, wenn er uns auffordert, mit dem Gebet nie aufzuhören.

Friedlinde Koberg

Doch nun spricht der Herr, der dich, Jakob, geschaffen hat und der dich, Israel, gebildet hat: »Hab keine Angst, ich habe dich erlöst. Ich habe dich bei deinem Namen gerufen; du gehörst mir. Wenn du durch Wasser gehst, werde ich bei dir sein. Ströme sollen dich nicht überfluten! Wenn du durch Feuer gehst, wirst du nicht verbrennen; die Flammen werden dich nicht verzehren!«

(Jesaja 43,1-2; NL)

Denn wer einen Freund hat, braucht sich vor nichts zu fürchten!«, sagt der kleine Tiger zum kleinen Bären in Janoschs Buch *Oh wie schön ist Panama*.

Ich muss ein wenig über diese Naivität lächeln, aber ich bin auch gerührt: So einen Freund wünsche ich mir, denn in meiner Welt gibt es jede Menge zum Fürchten.

Aber leider bin ich alt genug, um mir weder über die Fähigkeiten eines Freundes, noch über die Tatsache, dass ich mich fürchten werde, Illusionen zu machen. Deshalb spricht mich dieser Vers so an. Er weckt in mir keine falschen Hoffnungen oder spielt die Tatsachen herunter. Im Gegenteil: Sie werden unbeschönigt beim Namen genannt. Aber gleichzeitig stellt Gott klar, warum er in der Lage ist, meine Ängste zu besiegen: Er kennt mich nicht nur flüchtig, sondern so gut, wie ich mich nicht mal selbst kenne. Er hat mich geschaffen, mich von der Schuld befreit, die mich von ihm getrennt hat. Er hat mich zu sich gerufen!

Da bin ich nun, ganz nah bei dem, der sagt: »Denk an die Vergangenheit, an das, was ich für dich und für alle vor dir getan habe. Und dann lass deine Angst los. Du wirst in dieser Welt durch Wasser und Feuer gehen, aber ich bin bei dir. Sie können dir äußerlich Schaden zufügen, aber sie können dich nicht zerstören und von mir trennen. Sie können dich töten, aber du wirst mit mir leben. Denn wer zu mir gehört, braucht sich vor nichts zu fürchten.«

Und ich fasse es kaum, dass ich zu dem Einzigen gehören darf, der dieses Versprechen auch halten kann.

Friedlinde Koberg

»Ich will dich unterweisen und dir den Weg zeigen, den du gehen sollst. Ich will dich mit meinen Augen leiten.«

(Psalm 32,8; L)

Dieser Vers stand in dem kleinen Brief, den ich nach dem Abschied von Tini fand. Unsere gemeinsame Schulzeit, in der viele Zettelchen ausgetauscht wurden, hatte ein Ende. Unsere Wege trennten sich und wir hätten gerne konkrete Hinweise für die Zukunft gehabt.

Nun begleitet mich der Brief seit 25 Jahren durchs Leben. Wie viele Entscheidungen musste ich seitdem treffen! Jedes Mal nahm ich ihn zur Hand und wünsche mir, Gott wäre mehr wie ein Schülerlotse, der unübersehbar die Richtung angibt. Oder er würde mir wenigstens eine gute Wegbeschreibung liefern.

Aber so läuft das leider nicht. Das »Leiten mit den Augen« hat nun mal die Eigenschaft, unauffällig zu sein, aufmerksame Gegenwart und gute Kenntnisse des anderen zu fordern, damit er diese Sprache verstehen kann. Das wird leichter, wenn ich jeden Augenblick in der Gegenwart Gottes verbringe, nicht erst dann nach ihm frage, wenn die Karre festsitzt oder die Entscheidung schwer fällt.

Täglich Zeit mit ihm verbringen, mit ihm alles besprechen, in seinem Wort lesen, ihn loben, ihm danken, das Leid klagen, mit anderen Erfahrungen austauschen. So lerne ich Gott immer besser kennen, stelle mich in seine Gegenwart, lerne seine Sprache.

Dadurch werden die Entscheidungen nicht leichter, wird mir kein Leid erspart, aber manchmal sehe ich das Augenwinken und es erweist sich als richtig, diesem Wink zu folgen.

Der Brief ist inzwischen ganz dünn und blank, aber er erinnert mich daran, dass ich all diese Jahre nicht allein unterwegs war und auch in Zukunft auf Gottes Gegenwart und Hilfe vertrauen kann.

Friedlinde Koberg

Denn von ihm und durch ihn und zu ihm sind alle Dinge. Ihm sei Ehre in Ewigkeit! Amen

(Römer 11,36; L)

Ich lese den Vers und will zur Tagesordnung übergehen, aber er lässt mich nicht los, will von mir durchdacht werden und ich kaue an ihm herum.

Das »von ihm und zu ihm« ist mir klar, drückt meinen Glauben und meine Hoffnung aus. Am »durch ihn« reibe ich mich, das stört mich. Ich möchte so gerne im Leben *selbst* etwas schaffen, das bleibt und Sinn macht.

Mir fällt eine Zeit ein, in der ich alles daran gesetzt habe, mein Leben im Griff zu haben. Meine Ziele zu erreichen war mein ganzer Stolz. Aber dann begann mein Leben mir zu entgleiten. Ein Bereich nach dem anderen entzog sich meiner Kontrolle. Eine Zeit endloser Kämpfe, die ich nie gewann.

Aufgerieben von all den Mühen, gescheitert an dem Anspruch, es ihm und anderen recht zu machen, gab ich auf, warf Jesus mein Leben vor die Füße und sagte, er könne damit anfangen, was er wollte.

Ich denke an diese Kapitulation und höre:»Mach dir keine Sorgen über die Probleme, die sich dir heute und morgen in den Weg stellen, denn ich halte dein Leben in der Hand! Das hast du doch seit jenem Tag immer wieder erlebt. Denk daran, freu dich darüber und dann dank mir dafür, denn deine Aufgabe ist es, mir die Ehre zu geben mit dem, was du sagst, singst, schreibst oder arbeitest.«

Es ist gut, wieder an diese »Arbeitsteilung« erinnert zu werden; sie hat sich in allen Herausforderungen bewährt. Und wenn ich Jesus die Ehre gebe, fällt mein Blick auf »alle Dinge«, die er mir schenkt, und das erfüllt mich mit großer Freude, die mir in meinem Alltag Flügel verleiht.

Friedlinde Koberg

Ich bete, dass er euch aus seinem großen Reichtum die Kraft gibt, durch seinen Geist innerlich stark zu werden. Und ich bete, dass Christus durch den Glauben immer mehr in euren Herzen wohnt und ihr in der Liebe Gottes fest verwurzelt und gegründet seid.

(Epheser 3,16-17; NL)

Der Glaube an Jesus verändert uns, schenkt uns Freude und Vertrauen in unseren Lebensweg, denn er ist immer an unserer Seite. Aber mit Jesus leben heißt nicht, immer nur auf der Sonnenseite zu stehen und keine Schwierigkeiten mehr zu haben.

Als mein Sohn behindert zur Welt kam, konnte ich keinen Sinn darin sehen. Warum musste das geschehen, warum mussten meine Zukunftsvisionen zerstört werden? Meine Schwiegermama zog mir an dem folgenden Silvester den Vers »Gott legt uns eine Last auf, aber er hilft uns auch« – und diese Hilfe durfte ich in den folgenden Jahren reichlich erfahren: die Kraft, die er mir bei extremer Belastung immer wieder schenkte, und die Menschen, die er mir schickte zur konkreten Hilfestellung oder für aufbauende Gespräche. Und jetzt, 15 Jahre später, weiß ich, was für ein tolles Geschenk uns Gott mit unserem besonderen Kind gemacht hat. Wir haben soviel Liebe durch ihn erfahren, uns wurden Horizonte eröffnet und unser Leben wurde durch neue Sichtweisen deutlich bereichert.

Christen haben ein ganz normales Leben und müssen genauso mit Krankheiten, Schicksalsschlägen und Trauer umgehen. Der Unterschied ist nur: Sie sind nie allein, sie dürfen sich begleitet, getragen und behütet wissen. Wir dürfen auch in schwierigen Situationen nicht das Vertrauen in Gott verlieren – auch wenn wir im Moment nicht verstehen können, warum er uns diese Situation zumutet; vielleicht begreifen wir irgendwann den Sinn.

Gebet: Danke, Herr, dass ich immer auf Deine Liebe vertrauen und bauen kann und dass Du mir jeden Tag wieder genau die Kraft schenkst, die ich benötige!

Birgit Bolay

Weil Gott so gnädig ist, hat er euch durch den Glauben gerettet. Und das ist nicht euer eigener Verdienst; es ist ein Geschenk Gottes. Ihr werdet also nicht aufgrund eurer guten Taten gerettet, damit sich niemand etwas darauf einbilden kann.

(Epheser 2,8-9; NL)

Ich erinnere mich noch gut an die Zeit, als ich zum Glauben kam, und an das Gefühl: »Du musst jetzt unheimlich viel tun, um Gott zu gefallen, damit er dich annimmt« – und an das frustrierende Grübeln, dass ich vielleicht seiner nicht würdig bin in meiner Unvollkommenheit. Und dann kamen die Zweifel, ob ich denn überhaupt richtig glauben kann ... Es hat eine Weile gedauert und viele geduldige Gespräche mit meiner Freundin, Bibellese und Bücherlektüre erfordert, bis ich endlich verstanden habe: Ich muss nichts – absolut nichts! – tun, um mir die Liebe Gottes zu verdienen. Er schenkt sie mir einfach!

Manchmal ist es gar nicht so einfach, ein Geschenk anzunehmen. Dabei ist es doch für den Schenkenden und den Beschenkten am schönsten, wenn man es voll Freude mit offenen Armen annimmt und nicht gleich darüber nachdenkt, wie man es wieder wettmachen kann. Gott steht mit diesem riesigen Geschenkpaket voll Glaube, Hoffnung, Liebe und Vertrauen vor uns und wir brauchen nur Hände, Augen, Ohren und Herz zu öffnen, um uns randvoll damit füllen zu lassen.

Gebet: Herr, hier stehe ich und fühle mich unwichtig und klein. Aber ich werde still und ruhig vor dir, damit ich dich hören kann. Wenn ich an dich glaube, auf dein Wort höre und deiner Führung vertraue, kann ich sicher sein, dass du immer bei mir bist und mir in schönen und traurigen Situationen zur Seite stehst. Danke Herr!

Birgit Bolay

Seid freundlich und demütig, geduldig im Umgang miteinander. Ertragt einander voller Liebe. Bemüht euch, im Geist eins zu sein, indem ihr untereinander Frieden haltet.

(Epheser 4,2-3; NL)

Seit Wochen haben die Sonntagsschulleiter schon für das Musical mit den Kindern geprobt, über 20 quirlige Nachwuchschristen im Alter von 3 bis 13 Jahren angeleitet und motiviert; alle sind mit Eifer dabei. Da kommt plötzlich Missmut auf unter den Müttern, die Liedtexte seien nicht gut, die Gesamtaussage, die Moral des Stückes wird angegriffen, schließlich sogar die Aufführung in Frage gestellt, als die Mitarbeiter mit Unverständnis auf die Kritik reagieren ...

Das sind Situationen, in denen wir uns diesen Text ins Gedächtnis rufen müssen. Statt zornig in verschiedenen Ecken zu schimpfen, müssen wir uns geduldig mit den Argumenten der anderen auseinander setzen und versuchen, auch ihren Standpunkt zu verstehen. Das ist oft wirklich schwierig, da man einen Sachverhalt zunächst nur so wahrnimmt und interpretiert, wie der eigene Horizont, das eigene Denken es zulassen. Häufig urteilt man vorschnell und ungerechtfertigt über eine Situation oder über Menschen. Wir müssen uns bemühen, den anderen so stehen zu lassen, wie er ist, und zunächst geduldig seine Sicht der Dinge anhören und zu verstehen versuchen. Das kann Horizonte öffnen und Denkweisen verändern. Wenn alle das versuchen, wird es viel einfacher, eine Lösung zu finden und die vom Heiligen Geist geschenkte Einheit zu erhalten.

Gebet: Herr, schenke mir bitte auch heute wieder die Geduld, Menschen in Ruhe zuzuhören, auch wenn ich ihre Meinung zunächst weder teilen noch verstehen kann. Hilf mir, meine Mitmenschen in ihrer Andersartigkeit anzunehmen, und schenke mir die nötige Liebe, geduldig andere Standpunkte wahrzunehmen und ruhig zu argumentieren.

Birgit Bolay

1. Februar

Stattdessen lasst uns in Liebe an der Wahrheit festhalten und in jeder Hinsicht Christus ähnlicher werden, der das Haupt seines Leibes – der Gemeinde – ist. Durch ihn wird der ganze Leib zu einer Einheit. Und jeder Teil erfüllt seine besondere Aufgabe und trägt zum Wachstum der anderen bei, sodass der ganze Leib gesund ist und wächst und von Liebe erfüllt ist.

(Epheser 4,15-16; NL)

Dieses Bild fasziniert mich immer wieder neu: die Gemeinde als Körper, bestehend aus unzähligen Einzelteilen, die in ihrem Zusammenwirken und mit Jesu Liebe als Blutkreislauf erst dieses Wunderwerk funktionieren lassen. Jeder ist wichtig. Nicht alle können wichtige Ämter innehaben oder in Leitungsfunktionen sein, aber jeder ist ein notwendiger Teil des Ganzen.

Ich kenne eine kleine Gemeinde, die ist so aktiv, dass man sich fragt, wie diese vielen Aufgaben gemeistert werden können: Alpha-Kurse, Verkündigungstage, Chöre, Haus-, Senioren-, Kinder-, Jungschar-, Teenie-, Jugend-, Frauenkreise, Feste für die Gemeinde und Randgruppen der Gesellschaft und noch vieles mehr. Schaut man hinter die Kulissen, sieht man, dass neben den Organisatoren noch zahlreiche gute Geister im Hintergrund wirken, die zum Gelingen beitragen (sie beten, stellen Stühle, dekorieren, sorgen für das leibliche Wohl usw.). Es ist faszinierend zu sehen, wie hier Gottes Geist wirkt und alle mit seiner Liebe und Freude am Dienst – und am gelungenen Ganzen zur Ehre Gottes – erfüllt.

Gebet: Herr, ich danke dir, dass ich zu einer Gemeine gehören darf, und für all die Mitschwestern und –brüder, die für mich wie eine Familie sind. So wie ein Kind am besten in der Familie aufwächst und gedeiht, so ist für uns Christen die Gemeinde wichtig, um im Glauben zu wachsen und Rückhalt zu finden.

Birgit Bolay

Gottes Geist will euch mit einer völlig neuen Gesinnung erfüllen, ihr sollt den »neuen Menschen« anziehen, wie man ein Kleid anzieht.

(Epheser 4,23-24; Hfa)

Die junge Frau ist glücklich – sie hat nach unzähligen Stunden Bibellese, vielen Gesprächen mit Gemeindemitgliedern und noch mehr Gebeten die Gewissheit erlangt: Sie will ihr Leben an Jesus übergeben, ihre weiteren Schritte mit ihm an ihrer Seite tun. Plötzlich ist sie von einer nie gekannten Freude erfüllt, ihr Herz ist voll Liebe und Überschwang. Jeder soll es wissen: Sie ist jetzt Christin. Damit es alle sehen, klebt sie einen Fisch als Symbol auf ihr Auto, winkt jedem zu, der seinen Glauben auch so zeigt, und erzählt jedem von dieser Neuheit in ihrem Leben – sie zieht das Christ-Sein an wie »ein neues Kleid«.

Wann haben wir uns das letzte Mal so darüber gefreut, Christ zu sein, dass wir es stolz überall präsentiert haben? Ist uns das neue Kleid schon lange zum Alltagsgewand geworden, das wir gerne tragen, solange wir zu Hause in der Gemeinde unter Christen sind, aber das wir auch gerne unter einem Mantel verstecken, wenn wir das Haus verlassen? Möglicherweise lassen wir sogar mutig die Knöpfe offen, zeigen unser Christ-Sein in der Hoffnung auf Interesse, sind aber auch schnell bereit, es bei Angriff oder Desinteresse wieder zu verstecken. Vielleicht ist es an der Zeit, unser Kleid einmal zur Reinigung zu bringen oder sogar zum Änderungsschneider?

Gebet: Bitte, Herr, fülle uns neu mit deinem Geist, erneuere uns auch heute wieder diese Freude!

Birgit Bolay

Sündigt nicht, wenn ihr zornig seid, und lasst die Sonne nicht über eurem Zorn untergehen.

(Epheser 4,26; NL)

Es war ein schöner, erfüllter Tag, aber abends steht bei meinen Teenager-Kindern plötzlich die Stimmung mal wieder auf Sturm: Türenknallen, böse Worte, sogar Handgreiflichkeiten und Tränen. Eine objektive Schilderung ist nicht zu bekommen, jeder beschuldigt mit subjektiven Angriffen den anderen. Vermittlungs- und Klärungsversuche meinerseits werden wütend und aggressiv abgeschmettert. Türen werden demonstrativ geschlossen, die Kommunikation ist abgebrochen und ich bleibe hilflos und wütend stehen.

Da hilft nur das bewährteste Erziehungshilfsmittel: meine zehn Minuten mit Gott. Ich bringe meinen Zorn über die undankbaren, streitlustigen Kinder und die Wut über meine Unfähigkeit sie zu versöhnen vor ihn, bitte um seine Hilfe und vertraue auf seine Unterstützung. Ich darf spüren, wie ich ruhiger werde, und kann wieder sehen, wie schön unser gemeinsamer Tag war und was für wunderbare junge Menschen sie sind. Der Weg des Erwachsen-Werdens ist steinig und schwierig und bei vier Kindern sind Positionskämpfe einfach nötig, um sich abzugrenzen und seine Richtung auszuloten. Ich spüre, wie mein Herz sich wieder mit Liebe und Verständnis füllt und meine Bereitschaft, freundlich und geduldig zu sein, zurückkehrt. Als ich beim Gute-Nacht-Sagen nochmals nachfrage, ist der Streit längst vergessen!

Gebet: Herr, ich danke dir, dass du uns immer wieder die nötige Einsicht und Liebe schenkst, die wir im Umgang miteinander so dringend nötig haben, dass du uns unseren Zorn und Streit vergibst und uns Versöhnung schenkst.

Birgit Bolay

4. Februar

Befreit euch von Bitterkeit und Wut, von Ärger, harten Worten und übler Nachrede sowie jeder Art von Bosheit. Seid stattdessen freundlich und mitfühlend zueinander und vergebt euch gegenseitig, wie auch Gott euch durch Christus vergeben hat.

(Epheser 4,31-32; NL)

Sarah würde ihre Freundin sehr gerne einmal wieder sehen – monatelang dauert jetzt schon die »Funkstille«. Und alles nur wegen eines nichtigen Anlasses, über den sie in Streit geraten sind. Böse Worte sind gefallen, die verletzt haben. Beim bloßen Gedanken daran, spürt sie die Verletzung und der Zorn meldet sich wieder. Warum ist es so schwer zu vergeben? Jesus hat alle Schuld von uns und auf sich genommen; deshalb können wir Vergebung vor Gott finden. Beten wir nicht immer »Vergib uns unsere Schuld wie auch wir vergeben unseren Schuldigern«? Sarah bringt ihr Problem im Gebet vor Gott und sie hat plötzlich eine andere Sichtweise: Sie bittet Gott um Vergebung dafür, dass sie an ihrer Freundin sündig geworden ist, weil sie ihr nicht vergeben hat und weil sie ihren eigenen Anteil an dem Streit verdrängt hat. Danach fühlt sie sich viel besser und hat die Kraft, den ersten Schritt zu tun und ihre Freundin um Verzeihung zu bitten – Gott sei Dank! Diese ist glücklich, Sarah wieder zu sehen, erkennt und bereut auch ihre Fehler in dieser Auseinandersetzung und ein Neuanfang ist gelungen.

Gott ist wie ein guter Vater immer bereit uns zu verzeihen, wenn wir unsere Sünden erkennen, bekennen und bereuen. Er erwartet aber auch von uns, dass wir unseren Schwestern und Brüdern unzählige Male verzeihen.

Gebet: Herr, bitte schenke mir auch heute wieder die Kraft, ein offenes Ohr, ein freundliches Lächeln und ein aufbauendes Wort für andere zu haben. Mach mir bewusst, wenn ich jemanden durch meine Worte oder mein Verhalten verletze, und gib mir die Kraft um Vergebung zu bitten. Und bitte hilf mir, auch Unfreundlichkeiten auszuhalten und zu vergeben.

Birgit Bolay

5. Februar

Gott hat das auserwählt, was in den Augen der Welt gering ist, um so diejenigen zu beschämen, die sich selbst für weise halten. Er hat das Schwache erwählt, um das Starke zu erniedrigen. Er hat das erwählt, was von der Welt verachtet und gering geschätzt wird, und es eingesetzt, um das zunichte zu machen, was in der Welt wichtig ist.

(1. Korinther 1,27-28; NL)

Unser Sohn Jonas ist 13, pubertär und – anders. Er hat Down-Syndrom, und das hat unser Leben immer wieder heftig erschüttert (komplizierte Herzoperation, Kampf um einen Platz im Kindergarten, Abschied vom Traum Integration, Schule für geistig Behinderte, ...). Aber es sind nicht nur körperliche, kognitive oder gesellschaftliche Einschränkungen, mit denen wir leben lernen müssen – es ist Jonas' Persönlichkeit, die mir oft heftig zu schaffen macht: Er lebt nur im Hier und Jetzt, ist komplett »bauchgesteuert« und hat einen ausgeprägten Willen. Seine Emotionen lebt er völlig ungebremst aus, was es oft sehr anstrengend mit ihm macht. Aber genau das schätze ich auch sehr an ihm: Er ist so echt, so unverfälscht, so leidenschaftlich ... Das beschränkt sich natürlich nicht nur auf die unangenehme Seite: Jonas kann wahrhaftig bedingungslos lieben! Und was er lebt, das lebt er ganz: Freude, Dank, Zärtlichkeit – er ist ein großzügiger Geber.

Ausgerechnet mein behindertes Kind wurde mir so oft schon zum Lehrmeister, deshalb möchte ich einige Geschichten aus unserem Alltag erzählen. Als Jonas mich unlängst gedankenverloren auf einer Schaukel sitzen sah, gab er mir einen heftigen Schubs, lachte sein brummbärtiefes Lachen und sagte: »Mama, schucke dir de Himme hoh, dann nich me tauhich sein!« Ja, Jonas hat mir wahrlich schon viele Anstöße himmelwärts gegeben – und er scheint zu wissen, was mir gut tut: Gottes Nähe!

Gebet: Danke, Herr, dass du jeden Menschen für deine Sache gebrauchen kannst, auch jene, die in unserer Leistungsgesellschaft nicht groß rauskommen. Öffne mir Augen, Ohren und Herz, zu verstehen, was du mir durch andere sagen willst.

Doro Zachmann

6. Februar

Überlasst all eure Sorgen Gott, denn er sorgt sich um alles, was euch betrifft!

(1. Petrus 5,7; NL)

Nicht schon wieder!

Jonas ist verschwunden! Gerade mal drei Jahre alt, zählt Abhauen zu seinen Lieblingsbeschäftigungen. Aber doch bitte nicht hier: im Urlaub, in Frankreich, auf einem großen Fest, in einer wildfremden Stadt, am späten Abend ...

Panik breitet sich aus, fünf Augenpaare blicken hektisch suchend umher, vertraute Familiensituation. Da, entdeckt! Ich folge meinem Söhnchen unauffällig, um herauszufinden, wie er sich nun verhalten wird, halte etwas Abstand, damit er mich nicht gleich entdeckt, wenn er sich mal umdreht. Tut er aber nicht! Er scheint sich keinerlei Gedanken um uns zu machen; kommt gar nicht auf die Idee, verloren gehen zu können. Strammen Schrittes schreitet er schnurstracks geradeaus. Irgendwann hole ich Jonas ein und stelle ihn zur Rede. Fröhlich strahlt er mich an und ist sich keiner Schuld bewusst, sondern im Gegenteil komplett sorglos und ganz entspannt. Versteht meine Aufregung überhaupt nicht – und so ist es bis heute geblieben. Ähnliche Situationen haben wir bestimmt 50-mal mit ihm erlebt. Jahrelang haben wir mit abgeschlossenen Türen und aufgerichteten Zäunen gelebt, aber Jonas hat immer wieder Mittel und Wege gefunden, abzuhauen. Jedesmal bin ich vor Angst um mein Kind fast gestorben – jedesmal gab es ein Happy-End.

Gebet: Herr, du weißt, dass es immer wieder Momente in meinem Leben gibt, in denen ich mich ohnmächtig fühle. Und wie schwer es mir dann fällt, dir die Sache ganz abzugeben. Danke, dass du da bist und mich trägst. Ich möchte (wieder) lernen, wie ein Kind vertrauen zu können. Schenk mir die Gewissheit, dass du mich stets an der Hand hältst, und wenn ich mich verlaufen habe, mich wieder sicher nach Hause führst.

Doro Zachmann

7. Februar

Freut euch im Herrn. Ich betone es noch einmal: Freut euch! Lasst alle sehen, dass ihr herzlich und freundlich seid.

(Philipper 4,4-5; NL)

Jonas liebt Autofahrten – und besonders dann, wenn er vorne auf dem Beifahrersitz am Verkehrsgeschehen ganz nah dran ist. Heute beobachtet er aufmerksam, wie ich einem entgegenkommenden Fahrer per Handzeichen und Kopfnicken danke, weil er mir die Vorfahrt überlassen hat. Sofort übernimmt Jonas diese Geste für jedes entgegen kommende Fahrzeug (Vorfahrt hin oder her), steigert dies dann in freudiges Winken, und, als ihm das immer noch zu wenig an Freundlichkeit erscheint, kurbelt er das Fenster runter, streckt den Oberkörper so weit hinaus, wie der Gurt es zulässt, und rudert heftigst mit beiden Armen. Jedem Fußgänger, Radfahrer und allen, die ihn sonst noch hören können, ruft er abwechselnd laut »Halloho« und »Dankesöön« zu.

Kaum zu glauben, wie viele ernst dreinblickende und angespannte Gesichter mein Kind mit seinem Fuchteln im Fahrtwind zu verzaubern vermag! Überall plötzlich fröhliches Lächeln, amüsierte Blicke, zurückwinkende Menschen. Ich bin so stolz auf meinen Sohn! Und denke mir: Ja, Recht hat er! Es ist doch oftmals ein Leichtes, anderen Menschen ein Lächeln zu entlocken – mit ein bisschen mehr Aufmerksamkeit, ein bisschen mehr Freundlichkeit, ein bisschen mehr Farbe im grauen Alltag.

Gebet: Lieber Vater im Himmel, danke, dass du mir jeden Tag aufs Neue großzügig und reichlich Grund zur Freude schenkst. Auch heute wieder hast du mir liebevoll zugewunken. Ich bitte dich, zeige mir, wo ich anderen zu einer Quelle der Freude werden kann. Gib mir gute Ideen, wie es mir gelingen kann, die Menschen in meinem Umfeld aufzumuntern und zum Lächeln zu bringen. Strahle du durch mich hindurch.

Doro Zachmann

8. Februar

Herr, du allein bist mein Besitz, mein Becher, angefüllt mit Segen. Darum ist mein Herz erfüllt mit Freude, und mein Mund lobt dich mit lauter Stimme.

(Psalm 16, 5+9; NL)

Ich komme von einem Erholungs- und Verwöhn-Wochenende zurück, das ich mit vier Freundinnen im Allgäu verbracht habe, während die Männer unsere insgesamt 15 Kinder versorgten. Mit Blumen und Willkommensschild werde ich freudig zu Hause begrüßt. Jonas fällt mir mit den Worten um den Hals: »Oh Mama, foh du da bis!« Soviel Charme und Liebe in so wenigen Buchstaben!

Die Kinder freuen sich immer noch, wenn Mama in die Tasche greift und ein Mitbringsel hervorzaubert: Für Jonas habe ich eine Armbanduhr mitgebracht, diesmal eine echte, keine aus dem Kaugummiautomaten. Er ist total begeistert und vor Freude außer sich. Nach lauten Jubelschreien und einem mitreißenden Freudentänzchen in der Küche schiebt er stolz den Ärmel des Pullis hoch, damit auch jeder die Uhr sehen kann. Und er lässt keinen aus: Zuerst zeigt er sie dem Papa, dann seinen drei Schwestern. Nun kommen Hund und Katze dran. Aber damit noch nicht genug: Jonas läuft laut »habe Uhr schenkt« rufend in den Garten, fuchtelt mit seinem Arm in Richtung Nachbarn, die auf ihrer Terrasse sitzen, und öffnet dann das Tiergehege. Er hockt sich mitten in die große Schar der Kaninchen und Meerschweinchen, hält ihnen seinen Arm hin, lässt sie an seinem neuen Schatz schnuppern und verkündet stolz: »Mama mir schenkt! Schöner Uhr, gell?« Selbstverständlich dürfen auch unsere sieben Hühner die Uhr bestaunen ...

So eine Begeisterung! Und dieses große Bedürfnis, andere damit anzustecken!

Gebet: Herr, du beschenkst mich täglich mit deiner Gnade überreich. Lass mir das immer wieder neu bewusst werden. Danken will ich dir mit Freudentänzen für dieses große Geschenk – und bitte: Nimm mir die Scham davor, anderen voll Begeisterung von dir zu erzählen.

Doro Zachmann

Du überschüttest mich mit Segen.

(Psalm 23,5; NL)

Dienstag. Wöchentlicher Großeinkauf. Ich schiebe einen bis über den Rand gefüllten Wagen an die Kasse und frage mich, wie die Meute zu Hause es immer wieder schafft, diese Mengen innerhalb kürzester Zeit zu vertilgen.

In der Regel zelebriere ich meinen Einkauf allein, weil die Erfahrung gezeigt hat, dass noch mehr im Wagen ist, als eigentlich reinpasst, wenn die Kinder dabei sind. Aber heute gibt's mal wieder eine Programmänderung: Jonas darf mit. Das Abenteuer Aldi beginnt: Mein Sohn rast durch die Gänge, ist ganz berauscht und beseelt davon, all die Köstlichkeiten wiederzuentdecken, die er von zu Hause kennt. »Oh, Mama, lecker! Feines Essen! Mama, das kochst du! Lecker, lecker! Bitte kauf das, bitte! Smeck so lecker! Hmm, das da: Liebe-Essen! …« So geht das eine Dreiviertelstunde am Stück, während sich die Leute teils genervt, teils aber auch amüsiert zu uns umdrehen. Jonas' laute Stimme dröhnt schließlich durch den ganzen Supermarkt, überschlägt sich schier vor Begeisterung und Wohlgefallen: Essen ist einfach seine größte Leidenschaft!

So anstrengend der Einkauf ist, weil ich mehr damit zu tun habe, Unerwünschtes wieder aus dem Wagen aus-, als wirklich Gewolltes einzuladen, so stolz bin ich auf meinen Sohn, der sich mit seinen 13 Jahren (noch) überschwänglich über eine Packung Nudeln und eine Tube Tomatenmark freuen kann. Das sind für ihn keine Selbstverständlichkeiten!

Gebet: Gott, lass mich wirklich dankbar und voller Freude über mein tägliches Brot sein. Ich will all die kleinen und großen Schätze und Kostbarkeiten meines Lebens bewusst dankend annehmen, weil ich weiß, dass ich sie aus deiner guten Hand empfange.

Doro Zachmann

Er vergibt mir alle meine Sünden und heilt alle meine Krankheiten. Er kauft mich vom Tode frei und umgibt mich mit Liebe und Güte.

(Psalm 103,3-4; NL)

Samstags, an meinem einzigen Ausschlaftag, höre ich, noch im Bett liegend, die höchst aufgeregte Stimme meines Sohnes, der von einem Spaziergang mit dem Hund zurückkommt. Gina, unserer Hundedame, gilt gerade Jonas' ganzer Ärger: »Gina! Du böser Hund! Ich sauer dir! Sag Schulligung mir! Böser Hund! Nix höre, nix horche mir! Ich sag stopp – du läufe eimpfach weiter! Böser Hund! Ich sauer dir!«

Ich schleiche mich aus dem Bett, laufe zur Tür und spähe durch einen Spalt auf die Szene direkt vor mir: Gina schaut mit eingezogenem Schwanz und angelegten Ohren sichtbar schuldbewusst zu ihrem wütenden Herrchen auf, das sich mit erhobenem Zeigefinger vor ihr aufgebaut hat.

»Sag Schulligung mir, okay?« Mit diesen Worten geht Jonas in die Knie und streckt Gina eine Hand entgegen. Der Hund legt seine Pfote darauf, schleckt Jonas das hingehaltene Gesicht voller Eifer und wedelt dabei kräftig erleichtert mit dem Schwanz. Sofort schlägt Jonas andere Töne an, seine Stimme wird versöhnlich, weicher.

»Ja, so is brav! Lieber Hund, gute Gina! Hoffe, nix böse mehr! Ja, gib Pfote! Ja, gib Küssen, danke, Gina, feiner Hund! Ja, mag dir auch so lieb! Mein Gina, mein Süßer! Mag so lieb dir! ...« Das Gestreichel und Geschlecke nimmt kein Ende.

Als ich mich wieder in mein noch warmes Bett kuschle, muss ich gerührt weinen angesichts dieser Szene und bete:

Gebet: Ja, Herr, so muss es dir mit mir gehen: Ich gehe immer wieder meine eigenen Wege, will nicht auf dich hören – und dennoch lässt du mich nicht los, liebst mich, verzeihst mir täglich neu. Danke, dass du kein nachtragender, sondern ein vergebender Gott bist, und bei dir immer wieder ein Neuanfang möglich ist.

Doro Zachmann

11. Februar

Wir wissen, dass für die, die Gott lieben und nach seinem Willen zu ihm gehören, alles zum Guten führt.

(Römer 8,28; NL)

Jonas ist sehr mitfühlend! Er hat ganz feine Antennen und nimmt jede Gefühlsregung wahr. Wenn es mir schlecht geht, merkt Jonas das sofort, kommt zu mir, streichelt mich sanft, nimmt mich in den Arm und fragt besorgt: »Mama, du tauhich? Wahum? Sags mir! Ich tösten dir!«

Seine Empathie kennt kaum Grenzen. Als er von der Schule heimkommt, riecht er sofort mein Missgeschick: »Mama, du Essen vapannt?« »Ja, Jonas, mir ist leider das Apfelmus angebrannt«. »Oh, arma Appelmus, Popo vapannt!« Genauso viel aufrichtige Anteilnahme bekommt ein heimatloses, weil gestohlenes Fahrrad, ein zerbrochenes Lineal oder ein altes Pflaster, das einst um eine blutende Wunde klebte ...

Jonas ist ein Experte in Sachen Mitgefühl – und wahrscheinlich auch deshalb so sensibel, was falsches Mitleid mit ihm anbelangt. Nein, Jonas leidet nicht am Down-Syndrom. Er kann sich selbst sogar sehr gut leiden, er leidet nur unter Ausgrenzung, Hänselei, Verachtung anderer. Die Behinderung meines Kindes bringt zwar manche Belastung und zusätzliche Sorge mit sich – aber deutlich mehr noch an Geschenken! Gott hat meine Weltuntergangsstimmung direkt nach Jonas' Geburt in ein Aufbrechen und Erkennen umgewandelt und mir eine große Liebe zu diesem besonderen Kind geschenkt.

Heute kann ich deshalb verstehen, was mit dem Vers aus dem Römerbrief gemeint ist.

Gebet: Ich danke dir, Herr, dass du Widerstände und Reibeflächen in mein Leben eingebaut hast, die mich dazu bringen, mitten in meiner Lebenshast anzuhalten, genau hinzusehen und wahrzunehmen, was wirklich wichtig ist. Danke, dass du keine Fehler machst und ich wissen darf: Du willst das Beste für mich!

Doro Zachmann

»Wenn ihr denen vergebt, die euch Böses angetan haben, wird euer himmlischer Vater euch auch vergeben. Wenn ihr euch aber weigert, anderen zu vergeben, wird euer Vater euch auch nicht vergeben.«

(Matthäus 6,14-15; NL)

Das hört sich an wie eine Drohung. Oder ist es ein Prinzip, nach dem sich zu leben lohnt? Warum verlangt Gott etwas Unmögliches? Nein, es ist ein Heilungsangebot, wie alle »Gebote« Gottes. Durch Vergebung werden wir geheilt. Das geschieht auf zweierlei Weise:

1. Gott vergibt uns. Er hat uns schon vergeben, als Jesus für uns starb. Aber das wird erst dann für uns wirksam, wenn wir ihn darum bitten. Wenn wir die Bitte um Vergebung aussprechen, hat das weit reichende Konsequenzen. Gott nimmt uns ernst, löscht unsere Vergehen aus und geht eine Beziehung zu uns ein. Wir können nun miteinander reden. Vieles wird neu und anders in unserem Denken.

2. Wir vergeben unseren Mitmenschen. Eigentlich eine logische Konsequenz. Wir können nur dann selber von der Bitterkeit und den Verletzungen geheilt werden, wenn wir vergeben, ob der »Schuldige« darum bittet oder nicht.

Genauso habe ich das erlebt. In einer schwierigen Lage riet mir eine Kollegin: »Triff die Entscheidung zu vergeben. Es ist eine Willensentscheidung. Du musst sie laut aussprechen. Kein Mensch braucht das zu hören, am wenigsten der Betreffende. Aber Gott und Satan müssen davon in Kenntnis gesetzt werden.« Weil es mir schwer wurde, hab ich zu Gott gesagt: »Diesem Bruder ist jetzt vergeben, was er früher getan hat, was er jetzt tut, und was er noch tun wird. Du, Herr, hilf, dass es so wird!« Das Resultat dieses Gebetes? Gott hat meine Bitterkeit nachhaltig geheilt.

Ursula Wiesemann

Weil ihr dem Herrn, eurem Gott, trotz eures Wohlstands nicht fröhlich und dankbar gedient habt, müsst ihr euren Feinden dienen, die der Herr gegen euch schickt.

(*5. Mose* 28,47-48; *NL*)

Kann man Freude durch Gesetzgebung und Sanktionen erzwingen? Oder ist sie reine Gefühlssache, die wir zwar erleben, aber nicht steuern können? Und was ist, wenn wir eben nicht froh gestimmt sind? Offensichtlich denkt die Bibel auch bei Freude an eine Willensentscheidung. Paulus ruft zur Dauerfreude auf – trotz Verfolgungen, die er reichlich erlebte. Ist das eine Pflicht? Nein, es ist ein Vorrecht, das wir immer in Anspruch nehmen dürfen. Auch Klagen haben Platz in unserem Leben, denn wir leben von Kontrasterlebnissen. Wir können uns entscheiden, ob Klage oder Freude bei uns die Oberhand haben soll, denn weder das eine noch das andere ist allein von unserm Erleben bestimmt. Der Friede Gottes, die Grundlage unserer Freude, ist »höher als alle Vernunft« (Philipper 4,7). Das half mir, als ich in so großer Not war, dass ich weder Freude noch Frieden empfinden konnte. Meine Probleme fraßen mich förmlich auf. Dazu war ich körperlich geschwächt. Ich war von Brasilien nach Bolivien gereist, um den dortigen Mitarbeitern bei der Erforschung der Indianersprachen zu helfen. Doch ich konnte nur in der Hängematte liegen! Man sah meine Lage, gab mir die nötige Hängematte und unterstützte mich im Gebet. Plötzlich fiel alle Furcht von mir ab, und ich erholte mich schnell. Friede und Freude waren zwar überlagert gewesen von Furcht und Sorge, hatten mich aber nie verlassen. Gottes Gaben sind wie er selbst: ewig.

Unsere Gefühle sind nur für das augenblickliche Empfinden ausschlaggebend, nicht für die zugrunde liegenden Tatsachen.

Ursula Wiesemann

14. Februar

»Liebt eure Feinde und betet für die, die euch verfolgen.«

(Matthäus 5,44; NL)

Dorsch und Scholle sind Erzfeinde. Das heißt, die Scholle ist vom Dorsch hoch begehrt – als schmackhafte Mahlzeit. Die Scholle allerdings könnte gut auf den Dorsch verzichten.

Bruce Stevens erzählt, dass man in der Fischereiwirtschaft eine überraschende Entdeckung machte: In den USA ist die Scholle ein beliebter Speisefisch, kann jedoch nur vor der Nordostküste gefangen werden. Es stellte sich nun die Frage: Wie konnte man sie in andere Teile des riesigen Landes transportieren? Wurde sie für den langen Transport tiefgekühlt, wurde sie breiig und verlor ihren guten Geschmack. Dann versuchte man es mit dem Lebendtransport im Salzwassertank. Aber auch dann waren die Fische kaum genießbar. Schließlich kam jemand auf die Idee, den Dorsch einzuschalten. In großen Tanks werden die Schollen jetzt zusammen mit ihrem Jäger transportiert. Und siehe da, die Schollen kommen zwar etwas abgehetzt, aber gerade deshalb wohlbehalten und schmackhaft ans Ziel.

Und die Moral von der Geschicht'? Vielleicht muss uns Gott auch unseren Jäger in den Lebenstank mitgeben, damit wir gut an das von ihm gesetzte Lebensziel kommen, damit wir uns gesund entwickeln und durch die Lebensumstände stark werden. Unser Charakter ist wichtiger als unsere Bequemlichkeit!

»Wer immer wie ein rohes Ei behandelt wird, wird auf die Dauer faul.«

Ursula Wiesemann

15. Februar

Wenn du mit deinem Mund bekennst, dass Jesus der Herr ist, und wenn du in deinem Herzen glaubst, dass Gott ihn von den Toten auferweckt hat, wirst du gerettet werden. Denn durch den Glauben in deinem Herzen wirst du vor Gott gerecht, und durch das Bekenntnis deines Mundes wirst du gerettet.

(Römer 10,9-10; NL)

Paulus sagt gleich zweimal, dass es nicht ausreicht, unsere Liebe zu Jesus nur mit unserem Mund zu bekennen. Es muss von Herzen kommen. Das leuchtet ein. Andererseits genügt es nicht, nur mit dem Herzen zu glauben. Nein, wir müssen unsere Liebe auch aussprechen. Warum wohl? Gott kennt doch unsere Gedanken. Auch Jesus verblüffte die Menschen damit, dass er ihre Gedanken lesen konnte. Für die Jünger war dies der letzte Beweis dafür, dass Jesus göttlichen Ursprungs ist (Johannes 16,30). Warum reicht es dann nicht, im Herzen zu glauben? Gott kann unsere Gedanken lesen. In der Bibel ist nie die Rede davon, dass der Widersacher das auch kann. Zwar kann er uns Gedanken eingeben und weiß in dem Moment, worüber wir nachdenken. Als Beobachter der Menschheit seit Adam und Eva weiß er, was wir so denken. Er kann unsere Körpersprache lesen und erkennt unsere Gemütsverfassungen. Aber er hat keinen direkten Zugang zu unseren Gedanken.

Nun muss auch der Feind wissen, wie ich zu Jesus stehe. Darum muss ich es mit meinem Mund bekennen, vor Menschen und dem Widersacher. Deshalb spreche ich meine Liebeserklärung an Jesus laut und deutlich aus. Dem Feind erteile ich damit gleichzeitig eine klare Absage. Die Liebeserklärung an Jesus und die Absage an den Feind, beides festgemacht bis an das Ende unseres Lebens – Gott nimmt uns beim Wort. Bei ihm sind wir ewig geborgen.

Ursula Wiesemann

16. Februar

Was immer auch geschieht, seid dankbar, denn das ist Gottes Wille für euch, die ihr Christus Jesus gehört.

(1. Thessalonicher 5,18; NL)

Wir alle durchleben Zeiten, in denen das Danken schwer fällt. Oft können wir nur unter Tränen unsere Aufgaben wahrnehmen, leben am Rand unserer Möglichkeiten, wissen nicht, wie es weitergehen soll. Da liegt Verzweiflung viel näher als Dank!

Aber hat Jesus nicht behauptet, unsere Haare seien gezählt? Das hab ich noch nie versucht – die Zahl ändert sich ja auch dauernd. Jeden Tag wachsen neue und alte fallen aus. Wen interessiert das schon? Gott. Unfassbar! Es ist keine Spielerei, sondern tiefes Interesse an mir, meinem Leben, meinen Empfindungen. Ihn interessieren ja nicht nur meine Haare.

Gott ist der souveräne Herr des Geschehens, auch in meinem Leben. Und so kann ich ihm getrost für alles danken, auch für das Schwere, Unfassbare, das, was ich mir am wenigsten wünsche.

Einmal sah es so aus, als ob ich in einem Einsatzland völlig versagt hätte: Das Verhältnis zu meinem politischen Vorgesetzten war stark gestört, obwohl Gott mich doch klar in diese Situation hinein berufen hatte. In diesem »Tränental« lernte ich zu danken, und Gott eröffnete neue Möglichkeiten. Und so wurde das »Tränental« schließlich doch noch zu einem ganz normalen Einsatzland.

Danken verändert – manchmal die Situation –, aber immer mich. Das schwere Gebot erweist sich als Segen.

Ursula Wiesemann

17. Februar

Und ich sah einen weiteren Engel durch den Himmel fliegen, der die ewige Botschaft Gottes trug, um sie den Menschen zu verkünden, die auf der Erde wohnen – allen Nationen und Stämmen, allen Sprachen und Völkern.

(Offenbarung 14,6; NL)

Der Plan Gottes gilt der ganzen Menschheit – zu jedem Zeitpunkt und in allen Winkeln der Erde. Eine besondere Herausforderung besteht darin, die Sprach- und Kulturgrenzen zu überschreiten, die die Menschen voneinander trennen. Nicht weniger als sieben Mal wird in der Offenbarung erwähnt, dass die Menschheit in Gruppen mit unterschiedlichen Sprachen unterteilt ist.

Sprache und Kultur sind so eng miteinander verbunden wie die beiden Seiten derselben Münze. Wir sehen es an Mitbürgern, die aus anderen Ländern zu uns kamen: Warum ist es so schwer, mit ihnen warm zu werden? Mangelnde Sprachkompetenz ist dabei ein Hindernis. Andere Lebensgewohnheiten erschweren den Kontakt. Immerhin leben so manche von ihnen in unserer Nachbarschaft. Wir brauchen keine Weltreise zu unternehmen, um anderen Kulturen zu begegnen.

Das Evangelium ist tatsächlich eine Botschaft, die in allen Sprachen und Kulturen verstanden werden kann. Aber sie muss vorgelebt und weitergesagt werden, an vielen Orten immer noch zum ersten Mal.

Bei der Sprachenverwirrung hat Gott nicht nur viele Sprachen geschaffen, sondern sie auch so angelegt, dass sie sich ständig verändern und zu neuen Dialekten und Sprachen werden. Gott will, dass jeder die beste Botschaft aller Zeiten in seiner Sprache hören und verstehen kann!

Ursula Wiesemann

Dennoch ist im Herrn weder die Frau ohne den Mann, noch der Mann ohne die Frau. Denn wie die Frau vom Mann ist, so ist auch der Mann durch die Frau; alles aber von Gott.

(*1. Korinther* 11,11-12; *NL*)

In Korinth – ähnlich wie in Ephesus – wurde die Göttin Artemis als Lebensbringerin verehrt. Ihr Name könnte übersetzt werden mit »die Schlächterin« (*artamos*). Ihr Kult wies viele blutige Opfer auf; besonders Männer wurden ihr rituell oder tatsächlich geopfert. Wohl auch vor diesem Hintergrund belehrt Paulus uns, dass Mann und Frau in Gottes Weltbild eine Einheit bilden, nicht nur als Ehepaar, sondern auch als Vertreter der Menschheit überhaupt. So hat Gott es schon in der Schöpfung angelegt. Der Sündenfall hatte zwar die Vorherrschaft des Mannes über seine Ehefrau zur Folge, eine Situation, die sich in vielen Kulturen und Religionen beobachten lässt und sich häufig nicht nur auf die Ehe beschränkt.

Durch seinen Opfertod hat Jesus den ursprünglichen Schöpfungsgedanken wieder hergestellt. »Hier ist nicht Jude noch Grieche … nicht Mann noch Frau, denn ihr seid allesamt einer in Christus Jesus«, schreibt Paulus (*Galater* 3,28). Man kann sie nicht gegeneinander ausspielen. Starres Hierarchiedenken hat in der Gemeinde keinen Platz. In *einem* allerdings geht die Freiheit, die wir durch die Erlösung haben, noch über die Schöpfungsordnung hinaus. Wenn in der Schöpfung die Ehe das eigentliche Lebensmodell war, so erlaubt die Erlösung ausdrücklich auch die Ehelosigkeit als Lebensform für Menschen, die Gott in dieser besonderen Weise dienen wollen. Doch auch da gilt: Weder Mann noch Frau sind allein »Etwas«. Nur zusammen können sie die Menschheit repräsentieren.

Ursula Wiesemann

»Rufe mich an am Tag der Not; ich will dich erretten, und du wirst mich verherrlichen!«
(Psalm 50,15; E)

Kennen Sie den Notruf? Natürlich: 112! Jedes Kind kennt die Nummer. Gut, dass es solch eine Einrichtung gibt. Auf schnellstmöglichem Weg können wir Hilfe in Anspruch nehmen. Schon viele Menschen konnten dadurch vor dem Tod bewahrt werden. Jeder, der schon einmal davon Gebrauch machen musste, weiß dies zu schätzen. Auch Gott hat eine Notrufnummer: 5015! Bist du in Not, so rufe ihn um Hilfe! Er wird dir helfen und du wirst ihn preisen. Du wirst begeistert von ihm reden. Das Großartige an dieser Verbindung: Sie ist ständig verfügbar, vierundzwanzig Stunden, rund um die Uhr. Es gibt kein Besetztzeichen, keine Störungen in der Leitung, und das Genialste ist: Die Verbindung ist völlig kostenlos! Ich möchte Werbung machen für diesen »Anbieter«: Wechseln Sie noch heute! Es kostet Sie keinen Cent!

Als wir durch unseren Umzug den Telefonanbieter wechselten, hatten wir viel Ärger und hohe Kosten, bis alles zu unserer Zufriedenheit funktionierte. Ich kann Ihnen versichern: Bei dieser Verbindung »5015« werden Sie keine Enttäuschungen erleben. Im Gegenteil: Sie werden dann auch für den »Anbieter« Jesus Christus Werbung machen, weil seine »Leistungen« einfach überzeugen.

Marion Assmann

»Fürchte dich nicht vor ihnen! Denn ich bin mit dir, um dich zu erretten«, spricht der Herr.

(Jeremia 1,8; E)

Jeremia wird zum Propheten berufen. Er hat Angst vor dieser Aufgabe. Gott sichert ihm zu: »Habe keine Angst vor Menschen; ich bin bei dir und ich schütze dich.«

Als Kind gab mir meine Oma gut gemeinte Verhaltensregeln: »Marion, gehe niemals mit jemandem mit, den du nicht kennst! Sei auf der Hut, wenn dich jemand mit Süßigkeiten locken will! Gehe nicht allein im Dunkeln einen unbeleuchteten Weg entlang! Es könnte jemand im Gebüsch auf dich lauern …!« Ich begann, misstrauisch zu werden und mich zu fürchten. Ein Erlebnis werde ich nie vergessen: Als Schwesternschülerin hatte ich einen Einsatz in der Augenklinik. Nach Dienstschluss, gegen 21.00 Uhr im Winter, stand ich vor der Klinik an der Straßenbahnhaltestelle. Plötzlich sprach mich ein Mann an. Er hielt ein kleines, weinendes Kind mit einem Augenverband an seiner Hand: »Können Sie mit mir in meinem Auto nach Hause fahren und dabei auf das Kind aufpassen, damit es sich den Verband nicht abreißt? Ich fahre sie danach auch nach Hause!« Angst und Furcht krochen mir den Nacken empor. »Nein, kann ich nicht!«, war meine angsterfüllte Antwort. Zum Glück kam die Straßenbahn! Das ist doch nur Tarnung mit dem Kind, ein Lockmittel …! Solche Gedanken schossen mir durch den Kopf. Ich sah nicht die Notsituation des Mannes. Es dauerte Jahre, bis ich durch meinen Glauben an Jesus die Angst bewältigen konnte.

In »fürchterlichen« Situationen hat mir dieser Bibelvers sehr geholfen. Ich habe die Gewissheit: Gott ist bei mir, in jeder Situation! Ich bin sein Kind. Ich muss mich nicht vor Menschen fürchten.

Marion Assmann

Denn er hat seinen Engeln befohlen, dass sie dich behüten auf allen deinen Wegen.
(Psalm 91,11; L)

Mein erster Langstreckenflug: Fast zehn Stunden, mit einer Zwischenlandung, werde ich in der Luft sein. Ich sitze in der Mitte des Flugzeuges. Wenn ich mal aufstehen möchte, muss ich über einige Beine und Handgepäckstücke klettern. Schlafen kann ich nicht. Für das Lesen fehlt die Konzentration. Irgendwie werde ich diesen Flug schon überstehen. Ich denke an das Ziel: Am nächsten Tag werde ich in Südafrika sein. Wahnsinn!

Auf einmal wird der Flug der Boeing unruhig und holperig. Plötzlich ein Kreischen. In meinem Magen habe ich ein Gefühl wie in der Achterbahn, wenn es abwärts geht. Schon kommt die Durchsage: »Bitte schnallen Sie sich an, wir bewegen uns in einer Unwetterzone.« Ich halte mich krampfhaft an den Armlehnen fest. Von dem Geruckel wird mir schlecht. Vorsichtshalber greife ich nach der »Spucktüte«. Gedanken schießen mir durch den Kopf: »Was ist wenn? Könnte die Maschine abstürzen? Für mich wäre das nicht so tragisch, ich bin dann gleich bei Gott. Aber meine Familie? Nicht auszudenken!«

Warum denken wir immer gleich das Schlimmste? Ich fange an zu beten. Dabei fällt mir Psalm 91,11 ein. Danke, Herr Jesus, dass du da bist. Du hast sogar deinen Engeln befohlen, dass sie auf mich aufpassen und mich auf allen meinen Wegen behüten sollen. Bitte bringe uns sicher an das Ziel! Drei Wochen später besteige ich wieder eine riesige Boeing, um nach Hause zu fliegen. Ein bisschen mulmig ist mir schon, aber ich weiß: Gott hat seinen Engeln befohlen, mich zu behüten auf allen meinen Wegen, auch in der Luft.

Marion Assmann

22. Februar

Eine Leuchte für meinen Fuß ist dein Wort, ein Licht für meinen Pfad.

(Psalm 119,105; E)

Gottes Wort, die Bibel, ist meines Fußes Leuchte und ein Licht auf meinem Pfad. So bezeugt es David in diesem Psalm. Stellen Sie sich das einmal bildlich vor: Eine kleine Leuchte, zum Beispiel eine Taschenlampe, ist an Ihrem Fuß befestigt. Um Sie herum ist es stockfinster. Durch die Leuchte am Fuß können Sie Schritt für Schritt sicher gehen. Den nächsten Schritt können Sie beurteilen. Ist eine Unebenheit auf dem Weg, eine Pfütze, ein Stein? Sie erkennen den nächsten Schritt, nicht den gesamten Weg. Die Taschenlampe leuchtet ein paar Meter weit. Sie ist kein Flutlicht.

So ist es auch mit Gottes Wort: Es überfordert uns nicht. Es möchte in unsere Lebenssituation hineinsprechen, uns Hilfestellung geben und Schritt für Schritt unser Leben erleuchten. Wir müssen es nur »anschalten« und benutzen.

Seit fast fünfundzwanzig Jahren begleitet mich dieser Bibelvers auf besondere Weise. Er ist nämlich unser Trauspruch. Es gab Zeiten, in denen wir kein Licht mehr sahen. Manchmal wussten wir nicht, wie es weitergehen sollte. In solchen Situationen empfanden wir Gottes Wort als Hilfestellung, als ein Licht auf unserem Weg. Gerade in den Psalmen stehen viele Worte der Hoffnung und der Ermutigung. Möge Gottes Wort auch Ihnen heute Licht und Zuversicht auf ihrem Lebensweg sein. Schalten Sie diese einzigartige Lichtquelle an!

Marion Assmann

23. Februar

»Trachtet zuerst nach dem Reich Gottes und nach seiner Gerechtigkeit, so wird euch das alles zufallen.«

(Matthäus 6,33; L)

Vor 10 Jahren wohnten wir mit vier Kindern als Pastorenfamilie in einem Einfamilienhaus zur Miete. Viele Leute sagten uns: »Ihr seid schön blöd. Warum kauft oder baut ihr euch nicht ein eigenes Haus? Ihr bekommt so viele Fördermittel mit vier Kindern. Verschenkt das nicht!« Wir waren verunsichert und besprachen unsere Situation mit einem Vermögensberater. Er fragte: »Ist Eigenkapital vorhanden?« – »Nein.« – »Wird eine Erbschaft erwartet?« – »Nein.« – »Dann lassen Sie die Finger davon!« Dazu gab uns ein älterer Kollege meines Mannes den Rat: »Macht es wie Abraham. Setzt eure Zeltpflöcke nie zu tief.« Inzwischen sind wir umgezogen. Mein Mann hat seine Stelle gewechselt. Bei der Neuorientierung fragten wir zuerst: »Gott, wo willst du uns hinstellen? Wo willst du uns mit unseren Gaben und Fähigkeiten gebrauchen?« Gott hat uns an unserem neuen Wohnort beschenkt. Wir wohnen wieder in einem tollen Haus – zur Miete. Dort fühlen wir uns sehr wohl. Für unsere Lebenssituation war dies eine wichtige Erfahrung: Unser Herz hing nicht an einem eigenen Haus. Wir konnten zuerst nach Gottes Willen fragen. Durch viele Erlebnisse weiß ich, dass Gott sich nicht lumpen lässt und uns auch mit all den anderen Dingen beschenkt, die für unser Leben wichtig sind. Es gibt tatsächlich den »Zufall«, denn Gott sorgt dafür, dass uns alles andere zufällt, auch ein »Alterswohnsitz«, da bin ich mir sicher. Was hat in ihrem Leben oberste Priorität: Die Familie? Materielle Dinge? Eine gesicherte Arbeitsstelle? Oder das Reich Gottes?

Marion Assmann

24. Februar

Seid nicht bekümmert, denn die Freude am Herrn ist eure Stärke.

(*Nehemia* 8,10; *L*)

Wie schnell kann sich in unserem Leben Kummer ausbreiten. Die Krankheit eines Familienangehörigen, ein Kind kommt in der Schule nicht mehr zurecht, finanzielle Probleme, Krisen in der Partnerbeziehung, Arbeitslosigkeit ... Die Aufzählung könnte endlos fortgesetzt werden. Wenn wir dann nur auf den Kummer und die Sorgen blicken, haben sie eine ungeheure Kraft und Macht in unserem Leben – wie ein Wassersog. Er droht, uns in die Tiefe zu reißen, und wir laufen Gefahr, darin zu ertrinken. Einmal las ich von einer Frau, die sich ein »Freudenkästchen« anlegte, um nicht im Strudel ihres Kummers unterzugehen. Sie begann, in einem Schuhkarton lauter erfreuliche Dinge zu sammeln: ermutigende Spruchkarten, Bibelverse, lustige Dinge, kleine Geschenke und Aufmerksamkeiten. Bald reichte der Schuhkarton nicht mehr aus, und es musste ein größerer Kasten her. Jedes Mal wenn sie nun traurig und deprimiert ist, wenn der Kummer sie nach unten ziehen will, schaut sie in ihr »Freudenkästchen«. Sie erinnert sich daran, dass es auch noch positive Dinge in ihrem Leben gibt. Dadurch wird sie dankbar und kann ganz anders mit dem Kummer und den Sorgen umgehen. Sie überlässt nämlich ganz bewusst alle Dinge Gott. Mit der Bitte um Kraft für ihre Lebenssituation macht sie die Erfahrung: Gott beschenkt mich mit Stärke und Freude.

Übrigens gibt es bei mir inzwischen auch ein »Freudenkästchen« – wirklich sehr empfehlenswert!

Marion Assmann

25. Februar

Freundliche Worte sind wie Honig – süß für die Seele und gesund für den Körper.
(Sprüche 16,24; NL)

In einem Ehebuch las ich folgende Aussage: »Ein Mann ein Wort, eine Frau ein Wörterbuch! Frauen reden mehr als Männer, in der Regel ca. 30.000 Wörter pro Tag. Männer 10.000 weniger.« Aber wie viele Worte sind davon freundlich? Uns allen tut es gut, wenn wir freundlich angesprochen werden, wenn uns Menschen etwas Nettes sagen und es dabei ehrlich meinen. Mit »meckern«, »nörgeln« oder sogar »angeschnauzt werden« können wir schlecht umgehen.

Wie sieht die Kommunikation in unseren Familien aus? Ich entdecke an mir, dass kritische oder ärgerliche Worte schneller über die Lippen kommen als freundliche und aufbauende. Jahrelang hing an unserer Pinnwand in der Küche der Spruch: »Hast du dein Kind heute schon gelobt?« Dieser Satz hat mir oft geholfen, erst einmal tief durchzuatmen und meine berechtigte Kritik mit freundlichen und nicht verletzenden Worten auszusprechen.

So will uns auch dieser Spruch für den heutigen Tag ermutigen, bewusst freundliche Worte zu sprechen, zu den Kindern, wenn sie aus der Schule kommen, dem Partner, um ihn freundlich zu empfangen, oder auch per Telefon, SMS ... Wer könnte heute in Ihrem Umfeld ein freundliches Wort gebrauchen? Der griesgrämige Nachbar? Die gestresste Kassiererin? Eine bewusste Willensentscheidung kann uns helfen, freundliche Worte auszusprechen. Gerade dann, wenn uns mehr nach »meckern« ist.

Denken Sie daran, wie gesund freundliche Worte für den ganzen Körper sind! Und das völlig kostenlos! Wenn Sie wollen, können Sie dieses heilsame »Medikament« immer parat haben, für sich selber und für Ihre Mitmenschen. Völlig rezeptfrei!

Marion Assmann

26. Februar

Tamar ging ins Haus ihres Bruders Amnon. Während er im Bett lag, konnte er zusehen, wie sie den Teig knetete. Dann backte sie daraus ein paar Kuchen für ihn. [...] Dann sagte er zu Tamar: »Nun bring das Essen in mein Schlafzimmer und gib es mir dort.« Also brachte Tamar es ihm ans Bett. Doch als sie es ihm gab, packte er sie und sagte: »Komm, leg dich zu mir, meine Schwester.« [...] und er überwältigte und vergewaltigte sie.

(2. Samuel 13, [hier: 8-14]; NL)

Ein schwieriges Thema, zumal für eine Andacht, nicht wahr? Warum steht so ein Text in der Bibel? Der Schöpfer kennt seine Menschen. Wir brauchen Wahrheit. In diesem Text scheint brillant und bündig diese Wahrheit in unsre Zeit. Nichts hat sich geändert, nicht die Täter-Opfer-Dynamik, nicht das Schweigegebot, nicht Einsamkeit und (Selbst-) Mords-Wut, nicht die stummen Wegseher, nur die Namen. Nicht nur der Bruder kann Derartiges tun, auch die Mutter, der Gebetskreisleiter, die Tante vom Kinder- und Jugenddienst. Mädchen und Jungen wird Liebe aufgezwungen, mit immer denselben Folgen: Tamar war sehr einsam.

Tamar, das ist nicht das Ende! Du musst nicht zurückgezogen, ausgeschlossen und einsam bleiben. Hilfen für den anonymen Anfang sind Bücher, Internet, Telefonseelsorge sowie freie, kirchliche und staatliche Beratungsstellen. Für die konkrete Heilungsarbeit gibt es Fachärzte, für die aufdeckende, tief greifende Nachreifung spezialisierte Kliniken und ambulante Therapeuten.

Gottergebene Ich-und-Jesus-Seelsorge fühlt sich zwar gut an und geht schnell. Leider hat sie erfahrungsgemäß eine sehr kurze Halbwertszeit. Gefährlich ist die Formel: »In der Bibel steht, du musst vergeben, dann wirst du gesund.« Gefährlich meine ich, weil erstens Gott so als kalter Erpresser empfunden werden kann, zweitens der verheerende Schaden nicht anerkannt wird, drittens »erfolgloses« Vergeben zu verstärkten Verdammnisängsten führt.

Tamar, alles hat seine Zeit: weinen, lachen, klagen, tanzen, aufarbeiten und vergeben. Und dann, Gott sei Dank, dürfen wir hier auf der Erde schon geschmückt und fröhlich LEBEN.

Beate Dangelmaier

»Wie schön du bist, meine Freundin, wie schön! Deine Augen hinter dem Schleier sind wie Tauben. Dein Haar gleicht einer Ziegenherde, die vom Gebirge Gilead talwärts zieht. Deine Zähne sind wie eine Herde frisch geschorener Schafe, die gerade aus der Schwemme kommen. Jeder von ihnen hat seinen Zwilling, keiner von ihnen fehlt. [...] Du bist so schön, meine Freundin, so makellos.

(Hoheslied 4,1-2+7; NL)

Im ersten Ausbildungsjahr sah ich morgens oft in den Spiegel, ohne mich zu sehen. Heut mal ein neuer Pickel, Zahncreme weg, Frisur in Ordnung. »Affengesicht, ich hasse dich!« Das war meine Morgenroutine.

Siebzehn Jahre später, etwas reifer, weiser und heiler, erwachte ich eines Morgens mit einer Melodie im Kopf. Ich setze mich ins Wohnzimmer und schreibe dazu die Worte, die mir in den Sinn kommen. Meine Freundin wird Testhörerin, wie ihr das Lied wohl gefällt:

Halt fest an Jesu Herrlichkeit
ER wird dich sicher führen
In Deiner Seele wirst du IHN
Für immer sicher spüren
ER ist der Weg zum Vater
Jeder Herzschlag IHN umfasse
Du bist IHM gleich geschaffen:
Wertvoll, wunderbar und schön
Wertvoll, wunderbar und schön

»Beate, du bist so doof!«, rief sie heulend ins Telefon, »eben schimpfe ich mit Gott. Er nervt mich total. Nichts lässt er von sich hören. Jetzt rufst du mit so was an. Du bringst wieder alles durcheinander! Das geht so nicht!«

Soll einer sagen, dass Gott nicht zu antworten weiß, wenn wir ehrlich zu ihm sind! Mir scheint, manchmal tut er es mit einem Augenzwinkern.

Beate Dangelmaier

»Steht ehrerbietig auf, wenn ein Mensch mit grauem Haar zu euch tritt. Begegnet den Alten mit Achtung und fürchtet euren Gott. Ich bin der Herr.«

(3. *Mose* 19,32; *GN*)

Ja, und vor drei Jahren wurde ich dann verantwortlich in die Gemüseküche versetzt. Meine vorherige Aufgabe war mir zu schwer geworden.« Die Augen leuchten. Nie zuvor sah ich solchen Glanz in den Seelenspiegeln eines hochbetagten Menschen. In Kinderaugen, ja. In den Augen von Verliebten, ja. Aber in denen einer 85-jährigen Nonne? Und wer wird in diesem Alter noch mit neuen Leitungsaufgaben betraut? Eine Klostergemeinschaft von 270 Schwestern, zuzüglich Gästen, täglich mit Gemüse zu versorgen, das ist nicht locker aus der Hand zu schütteln. Am Tag vor großen Kirchenfesten wird vorgearbeitet. Heute, am Morgen des Heiligen Abends, sind allein drei mal 291 Portionen selbst angebauter Ackersalat und Endiviensalat zu putzen. »Wir wollen schweigen und beten, denn wir haben viel zu tun.«

Mit vierzehn Jahren beschloss das Mädchen in den Orden einzutreten. Sie wusste, das ist ihr Weg. »Das Klosterleben ist nicht leicht. Es gibt harte Kämpfe – mit sich selbst, mit den Diensten, in die man gestellt wird, mit den menschelnden Schwestern. Die Frauen, die von sich aus kommen, die gehen auch bald wieder.« Wobei »bald« auch ein mehrjähriger Zeitraum sein kann, aber was sind fünf, sieben, zehn Jahre, wenn die Greisin auf weit über sechzig Jahre Klosterleben zurückblickt?

»Jesus anders zu dienen kann ich mir nicht vorstellen«, meint sie. Ihre Augen – funkelnd wie zwei Juwelen an einem hellen Sommertag. »Ich würde wieder so entscheiden.«

Beate Dangelmaier

29. Februar

»Wenn du so handelst, wird dein Licht aufleuchten wie die Morgenröte. Deine Heilung wird schnelle Fortschritte machen.«

(Jesaja 58, [hier: 8]; NL)

Dieses Jahr gibt es ihn mal wieder: den 29. Februar.
Was ist nicht alles in den letzten vier Jahren geschehen. Ich will innehalten. Schweigend, sodass ich Gott in der Stille hören kann.

Was belastet mich mehr als die Schokoladentafel von gestern?

Wo ist meine Seele übergewichtig; halte ich fest?

Kann ich unterscheiden, was meins ist und was einem anderen gehört, sodass ich das Richtige loslasse?

Habe ich die Wahrheiten von Jesaja 58 erlebt, sodass – wenn ich loslasse – mein Licht und meine Heilung schnelle Fortschritte machen?

Vor dir, dem Auferstandenen, kniend und betend unter dem Kreuz, ergeben sich noch mehr Fragen, die zu beantworten so schnell nicht möglich ist. Leite mich in deine Wahrheit über mich.

(Möchte ich hier unten ein paar meiner Gedanken und Gefühle notieren? In vier Jahren kann ich dann mal nachsehen, wie's inzwischen ist. Was hat sich verändert? Wo muss ich weiterhin um die Hilfe und Gnade des Dreieinigen Gottes bitten? - Die kirchlichen Liederbücher enthalten Beichtspiegel, die mir helfen können.)

Beate Dangelmaier

1. März

»Und der König wird ihnen entgegnen: ›Ich versichere euch: Was ihr für einen der Geringsten meiner Brüder und Schwestern getan habt, das habt ihr für mich getan!‹«

(Matthäus 25,40; NL)

Der ist für dich!«, hatte er gesagt. »Aber Sie bekommen zwei Euro zurück, wenn Sie ihn zum Stand bringen.« »Nein, behalt ihn. Er gehört dir.« Seine blauen Augen glänzen von einem inneren Licht. So unpassend zu den fettigen, verfilzten, grauen Haaren und der eingenässten, vor Schmutz starrenden Hose. Ich blicke ihm nach. Fassungslos! Beschenkt mit einem benutzten Original-Glühweinbecher des diesjährigen Stuttgarter Weihnachtsmarkts in der Hand.

»Jesus in meinem Nächsten sehen.« Noch während der Fremde auf mich zukam, fragte ich still: »HERR, was kann ich dir in diesem verwahrlosten Menschen Gutes tun?«

Als Antwort hielt ICH den Becher in der Hand. MIR war Gutes getan worden. Denn auf der Fahrt zum Weihnachtsmarkt hatte ich den Wunsch verworfen, mir so einen unnötigen Becher zu kaufen.

Und jetzt? »Jesus, wie soll ich dir in meinem Nächsten dienen, wenn du mir durch ihn dienst? Was hat der obdachlose, schmutzige Randsiedler unserer Gesellschaft, dass du dich in ihm meiner erbarmst?«

Beate Dangelmaier

Und er sagte auch: »Es ist vollendet! Ich bin das Alpha und das Omega – der Anfang und das Ende. Jedem, der durstig ist, werde ich aus der Quelle, die das Wasser des Lebens enthält, umsonst zu trinken geben! Wer siegreich ist, wird dies alles empfangen; ich werde sein Gott sein, und er wird mein Sohn sein.«

(Offenbarung 21,4-7; NL)

»Marie! Marie!«

Ihre Augen blicken in unendliche Ferne.

»Meine geliebte Tochter, komm!«

Ihre todesängstlich verschwitzte Stirn wird trocken.

»Meine Treue! Du hast das dir Anvertraute gut verwaltet! Der Vater wartet auf dich. Er freut sich, dich endlich zu empfangen.«

Ihr Antlitz spiegelt seinen Schein.

»Mir hast du all die langen, schweren Jahre vertraut. Nun ist dein Lauf vollendet. Nimm die Krone des Lebens! Ich bin gekommen, um dich ins Vaterhaus zu bringen.«

Ihr Blick bricht, ein letzter Atemhauch.

Der Raum ist erfüllt von Licht und Frieden einer anderen Dimension. Wie durchgoldet schimmert ihre Haut. Ohne Falten, ohne Runzeln, mit einem Heiligenschein aus weißem Haar, erscheint ihr abkühlender Körper ewig jung und doch so ewig alt. Uns ist, als hätten wir, die Zurückbleibenden, für eine kurze Weile einen Blick in die Ewigkeit werfen dürfen.

Beate Dangelmaier

Wie schön und wie wunderbar ist es, wenn Brüder einträchtig zusammenleben! Das ist so kostbar wie das duftende Salböl, das Aaron über das Haupt gegossen wurde, das hinabrann in seinen Bart, an seinem Körper hinunter bis zum Saum seines Gewandes. Es ist so erfrischend wie der Tau vom Berg Hermon, der auf die Berge Zions fällt. Denn dort verheißt der Herr seinen Segen und das Leben, das niemals enden wird.

(Psalm 133; NL)

Nach einer heißen Diskussion über Kunstdrucke der Sorte Männer-Akt im christlichen Single-Frau-Haushalt kam ich nach Hause und öffnete die Post. Ein Heft von der Internationalen Christlichen Botschaft in Jerusalem war dabei. Auf dem vorletzten Blatt wurde über die Räumung der Siedlungen im Gazastreifen berichtet. Dazu gab es einige Bilder.

Mit Tränen in den Augen schnitt ich eines davon aus: Ein junger, kraftvoller, schmerzlich weinender Siedler in den Armen eines Soldaten der israelischen Armee, der begreift, wie schwer es für den anderen ist die Heimat zu verlieren. Ein *Akt* echter Männlichkeit. Ein *Akt* wahrer Brüderlichkeit.

Meine Seele brennt, wenn ich mich auf dieses Bild einlasse, das nun gerahmt vor meinem Bildschirm steht. Ich bete für die abgebildeten Männer. Wohl werde ich sie nie kennen lernen. Aber Jahwe, der Gott Israels, kennt sie und kann sie berühren und trösten. Ich bete für Männer, die aus ihrer inneren Heimat, ihrer ursprünglichen, gottgewollt männlichen Identität vertrieben wurden. Ich bete für uns weibliche Menschen, dass wir Frauen nach Gottes Herzen werden. Ich bete um Gnade und Heilung für uns verwirrte und verirrte Menschenkinder. Nach dem Bild Gottes sind wir geschaffen, als Frauen, als Männer, als fehlbare und sündige, als begabte und geliebte Menschen. Wann werden wir das leben?

Beate Dangelmaier

Sie gefiel ihm und erwarb sich seine Gunst.

(Ester 2,9; NL)

Ein Märchen wird wahr!

Ester, eine junge jüdische Frau in einer multikulturellen Gesellschaft vieler verschiedener Nationen, musste sich in eine andere Kultur einfügen. In eine andere Staatsform, in eine unbekannte Sprache, sich auf Werte einlassen, die ihr fremd und ungerecht vorkamen, sich an Riten gewöhnen, die sie so noch nie erlebt hatte und auch nicht verstand.

Alles in Persien war anders, fremd, ungerecht oder sogar Unrecht, entsprach weder ihrem Glauben noch ihren Werten. Eine junge Frau, in der Gefangenschaft geboren, wuchs ohne Eltern auf, bei ihrem Onkel, ohne weibliches Vorbild, aber schön, wunderschön. Sie wuchs heran zu einer ganz besonders anmutigen Frau.

Aber es hätte auch alles anders kommen können. Wenn Ester auf Grund ihrer Schönheit auf die schiefe Bahn geraten wäre. Wenn sie ihr Aussehen für sich selbst vermarktet hätte, um Anerkennung, Liebe und Freiheit zu erlangen. Wenn sie zurückgezogen, in dem Haus ihres Onkels, als seine Magd gelebt hätte. Als junge Frau aus einer Minderheit, die verachtet wurde, hätten wir nichts von dieser außergewöhnlichen Frau erfahren.

Es gibt immer mehrere Möglichkeiten, wie wir unser Leben gestalten. Entweder wir nutzen unsere Fähigkeiten, Möglichkeiten und unsere Schönheit egoistisch für uns oder wir ziehen uns zurück, weil wir mit wenig Selbstvertrauen uns unserer hoffnungslosen Lage bewusst zu sein scheinen und nicht heraus wollen. Aber es gibt noch die andere Variante: Wir könnten uns auf Gott berufen, der uns mit allem, was wir haben und sind, ausgerüstet hat. Unser von Gott gegebenes Potenzial erkennen, wertschätzen, einsetzen und entfalten. Dann fallen wir nicht unangenehm sondern angenehm auf, dann gewinnen wir die Gunst von Menschen.

Gott hat mit uns etwas vor. Nutzen wir unsere Möglichkeiten! Nutzen wir unser Potenzial!

Alexandra Depuhl

… und sie befolgte Mordechais Befehl genauso, wie sie es getan hatte, als sie noch von ihm erzogen wurde.

(Ester 2,20; NL)

Auf die richtige Spur gebracht

Was muss das für eine Beziehung gewesen sein zwischen dem Onkel und seiner Pflegetochter! Ester hörte auf Mordechai, auf seinen weisen Rat; sie wusste, er lebte mit Gott. Er hatte ihr Vertrauen, denn sie hatte die Werte ihres Volkes von ihm gelernt. Sie hatte mit ihm Sabbat gefeiert, durch ihn die jüdischen Feste kennen gelernt. Sie wusste um ein Volk in langer Gefangenschaft, das sich nach Hause sehnte, nach Jerusalem, dem Tempel, dem gelobten Land. Sie hatte in ihm einen Mentor gefunden. Sie war reich durch seine Weisheit beschenkt worden. Sie hatte bestimmt zu seinen Füßen gesessen und sich von den jüdischen Festen erzählen lassen. Sie war dem Glauben ihres Volkes trotz widriger Umstände treu geblieben. Sie hatte gelernt, keine Kompromisse zu machen. Dieses Zutrauen zu Mordechai konnte ihr keiner nehmen. Sie folgte den Geboten Gottes, den Worten, die sie gehört, gelernt und in ihrem Leben umgesetzt hatte.

Wünschen wir uns nicht manchmal solch einen Begleiter oder eine Mentorin, die sich mit Hingabe um uns kümmern, uns aufnehmen für eine Zeit, uns erzählen von den Erlebnissen, die sie mit Gott hatten? Uns erklären, wie sie mit Erfolgen und Misserfolgen umgegangen sind? Uns mitnehmen in ihre Beziehungen und uns sehen lassen, wie sie dadurch geprägt, geformt wurden? Wünschen wir uns nicht Vorbilder, denen wir folgen können, weil sie uns wertvoll und nachahmenswert sind? Oder haben wir Angst, nicht unsere eigene Spur zu finden?

Ester fand ihre eigene Spur aus der Liebe heraus, die sie von ihrem Onkel erfuhr. Sie fand sie aus der Sicherheit heraus, die er ihr mit Werten und dem Fundament des Glaubens gab; nicht zuletzt aus dem Leben, das er ihr vorlebte.

Dem authentischen Vorbild zu vertrauen, bringt uns auf die richtige Spur.

Alexandra Depuhl

Wenn du in dieser Lage wirklich schweigst …

(*Ester 4,14; NL*)

Ausgeliefert …

Was für einschüchternde Worte! Gefangen in einer Entscheidungsfindung. Ausgeliefert zu sein, nicht mehr selbst die Kontrolle zu haben, geschubst, gegängelt und gefordert zu sein, macht uns solch eine Situation nicht Angst? Wir wollen heraus aus der Verantwortung! Wir brauchen jetzt nicht auch noch diese Herausforderung! Gerade jetzt, wo alles so gut und sicher schien, da kommt dieses Problem auf mich zu. Wollen wir nicht alle unsere Ruhe haben und glücklich und zufrieden leben? Ja, aber wenn du schweigst …

Gott hat uns in Aufgaben gestellt, er hat uns dafür bestimmte Gaben und Fähigkeiten gegeben, er hat uns vorbereitet auf diese besonderen Stunden unseres Lebens. Er braucht uns an dieser Stelle. Er will, dass wir reden und nicht schweigen.

Ester hatte berechtigte Angst, sie müsste ihre Herkunft preisgeben. Dem König, der gerade Brief und Siegel gegeben hatte, dass sein Minister Haman die Judenverfolgung in allen 127 Provinzen des persischen Reiches, von Ägypten bis Indien, einleiten konnte.

Wenn wir schweigen, wird Gott andere finden, die sich trauen, aber er will uns an dieser wichtigen Stelle einsetzen. Und wenn gar niemand genug Mut hat, dann werden die Steine reden (Lukas 19,40). Ich erinnere mich an eine Sitzung bei der Stadt. Stadträte, Organisatoren und Sponsoren waren eingeladen, um miteinander ein Stadtfest vorzubereiten. Während wir Ideen austauschten, fing der Teilnehmer neben mir an zu fluchen, weil ihm irgendetwas nicht behagte. Woher mir der Mut zum Reden kam, weiß ich nicht, aber ich drehte mich zu ihm um und hörte mich sagen: »Ich bin engagierte Christin und in meiner Nähe flucht man nicht!« Danach schwieg er. Zehn Jahre später, bei einem geselligen Zusammensein mit dieser Gruppe, drehte er sich zu mir um mit den Worten: »Ich fluche nicht mehr!«

Manchmal dürfen wir nicht schweigen.

Alexandra Depuhl

Nach dieser Vorbereitung werde ich dann, obwohl es gegen das Gesetz verstößt, zum König gehen. Wenn ich umkomme – dann komme ich um.

(Ester 4,16; NL)

Mut macht risikobereit!

Es gibt Augenblicke, da zählt nur noch das, was vor Gott richtig ist. In solchen Augenblicken sind Menschen zu Märtyrern geworden, weil sie am Glauben festhielten und lieber umkamen, als Gott abzuschwören. In solchen Augenblicken hat sich Gott verherrlicht wie bei Stephanus. Es war ein solcher Augenblick, in dem eine Cassie Bernall in der Columbine Highschool sich zu Jesus bekannte und erschossen wurde. Es war ein solcher Augenblick, der Dietrich Bonhoeffer während des Zweiten Weltkrieges aus den USA zurückkommen ließ, um seine Landsleute nicht im Stich zu lassen.

Menschen, die ihr Leben riskierten, um für Gott einzustehen.

Diesen Mut bewundere ich an Ester, sie wird sich im Gespräch mit Mordechai bewusst, welch eine einmalige, riskante Aufgabe sie hat. Ihr wird klar, wofür Gott sie mit Schönheit, Weisheit und Mut ausgerüstet hat. Sie ist die Frau, die zur Königin von Persien wurde, um ihr Volk zu retten, koste es, was es wolle.

Gott hat sie durch ihre Fähigkeiten gut vorbereitet. Mordechai hat sie auf das Leben als Jüdin in der persischen Kultur vorbereitet. Nun bereitet sie sich und die Juden in Susa auf diesen wichtigen Schritt durch Fasten vor. Ja, selbst ihre Dienerinnen fasten mit ihr am Hof.

Was für eine Frau! Welchen Einfluss übt sie aus! Was für eine mutige Königin! Sie macht sich zurecht, um dem König zu begegnen, wirft alles an Schönheit, Gestalt, Gewändern und Etikette in die Waagschale. Und geht in den inneren Hof an den Platz, an dem der König sie sieht.

Ester ist sich bewusst: Dies ist die Stunde der Wahrheit. Sie weiß, sie ist nicht allein, Gott stellt sich auf ihre Seite, um sein Volk zu retten. Es ist nicht mehr nur der Mut der Ester gefragt, sondern ihr Vertrauen. Ester traut sich vor den König, denn sie vertraut Gott – und Gott entscheidet!

Alexandra Depuhl

Der König fragte sie: »Was willst du, Königin Ester? Was hast du für einen Wunsch? Ich erfülle ihn dir, und wenn es die Hälfte meines Reiches ist!«

(Ester 5,3; NL)

Du hast einen Wunsch frei!

Nur Mut hatte Ester diese Gunst beim König eingebracht. Sie hätte auch übermütig werden können. Sie, die nun alles in der Hand hatte, den Persischen Regenten, das halbe Königreich, was wollte sie mehr? Sie wollte den richtigen Moment abwarten, damit ihr Wohlwollen beim König und Gottes Plan zusammenpassten. Sie musste sich absolut sicher sein, das Gottes richtiger Zeitpunkt gewählt war. Geduld und Weisheit brauchte sie, und Zeit.

Fast eine Zumutung für den König. Sie kannte ihren Mann, sie lud ihn zu einem Essen ein. Ein weiser Zug der Ester. Sie schöpfte Mut nach diesem Angebot. Mut, den sie ganz nötig hatte, um sich preiszugeben und für ihr Volk einzustehen. Sie hatte sich verändert, von Furcht zum Vertrauen und Glauben, vom Zögern zur Entscheidung. Vom eigenen Sicherheitsdenken zum Sorgen für das Überleben ihres Volkes. Sie gehörte zu den weisen Frauen, die den Wert von Geduld verstehen. Sie wartete im Fasten auf Gott und konnte dann vertrauensvoll mit ihm rechnen. Der Weg im Glauben ist ein Abenteuer, er ist mit besonderen Überraschungen gepflastert.

Ester plante das Bankett, weil sie Gott das Unerwartete zutraute. Gott gab Xerxes eine schlaflose Nacht, in der der König seine Chroniken las und feststellte, dass Mordechai, sein Lebensretter, noch nicht geehrt wurde. Das Vergessene wurde hervorgeholt und veränderte die Konstellation am Hof. Nicht mehr Haman, sondern Mordechai wurde vom König geehrt.

Sind wir noch offen für das Unerwartete, das Unmögliche, das nur Gott bewirken kann, das wir uns nicht ausdenken können, sondern Gott zutrauen müssen? So war es bei Jesu Wundern: Die Menschen taten ihr Mögliches und Gott tat das Unmögliche.

Warten wir wirklich, ganz ehrlich, noch darauf, dass Gott seinen Willen tut?

Alexandra Depuhl

In dieser Nacht konnte der König nicht schlafen...

(Ester 6,1; NL)

Eine schlaflose Nacht kann alles verändern

Schlaflose Nächte sind nicht schön, aber manchmal heilsam. Gott kommt vorbei, unbemerkt und unverkennbar. Nein, er ist schon da! Wir leben unsere Leben unter der sorgsamen, liebenden, gnädigen und souveränen Hand Gottes. Und die Begegnungen in der Zeit und der Geschichte verlaufen genauso, wie er es *vorher*bestimmt hat, und nach seiner Berechnung. Er ist da, er schweigt nicht. Zweifeln Sie nie an der Gegenwart Gottes.

Er kann uns demütigen bis zum Äußersten, damit wir auf ihn aufmerksam werden. Er kann uns auch zerbrechen, denn Gott hat die Kontrolle in der Hand. Im Buch Ester ist er absolut unsichtbar, aber er ist bei der Arbeit und lenkt jede Minute, auch in der Nacht, die Vorkommnisse, um sein Volk zu befreien.

Die unsterbliche und unsichtbare Hand Gottes arbeitet hinter der Bühne, versteckt vor den menschlichen Augen. Nur ein gnädiger, liebevoller Gott kann seine Hand auf ein vergessenes Waisenkind, ein kleines Mädchen, das Vater und Mutter verloren hat, legen. Nur solch eine Vorsehung kann in einem jüdischen Gefangenen im Exil des großen persischen Reiches an der Arbeit sein, indem ein König wie Ahasveros in egoistischer Weise regiert und ein Haman sich selber in böser Absicht der Macht bedient.

Das ist die wunderbare Botschaft für alle, die zerbrochen sind und die vom Leben unterdrückt und gedemütigt worden sind, für alle, die glauben, sie seien am Ende, aufgelöst, verlassen und nicht beachtet: Gott kümmert sich um uns, jeden Einzelnen von uns.

Er kennt den Zeitpunkt, an dem alles zusammenwirkt, wie diese schlaflose Nacht. Er kennt die Gedanken, die uns dann bewegen, er greift sie auf und bewegt sie zu seinem Ziel. Wenn wir zu Gott mit einem offenen Herzen und im Glauben kommen, merken wir, dass er mit offenen Armen auf uns wartet, bereit ist, uns anzunehmen, zu empfangen und uns mit seiner Weisheit zu erfüllen.

Alexandra Depuhl

Die Juden sollen die beiden Festtage immer beibehalten und die Erinnerung an das, was damals geschehen war, soll unter ihren Nachkommen niemals verlöschen.

(Ester 9,28; NL)

Memory Builder

Das war ein Fest! Der König, der das Gesetz der Meder und Perser nicht zurücknehmen konnte, erlaubte Ester und Mordechai, neue Erlasse zu verfassen, damit die Juden im ganzen Reich gerettet wurden. Die Feinde hatten gehofft, dass sie über die Juden triumphieren könnten, aber Esters Mut, die Zuneigung des Königs Ester gegenüber, und ganz entschieden Gottes souveräner Plan, hatten dies vereitelt. Zur richtigen Zeit, hatte Gott die richtige Frau, am richtigen Ort eingesetzt, sie war ihm im Vertrauen gefolgt.

Das Fest dauerte zwei Tage lang. Kummer wurde in Freude verwandelt und Trauer in Jubel. Noch heute wird zur Erinnerung an die Tage, die den Juden Ruhe und Rettung vor ihren Feinden brachten, das Purimfest in Israel gefeiert.

Ester, eine Frau, an die sich Israel bis heute erinnert. Ihr Mut bleibt im Gedächtnis. Sie schrieb zusammen mit Mordechai die verbindlichen Festvorschriften nieder. Die Verpflichtung umfasst das Fasten und Klagen, die dem Festmahl vorangingen.

Edith Schäfer hat es einmal so ausgedrückt: Wir müssen in unseren Familien Zeiten haben, die »Memory Builder« sind. Wir brauchen feste Gewohnheiten und Festtage, an die wir uns erinnern und die in unsere Herzen von Kindheit an eingeprägt werden. Wir brauchen Momente, in denen wir diese Erinnerungen festhalten, um davon zu zehren und sie als wertvolle und bewusste Bausteine in unser Leben einzubauen. Das gibt ein starkes Fundament, um mutig zu werden, Gott für die Zukunft zu vertrauen und das Abenteuer zu wagen, ihm zu folgen und unseren Platz in unserer Zeit zu erkennen.

Ester, das jüdische Waisenkind, wird zur Königin. Ester, die zurückhaltende junge Frau, wird zur mutigen Befreierin.

Ester, voll Vertrauen und Weisheit, wartet auf Gottes Zeitpunkt.

Alexandra Depuhl

Sie verharrten aber in der Lehre der Apostel und in der Gemeinschaft, im Brechen des Brotes und in den Gebeten. Über jede Seele aber kam Furcht, und es geschahen viele Wunder und Zeichen durch die Apostel. Alle aber, die glaubten, waren beisammen und hatten alles gemeinsam; und sie verkauften die Besitztümer und die Habe und verteilten sie an alle, je nachdem einer irgend Bedarf hatte.

(Apostelgeschichte 2,42-47; E)

Dieser Text weckt in mir eine tiefe Sehnsucht. Immer noch, obwohl ich schon lange Teil einer Lebensgemeinschaft bin. Irgendetwas in mir möchte mehr. Mehr Gemeinschaft, mehr Teilen, mehr Zeichen und Wunder sehen. Vor einiger Zeit waren wir in Volkenroda bei der Jesus-Bruderschaft, einer ökumenischen Kommunität. Dort hörte ich folgenden Satz: »Der Kern der Erlöserliebe ist die Gefährtenschaft.« Bei dem Wort »Gefährten« sehe ich sofort Frodo und Sam aus »Der Herr der Ringe« vor mir. Oder Legolas, Aragorn und Gimli stehen vor meinem inneren Auge. »Frau« muss kein »Herr der Ringe«-Fan sein, aber diese Freunde ordnen miteinander dem einen großen Ziel alles andere unter und gelangen letztlich nur dorthin, weil sie füreinander einstehen. Sie vertrauen sich vollkommen und sind bereit, für den anderen ihr Leben zu lassen. Das ist es doch! Wo ist sie in meinem Leben, diese Gefährtenschaft? Nun bin ich mal ehrlich. Ich wurschtele gern allein. Zwar ist mein zu erklimmender Berg manchmal nur der Wäscheberg und meine Nerven liegen aus anderen Gründen blank, als die der »Gefährten« in »Herr der Ringe«. Aber auch ich habe wunderbare Gefährtinnen, die jederzeit – sogar am Telefon – bereit sind, mit mir zu beten. Das richtet meinen Blick jedes Mal wieder auf mein eigentliches Ziel. Dieses Ziel ist nicht das Erledigen des Haushaltes oder das Geduldigsein beim Beaufsichtigen der Hausaufgaben, sondern es ist, Jesus zu dienen in allem. Häufig versuche ich, alles allein zu schaffen. Durch den Text aus der Apostelgeschichte sagt Jesus zu mir: »Du hast Brüder und Schwestern und vor allem hast du mich.« In der Gemeinschaft liegt unsere Stärke.

Margit Pflüger

Seid nun Nachahmer Gottes, als geliebte Kinder, und wandelt in der Liebe, wie auch der Christus uns geliebt und sich selbst für uns hingegeben hat als Darbringung und Schlachtopfer, Gott zu einem duftenden Wohlgeruch.

(Epheser 5,1-2; E)

In einer anderen Übersetzung heißt es: »Seid ein guter Duft Christi«. Also, das ist mal ein Vers für mich! Meine Nase ist mein zweites Gedächtnis. Düfte erinnern mich an Orte, Personen, ja, Ereignisse. Mit meiner Familie habe ich lange in Jerusalem gewohnt – ein Nasenparadies! Weihrauch, Falafel, Kaffee, Kardamon, aber auch die übelsten Gerüche des Orients gab es umsonst. Um mich davor zu schützen, habe ich mich bei meinen (leider nicht zu vermeidenden) Besuchen auf dem Fleischermarkt (bei 38 Grad) immer etwas stärker mit Parfüm besprüht. Der Parfümduft war mein Schutzschild. Ein gutes Bild für das, was wir sein sollen: Guter Duft Christi im Gestank der Welt.

Mit Jesus, als unserem guten Duft, können wir ganz geschützt zu den übelst riechenden Orten der Welt gehen. Das ist gut für uns, damit uns der Gestank nicht umhaut, und gut für die Menschen, denen wir begegnen. Sie werden merken, dass etwas an uns anders riecht, und nach dem Grund fragen. Mich ermutigt das total. Es gibt Ungerechtigkeit in dieser Welt, Gemeinheiten, Böses, das zum Himmel stinkt. Allein könnte ich es nicht ertragen, damit konfrontiert zu werden und zu tun, was Jesus von mir möchte. Es würde mich umhauen. Aber der »Duft« Jesu ist um mich herum und erinnert mich an ihn. Diesen Duft des Paradieses gibt es jederzeit umsonst. Auch heute.

Margit Pflüger

Einige Kinder wurden zu Jesus gebracht. Er sollte ihnen die Hand auflegen und für sie beten. Doch die Jünger fuhren die Leute an, ihn nicht zu stören. Aber Jesus sagte: »Lasst die Kinder zu mir kommen. Haltet sie nicht zurück! Denn das Himmelreich gehört ihnen.« Und er legte ihnen die Hände auf und segnete sie, bevor er weiterzog.

(Matthäus 19, 13-15; NL)

Kinder sind in Deutschland unheimlich wichtig. Es wird ständig über sie geredet, ständig werden neue Bücher über sie geschrieben und vor allem in der Welt des Konsums, spielen sie eine große Rolle – als kleine Verbraucher, deren materielle Wünsche zuerst geweckt und dann erfüllt werden müssen. Trotzdem gibt es leider zu wenig Kinder in Deutschland – komisch, wo wir doch so viel über sie reden und ihnen mehr bieten können als die meisten Länder, in denen es so viel mehr von ihnen gibt. Eigene Zimmer, Computer, Spiele, Kleider ... Jesus sieht Kinder als vollwertige Menschen, die jetzt und heute für das Reich Gottes wichtig sind – nicht als zukünftige Erwachsene! Er redet nicht über sie – er sagt: »Lasst sie zu mir kommen, steht ihnen bloß nicht im Weg!« Und dann tut er das, was jedem Kind immer noch wichtiger ist als alles andere und woran es in unsrer Gesellschaft mangelt: Jesus nimmt sich Zeit, er berührt jedes einzelne Kind. Berührung, Annahme – und zwar ohne jeden Eigennutz. Aus reiner Liebe heraus. Wie viele Kinder werden nie abends liebevoll ins Bett gebracht, weil keine Zeit da ist. Wie viele Kinder werden mit Vorträgen abgespeist, statt tröstend in den Arm genommen zu werden.

Wie Papa oder Mama mit ihm umgehen, prägt sehr stark das Gottesbild eines Kindes. Meinen Eltern bin ich nicht wichtig – dann bin ich bestimmt auch Gott nicht wichtig! Und deshalb warnt Jesus uns: »Verbau deinem Kind nicht den Weg zu mir!« Vielleicht müssen wir uns erst selbst von Jesus berühren lassen und uns nach seiner Liebe ausstrecken, bevor wir unsere Kinder zu Jesus bringen können.

Margit Pflüger

»Jerusalem! O Jerusalem! Du tötest die Propheten und erschlägst die Boten, die Gott zu dir schickt. Wie oft habe ich deine Kinder sammeln wollen, so wie eine Henne ihre Küken unter ihre Flügel nimmt! Aber ihr habt es nicht gewollt!«

(Matthäus 23,37, Hfa)

Auf dem Ölberg steht eine kleine Kirche. Als der Architekt sie entwarf, hat er dabei versucht, die Form einer Träne darzustellen. Sie heißt: »Dominus Flevit« (»Unser Herr weinte«). Ich war öfters da oben, gerade wenn mir zum Heulen zu Mute war. Um uns Menschen begreifen zu lassen, wie seine Liebe zu uns ist, hat Jesus in Bildern gesprochen, ganz klar und einfach. Wenn man an dieser kleinen Kirche sitzt, kann man das Bild der Henne greifen. Dort laufen nämlich Hühner rum, manche sind ziemlich aufdringlich. Mein Herr und Gott ein Huhn?

Man muss einmal gesehen haben, wie eine Henne bei Gefahr sofort alle ihre Kinder unter die Flügel nimmt, um das Wunderbare dieses Bildes zu verstehen. Mein Gott ist wie eine Mutter, die mich schützen will. Ich gestehe, erst jetzt, wo ich selber Mutter bin, begreife ich die unendliche Traurigkeit Jesu, mit der er sagt: »Aber ihr habt nicht gewollt.« In wie vielen Situationen habe ich versucht, meine Kids zu schützen. Als Kleinkinder: »Pass auf, nein, nicht anfassen ...!« Später mit mehr Worten: »Bitte lass es, das ist nicht gut für dich ...« Aber Kinder gehen ihren Weg. Die Liebe basiert auf Freiwilligkeit, nicht auf Zwang. Und so sagt Jesus: »Ich bin immer hier, bereit zu schützen und zu helfen, aber du musst kommen.« Jesus geht das Risiko ein, dass wir nicht wollen – er lässt uns gehen. Manchmal bin ich es, die nicht will, manchmal muss ich andere gehen lassen. Es tröstet mich so sehr, dass Jesus darüber weint und dass er bereit ist, jederzeit seine Flügel für uns auszubreiten.

Margit Pflüger

Wer großzügig gibt, wird dabei immer reicher; wer aber sparsamer ist, als er sein sollte, wird immer ärmer dabei. Dem Großzügigen geht es gut und er ist zufrieden; wer anderen hilft, dem wird selbst geholfen werden.

(Sprüche 11,24-25; NL)

Dieser Vers klingt doch ganz anders als so manche Sprüche von heute: »Gib nur was ab, wenn du selbst genug hast!« – »Denke zuerst an dich, dann an andere!« – »Hauptsache, du und deine Familie haben was!« – »Geiz ist geil!« – »Denke früh genug an deine Altersvorsorge!«

Diese Sprüche ließen sich fortführen, aber an dieser Stelle ist Sparen ausnahmsweise mal angebracht! Denn sie führen definitiv nicht zum Leben in der Fülle, so wie Gott es für uns möchte. Merkwürdigerweise stellt Gott unsere Maßstäbe auf den Kopf:

Abgeben = mehr haben
Großzügig sein = Fülle haben
Leben verlieren = Leben gewinnen

Der Schlüssel zum reichen Leben ist die Großzügigkeit. Und großzügig sind oft nicht die Reichsten. Ich weiß noch genau, wie mir eine alte indische Dame eine wunderschöne silberne Fußkette schenkte. Eine Frau, die sich ihr ganzes Leben lang für Waisenkinder eingesetzt hatte, deren einziges Zimmer kleiner war als die Hälfte meiner Küche, deren Gehalt von der Spendenfreudigkeit anderer abhing. Sie wollte mir eine Freude machen. Gerade in Indien erlebte ich oft ein solches für mich beschämendes Verhalten.

Wenn wir uns hier jemanden zum Vorbild nehmen können, dann ist das Jesus selbst. Er war und ist der Meister des Verschenkens, der Großzügigkeit ohne Vorbedingung.

Unsere Gesellschaft ist anders geprägt und schlägt daraus Profit. Die Folgen sind Gier, Angst, Maßlosigkeit. Manchmal habe ich das Gefühl, diese Folgen sind wie Fangarme, die nach mir greifen. Deshalb bete ich heute: »Herr lass mich großzügig sein! Du hast gesagt, wer abgibt, der empfängt.«

Margit Pflüger

Und er, der auf dem Thron sitzt, wird über ihnen wohnen. Sie werden nie wieder hungern oder Durst leidern, und sie werden vor der brennenden Sonne und jeder Gluthitze geschützt sein. Denn das Lamm, das in der Mitte auf dem Thron ist, wird ihr Hirte sein und für sie sorgen. Es wird sie zu den Quellen führen, aus denen das Wasser des Lebens strömt. Und Gott wird alle ihre Tränen abwischen.

(Offenbarung 7,15b-17; NL)

Ich sitze in der Halle der Kinder in Yad Vaschem. Das Ausmaß des Leidens, an das hier erinnert wird, lässt sich nicht beschreiben. Ich gehe durch einen Slum in Delhi, durch ein Flüchtlingslager in Gaza. Das Leiden hat so viele Gesichter – vor allem das von Kindern. Aber die Welt scheint nicht hinzugucken. Als wäre sie – so hat es John Eldredge einmal ausgedrückt – unter einem Zauber (engl.: »spell«), der sie die Realität gar nicht wahrnehmen lässt. Misshandelte Kinder? Niemand hat's gesehen! Abgetriebene Kinder? Wo?

Und Gott? Es ist schwer auszuhalten, wenn mich Freunde fragen: »Warum lässt Gott das zu?« Es fallen mir keine einfachen Antworten ein; auch in meinem persönlichen Leid, den Erfahrungen mit Krankheit und Tod. Aber ich weiß, wo mein Gott ist. Er ist mittendrin im Leid. Wer mit Jesus durch Leiden gegangen ist, weiß um die Hand, die ihn durchgetragen hat. In Israel schenkte mir eine jüdische Freundin eine Tränenschale. »Hier drin geht keine deiner Tränen verloren, Gott zählt sie, er weiß um jede von ihnen«, sagte sie mir. Es ist kein leeres Versprechen, was hier steht: »Gott wird alle ihre Tränen abwischen.« Wie sagte letztens eine Freundin in einer Predigt: »Der Klang der Schreie in dieser Welt hat sich durch Jesu Sieg verändert. Es sind nicht mehr die Schreie einer sterbenden Welt, sondern einer Welt, die in den Geburtswehen liegt.« Jesus ist mitten unter uns. Aber wo bin ich? Verschließe ich Augen und Ohren, flüchte in die heile Scheinwelt oder gehe ich mit meinem Herrn mitten hinein in diese Welt?

Margit Pflüger

»Sagt dem Volk Israel: ›Seht, euer König kommt zu euch. Er ist sanftmütig und reitet auf einem Esel – ja auf dem Fohlen eines Esels, dem Jungen eines Lasttieres.‹« Viele Menschen breiteten ihre Mäntel vor Jesus auf der Straße aus. Andere schnitten Zweige von den Bäumen und bestreuten den Weg damit. Er befand sich in der Mitte des Zuges, und die Menge um ihn herum jubelte.

(Matthäus 21,5.8-9a; NL)

Man muss ihn mal erlebt haben, den Palmsonntagsumzug auf dem Ölberg in Jerusalem. Menschen aller Konfessionen singend, jubelnd, Hosianna rufend, mit Palmzweigen wedelnd – für Jesus.

Oder einen Jesus-Marsch durch die Innenstadt Berlins mit Liedern, Plakaten ... Peinlich? Wie auf dem Fußballplatz? Ja, vielleicht. So oft war ich zwar nicht auf dem Fußballplatz, aber bei einer WM oder ähnlichen Großereignissen bekommen wir ja alle etwas mit von der Begeisterung und dem Jubel über »unsere Spieler«. Wieso darf ich also, bitte schön, nicht für Jesus jubeln? Er begeistert mich!

Später wird Jesus selbst gefragt, ob er das nicht ein bisschen übertrieben oder peinlich findet, oder sogar anmaßend. Und dann noch dieser Esel ... Ich hab's ausprobiert: Da ist wirklich nichts Würdiges dabei, auf einem Esel zu reiten – sogar ein Kamelritt ist noch besser, obwohl das auch recht lächerlich wirkt. Die Füße schleifen fast über den Boden und jeder normale Esel bockt ab und zu. Natürlich, ein Pferd war den Römern vorbehalten, ein »Papamobil« gab es noch nicht, aber Jesus hätte doch würdiger zu Fuß gehen können!

Komisch, bei vielen Begebenheiten mit Jesus scheinen Worte wie »dezent, ordentlich, würdevoll« nicht zu passen. Wir hätten viel lieber einen solchen Jesus; würde der nicht besser in unsere Kirche passen? Aber Jesus ist anders – ob es uns passt oder nicht, peinlich ist oder nicht. Er will uns befreien aus unserem geordneten Trott.

Margit Pflüger

»Denn der Sohn des Menschen ist gekommen, zu suchen und zu retten, was verloren ist.«

(Lukas 19,10; E)

Fünf meiner Kindheitsjahre verbrachte ich auf einer Insel mit launischem Wetter an der Westküste Norwegens. Viele Fischer mit ihren Familien lebten dort. Mit Wind und Wetter waren sie bestens vertraut – und zollten den Meeresbewegungen, bei Sturm- und Orkan-Böen, großen Respekt. Immer noch kann ich die Stimmung, die bei Krisensituationen auf dem Meer entsteht, nachempfinden. Die Funkverbindung, zwischen einem in Seenot geratenen Fischerboot und einem Rettungsschiff, konnte man im Radio abhören. Überall wurde mitverfolgt, im Laden wurde nicht geplaudert und gelacht wie sonst, sondern gelauscht, denn das Radio war auch hier angestellt. Ernste Gesichter, suchende Blicke auf das Meer hinaus; ob der Sturm sich nicht doch bald legen würde? Alle kannten jemanden, der sein Grab im Meer gefunden hatte. Die Spannung stieg beim Drama auf dem unregierbaren Meer. Und dann – meistens – die erlösende Nachricht: Die Rettung war geglückt. Jeder freute sich, die Erleichterung war groß.

Diese Erinnerungen steigen in mir auf, wenn ich den heutigen Bibelvers höre oder lese. Es geht um etwas. Um Lebensrettung! Verloren sein, das ist die Ausgangsposition. Eine Rettung ist aber da. Zachäus, von dem hier erzählt wird, erlebte dies. Sein Leben war ein notvolles, teilweise aus eigenem Verschulden. Er befand sich wie in einem tobenden Meer – sein »Rettungsschiff« war der Menschensohn. Heilvolles kehrte bei ihm ein und sein Leben bekam eine neue Richtung.

Marit Studer

19. März

»Lass dir an meiner Gnade genügen; denn meine Kraft ist in den Schwachen mächtig.«
(2. Korinther 12,9; L)

Sich stark, gesund und fit zu fühlen, ist schön. An solchen Tagen hat man den Eindruck, die Sonne scheint, auch wenn es kalt, trüb und nass ist draußen. Wenn die Arbeit, die wir zu Hause, am Arbeitsplatz oder in der Gemeinde verrichten, gelingt, dann ist es eine Freude zu leben. Und wenn dazu noch der Glaube so stark erscheint, dass kein Zweifel oder Hadern mit Gott dran ist, dann singen auch kühlere Köpfe: Halleluja!, wenigstens leise. Ja, in solchen Zeiten haben wir wirklich allen Grund, dankbar zu sein.

Paulus hatte einen »Dorn im Fleische«, vom dem er gerne befreit worden wäre – und um die Befreiung flehte er Gott oft an. Er wurde von seinem Leiden nicht befreit, bekam aber die Antwort von Gott, die er in diesem Vers des Korintherbriefs wiedergibt. Was sollen wir von dieser Antwort halten? Ist es besser, schwach zu sein? Tatsache ist: In Schwachheit werden wir abhängig, was meistens nicht als gut erlebt wird. Paulus hat aber in seiner Schwachheit entdeckt, wie abhängig er von der Gnade Gottes ist und davon, was die Kraft Gottes in ihm bewirkt. Und er kennt die Gefahr, aufgrund großer geistlicher Erlebnisse überheblich zu werden. Vor Gott können wir uns nicht schmücken mit Glaubenswerken, Frömmigkeitsübungen oder geistlichen Erlebnissen. Aber seine Gnade gilt. Und sie genügt auch! So wollen wir daran festhalten – auch wenn wir uns prächtig fühlen.

Marit Studer

»Lasst die Kinder zu mir kommen! Wehrt ihnen nicht! Denn solchen gehört das Reich Gottes. Wahrlich, ich sage euch: Wer das Reich Gottes nicht aufnimmt wie ein Kind, wird dort nicht hineinkommen.«

(Markus 10,14-15; E)

Wie bin ich froh um diese kurze biblische Erzählung von der Segnung der Kinder. So häufig werden Kinder zur Seite geschoben, von uns Erwachsenen nicht richtig ernst genommen. »Die Kinder verstehen halt nicht so viel. Sie haben noch vieles zu lernen.« So wahr wie dies sein kann, so wahr ist, was hier steht: Von den Kindern können wir eben auch vieles lernen. Ein erlebtes Beispiel:

Meine Nichte und mein Neffe, damals etwa 8 und 6 Jahre alt, waren in den Sommerferien bei ihren Großeltern, die an einem See in Norwegen wohnen. In diesem See gibt es Fische. Im Sommer war und ist der Fischfang selten groß, 10-12 Fische galten bei uns schon als ein großer Erfolg. Bei der Ankunft erzählten die Kinder, wie sie sich darauf freuten, die Netze in den See hinauszuwerfen, um dann einen großen Fischfang zu tätigen. Wir versuchten, ihre Erwartungen etwas herunterzuschrauben. Aber sie waren davon überzeugt: Sie hatten jeden Abend in der letzten Zeit Gott darum gebeten, er möge sie viele Fische fangen lassen in den Ferien. Als sie dabei waren, wie im Dorfladen meine Mutter Fische für ein Fischessen einkaufen wollte, protestierten sie und sagten, das sei doch nicht nötig, sie würden ja genug Fische fangen. Am nächsten Morgen war es so weit: Die Netze, die am Abend vorher in den See gesetzt waren, wurden gezogen. Sie kamen wieder vom Boot zurück mit ihren Eltern – und trugen schwer. Und siehe da, wir alle bekamen Arbeit, die vielen Fische aus dem Netz zu wickeln; die Katze vermochte nur einen kleinen Teil von dem, was ihr zufiel, zu fressen. Über 100 Fische zählten wir …

Marit Studer

»Mir ist gegeben alle Gewalt im Himmel und auf Erden. Darum gehet hin und machet zu Jüngern alle Völker: Taufet sie auf den Namen des Vaters und des Sohnes und des heiligen Geistes und lehret sie halten alles, was ich euch befohlen habe. Und siehe, ich bin bei euch alle Tage bis an der Welt Ende.«

(Matthäus 28,18-20, L)

Jesus, wie hast du es gewagt, diesen Jüngern so einen Befehl zu geben? Es steht ja sogar geschrieben, einige zweifelten, als sie dir auf dem Berg in Galiläa begegneten. Hättest du dir nicht lieber andere Menschen aussuchen sollen? Menschen mit einem einwandfreien Vorleben, die dir durch dick und dünn gefolgt wären, die einen starken Glauben vorweisen konnten, die deinen Willen und deinen Weg bestens verstanden hätten, die nie an eigenen Vorteil oder Gewinn denken würden? Oder wäre es nicht besser gewesen, du hättest einen anderen Weg gesucht, um den Menschen dein Evangelium, dich, zu verkündigen? Du hast es aber gewagt, zuerst mit diesen wenigen, später mit unzähligen weiteren unvollkommenen Menschen, heute mit uns – mit mir. Es ist für mich unverständlich, Herr, aber auch so groß, dass du mich brauchen willst! Deinen Befehl hast du mitten in Verheißungen gestellt: Dir ist alle Gewalt im Himmel und auf Erden gegeben – und: Du wirst alle Tage bei uns sein bis an der Welt Ende. So dürfen diese Verheißungen auch uns – auch mir – gelten. Wie ist dies gut zu wissen, Herr, und doch gebe ich zu, ich möchte so gerne mehr verstehen, dein »Mit-uns-sein« deutlicher sehen. Du sagst, ich sei manchmal blind? Dann öffne mir die Augen, Herr! Dein Reich komme! Amen.«

Marit Studer

Also gibt es jetzt keine Verdammnis für die, die in Christus Jesus sind.

(Römer 8,1; E)

Es gibt Bibelverse, die ich gerne mit einem Ausrufezeichen versehen würde. Bibelverse, die plötzlich zu einem Aha-Erlebnis wurden, die plötzlich wie neu vorkamen, und irgendwie eine besondere Bedeutung bekamen. Der heutige Bibelvers ist für mich so ein Bibelvers mit einem persönlichen Ausrufezeichen. Eine »Predigt« hat mir dazu geholfen, und zwar von keinem Prediger, sondern von einem Mitstudenten am Lehrerseminar im norwegischen Hamar. Es war mitten im Winter, und wir liebten es, in geselligem Rahmen mit Kerzenlicht und Kaffee, über Gott und die Welt zu diskutieren – so auch an diesem Abend. Irgendjemand warf die Frage in die Runde, was es heiße, ein Christ zu sein. Ich wusste: Jetzt sind Hans und ich gefragt. Und während ich mich um eine Antwort bemühte, die für unsere Kollegen etwas Klarheit bringen konnte, nahm Hans ein verbrauchtes Zündholz, von denen genügend auf den Tischen herumlagen, hielt es mit einer Hand gut sichtbar hoch und erklärte: »Seht das Zündholz mit der verkohlten Spitze. So bin ich eigentlich.« Dann nahm er seine andere Hand und schloss die Finger um das Zündholz und erklärte: So bin ich in Christus – und so sieht mich Gott. Die Predigt von diesem Nicht-Prediger war zu Ende. Sie saß – auch bei mir.

Marit Studer

»Es ist vollbracht.«

(Johannes 19,30; E)

Nur drei Wörter auf Deutsch, auf Griechisch sogar nur eins: *tetélestai*. Es sind die letzten Worte Jesu am Kreuz, bevor er starb.

Die wichtigsten Wörter der Weltgeschichte? Nur drei Wörter, aber was für welche! Unzählige Menschen haben durch diese Wörter seelsorgliche Hilfe bekommen, Befreiung erlebt – still oder laut ein Halleluja zum Ausdruck gebracht. Nicht die Anzahl, sondern die Bedeutung dieser Wörter ist es, die so entscheidend ist. Und durch diese Wörter haben viele Menschen Hoffnung, Trost, Mut und Zuversicht für Zeit und Ewigkeit gefunden.

Es ist vollbracht – zu Ende geführt und fertig. Die Worte strömen Siegesduft aus und bringen den Kern des Evangeliums zum Ausdruck: Gott hat durch Jesus alles getan, was wir brauchen, um uns mit Gott zu versöhnen. Wohl schmerzen mich meine Niederlagen, meine fehlende Liebe, meine Ungeduld, meine falschen Motive oder mein Unglaube. Umso heilvoller, tröstender und erlösender ist es, diese Worte Jesu zu Herzen zu nehmen: Es ist vollbracht. Von seiner Seite ist alles vollzogen. Auf diesem Grund darf ich bauen, mutig und befreit weiterschreiten. Halleluja! Amen!

Marit Studer

Wir warten aber auf einen neuen Himmel und eine neue Erde nach seiner Verheißung, in denen Gerechtigkeit wohnt.

(2. Petrus 3,13; L)

Träumen ist schön, bringt aber nichts, heißt es. Wunschvorstellungen und Träume sind aber ein Teil des Lebens. Einige davon sind unrealistisch und beeinflussen uns nicht groß, es sei denn, wir flüchten aus irgendeinem Grund in eine Traumwelt hinein. Erreichbare Wunschvorstellungen und realistische Hoffnungen können aber unser Leben in dessen Gestaltung und Prioritätssetzung prägen. Eine Vorfreude ist damit verbunden.

Petrus erinnert seine Briefempfänger (und uns) an die Zukunftshoffnung der Christen. Lasst uns etwas träumen und versuchen, uns vorzustellen, wie das sein wird. Die Kinder würden sagen, dann sind die Polizisten arbeitslos. Keine Kinder, die darüber schimpfen, dass die Eltern sie ungleich behandeln. Kein Lehrer, der beschuldigt wird, ungerechte Noten und Strafen zu geben. Keine Kinder, die nach Essen schreien oder wegen Flüssigkeitsmangel apathisch und krank sind. Kein Gerichtsurteil, über das noch im Nachhinein gestritten wird. Kein Erbstreit, bei dem irgendjemand sich benachteiligt und übergangen fühlt. (Träumen Sie ruhig weiter….) Eine Gerechtigkeit, die absolut ist und keinen Grund zur Diskussion gibt.

Trotz all unserer Träume: Diese neue Welt ist für uns nicht vorstellbar, und trotzdem warten wir darauf. Ein »Vergissmeinnicht« für gute Tage und eine Ermunterung, wenn das Leben schwere Tage bringt. Nicht damit wir gute irdische Gaben verschmähen, sondern damit wir alles im richtigen Verhältnis sehen: Es gibt Vorläufiges – und es gibt Ewiges.

Marit Studer

Am nächsten Morgen ging Jesus allein an einen einsamen Ort, um zu beten.

(Markus 1,35; NL)

Ich liebe diese Stelle, an der uns kurz und bündig eines von Jesu großen Geheimnissen verraten wird. Die vorhergehenden Verse beschreiben den Tag *vor* diesem Morgen. Es war ein sehr voller Tag, an dem Jesus lehrte, böse Geister austrieb und viele Kranke heilte. Die Menschen waren tief beeindruckt von seiner Vollmacht. Jesus war anders als die normalen religiösen Leiter. Er sprach und handelte mit Autorität.

Jesus selbst war sicher erschöpft, als er nach diesem ausgefüllten Tag spät ins Bett fiel. Jeder hätte es verstanden, wenn er am nächsten Morgen lange ausgeschlafen hätte. Aber stattdessen stand er früh auf und ging an einen einsamen Ort, um mit seinem Vater allein zu sein. Noch dringender als nach Schlaf, sehnte er sich nach Gemeinschaft mit Gott. In der Morgenstille fand er Erfrischung für seine Seele und seinen Geist. Im Zwiegespräch mit Gott, bekam er wieder Klarheit für seinen Auftrag und erhielt die nötige Energie und Freude dafür.

Als die Jünger ihn dann aufsuchten (37-39) und Jesus nahe legen wollten, was er dringend tun sollte, hatten sie keine Chance. Durch die aufbauende Zeit mit seinem Vater gestärkt, wusste Jesus genau, wer er war und was er zu tun hatte.

Wenn sogar Jesus diese Zeit der Stille alleine mit Gott brauchte, wie viel mehr brauche ich sie! Mein Alltag fordert auch einiges von mir und nicht selten falle ich am Abend erschöpft ins Bett. Noch schlimmer als die körperliche Müdigkeit, ist die seelische und mentale Belastung, die mich oft sogar im Schlaf verfolgt. Wenn ich keinen Platz zum Auftanken habe, dann gehe ich zu Grunde. Darum bin ich froh, Jesu Geheimnis zu kennen. Auch ich darf regelmäßig zum Vater gehen, um dort in Gemeinschaft mit ihm meine leere Seele füllen zu lassen. Er schenkt mir wieder die richtige Perspektive für mein Leben und hilft mir, meine Prioritäten neu zu ordnen. In dem Bewusstsein, seine geliebte Tochter zu sein, gehe ich gestärkt in den neuen Tag hinein.

Elizabeth Domig

Da gingen ihnen die Augen auf und sie erkannten ihn. Aber im selben Augenblick verschwand er vor ihnen. Sie sagten zueinander: »Brannte es nicht wie ein Feuer in unserem Herzen, als er unterwegs mit uns sprach und uns den Sinn der Heiligen Schriften aufschloss?

(*Lukas* 24,31-32; *GN*)

Die Geschichte der Jünger auf dem Weg nach Emmaus (Lukas 24, 13-35) kann jede von uns gut mitfühlen. Diese zwei Männer setzten ihre ganze Hoffnung auf Jesus und jetzt ist er tot! Im Moment wollen sie nur weg – weg aus Jerusalem, der Stadt ihrer Träume und der Stadt, in der ihr Herr vor drei Tagen so grauenhaft getötet wurde. Es fühlt sich gut an, einfach zu laufen, frische Luft zu schnappen und miteinander über die ganze Verzweiflung und Enttäuschung zu sprechen. Die beiden sind so beschäftigt mit ihrem traurigen Thema, dass sie Jesus gar nicht wahrnehmen, während er mit ihnen geht. Ist es nicht oft so in unserem eigenen Leben? Wir sind so fixiert auf irgendein Problem, dass wir Jesu Gegenwart und Hilfeangebot nicht erkennen. Wie bei den Jüngern (Vers 16) sind unsere Augen gehalten, und wir sehen ihn nicht. Erst am Abend, als Jesus das Brot brach, wurden ihre Augen geöffnet und sie erkannten ihn. Auf einmal wurde ihnen alles klar. »*Darum* haben unsere Herzen wie Feuer gebrannt, als er am Nachmittag die Heilige Schrift erklärte.« Wenn Gott mit seinem Licht in unsere Dunkelheit kommt, dann brennen unsere Herzen! Kennen Sie das auch? Wenn Sie ein Buch lesen oder eine Predigt hörst und Ihr Herz wirklich getroffen wird? Ich erlebe das »Brennen im Herzen« als ein »Aha-Erlebnis«: ein tiefes Gefühl der Freude und gleichzeitig eine Klarheit im Kopf, die mich mit einem Mal Wichtiges erkennen lässt. Jesus schaffte es, eine Brücke zwischen Gottes Wort und der Realität der Männer auf dem Weg nach Emmaus zu bauen. Das brauche ich auch für meinen Alltag! Wenn ich auf meine Probleme fixiert bin, festgefahren in meinen Enttäuschungen, wenn ich keinen Sinn mehr sehe, dann bitte ich Jesus, dass er mit mir geht, zu mir spricht und ein neues Feuer in meinem Herzen entfacht.

Elizabeth Domig

Es ist dir gesagt, Mensch, was gut ist und was der Herr von dir fordert, nämlich Gottes Wort halten und Liebe üben und demütig sein vor deinem Gott.

(Micha 6,8; L)

Ich habe diesen Vers zum ersten Mal bewusst wahrgenommen, als Jimmy Carter ihn bei seiner Amtseinführung 1977 zitiert hat. Er nannte ihn als sein persönliches Motto für seine neue Aufgabe als Präsident der USA. Diese Anleitung gilt jedoch für alle, egal ob wir in Machtpositionen stehen oder als normale Frauen den Alltag bewältigen wollen.

Gottes Auftrag für jeden Menschen beinhaltet diese drei Punkte:

1) *Gottes Wort halten:* Das heißt, dass ich sein Wort zuerst einmal kennen muss! Durch Bibellesen, Austausch mit anderen und das Hören von Predigten kann ich sein Wort besser verstehen lernen. Darüber hinaus muss ich ihm auch gehorchen. Es ist nicht so wichtig, wie viel ich von Gottes Wort *weiß*, sondern wie viel ich in meinem Leben *umsetze*.

2) *Liebe üben:* Die Pharisäer kannten sich bestens mit dem Wort Gottes aus und befolgten seine Gesetze. Dabei vergaßen sie aber, dass das größte Gebot von der Liebe handelt. »Liebe üben« bedeutet, sensibel zu sein für die Nöte und Fragen der Menschen um mich herum. Ich bin bereit, anderen zu dienen und für sie zu sorgen – auch wenn es mich Zeit, Energie oder Geld kostet.

3) *Demütig sein:* Wenn ich demütig bin, erkenne ich, dass alles, was ich bin und habe, von Gott kommt. Wir haben versucht, dieses Prinzip unseren drei Kindern einzuprägen, als sie klein waren. Sie sind gesund, intelligent und haben viele Begabungen. Es war uns aber wichtig, sie daran zu erinnern, dass diese Dinge Gaben Gottes sind, die sie in Dankbarkeit und Freude genießen und gleichzeitig anderen damit dienen dürfen.

Weil ich Gott liebe, möchte ich ihm gehorsam sein, seine Liebe weitergeben an meine Mitmenschen und ihn als König in meinem Leben ehren.

Elizabeth Domig

Gott, der Herr, hat meine Zunge in seinen Dienst genommen, er zeigt mir immer neu, was ich sagen soll, um die Müden zu ermutigen. Jeden Morgen lässt er mich aufwachen mit dem Verlangen, ihn zu hören. Begierig horche ich auf das, was er mir zu sagen hat.

(Jesaja 50,4; GN)

Am Anfang meines Studiums vertraute ich mein Leben Jesus an und bat, dass er mich leiten möge. Was Gottes allgemeiner Wille für uns Menschen war, hatte ich schon begriffen. Aber was war sein spezifischer Plan für *mein* Leben? Gerade als junge Erwachsene, mit so vielen offenen Türen vor mir, sehnte ich mich nach Klarheit und Führung. Was waren meine Begabungen und wo sollte ich mich einsetzen? Was war meine Berufung? Ich sprach mit einigen Freunden und Mentoren über meine Fragen. Natürlich betete ich auch darüber und suchte nach Hinweisen in Gottes Wort. Eines Tages las ich Jesaja 50,4 und mein Herz horchte auf. Es war, als ob Gott mich ganz persönlich ansprechen würde: »Beth, ich will dir eine Zunge geben, damit du anderen Mut und Zuversicht zusprechen kannst. Durch dein Reden will ich viele Herzen erreichen und ihr Leben wieder herstellen.«

Es ist mir klar, dass man normalerweise beim Bibellesen nicht einzelne Verse aus dem Kontext herausheben darf. In diesem Fall allerdings glaube ich, dass Gott durch diesen Vers meine Aufmerksamkeit erlangen wollte. 30 Jahre später sehe ich das als seine Voraussage und sein Versprechen. Mein Beruf heute besteht aus Beratung, Seminarleitung und Vorträgen. Ich liebe diese Tätigkeiten und dazu habe ich von anderen die Bestätigung erhalten, dass meine Worte ihnen helfen.

Frederick Buechner sagte einmal: »Deine Berufung ist der Ort, an dem deine tiefste Freude auf die größte Not der Welt trifft.« Durch Jesaja 50 sprach Gott zu mir und machte mich auf meine Berufung aufmerksam. Für jede von uns wird es aber etwas anderes sein. Wichtig ist, dass wir »begierig auf das horchen, was er uns zu sagen hat.« Denn er kennt uns am besten und weiß, was uns Freude macht. Gott wird uns den Ort unserer Berufung zeigen.

Elizabeth Domig

Die Weisung des Herrn ist vollkommen, sie erquickt den Menschen. Das Gesetz des Herrn ist verlässlich, den Unwissenden macht es weise. Die Befehle des Herrn sind richtig, sie erfreuen das Herz; das Gebot des Herrn ist lauter, es erleuchtet die Augen.

(Psalm 19, 8-9; EÜ)

Woran denkst du, wenn du Worte wie Gesetz, Anweisungen, Befehle und Gebote hörst? Ich muss zugeben, dass ich normalerweise an strenge Regeln denke. Oder an Verbotsschilder wie »Betreten des Rasen verboten« – direkt vor einer wunderschönen großen Grünfläche in einem Park, wo es die perfekte Stelle für ein Picknick gäbe. Oder ein »Laufen und springen verboten« bei einem tiefen Schwimmbad, das zum Hineinspringen richtig einlädt. Sind nicht solche Verbote unnötige Einschränkungen, die das Leben erschweren? Aber Gottes Gebote sind anders: Sie erquicken die Menschen. Sie machen weise. Sie erfreuen das Herz. Und sie erleuchten die Augen. Gott gibt seine Gesetze, damit uns das Leben gelingt. Er will, dass es uns gut geht und dass wir gedeihen. In unserer Beratungspraxis sehen wir tagtäglich die traurigen Folgen der Missachtung von Gottes Weisungen. Ein Mann begeht Ehebruch, betrügt seine Frau und führt jahrelang ein Doppelleben. Als es aufgedeckt wird, geht die Ehe in die Brüche, die Kinder verlieren ihren Vater. Eine ganze Familie wird zerstört. Die Verachtung von Gottes Gesetzen führt immer zu negativen Konsequenzen. Menschen werden betrübt, unweise Entscheidungen werden getroffen, Herzen werden verletzt, und Augen verlieren ihren Glanz. Oft haben die Betroffenen selbst Gottes Gesetze missachtet. Manchmal leiden sie wegen der Übertretung von jemand anderem. Oh, dass wir Menschen auf Gottes Weisungen hören würden! Er liebt uns und hat uns seine Gebote gegeben, damit wir das Leben in aller Fülle genießen können.

Kein Wunder, dass der Psalmist ins Schwärmen kommt, wenn er an Gottes Gebote denkt! »Sie sind kostbarer als Gold … und süßer als Honig.«

Elizabeth Domig

Denn es ist Gott, der dem Bauern Saatgut und Brot zu essen gibt. Genauso wird er auch euch viele Gelegenheiten geben, Gutes zu tun, und eure Großzügigkeit wird viele Früchte tragen. Ihr werdet empfangen, damit ihr umso großzügiger geben könnt. Und wenn wir eure Gabe denen bringen, die sie nötig haben, werden sie Gott von Herzen danken.

(2. Korinther 9,10-11; NL)

Es geht hier ums Geben! Ich soll mit dem Geld und den materiellen Gütern, die mir anvertraut sind, großzügig sein. »Denn es ist Gott«, der mir alles gegeben hat, und er wird für mich sorgen. Am Anfang meines Studiums habe ich in diesem Bereich »Großzügigkeit« eine sehr wichtige Lektion gelernt. Bei einem Frauentreffen erwähnte ich nebenbei, dass ich im kommenden Sommer am liebsten in einem Camp für Kinder arbeiten würde. Weil ich 700 Dollar für mein Studium verdienen müsse (und solche Camps meistens nicht viel bezahlen können), wäre das leider unmöglich. Kurz danach erhielt ich einen Anruf von einem christlichen Arztehepaar, das mir von einem Kindercamp erzählte, bei dem man als Kinderbetreuer 700 Dollar bekommen würde. Ich sagte sofort zu und erlebte einen der schönsten Sommer meines Lebens. Nebenbei verdiente ich sogar das Geld, das ich brauchte! Später erfuhr ich zufällig, dass es eigentlich kein richtiger Lohn war, den ich erhielt, sondern eine persönliche Spende von dem Arztpaar für mich. Das war mir peinlich und so ging ich zu ihnen und erklärte, dass ich ihr Geschenk unmöglich annehmen könne und es so bald wie möglich zurückzahlen würde. Der Arzt antwortete darauf liebevoll: »Beth, das Geld gehört nicht mir, sondern Gott. Er hat es mir geliehen, um es eine kleine Weile zu verwalten. Ich habe mehr als genug zum Leben. Du als Studentin hast wenig und so kann ich dir etwas von meinem Überfluss geben. Aber eines Tages wirst du dich vielleicht in meiner Lage befinden. Erinnere dich dann daran und sei großzügig, um anderen Bedürftigen zu helfen!« An diese Lektion habe ich mich immer wieder erinnert, wenn ich später in der Lage war, anderen Menschen helfen oder sie beschenken zu können.

Elizabeth Domig

Lass dir wohlgefallen die Rede meines Mundes und das Gespräch meines Herzens vor dir, Herr, mein Fels und mein Erlöser.

(Psalm 19,15; L)

Nachdem ich immer wieder gehört hatte, wie wichtig es ist, Bibelstellen auswendig zu lernen, nahm ich mir vor, mir einen von meinen Lieblingspsalmen (Psalm 19) einzuprägen. Ich druckte den ganzen Psalm vom Computer aus und teilte das Papier in kleine Stücke, damit ich die Zettel beim Joggen leichter in meiner Hand halten konnte. So lernte ich Tag für Tag, Vers für Vers, diesen Psalm auswendig und nahm ihn in meinem Herzen auf.

Dabei wurden mir zwei alte Wahrheiten erneut wichtig:

1) wie gut und wohltuend Gottes Gesetze sind
2) wie leicht es ist, »blinde Flecken« zu haben und verborgene Sünde zu pflegen.

Als ich über diesen Psalm meditierte, wurde ich sehr ernüchtert. Ich musste zugeben, dass ich trotz all meines Wissens oft versage. Ich schaffe es nicht, so zu leben, wie ich es für richtig halte, obwohl ich mit ganzem Herzen die Gebote halten möchte. Ich bin total abhängig von Gottes Kraft, Führung, und Gnade.

Darum übernahm ich diese letzten Verse vom Psalm 19 als mein persönliches Gebet. Jeden Tag in der Früh, wenn ich aufwache und bevor ich aufstehe, lege ich meinem Herrn den bevorstehenden Tag hin. Ich bitte um Weisheit für meine Gedanken und die vielen »Gespräche des Herzens«, die der Ursprung für meine Worte und Taten sind. Und ich lade Gott ein, als Torhüter über meine Lippen zu wachen, damit die Worte, die ich spreche, anderen dienen und ihm die Ehre geben.

Wenn ich Gott als »meinen Fels« anspreche, dann erkenne ich neu an, dass er das Fundament ist, auf dem ich baue, und das Zentrum meines Lebens. Dazu brauche ich ihn auch als »Erlöser«, der mir vergibt, wenn ich sündige. Immer wieder versage ich und immer wieder darf ich erleben, dass er mich gnadenvoll wieder aufrichtet. Aus dieser Position der Sicherheit und Geborgenheit gehe ich zuversichtlich in den Tag hinein.

Elizabeth Domig

1. April

Doch wenn wir wie Christus im Licht Gottes leben, dann haben wir Gemeinschaft miteinander, und das Blut von Jesus, seinem Sohn, reinigt uns von jeder Schuld.

(*1. Johannes 1,7; NL*)

In unserem Wohnzimmer habe ich einen Lieblingsplatz, an dem ich morgens gerne sitze, um den Tag in der Stille vor Gott zu beginnen. Es ist ein Fenster nach Osten und ich genieße es, wenn die Morgensonne herein scheint, den Raum hell macht und mich wärmt. Das ist mir ein Bild für Gottes unverdiente Liebe, so wie es in dem Lied heißt: »Gottes Liebe ist wie die Sonne« und »hinter grauen Wolken scheint sie strahlend hell«.

Aber in der letzen Zeit wurden die Büsche vor dem Fenster immer dichter und versperrten das Sonnenlicht. Darum bat ich meinen Mann, Abhilfe zu schaffen. Irgendwann war es so weit. Die Sonne konnte wieder ungehindert in unser Wohnzimmer scheinen.

So ähnlich ist es auch mit Gottes Licht in meinem Leben. Er möchte mich beschenken mit seiner Nähe, seiner Wegweisung. Doch manchmal schieben sich andere Dinge dazwischen, die mir sein Licht verdunkeln. Dann ist auch so ein Durchforsten nötig. Was blockiert mich jetzt? Was muss ich ausräumen, wen um Vergebung bitten, damit sein Licht meinen Alltag wieder hell macht? Ich darf Vergebung erfahren und erneuerte Gemeinschaft.

Regine Parzany

2. April

Nun gibt es verschiedene geistliche Gaben, aber es ist ein und derselbe Heilige Geist, der sie zuteilt. In der Gemeinde gibt es verschiedene Aufgaben, aber es ist ein und derselbe Herr, dem wir dienen. Gott wirkt auf verschiedene Weise in unserem Leben, aber es ist immer derselbe Gott, der in uns allen wirkt.

(1. Korinther 12,4-6; NL)

Im Gespräch mit einer älteren Dame – seit vielen Jahren schon war sie Witwe – spürte ich, wie sie darunter litt, dass sie wenig Anerkennung erfahren hatte. Ganz behutsam erzählte sie mir davon. Dabei hatte ich sie immer als kompetente, fröhliche Christin erlebt. Sie hatte tolle kreative Gaben und leitete Kurse in verschiedenen Einrichtungen.

Mit unserem Bibelwort habe ich versucht, sie zu ermutigen. Wir sehnen uns oft nach den Begabungen und Fähigkeiten der anderen. Wir sind unzufrieden mit uns selbst. Doch der Schöpfer unseres Lebens hat sich etwas dabei gedacht, als er uns genauso schuf, wie wir sind. Wir sind keine Solisten, sondern zur Ergänzung für die anderen da. Deshalb unsere unterschiedlichen Gaben, Dienste und Kräfte. Jede Gemeinde lebt davon. Was wäre, wenn alle nur die Gabe der öffentlichen Rede hätten, aber niemand Einsame oder Kranke besuchte und Zeit zum Gespräch für Bedrückte hätte?

Schon bei unserem Körper ist das so. Paulus beschreibt dies in unserem Kapitel sehr ausführlich. Wie dumm wäre es, wenn Hand und Fuß, Auge und Ohr sich gegenseitig abwerteten! Jeder Körperteil hat seine besondere Aufgabe von Gott.

Für unsere Begabungen gilt das genau so. In der Frühstückstreffen-Arbeit erfahre ich es als besonders beglückend. So viele verschiedene Gaben und Dienste sind nötig! Niemand könnte die Arbeit allein tun. Auch gerade das, was im Verborgenen geschieht, ist unverzichtbar. Gott hat uns unterschiedlich begabt, damit wir gemeinsam ihm besser dienen können.

Regine Parzany

3. April

Elisa ließ ihm durch einen Diener ausrichten: »Geh und wasche dich sieben Mal im Jordan. Dann wird deine Haut wieder gesund und du wirst geheilt sein.«

(2. Könige 5,10; NL)

Naaman, der mächtige und angesehene Feldhauptmann des syrischen Königs, war vom Aussatz gezeichnet, unheilbar krank. Da bekam er den Rat von einem mutigen jüdischen Mädchen, das nach Syrien verschleppt worden war, doch zum Propheten nach Samaria zu gehen, der könnte helfen. Er machte sich mit großem Gefolge, vielen Geschenken und einem Empfehlungsschreiben seines Königs auf.

Naaman stand schließlich vor dem Haus des Propheten Elisa. Aber dieser bat ihn nicht einmal herein. Er ließ ihm nur ausrichten, dass er sich im Jordan siebenmal untertauchen sollte. Naaman war empört und zornig. Die Hilfe hatte er sich völlig anders vorgestellt. Der Prophet hätte schon selber kommen müssen. Er hätte den Namen seines Gottes anrufen und vielleicht zeichenhaft die Hand erheben sollen. Und überhaupt, der mickrige Jordan! Einfach eine Zumutung! Zornig kehrte er um. Aber seine Diener ließen nicht locker. Liebevoll überzeugten sie ihn. Und endlich tat er, was ihm so gegen den Strich ging. Er stieg in den Jordan und wurde gesund.

Wird daran nicht ein Geheimnis des Glaubens sichtbar? Um Gott zu erkennen, muss ich Schritte im Vertrauen auf sein Wort gehen, eigene Vorstellungen loslassen, meinen Stolz aufgeben. Und wie gut, wenn ich auch solche Begleiter habe wie Naaman, die den Mut finden, mir nicht nach dem Mund zu reden, sondern mir helfen, Gottes Willen zu tun.

Regine Parzany

Daniel wusste, dass dieses Gesetz vom König erlassen worden war. Er ging in das obere Stockwerk seines Hauses, wo er die Fenster, die nach Jerusalem zeigten, immer geöffnet hielt. Trotz des Verbotes kniete er sich nieder, dankte und lobte Gott und flehte ihn an, wie er es auch sonst dreimal täglich machte.

(Daniel 6,11; NL)

Um welches Gesetz geht es hier? Der König Darius hatte bestimmt, dass alle seine Untertanen 30 Tage lang von niemand anderem etwas erbitten durften als von ihm. Auch von keinem Gott! Wer es dennoch täte, sollte den Löwen vorgeworfen werden. Darius stand dabei unter dem Einfluss von Daniels neidischen Kollegen, die ihren Rivalen zu Fall bringen wollten. Und was tat Daniel? Er hätte allen Grund gehabt zu klagen und zu jammern oder ganz zu schweigen. Aber er ging nach Hause und betete dreimal am Tag, so wie er es immer getan hatte. Es bewegt mich, wie diese festen Gebetszeiten dreimal am Tag Daniel bestimmt haben. Sogar in der lebensbedrohlichen Situation.

Gewohnheiten werden bei uns oft negativ gesehen. Sicher, sie können zur gedankenlosen Routine werden. Aber bei Daniel spüren wir, wie sie seinem Leben Format geben.

Welche guten Gewohnheiten prägen mein Leben? Der Gottesdienst am Sonntag, das Hören auf Gottes Wort zu einer festen Tageszeit oder gemeinsame Gebetszeiten?

Von Daniel können wir lernen: Solche festen Zeiten sind eine große Hilfe in guten und in notvollen Tagen. Sogar von Jesus heißt es, dass er nach seiner Gewohnheit am Sabbat in die Synagoge ging (Lukas 4,16). Wie viel mehr brauchen wir hilfreiche Regelmäßigkeiten für unser Leben mit Gott!

Regine Parzany

Einer der Jünger, Thomas, der auch »Zwilling« genannt wurde, war nicht dabei gewesen, als Jesus kam.

(Johannes 20, 24; NL)

Es passierte am Sonntagabend nach der Kreuzigung Jesu. Die Jünger hatten sich aus Angst vor den Juden eingeschlossen. Da trat der auferstandene Jesus plötzlich in ihre Mitte. Unvorstellbar! Er schenkte ihnen seinen Frieden. Sie erkannten ihn an seinen Wunden. Unbeschreibliche Freude erfüllte sie. Nur einer fehlte: Thomas. Er war seine eigenen Wege gegangen, vielleicht traurig und enttäuscht, und hatte nun das Entscheidende verpasst.

Geht es nicht heute vielen ähnlich? Natürlich wollen sie Christen sein, aber nur für sich allein. Von der Gemeinde sind sie enttäuscht. Sie glauben, sie nicht zu brauchen. Auch der Gottesdienst am Sonntag passt nicht in ihr Konzept. Dabei verpassen sie Entscheidendes: überraschende Erfahrungen mit Jesus, Ermutigung, Trost, Wegweisung, Freude, Korrektur.

Die Geschichte mit Thomas ging weiter. Eine Woche später war er mit den anderen Jüngern zusammen und erlebte nun selbst die Begegnung mit Jesus. Seine Zweifel waren wie weggefegt. Er musste nicht mehr seine Hände in die Wunden Jesu legen, um sich zu vergewissern, wie er es vorher zur Bedingung gemacht hatte. Er konnte nur noch staunen und bekennen: »Mein Herr und mein Gott!«

Mir ist dabei eindrücklich, dass Jesus dem Thomas nicht allein eine Privataudienz gewährt. Nein, Jesus begegnet ihm gemeinsam mit den anderen Jüngern. Welch eine Einladung für uns, die Gemeinschaft der Christen zu suchen!

Regine Parzany

Als Jesus ihren Glauben sah, sagte er zu dem Gelähmten: »Mein Sohn, deine Sünden sind dir vergeben.«

(Markus 2,5; NL)

Was ist in Kapernaum los? Vor einem Haus drängen sich die Menschen, innen ist schon alles überfüllt. Der Grund für diesen Auflauf ist Jesus. Er steht mittendrin und verkündigt Gottes suchende Retterliebe. Immer mehr Leute kommen, auch vier Männer, die auf einer Trage einen Gelähmten bringen. Aber für sie gibt es kein Durchkommen zu Jesus.

Kurz entschlossen steigen die vier die Treppe hoch aufs Dach des Hauses und brechen eine Öffnung hinein. Langsam lassen sie den Gelähmten auf seiner Trage hinunter. Jesus könnte jetzt ärgerlich sein, schließlich wird seine Predigt unterbrochen. Doch er erkennt den großen Glauben dieser Männer.

Darüber staune ich. Die Männer haben doch gar nichts gesagt! Aber Jesus sieht ihr Abmühen, ihr Hoffen, ihr Vertrauen. Das ist so ermutigend! Jesus hört nicht nur das, was wir sagen, er sieht auch all das Verborgene, das wir tun. Andere haben es vielleicht gar nicht mitbekommen, aber wir haben es im Vertrauen zu Jesus getan. Glaube, der in die Hände und Füße geht.

Wie oft denken wir gering von solchem Handeln bei uns und bei anderen. Es scheint nicht berichtenswert zu sein. Doch Jesus sieht es, er sieht unsere Motive. So kann auch die kleinste Tat zur entscheidenden Hilfe für andere werden.

Regine Parzany

7. April

Ich schaue hinauf zu den Bergen – woher wird meine Hilfe kommen? Meine Hilfe kommt vom Herrn, der Himmel und Erde gemacht hat.

(Psalm 121,1-2; NL)

Ich liebe dieses Wort, weil es meinen kleinen Horizont weit macht. Ich sehe weg von mir und von meinen begrenzten Vorstellungen über Gottes Macht. Und ich schaue hin zum Herrn, zu seinen unbegrenzten Möglichkeiten.

Beim Bibellesen staune ich darüber, wie Gott sogar heidnische Könige für seine Pläne einsetzte. Wie sollte er nicht auch heute Wege haben für meine ungelösten Fragen, für unsere Gemeinde, für unser Land? Dieses Psalmwort hilft mir beim Blickwechsel. Es ist wie ein Nebelscheinwerfer. Plötzlich sehe ich wieder klarer.

Nicht von irgendeinem selbst erdachten Gott, sondern von dem Herrn, der Himmel und Erde geschaffen hat, kommt meine Hilfe. »Ich schaue hinauf zu den Bergen« – welche Berge sind gemeint? Der Beter des Psalms ist vielleicht unterwegs nach Jerusalem, zu einem der großen Feste. Er sieht die Stadt, in der Ferne hoch gelegen. Sein Blick geht hin zu dem Herrn, der versprochen hat, dort im Tempel gegenwärtig zu sein.

Und wohin schauen wir? Wir blicken zum Hügel Golgatha, wo Jesus am Kreuz sein Leben für uns hingegeben hat. Mit diesem Blickwechsel, von uns weg zum Kreuz, beginnt der Glaube und wird dadurch immer wieder erneuert. Manchmal brauchen wir die Hilfe anderer dazu, beim gemeinsamen Bibellesen und Beten. Und manchmal können wir anderen dabei helfen.

Regine Parzany

8. April

Verlass dich auf den Herrn von ganzem Herzen und verlass dich nicht auf deinen Verstand, sondern gedenke an ihn in allen deinen Wegen, so wird er dich recht führen.

(Sprüche 3,5-6; L)

Dieser Vers hat mich seit meiner Konfirmation in meinem Leben begleitet. Ich selbst hatte ihn mir bewusst gewählt. Mein Hobby war damals Mathematik. Ich liebte es, einen Sachverhalt in seinen Zusammenhängen vollständig zu erfassen. Schon damals wünschte ich mir, dass es mit dem Glauben genauso sein könnte. Aber da blieb immer ein Rest, etwas, was mein Verstand nicht erfassen konnte. So brauchte ich die Ermahnung dieses Verses besonders.

Sich in der sozialistischen Schule ganz auf den Herrn zu verlassen, war eine Herausforderung, denn Abitur und Studium waren mir dadurch verwehrt. Ich hielt mich an der Verheißung »so wird er dich recht führen« einfach fest und erlebte, wie Gott dieses Versprechen einlöste. Immer Schritt für Schritt und immer auf ganz verschiedene Weise hat er geführt. Durch Briefe, Gespräche, Zeitungsannoncen, durch innere Gewissheit oder Berufungen durch Menschen, ob im Blick auf meinen Beruf oder meinen Mann, die Kinder oder Aufgaben in der Gemeinde – immer wieder habe ich gute Führungen erlebt. Trotzdem brauche ich auch heute noch diesen ermutigenden und ermahnenden Vers – in der Umbruchphase mit größeren Kindern, wenn Erfolglosigkeit oder Unklarheit in gemeindlichen Aufgaben mich umtreiben und ich oft so schwer erkenne, welche Aufgaben ich *tun* und welche ich *lassen* soll.

Mich von ganzem Herzen auf den Herrn zu verlassen, dazu möchte ich mich immer wieder aufraffen. Darum will ich meine Zukunftsängste und Glaubenszweifel, meine Unzufriedenheit mit mir und anderen loslassen, wegwerfen und mich auf Jesus und sein Versprechen wie auf einen Felsen im Sturm stellen.

Friedegard Holmer

Aber Petrus entgegnete: »Ich weiß nicht, wovon du redest.« Und sobald er das gesagt hatte, krähte ein Hahn. In diesem Augenblick drehte der Herr sich um und sah Petrus an. Da erinnerte dieser sich an die Worte des Herrn: »Bevor morgen früh der Hahn kräht, wirst du mich drei Mal verleugnen.« Und Petrus ging hinaus und weinte bitterlich.

(Lukas 22,60-62; NL)

Petrus war ein gestandener Jünger. Er hatte Wunder mit Jesus erlebt, große Offenbarungen, tiefe Erkenntnisse. Er war ein Sprecher im Jüngerkreis und war davon überzeugt, dass er Jesus bis in den Tod folgen würde. Hier sehen wir ihn jämmerlich versagen. Was waren die Ursachen? War er am falschen Platz, hatte er sich selbst überschätzt oder war es die Angst vor Verfolgung oder Spott? Hatte er zu viel Vertrauen in die eigene Kraft, Erfahrung und Treue? Wie schnell hatte er sich bisher über die anderen gestellt. Vielleicht waren es aber auch die Gebetslosigkeit oder der Abstand, in dem er Jesus jetzt nachfolgte? Armer Petrus – hätte er doch kämpfen dürfen oder vor Gericht aussagen müssen, aber am wärmenden Feuer, in der Dunkelheit der Nacht die leise spöttelnde Stimmer einer Frau zu hören …

Wir sind Petrus oft ähnlich. Wir haben viel mit Jesus erlebt, aber nun sind wir vielleicht am falschen Platz und wärmen uns an fremden Feuern in der Nacht. Wir sind überzeugt von unserer Treue, aber Gebetslosigkeit, Überheblichkeit und Angst vor Spott oder Verachtung sind uns nicht fremd. Manchmal folgen wir Jesus nur noch in sicherem Abstand. Zwei Dinge bringen Petrus zur Besinnung: Das Krähen des Hahnes und Jesu Blick. Es können auch bei uns kleine Dinge oder Erinnerungen sein, die uns wieder zum Glauben »wecken«. Entscheidend aber ist der liebevolle Blick Jesu. Liebe kann verhärtete Herzen schmelzen und Versagern wieder einen Neuanfang ermöglichen. Jesu Blick trifft ins Herz, ist Wiederbelebung und führt zu Tränen der Reue. Ein Bruder, der mit ganzem Herzen Alkoholikern nachging, sagte uns immer: »Bei Jesus gibt es keine hoffnungslosen Fälle.« Das wollen wir für uns und andere in der Gemeinde festhalten.

Friedegard Holmer

10. April

Spricht Simon Petrus zu ihnen: Ich will fischen gehen. Sie sprechen zu ihm: So wollen wir mit dir gehen. Sie gingen hinaus und stiegen in das Boot, und in dieser Nacht fingen sie nichts. Als es aber schon Morgen war, stand Jesus am Ufer, aber die Jünger wussten nicht, dass es Jesus war. Spricht Jesus zu ihnen: Kinder, habt ihr nichts zu essen? Sie antworteten ihm: Nein. Er aber sprach zu ihnen: Werft das Netz aus zur Rechten des Bootes, so werdet ihr finden. Da warfen sie es aus und konnten's nicht mehr ziehen wegen der Menge der Fische.

(Johannes 21,3-6; L)

Hinter den Jüngern liegen Jahre angefüllt mit Erlebnissen mit Jesus, aber auch die Erfahrung von Kreuzigung und Auferstehung. Jetzt warten sie auf neue Anweisungen. Die Zeit füllen sie mit ihrer normalen Arbeit aus, mit dem, was sie können und gelernt haben. Das war sicher nicht falsch, bleibt aber diesmal erfolglos. Als sie so »leer« zurückfahren, steht am Ufer Jesus. Er spricht liebevoll und fürsorglich genau den wunden Punkt an: »Kinder, habt ihr nichts zu essen?« Dann sagt er ihnen, dass sie noch einmal auf den See fahren sollen. Obwohl das ihrer beruflichen Erfahrung widerspricht, sind sie gehorsam und erleben, dass das Netz übervoll ist. So erleben sie hautnah die Wahrheit von Jesu Wort (Joh. 15,5): »… ohne mich könnt ihr nichts tun!« Auch wir müssen das immer wieder neu lernen. Manchmal benutzt Jesus Zeiten der Erfolglosigkeit dazu. Aber er steht dann auch am Ufer unserer erfolglosen Bemühungen. Jesus wartet dort auf »gestrandete Existenzen«. Gerade für sie hat er neue Aufträge. Gott kann auch da handeln, wo wir müde und mutlos geworden sind. Wichtig ist nur, dass wir mit unseren leeren Netzen zu Jesus ans Ufer und, auf sein Wort hin, wieder neu an die Arbeit gehen. Wenn der Mensch horcht, so redet Gott, wenn der Mensch gehorcht, dann handelt Gott. Das können auch wir in unserem Alltag erleben.

Friedegard Holmer

11. April

So lasst uns hinzutreten mit wahrhaftigem Herzen in vollkommenem Glauben, besprengt in unsern Herzen und los vom bösen Gewissen und gewaschen am Leibe mit reinem Wasser.

(Hebräer 10,22; L)

Mich beschäftigt an diesem Vers die Formulierung: »los vom bösen Gewissen«. Ich lebe ständig mit einem schlechten Gewissen: zu wenig Stille, Gebet, Zeit für Besuche bei Alten, Kranken oder im Gefängnis, zu wenig Liebe für Mann, Kinder, Eltern, Patenkinder, zu wenig Herausgehen zum Evangelisieren, zu wenig Kontakt zu Außenstehenden, zu wenig Mitarbeit in Elternvertretung und Politik ... So lebe ich unter einem Dauerdruck und einem Anspruch, den ich scheinbar aus dem Wort Gottes nehme, aber dem ich nie gerecht werden kann. Mein Leben als Christ wird anstrengend und mit der Zeit stirbt die Fröhlichkeit.

Doch wie werde ich diesen Dauerdruck los? Der o. g. Vers zeigt den Weg. Weil Jesus für meine Schuld gebüßt hat, kann ich loskommen vom schlechten Gewissen. Die Priester wurden vor ihrem Eintritt ins Heiligtum mit Opferblut besprengt, zum Zeichen, dass ihre Schuld gesühnt war. Nur so konnten sie dem heiligen Gott begegnen. Auch wir können uns dem heiligen Gott nur nahen, wenn wir »mit wahrhaftigem Herzen in vollkommenem Glauben« Jesu Sterben für unsere Schuld in Anspruch nehmen. Das schlechte Gewissen wird auf Jesus »umgeleitet«. Nur in ihm komme ich davon los.

Der Gegenspieler Gottes, der Satan, wird in der Bibel oft als Ankläger beschrieben, der uns Tag und Nacht bei Gott verklagt. Es ist also oft nicht der Heilige Geist, der mir das schlechte Gewissen macht, sondern er. Wenn Gottes Geist dagegen mein Gewissen anrührt, so werde ich zwar auch meine Schuld erkennen, sie aber dann bekennen und danach frei aufatmen und fröhlich weitergehen. In der Verbindung zu Jesus wachsen mir dann der Wille und die Kraft für Lebensveränderungen zu.

Friedegard Holmer

12. April

Oder suche ich Menschen gefällig zu sein? Wenn ich noch Menschen gefällig wäre, so wäre ich Christi Knecht nicht.

(Galater 1,10b; L)

Ich finde, das ist ein sehr schweres Wort. Ja, in der Kindheit und Jugend habe ich es so erlebt, erfahren und gelernt – nicht Menschen gefallen zu wollen, sondern Jesus. Damals waren die »Fronten« klar: In der Schule und Öffentlichkeit angeordneter Staatsatheismus, auf der anderen Seite die Gemeinde und der Glaube. Aber jetzt? Wie tief steckt es in mir, Menschen gefallen zu wollen und menschliche Anerkennung zu suchen. Oft möchte ich um meiner selbst willen als gute Ehefrau, treu sorgende Mutter, geschätzte Mitarbeiterin ... gut dastehen. Wie genießen wir es, wenn unser Name in bestimmten Kreisen bekannt ist. Wie viel frommes Tun ist eigentlich im tiefsten Grund Menschengefälligkeit! Selbst Gebete, Lieder, Bibelarbeiten sind manchmal durchtränkt davon.

Wie häufig wird mein Reden davon geprägt, wer gerade mein Gesprächspartner ist. Meistens will ich keinem wehtun und möchte allen gefallen. Aber so verliere ich die Gemeinschaft mit Jesus immer mehr. Kürzlich las ich: »Wer allen gefallen will, gefällt zum Schluss keinem mehr, nicht mal sich selbst.« Ich merke, wie wahr das ist. Ich möchte mich neu darauf besinnen, Jesus gefallen zu wollen. Ich möchte die Wahrheit des Satzes ausprobieren: »Wer Gott fürchtet, hat vor keinem Menschen Angst.« Dafür aber ist es so wichtig, dass wir auch genügend Zeit im Angesicht Gottes verbringen, damit wir wieder die richtigen Relationen bekommen und die Menschen kleiner werden, Gott aber größer wird.

Friedegard Holmer

»Nehmt auf euch mein Joch und lernt von mir, denn ich bin sanftmütig und von Herzen demütig; so werdet ihr Ruhe finden für eure Seelen.«

(Matthäus 11,29; L)

Ruhe für die Seele – ich bin ein Mensch, der sich immer danach gesehnt hat und sie doch so schwer findet. Früher dachte ich, wenn ich mein Leben Jesus übergeben habe, meine Berufsausbildung fertig habe, ich verheiratet bin, Kinder habe oder diese größer sind … dann stellt sie sich automatisch ein. Aber noch immer habe ich mit ihr zu kämpfen, dieser unruhigen Seele. Ich merke, dass es vielen Frauen um mich herum genau so geht und sie auf vielen Wegen diese Ruhe suchen.

Jesus zeigt uns hier einen anderen Weg: »Nehmet auf euch mein Joch!« Was ist ein Joch? Es ist eine Vorrichtung, die es ermöglicht, Lasten besser zu tragen und damit vorwärts zu kommen. Ich soll also bereit sein, Lasten zu tragen und sie vorwärts zu bewegen. Das Joch ist so konstruiert, dass sich die Last möglichst gut verteilt und Kraft und Anstrengung sehr effektiv werden. Oft spannt ein Joch mehrere Tiere zusammen. Jesus will, dass ich mich «einspannen« lasse. Es kann sein, dass mir die Leute, mit denen ich zusammengespannt bin, gar nicht so angenehm sind. Durch das Joch sind wir verbunden und die Last verteilt sich. Es wird einfacher sie zu tragen und zu bewegen. Ein guter Bauer schaut abends genau nach, wo das Joch gedrückt oder möglicherweise wunde Stellen hinterlassen hat. Behandlung mit Salbe und ein anderes Anlegen des Jochs, gegebenenfalls auch ein »Ausspannen« sind die Folge.

Jesus wird es mit uns ebenso machen. Er will nicht, dass wir jedes Joch annehmen, sondern nur das, was er uns auflegt und für uns »zugeschnitten« hat. Oft legen wir uns selbst ein Joch auf oder lassen uns von anderen etwas »aufdrücken«. Im täglichen betenden Bibellesen werden wir diese schwierige Unterscheidung allmählich lernen. Unsere Zeit hungert nach Menschen, die bereit sind, Lasten zu tragen und Dinge vorwärts zu bewegen.

Friedegard Holmer

14. April

»Nehmt auf euch mein Joch und lernt von mir, denn ich bin sanftmütig und von Herzen demütig; so werdet ihr Ruhe finden für eure Seelen.«

(Matthäus 11,29; L)

Wie finde ich Ruhe für die Seele? Jesus fordert uns auf »sanftmütig« zu sein. Sanft und mutig passt für uns nicht zusammen und ist doch für Jesus eine Voraussetzung der inneren Ruhe. Unsere Entscheidungen einmal mutig und sanft zu fällen und zu begründen, im Mitarbeiterteam sanft und mutig aufzutreten, in der Familie mutig und sanft notwendige Veränderungen anzugehen, wäre ein Anstoß für den heutigen Tag.

»Von Herzen demütig«? Haben wir da nicht sofort Menschen vor Augen, die Duckmäuser sind, es allen recht machen wollen, die profillos sind oder nicht »nein« sagen können? Manchmal sind es nur fromm verbrämte Minderwertigkeitskomplexe, die als Demut verkauft werden. Oder heißt Demut doch »Mut zum Dienen« haben? Kürzlich hörte ich, Demut sei, wenn andere sich neben mir entfalten können. Auch dies finde ich eine hilfreiche und nachdenkenswerte Aussage. Ein anderer sagte, Demut sei, den anderen höher zu achten als mich selbst. Das scheint mir für Menschen, die sich selbst gerne überschätzen oder in den Mittelpunkt stellen, ein hilfreicher Aspekt. K. H. Knöppel schreibt in seiner Auslegung der Offenbarung: »Wer in Gottes Wahrheit lebt, kann auf den Firlefanz von Status und eigener Leistung gut verzichten.« Sicher sind alle diese Bedeutungen wie Puzzleteile, aus denen die wirkliche Demut zusammengesetzt ist. Auf jeden Fall steckt auch hier das Wort Mut darin. In der heutigen Zeit gehört zu echter Herzensdemut sehr viel Mut. Und doch ist die Welt ausgehungert nach Menschen, die nicht nach Macht, Einfluss und Ansehen jagen, sondern bereit sind, anderen an ihrem Platz zu dienen und Gutes für sie zu bewirken. Die Ruhe für die Seele ist dabei ein »Abfallprodukt«, das Jesus uns schenkt, wenn wir von Herzen demütig sind.

Friedegard Holmer

»Der gute Boden aber meint schließlich die Menschen, die Gottes Botschaft hören und annehmen und reiche Frucht bringen – dreißig-, sechzig-, ja hundertmal so viel, wie gesät wurde.«

(Markus 4,1-20 [hier: 20], NL)

Der Herzensboden

Frühling! Es ist Zeit zum Aussäen. Ich bereite mein kleines Gartenbeet vor: die Erde wird gelockert, die großen Steine werden entfernt, auch das Unkraut muss weg. Mit einem ähnlichen Bild beschreibt Jesus, was Gott in meinem Leben tun möchte.

Wie sieht mein Herzensgarten aus? Gibt es vielleicht Bereiche, die für Gottes Wort und seine Liebe unzugänglich sind?

– Festgetretene Wege lassen sich vergleichen mit Fixierungen und Traditionen. Wie oft bin ich schon erschrocken, wenn mir im Nachhinein bewusst wurde, wie ich dem Wirken Gottes durch fixierte Gedanken im Wege stand, manchmal sogar biblisch begründet.

– Neid, Eifersucht, Bitterkeit und Groll können in meinem Herzen wie Steine werden, die das natürliche geistliche Wachstum verhindern. Es nützt nichts, wenn diese Steine mit Erde bedeckt werden. Sie müssen entfernt werden, damit die Saat gedeihen kann.

– Unkraut gibt es in jedem Garten, so wie kein Mensch ohne Verletzungen davon kommt. Wenn jedoch die Dornen und Disteln des Selbstmitleids unaufhaltsam wuchern, werden die kleinen, zarten Pflanzen erstickt.

Gott hat in meinem Leben auch viel fruchtbare Erde geschenkt. Wichtig dabei: die Frucht, die positive Auswirkung des Wortes Gottes, ist nicht einfach plötzlich da. Sie wächst und Wachstum braucht Zeit. Ich muss es nur zulassen, dass die Liebe Gottes und sein Wort immer tiefer in mein Denken und Handeln, meine Empfindungen und Entscheidungen, mein ganzes Leben und Sein hineindringen. Er will mir helfen, die Trampelpfade meiner Fixierungen zu verlassen, die Steine der Bitterkeit zu beseitigen und die Dornen des Selbstmitleids auszureißen.

Ruth Lieberherr

Jesus fuhr fort: »Ich erzähle euch noch ein Gleichnis für das Reich Gottes. Ein Bauer streute Saatgut auf einem Feld aus und ging dann wieder an seine andere Arbeit. Die Zeit verging, die Saat keimte und wuchs ohne das Zutun des Bauern heran.«

(Markus 4,26-29; NL)

Ohne mein Dazutun

Reich Gottes: Was ist das eigentlich? Jesus stellt hier der sichtbaren Welt eine unsichtbare gegenüber, die Welt Gottes. Sie zeigt sich nicht in Machtansprüchen, eindrucksvollen Bauten, auch nicht in einem Brutto-Sozialprodukt. Das Reich Gottes basiert auf ganz anderen Prinzipien. Jesus hat sie in der Bergpredigt weitergegeben. Daraus geht klar hervor: Das Geheimnis liegt in der schöpferischen Kraft des Wortes Gottes, in Gottes Allmacht und zugleich seiner ganz persönlichen Zuwendung zu jedem Menschen. Als wiedergeborener Christ darf ich Anteil haben an Gottes Reich. Doch ich gebe mich nicht nur damit zufrieden, dieses große Vorrecht zu genießen. Ich wünsche mir, dass andere Menschen in meinem Umfeld diese Chance auch ergreifen.

Hier setzt das obige Beispiel ein, wo Jesus ein Bild aus der Natur gebraucht: Der Bauer sät den Samen aus, doch das Wachstum und die Frucht kann er nicht schaffen! Seine Aufgabe ist es, den Boden so gut wie möglich vorzubereiten und den besten Zeitpunkt für die Saat auszusuchen. So ist es auch für mich: Ich bin aufgerufen, Gottes gute Botschaft weiter zu geben. Die Umstände und der Zeitpunkt sind wichtig. Ich brauche dabei die Führung des Heiligen Geistes, wann, wo, wie und wem ich Gottes Wort und seine Liebe weitergebe. Dass Gott im Herzen der Menschen, die er mir über den Weg führt, die gewünschte Wirkung bringt, das kann ich nicht machen. Das befreit mich, gibt mir Gelassenheit!

Gebet: Herr, zeige du mir die Menschen, die heute offen sind für einen Zuspruch deiner Liebe, eine Ermutigung aus deinem Wort oder einen Hinweis auf deine Realität. Ich möchte dein Evangelium durch mein Leben, mein Handeln und Reden weitergeben. Was du damit machst, das möchte ich dir überlassen!

Ruth Lieberherr

Jesus fragte: »Wie kann ich das Reich Gottes noch beschreiben? Womit könnte ich es vergleichen? Es ist wie ein winziges Senfkorn.«

(Markus 4,30-34 [hier: 30-31]; NL)

Schöpferische Kraft

Staunend stehe ich im Herbst vor einer Sonnenblume. Es ist unglaublich, was aus einem kleinen Kern geworden ist! Der Stängel ist so dick, dass ich ihn ohne gutes Werkzeug nicht genug zerkleinern kann für den Komposthaufen! Aus der Blüte sind Hunderte von kleinen Samen gereift, die für vielseitige Zwecke verwendet werden können. Doch das Unglaublichste: Die Kerne tragen wiederum diese schöpferische Kraft des Lebens in sich!

Ein ähnliches Bild gebraucht Jesus mit dem Senfkorn, um uns zu zeigen, was Glaube bedeutet. Es ist noch viel kleiner als ein Sonnenblumenkern und wächst zu einer großen Pflanze, die sogar Vögeln ein Zuhause bieten kann.

Genau diese Wirkung wünscht sich Gott von meinem Vertrauen zu ihm. Es ist vielleicht winzig, manchmal unsicher und zweifelnd. Doch wenn mein Funke an Glaube in der guten Hand der Liebe und Zuwendung Gottes aufgeht, dann kann etwas Großes daraus wachsen: Ich bekomme Vergebung meiner Verfehlungen, einen Halt für mein Leben und eine Perspektive für die Zukunft. Die Wirkung geht jedoch noch weiter. Mein Leben kann für andere zu einem Zuhause werden, wo sie ihre eigentliche Bestimmung finden können: die Beziehung zu Gott.

Deshalb möchte ich mich entscheiden, heute mein ganzes Vertrauen auf Gott zu setzen! Ich will ihn mit hinein nehmen in meinen Alltag, in meine Möglichkeiten, meine Absichten und Ziele. Doch auch in die Situationen, wo ich mich überfordert fühle, in die konfliktreichen Beziehungen und in meine eigenen Unsicherheiten und Zweifel.

Ruth Lieberherr

18. April

»Das Himmelreich ist wie ein Schatz, den ein Mann in einem Feld verborgen fand.«

(Matthäus 13,44-46 [hier: 44a]; NL)

Alles auf eine Karte setzen

Wir leben in einer Multi-Options-Gesellschaft. Es gibt so viele Möglichkeiten der Lebensgestaltung; wir möchten nichts verpassen, möglichst viele Optionen offen lassen. Und so kommt es, dass wir oft fast zerrissen werden und es uns schwer fällt uns zu entscheiden. Es könnte ja sein, dass ich mir mit einer Entscheidung gerade eine ganz große Chance verbaue! Kennen wir nicht alle dieses Spannungsfeld? Und dann ist da noch Jesus, und das Ringen um das Beste und Wichtigste nimmt noch zu.

In den Gleichnissen vom Schatz im Acker und von der kostbaren Perle zeigt Jesus allerdings auf, dass der Glaube an ihn nicht als weitere Möglichkeit, neben allen anderen, oder als zusätzliche Option gesehen werden kann. Bei Jesus geht es ums Ganze: Sowohl der Feldarbeiter, der zufällig auf den großen Schatz stößt, als auch der Perlenhändler, der nichts anderes tut, als die schönsten Perlen zu suchen, setzen alles auf eine Karte. Sie geben alles dran, um diese Kostbarkeiten zu bekommen.

So ist das Reich Gottes: Es fordert mich heraus, ihm alle Lebensbereiche unterzuordnen. Für meinen Mann und mich hat das vor Jahren bedeutet, dass wir unsere Familien, berufliche Karriere und finanzielle Sicherheiten verlassen haben, um frei zu sein für einen missionarischen Dienst im Ausland. Später ging es darum, das eigene Haus aufzugeben, um dem Auftrag Gottes nachzukommen. Im Rückblick darf ich sagen: Wir sind dabei nicht arm geworden! Gott hat uns beschenkt mit einem unbezahlbaren Schatz an wertvollen Erfahrungen, mit tiefen Beziehungen zu wunderbaren Menschen und auch materiell hat uns nie etwas gefehlt. Es lohnt sich, auf Gott und sein Wort zu setzen!

Ruth Lieberherr

»Schließlich näherte sich ein Samariter. Als er den Mann sah, empfand er tiefes Mitleid mit ihm.«

(Lukas 10,25-37 [hier: 33]; NL)

Wer ist mein Nächster?

Kürzlich schrieb uns eine Bekannte folgende Zeilen: »Als ich euch vor Jahren kennen lernte, ahnte ich nichts von der vielfältigen Auswirkung auf mein Leben. Ich sehe es als großes Geschenk, euch zu kennen, und bin sehr dankbar für euch.« Alles hatte damit begonnen, dass wir ihr zu Weihnachten eine Karte schickten mit einem guten Text. Kurz darauf fragte sie nach einem Neuen Testament, später begleiteten wir sie durch schwierige seelische Phasen. Sie hat angefangen, die Realität Gottes zu erkennen, und macht die ersten Versuche, ihn bewusst in ihr Leben mit hinein zu nehmen.

Sie ist nur einer von vielen Menschen, der vom Leben verletzt, von Menschen missbraucht, enttäuscht von Gott in unserer Wohlstandsgesellschaft leben. Wie oft bin ich wohl schon an seelisch verwundeten, innerlich halbtot geschlagenen Menschen vorbei gegangen, an Menschen, die in unserem Sozialsystem durch das Raster gefallen sind? Ich werde jedoch auch täglich durch die Medien mit großer Not konfrontiert, mit unvorstellbarem Leid durch Kriege und Naturkatastrophen. Die Aufforderung Jesu ist für mich eine riesige Herausforderung. Ich fühle, dass ich der Not dieser Welt nicht gerecht werden kann. Meine Hilfe kann nur ein Tropfen auf den heißen Stein sein. Doch in meinem unmittelbaren Umfeld gibt es Menschen, die mir Gott besonders aufs Herz legen möchte, die gerade meine Hilfe brauchen.

Gebet: Herr, öffne mir die Augen für die Not der Menschen in meiner nächsten Umgebung. Gib mir den Mut, auf sie zuzugehen und mich für sie einzusetzen.

Ruth Lieberherr

Da sagte sein Herr: »Geh hinaus auf die Landstraßen und hinter die Hecken und bitte jeden, den du findest, zu kommen, damit das Haus voll wird.«

(Lukas 14,15-24 [hier: 23]; NL)

Alle sind eingeladen

Ein großes Fest wird vorbereitet: die Festtafel sorgfältig gedeckt, der Raum feierlich geschmückt, das Programm für die Unterhaltung der Gäste zusammengestellt. Dabei werden keine Kosten gescheut, nur das Beste ist gut genug. Der Zeitpunkt für die Eröffnung des Festes rückt näher. Doch was geschieht: eine Entschuldigung nach der andern flattert ins Haus. Der eine hat einen wichtigen geschäftlichen Termin, der andere kann seine Fans unmöglich enttäuschen und muss einen Auftritt wahrnehmen, der nächste darf bei der Familienfeier zum runden Geburtstag nicht fehlen.

Eine ähnliche Geschichte erzählt Jesus, um zu zeigen, wie es Gott mit uns Menschen geht. Er möchte ein großes Fest mit uns feiern. Um uns den Zugang zu ermöglichen, hat er alles eingesetzt, sogar seinen geliebten Sohn. Doch was passiert: Die Menschen haben andere Prioritäten. Das Jagen nach Geld, Macht und Ansehen ist ihnen wichtiger als die Beziehung zu Gott!

Aber Gott lässt sich nicht von seinem Plan abbringen. Er will, dass der Festsaal gefüllt wird. So geht seine Einladung an Menschen, die von ihrer Herkunft her eigentlich nicht dazu gehören, Menschen, die durch ihren sozialen Stand abgeschrieben sind und Menschen, die durch persönliche Begrenzungen normalerweise keinen Zugang haben zu einer solchen Gesellschaft.

So ist Gott! Er will eine persönliche Beziehung mit jedem von uns eingehen. Ich kann sie nicht durch eine Kirchenzugehörigkeit erreichen, auch nicht durch mein Engagement für die christliche Gemeinde oder die Gesellschaft verdienen. Ich bin eingeladen, weil ich ihm wichtig bin; trotz meiner Vergangenheit, meiner Fehler und Schwächen. Bei ihm darf ich sein, wie ich bin, ich muss mich nicht durch Leistungen beweisen!

Ruth Lieberherr

»Genauso herrscht Freude bei den Engeln Gottes, wenn auch nur ein einziger Sünder bereut und auf seinem Weg umkehrt.«

(Lukas 15 [hier: 10], NL)

Verloren und gefunden

Wieder einmal habe ich meinen Schlüssel verloren. Fieberhaft suche ich ihn, schließlich finde ich ihn an einem Ort, wo ich ihn sonst nie hinlege. Ich bin erleichtert.

Solche Zwischenfälle gibt es bei mir leider öfters. Sie sind ein Zeichen meiner Unachtsamkeit, meiner Begrenztheit und Unvollkommenheit.

Erstaunlicherweise vergleicht sich Gott in den drei Gleichnissen aus Lukas 15 mit jemandem, der etwas verloren hat. Kann es sein, dass dem allmächtigen, majestätischen Gott etwas verloren geht? Eigentlich hätte Gott alles in der Hand, um dies zu verhindern.

Es ist Ausdruck der unendlichen Liebe Gottes, dass er uns einen freien Willen gegeben hat. Gott lässt los, er gibt frei. Er versucht nicht gewaltsam zurückzuhalten, auch wenn er die Folgen sieht. Er gibt Raum zur freien Entscheidung, Raum um Erfahrungen zu sammeln, auch negative. Er will eine freiwillige Erwiederung seiner Liebe. Wie oft bin ich Gott wohl schon davongelaufen, habe seine Liebe und Fürsorge nicht sehen können, bin ausgebrochen, getrieben von selbstsüchtigen Wünschen? Und Gott lässt das tatsächlich zu, lässt sich das gefallen!

Doch das Erstaunliche ist: Gott macht sich auf die Suche, wenn ich mich verirrt habe. Er kommt mir entgegen, wenn ich mich fast nicht mehr traue, zu ihm zurückzukommen. Er wirbt um mich, wenn ich mich in Verbitterung und Selbstgerechtigkeit um mich selbst drehe. Und jedes Mal, wenn ich mich finden lasse, mich von ihm in die Arme nehmen lasse, seine Vergebung und Liebe annehme, gibt es im Himmel ein Fest!

Ruth Lieberherr

22. April

Der Herr, der heilige Gott Israels, hat zu euch gesagt: »Wenn ihr zu mir umkehrt und still haltet, dann werdet ihr gerettet. Wenn ihr gelassen abwartet und mir vertraut, dann seid ihr stark.«

(Jesaja 30,15; GN)

Als Jesaja diesen Text im Auftrag Gottes schrieb, war bereits eine ganze Reihe von Prophetenworten, die das Volk Israel zur Umkehr bewegen sollten, vorausgegangen. Weil sie aber nicht auf diese Worte hören wollen, sagt Gott jetzt zu Jesaja: Schreib es auf! Schreibe es unter Zeugen auf, damit es für alle Zeiten erhalten bleibt (Vers 8). Prophetenworte sind eigentlich gesprochene Worte. Sie werden zur Schrift, wenn es zu einer Krise kommt und wenn die Adressaten Herz und Ohr vor der Botschaft verschließen. Prophetenwort in mündlicher Ansprache ist eigentlich auf den Augenblick bezogen. Hier wird auf eindeutigen göttlichen Befehl das Prophetenwort zur Schrift, mit unverbrüchlicher Gültigkeit dessen, was dokumentiert wird für die ferne Zukunft. Das Schrift gewordene Prophetenwort soll bezeugen, was Gott gesprochen hat, wenn es sich dann erfüllen wird. Wenn all dies geschehen wird, werden Gottes Heiligkeit und Gottes Geschichtsmächtigkeit eindeutig und unmissverständlich wahrgenommen. Darum ist eine Niederschrift nötig: weil Israel nicht hören will. Ein eigensinniges, widerspenstiges Volk nennt Gott es. Immer wieder hat Jesaja dem Volk den Glauben an seinen Gott angeboten, aber es will nicht. Ein vernichtendes Urteil wird in den ersten Versen des 30. Kapitels gesprochen. Lügner werden sie genannt (Vers 10). Sagt uns nicht, was recht ist, sondern was uns gefällt. Das, was von Gott kommt, ist meistens nicht das, was dem Menschen glatt und angenehm ist. Man möchte einen Gott haben, der das Übliche nicht stört.

Aber gerade dann, wenn der Mensch meint, er könne sich des heiligen Gottes entledigen, fängt eben dieser Gott an zu reden. In Bildern, die er für alle Zeiten aufschreiben lässt. Wo trifft uns, mich das heute? Spricht Gott in unserem, meinem Leben Worte die wir, ich nicht hören wollen?

Christiane Bladt

23. April

Der Herr, der heilige Gott Israels, hat zu euch gesagt: »Wenn ihr zu mir umkehrt und still haltet, dann werdet ihr gerettet. Wenn ihr gelassen abwartet und mir vertraut, dann seid ihr stark.«

(Jesaja 30,15; GN)

In V. 13 dieses Kapitels schreibt Jesaja, dass die Schuld, die der Mensch auf sich lädt, eine Zerstörungskraft hat. Eine Kraft, die selbstständig weiterarbeitet. Er bezeichnet sie als einen Riss in einer Mauer, der sich ständig verlängert. Durch die Anhäufung von nicht vergebener Schuld, dadurch, dass wir Gott bewusst nicht zuhören, wird dieser Riss immer länger, bis ein Einsturz unvermeidbar ist. Das Bild einer Mauer lässt sich gut auf das menschliche Leben übertragen. Hinter der Mauer fühlen wir uns sicher, alles ist gut. Durch Verdrängung und Ablenkung lässt sich Sünde gut verbergen, vor anderen, vor sich selbst, aber niemals vor Gott. Ein ähnliches Urteil spricht Paulus in Römer 9-11 über Israel.

Es geht sowohl bei Jesaja wie auch bei Paulus und bei uns heute darum: Hören wir auf Gottes gesprochenes und geschriebenes Wort? Sehen wir in der Geschichte, auch in der eigenen, dass Gott ernst zu nehmen ist? Dass unsere Rettung nur von ihm kommt? Glauben wir nicht nur an Gott, sondern glauben wir Gott?

Im Jesajatext, Vers 15, sagt Gott, wie Israel, als Gottes Volk, hätte sein sollen und wie es wieder sein wird, wenn sich Gott wieder erbarmt. Dem Volk werden Maßstäbe vor Augen gehalten, die es hätte beachten sollen. Umkehren und still halten (Ruhe), gelassen abwarten und vertrauen, das sind die Tugenden, die Gott von seinem Volk erwartet, die Israel aus seiner Geschichte mit Gott hätte lernen können. Angesichts der drohenden Gefahr durch ein ausländisches Volk, wird die Hinwendung zu Gott gefordert und damit die Abwendung von vermeintlichen Sicherheiten. Bei Israel war es die Abwendung von der machtpolitischen Ebene, die sie bei Nachbarvölkern gesucht hat. Was ist dies bei uns heute?
Wo suchen wir, wo suche ich bei drohenden Gefahren, in unsicheren Zeiten Sicherheit? Auf was und auf wen verlassen wir uns?

Christiane Bladt

24. April

Der Herr, der heilige Gott Israels, hat zu euch gesagt: »Wenn ihr zu mir umkehrt und still haltet, dann werdet ihr gerettet. Wenn ihr gelassen abwartet und mir vertraut, dann seid ihr stark.«

(Jesaja 30,15; GN)

Wenn die Bibel und in unserem Text Jesaja von Ruhe und Stillesein redet, dann meint sie weder eine untätige Beschaulichkeit noch eine resignierende lebensfeindliche Haltung. Stillesein und Ruhe stehen für das beharrliche Sehen auf Gottes Handeln und seinen Geschichtsplan. Dazu ist es häufig notwendig, den Blick von den vor uns stehenden Schwierigkeiten abzuwenden, einen Blickwechsel vorzunehmen. Psalm 62,2-3: »Nur auf Gott vertraue ich und bin ruhig. Von ihm allein erwarte ich Hilfe. Er ist der Fels und die Burg, wo ich in Sicherheit bin.« Im Stillesein liegt die Möglichkeit zu sehen und zu erkennen, dass Gott sein Volk Israel und auch alle, die ihm vertraut haben, noch nie im Stich gelassen hat – auch wenn er vielleicht nicht alle Wünsche seiner Kinder erfüllt. In der Ruhe, im Stillesein und stillhalten, kann aus dem bisherigen Heilshandeln Gottes in der Geschichte auch die Hoffnung wachsen oder auch neu entstehen, dass von Gott für die Zukunft noch Größeres zu erwarten ist. Dies zu glauben, hat Jesaja dem Volk Israel fortwährend angeboten. Schon in Kapitel 7,9 sagt Jesaja: »Wenn ihr nicht glaubt, so bleibt ihr nicht!«

Dabei steht der Glaube nicht am Anfang, sozusagen als Vorleistung des Menschen, sondern ist Antwort auf Gottes Zusagen durch den Propheten. Ein Glaube, der auf die Zukunft gerichtet ist, auf das Handeln und Eingreifen Gottes, welches jetzt noch nicht sichtbar ist, aber ganz gewiss geschehen wird. Weil Gott es gesagt hat. Einen solchen Glauben können Menschen nicht aus eigener Kraft erwerben. Er ist eine Gabe des Heiligen Geistes. Um diese Gabe zu erhalten, sie zu spüren und zu vertiefen, dazu braucht es Ruhe und Stillesein. In welchen Bereichen unseres Lebens, meines Lebens benötigen wir heute diese Ruhe und das Stillesein, damit wieder Glaube wachsen kann, Hoffnung entstehen kann?

Welcher Blickwechsel ist heute nötig?

Christiane Bladt

Der Herr, der heilige Gott Israels, hat zu euch gesagt: »Wenn ihr zu mir umkehrt und still haltet, dann werdet ihr gerettet. Wenn ihr gelassen abwartet und mir vertraut, dann seid ihr stark.«

(Jesaja 30,15; GN)

Luther übersetzt es so: »Durch Stillesein und Hoffen werdet ihr stark sein.« Gelassenheit ist wie Glaube nichts, was wir aus eigener Kraft erwerben können, sie ist eine Gabe, ein Geschenk durch den Heiligen Geist. Ein Geschenk kann man annehmen oder nicht. Somit ist Gelassenheit auch eine Möglichkeit – man kann sich für sie entscheiden. Gelassenheit hat viel mit Loslassen zu tun. Das bedeutet nicht, zu resignieren oder sich stoisch dem Schicksal zu fügen. Gelassenheit hat auch nichts mit Selbstaufgabe, Selbstmitleid oder Selbstverleugnung zu tun, sondern die Annahme des Geschenkes Gelassenheit befreit uns davon, alles kontrollieren und beherrschen zu wollen. Wir können das Leben nicht beherrschen! Aber wir können dem Leben gelassen begegnen, indem wir die Kontrolle Gott überlassen. Das macht uns frei davon, aus eigener Kraft erreichen zu wollen, wonach wir uns sehnen. Gelassenheit wird uns helfen zu sehen, dass unsere größte Hoffnung außerhalb der eigenen Reichweite liegt. Sie hilft uns darauf zu vertrauen, dass Gott die Sehnsucht stillt. Gelassenheit lehrt auch, die Hektik, die oft genug unser Leben beherrscht, loszulassen. Das heißt nicht, dass wir nie beschäftigt sein werden. Das können wir von Jesus lernen. Jesus war sehr beschäftigt, aber er war nie in Hektik. Unsere Arbeit, auch viel Arbeit, darf nicht dazu führen, dass sie unsere Verbindung zu Gott überlagert. Nur in dieser Leben spendenden Verbindung hat Jesus seine Arbeit erledigt, und wenn wir ihm nachfolgen wollen, kann Hektik nicht unser Leben bestimmen. Schließlich können wir nicht schneller sein als der, dem wir nachfolgen, denn Nachfolge heißt, hinter ihm zu gehen, nicht vor ihm herzurennen.

Wo ist Hektik in dieser schnelllebigen Zeit eine Gefahr für uns, für mich? Wo muss ich konsequent wieder Ruhe lernen und Gelassenheit einüben? In der Gelassenheit suchen wir Gott. Sonst nichts!

Christiane Bladt

26. April

Der Herr, der heilige Gott Israels, hat zu euch gesagt: »Wenn ihr zu mir umkehrt und still haltet, dann werdet ihr gerettet. Wenn ihr gelassen abwartet und mir vertraut, dann seid ihr stark.«

(*Jesaja* 30,15; *GN*)

Vielleicht sind wir müde geworden im Laufe unseres Glaubenslebens, vielleicht auch in unserer Arbeit für Gott und die Gemeinde. Vielleicht hat uns das Leben überholt und wir finden nicht mehr zurück zur Gelassenheit. Vielleicht toben auch in uns Kämpfe, von denen niemand sonst etwas weiß.

Mit der Gabe der Gelassenheit ist es wie mit der Gabe der Liebe: Immer wieder wird sie auf die Probe gestellt, manchmal durch die Angst, etwas zu verpassen, zu verlieren oder nicht genug zu erreichen. Manchmal durch Krankheit, Arbeitslosigkeit, gescheiterte Beziehungen oder verpasste Chancen. Gelassenheit, wie Liebe, muss aber immer wieder eingeübt werden. Übung und Proben werden unser Leben begleiten. Doch sie verlieren ihre Macht über uns, wenn wir die Kämpfe darum aus der Hand geben und sie Gott überlassen – in der tiefen Gewissheit, resultierend aus dem Heilshandeln Gottes in der Geschichte, dass er größer ist als alles, was wir von diesem Leben je erwarten können. Dann wenn das Leben schwer wird, wenn alles zerbricht, gerade dann wird deutlich, wer wir als Kinder Gottes sind: Bürger einer anderen Welt, denen diese Welt hier nie bieten kann, was wir uns am meisten wünschen, nämlich bei Gott geborgen zu sein. Aus dieser immer wieder geschenkten Gelassenheit resultiert quasi als Zugabe die Hoffnung, von der der Jesajatext auch spricht. Das Hebräische des Alten Testamentes kennt mehrere Wörter für Hoffnung, die stärker sind als die deutschen Begriffe. Wenn wir von Hoffnung reden, dann liegt darin oft noch eine zweifelnde Ungewissheit. Wenn die Bibel von Hoffnung spricht, dann meint sie viel mehr. Vielleicht ist es an der Zeit, unsere Hoffnung zu überprüfen. Wenn wir Menschen, die keine Christen sind, sagen sollen, was für uns Hoffnung ist, welche Worte gebrauchen wir dafür?

Christiane Bladt

Der Herr, der heilige Gott Israels, hat zu euch gesagt: »Wenn ihr zu mir umkehrt und still haltet, dann werdet ihr gerettet. Wenn ihr gelassen abwartet und mir vertraut, dann seid ihr stark.«

(Jesaja 30,15; GN)

Wenn die Bibel von Hoffnung spricht, und das tut sie sehr oft, dann meint sie das zielgerichtete Warten, die zuversichtliche Erwartung, das angespannt geduldige Ausharren. Daher steht in biblischen Texten oftmals Hoffnung parallel zu Vertrauen und Zuversicht. Deutlich wird das in Römer 4,18, wo über Abraham gesagt wird: »Obwohl nichts mehr zu hoffen war, hielt er an der Hoffnung fest und vertraute Gott.« Auch die großartigen Texte über Hoffnung im Hebräerbrief sprechen da eine deutliche Sprache.

Diese Zusage Gottes: durch Stillesein – Gelassenheit – und »Hoffen« werdet ihr stark sein, galt nicht nur bei Jesaja dem Volk Israel, sie galt bei Paulus und sie gilt für uns heute. Jesaja hat weit über seine Lebenszeit hinaus geschaut. Er musste viele Gerichtsworte sagen, Unheil verkünden und die Menschen in Gottes Auftrag zurechtweisen. Aber immer mit dem Hinweis: Wenn ihr umkehrt, dann wird Gott euch retten. Gott wird gnädig sein, weil gnädig sein Gottes Ziel ist.

So geht der Text in Jesaja 30 auch weiter. Vers 18 beginnt mit dem Wort »trotzdem« (Gute Nachricht). Ganz oft beginnen Kapitel der Bibel mit diesen Worten: nun aber, weil aber, trotzdem.

Manchmal, wenn ich ganz müde und niedergeschlagen bin, dann zähle ich die Kapitel der Bibel durch, die so beginnen: Nun aber ist Christus auferstanden, nun aber ist die Gerechtigkeit Gottes offenbar geworden, weil aber Gott soviel Erbarmen hat mit euch … Darauf setze ich meine Hoffnung, dieses »nun aber« ist so aufbauend, so erfrischend wie die erste Tasse Kaffee des Tages.

Was hilft wirklich weiter, wenn nichts mehr zu hoffen ist?

Welche Ermutigungen suchen wir für uns selbst und wie können wir andere ermutigen?

Christiane Bladt

28. April

Der Herr, der heilige Gott Israels, hat zu euch gesagt: »Wenn ihr zu mir umkehrt und still haltet, dann werdet ihr gerettet. Wenn ihr gelassen abwartet und mir vertraut, dann seid ihr stark.«

(Jesaja 30,15; GN)

Jesaja hat wie niemand sonst von den Propheten des Alten Testamentes im Auftrag Gottes die Türen zum neuen Bund, zu Jesus Christus, zur Gemeinde, zum neuen Himmel und zur neuen Erde aufgetan. Deshalb sind seine Worte heute so aktuell wie im Jahr 750 vor Christus, in dem Jahr, in dem man die Wirksamkeit Jesajas ansetzt. Eines Tages wird unsere Hoffnung sichtbar sein. Bis dahin wird es Kämpfe, Leid und Anfechtung geben, aber die entscheidende Schlacht hat schon stattgefunden, auf einem Hügel vor den Toren Jerusalems. Jesaja hat es vorausgesehen. Für die Menschen seiner Zeit war es noch nicht sichtbar, aber es ist eingetroffen. Was für uns heute noch nicht sichtbar ist, hat Johannes auf einer kleinen Felseninsel in der Verbannung vorausgesehen. Es wird eintreffen. Noch ist alles Hoffnung. Dieses Leben ist nicht alles, eigentlich ist es eine Generalprobe für die Aufführung. Wir werden weit mehr Zeit in der Ewigkeit verbringen als in dieser Welt und deshalb ist es so wichtig, auf Gottes Wort zu hören. Seien es gesprochene Prophetenworte oder Schrift gewordenes Gotteswort, wie die ganze Bibel. Wir entscheiden hier in dieser Welt, wo wir die Ewigkeit verbringen. Dieser kleine Vers aus Jesaja 30 kann und soll uns die Gewissheit geben, dass alle, die Gott vertrauen und ihm glauben, auch ihm gehören. Was auch immer das Leben bringt. Wenn ihr zu mir umkehrt und stillhaltet, dann werdet ihr gerettet. Wenn ihr gelassen abwartet und mir vertraut, dann seid ihr stark.

Ich wünsche es Ihnen und mir, dass wir es wieder neu lernen. Glauben, Gott zu glauben ist nicht die Vorleistung, die wir erbringen müssen, sondern die Antwort auf Gottes Verheißungen. Wer Gott glaubt, hofft zugleich, dass Gott handeln wird.

Er tut es!

Christiane Bladt

Die alte sündige Natur liebt es, Böses zu tun – genau das Gegenteil von dem, was der Heilige Geist will. Der Geist weckt in uns Wünsche, die den Neigungen unserer sündigen Natur widersprechen. Diese beiden Kräfte liegen in ständigem Streit miteinander, sodass ihr nicht das tun könnt, was ihr wollt.

(Galater 5,17; NL)

Vielleicht hilft das Bild zur Veranschaulichung, das wir aus alten, kitschigen amerikanischen, moralischen Kinderfilmen kennen. Erinnern Sie sich z. B. an Filmausschnitte, wo ein kleiner Junge etwas aus einem Bonbonglas nehmen möchte und in übertriebenem Maße zwei Stimmen von links und rechts auf ihn einreden. »Tu es, nimm es, dich sieht keiner, es schadet ja keinem, der Besitzer hat genug Geld …« Dagegen beeinflusst die »sanfte Stimme« den Jungen mit den Worten: »Nein, das darfst du nicht, du musst es bezahlen, du schadest damit anderen, bezahl das Bonbon …«.

Solche Szenen in oben erwähnten Filmen haben sich in mir festgesetzt – ein prägendes Beispiel meiner Kindheit.

Durch diesen Vers können wir uns heute bewusst dafür entscheiden, welcher Stimme wir vertrauen und auch gehorchen wollen.

Beginnen wir, uns täglich bewusst zu machen, dass Jesus mit seinem heiligen Geist in uns wohnt, und dass das Auswirkungen hat auf mein Handeln, Denken, Reden, Entscheiden usw.

Lassen Sie uns Jesus bitten an diesem Tag, uns sensibel zu machen für das richtige und falsche Verhalten. Ich sage Ihnen aus meiner eigenen Erfahrung, als Fallbeispiel sozusagen, wer das tut, wird heute beim Schuhe kaufen die Schuhe nicht einfach aus dem Karton reißen und stehen lassen!

Beenden wir den Kampf, von dem hier die Rede ist, und schlagen die richtige Richtung ein.

Ines Emptmeyer

Er wird euch großzügig mit allem versorgen, was ihr braucht. Ihr werdet haben, was ihr braucht, und ihr werdet sogar noch etwas übrig behalten, das ihr mit anderen teilen könnt.

(2. *Korinther* 9,8; *NL*)

Kennen Sie den Gedanken, dass wir uns so oft für andere ins Zeug legen?, Zeit, Geld, Liebe, Ideen, Kreativität usw. investieren und nichts zurück kommt? Manchmal tun wir all das, damit andere zur Erkenntnis kommen, was wirklich der Sinn im Leben ist.

Wir sind hoch motiviert. Fühlen uns von Gott mit unseren Gaben genau im richtigen Moment, am richtigen Ort. Viele tolle Dinge passieren. Oder zumindest sehen wir, wie der gelegte Same ein klein wenig größer wird.

Und dann gibt es Zeiten, da sind wir des Gebens leid. Da ist die Kraft am Ende, die Geduld schon lange und die Motivation hat sich unglaublich verschoben. Wir sind müde. Mein Gemütszustand pilgert vom großen Enthusiasmus zum deprimierten Selbstmitleid.

Wenn wir den Bibelvers nicht auf das Geld beziehen, sondern auf meinen Einsatz, auf das, wo ich als Gottes Mitarbeiter unterwegs bin, dürfen wir mindestens genauso die Verheißung des Tages in Anspruch nehmen. Wir werden beschenkt von Gott. Er gibt uns das, was wir brauchen, um nicht nur für uns genug zu haben, sondern auch anderen noch reichlich geben können.

Na, dann los! Gehen wir zu Gott! Lassen wir es spürbar werden, was er verheißen hat! Gott ist unser Versorger. Auf dass er unsere Kraft- und Tankstation des Tages werde.

Gebet: Jesus, Du bist da. Du kennst mich. Du weißt, wie es mir geht. Du bist mein Versorger. Auf diese Verheißung will ich mich berufen. Ich bringe dir meine Kraftlosigkeit. Du siehst, wie sich meine Motivation verändert hat. Lass mich deinen Blick bekommen für diese Situation. Füll meine Leere und inspiriere mich neu.

Ines Emptmeyer

Dieser Hohe Priester versteht unsere Schwächen, weil ihm dieselben Versuchungen begegnet sind wie uns, doch er wurde nicht schuldig. Lasst uns deshalb zuversichtlich vor den Thron unseres gnädigen Gottes treten. Dort werden wir Barmherzigkeit empfangen und Gnade finden, die uns helfen wird, wenn wir sie brauchen.

(Hebräer 4,15-16; NL)

Gott wurde Mensch. Gott ist Mensch. Gott war Mensch.
Es ist ganz schön kompliziert.

Wie stellen wir uns Jesus vor? Wie beschreiben wir Nichtchristen diese Dreieinigkeit? Gott, Vater, Sohn, Heiliger Geist! Wie ist unser Gottesbild? Gehen wir heute, an diesem Tag, zu Jesus, dem Freund? Gehen wir zu Gott, dem Vater? Gehen wir durch den Tag mit dem Heiligen Geist? Diese Verse implizieren, dass Gott alles in allem ist. Wie viel mehr muss er dann verstehen, was uns beschäftigt; mehr als unser Vater, mehr als unser bester Freund. In einigen Übersetzungen heißt es, dass er »genau wie wir auf die Probe gestellt wurde, jedoch ohne Sünde blieb«. Das ist der Unterschied zu uns. Jesus kann nachvollziehen, was wir manchmal durchmachen. Er musste ebenfalls harte Proben bestehen. Jedoch blieb er ohne Sünde. Oberflächlich gesehen, denke ich auch, dass mir das gelingt. Aber dann erwische ich mich bei längerem Nachdenken dabei, wie ich sehr oft bei einer Probe (Krise, Problemfall, Enttäuschung) sündiges Verhalten an den Tag lege.

Wie oft reagiere ich mit Eifersucht, mit schlechtem Reden, verurteilenden Gedanken, verletzenden Reaktionen – Gott oder Menschen gegenüber. Ohne die Nähe Gottes fällt es mir doch noch schwerer, »sündefrei« zu reagieren, oder?

Lassen Sie uns zu seinem Thron gehen. Möge Gott uns eine große Portion an Barmherzigkeit, Liebe, Erbarmen und Gnade schenken!

Gott wird uns rechtzeitig helfen – so heißt es in Vers 16.

Vertrauen wir Gottes Zeitplan!

Welcher Probe bin ich gerade ausgesetzt? Wie kann ich in dieser Situation ohne Sünde reagieren?

Ines Emptmeyer

2. Mai

Ich ermahne euch nun, liebe Brüder, durch die Barmherzigkeit Gottes, dass ihr eure Leiber hingebt als ein Opfer, das lebendig, heilig und Gott wohlgefällig ist. Das sei euer vernünftiger Gottesdienst.

(Römer 12,1-2; L)

Diese Ermahnung schmeckt uns in unserer liberalisierten und toleranten Gesellschaft gar nicht. Moment mal, wer will mich denn da in die Enge treiben? Wo ist sie, die große Freiheit, für die alle Christen werben?! Die Grundbedeutung des Wortes »ermahnen« ist: »zur Hilfe, zur Seite rufen«. Hilfe! Das klingt doch schon gleich ganz anders! Wieso sollte es eine Hilfe von Paulus sein, uns den Tipp zu geben, uns nicht den Maßstäben dieser Welt anzupassen? Wir müssen doch endlich mal wegkommen von dem Birkenstock-Ruf. Doch diese Äußerlichkeiten sind hier nicht gemeint.

»Passt euch nicht den Maßstäben dieser Welt an«. Hier ist die Rede vom Annehmen einer äußeren Erscheinung, die etwas widerspiegelt, was innerlich nicht vorhanden ist. Kennen Sie dieses christliche Schauspiel? Oft müssen wir uns gar nicht mal der säkularen Welt anpassen, sondern tun es im christlichen Bereich genauso. Wir geben vor, ach so fromm zu sein, kennen das christliche Vokabular auswendig, singen die Lobpreislieder lauthals mit, überlegen uns während der Predigt, was wir in den nächsten Tagen kochen oder wie wir das vergangene Telefonat interpretieren können. Nach außen ist alles so schön christlich. Nur Christus selbst spielt gar keine Rolle mehr. Wir haben gar keine Kraft mehr, authentisch zu sein.

In diesem Vers heißt es, dass wir uns von Gott in unserem Innersten verändern lassen sollen. Uns ihm ganz hingeben. Das sollten wir tun. Und wenn das heute Ihr Thema ist, dann bringen Sie sich Gott ganz als Opfer dar, mit allem, was in Ihnen ist. Ob es die falsche Motivation für die Mitarbeit ist, die Enttäuschung, dass Gott nicht so gehandelt hat, wie Sie es erwartet haben, der Zweifel an seiner Existenz, der erneute Versuch der Veränderung oder, oder …

Hauptsache ehrlich. Hauptsache göttlich-authentisch!

Ines Emptmeyer

Werft dieses Vertrauen auf den Herrn nicht weg, was immer auch geschieht, sondern denkt an die große Belohnung, die damit verbunden ist! Was ihr jetzt braucht, ist Geduld, damit ihr weiterhin nach Gottes Willen handelt. Dann werdet ihr alles empfangen, was er versprochen hat. Was ist nun der Glaube? Er ist das Vertrauen darauf, dass das, was wir hoffen, sich erfüllen wird, und die Überzeugung, dass das, was man nicht sieht, existiert.

(Hebräer 10,35-36; 11,1; NL)

In Vers 36 heißt es, dass wir tun sollen, was Gott will; nur dann würden wir bekommen, was er versprochen hat. Wie geht es uns damit, wenn wir das lesen? Erinnert es uns nicht an einen Automaten: Geld rein, Kaugummi raus?!

Aber so ist das nun mal (leider) nicht.

Kennen Sie Gedanken des Aufgebens?

»Ich kann nicht mehr. Ich halte es nicht mehr aus. Es tut so weh. Es passiert nichts. Wie lange habe ich schon dafür gebetet, dass mein Mann Christ wird?! Wieso können andere Paare Kinder kriegen und wir nicht?! Wie lange soll ich noch auf ›den Richtigen‹ warten?! Wann werde ich endlich einen Job finden?! Warum ich?!«

Es gibt so viele Themen, wo wir oft kurz davor sind aufzugeben, das Vertrauen in Gott wegzuschmeißen, seine Verheißungen anzuzweifeln. Doch können wir uns ein Leben ohne Gott vorstellen?

Diese Verse fordern uns heraus, sie mit der ewigen Perspektive zu lesen. Irgendwann werde ich wissen warum.

Möge uns Gott heute ausstatten mit viel Hoffnung, Trost und Glaube. Lassen Sie uns danach ausstrecken. Von uns aus können wir das nicht. Gott muss es schenken.

Ines Emptmeyer

Denn Leben, das ist für mich Christus; darum ist Sterben für mich nur Gewinn.

(Philipper 1,21; GN)

Als »lebensmüde« bezeichnete mich eine nichtchristliche Freundin, als sie hörte, dass ich mir Gedanken über meine Beerdigung machen würde. Der Ablauf steht, die Inhalte stehen auch. Eine Freundin weiß, wo das Schreiben liegt. Ich bin unter 30. Dennoch! Seitdem ich gut 20 bin, aktualisiere ich dieses Schreiben jährlich – immer an Weihnachten. Und warum? Weil ich mich auf den Himmel freue. Weil ich das Leben anstrengend finde. Weil im schönsten Moment auf Erden doch ein Anruf kommen kann, der meinen schönsten Moment kompliziert oder auch kaputt machen kann.

Leben ist für mich Christus. Nicht immer. Nicht immer nah. Oft auch verbunden mit Fragen, Zweifeln, Anklagen. Aber ohne ihn würde das Leben für mich keinen Sinn machen. »Christen können enttäuschen, Christus nie« – deshalb ist Leben Christus.

Und wenn jemand sagt, dass Sterben ein Gewinn sei, dann ist er nicht unbedingt lebensmüde oder über 80. Wie geht es Ihnen? Stimmen Sie ebenfalls mit Paulus überein?

Ines Emptmeyer

5. Mai

»Fürchte dich nicht, denn ich bin bei dir. Sieh dich nicht ängstlich nach Hilfe um, denn ich bin dein Gott: Meine Entscheidung für dich steht fest, ich helfe dir. Ich unterstütze dich, indem ich mit meiner siegreichen Hand Gerechtigkeit übe.«

(Jesaja 41,10; NL)

Dieser Vers richtet sich an Israel. Mit der Verheißung, dass Israel nicht Gottes zerstörerisches Gericht zu fürchten braucht. Was für eine gut tuende Gewissheit, in der Verheißung und im Schutz Gottes zu leben! Israel lebt als privilegiertes Land unter Gottes Segen. Auch uns gilt die Zusage Gottes. Wir sind auf seiner Seite. Was für ein Vorrecht, dass wir den starken Arm Gottes bei uns haben und wir zu dem gehören, der Himmel und Erde geschaffen hat. Warum sind wir dann oft doch so schwach? Oft so unsicher? Oft nicht mit dem Selbstbewusstsein gesegnet, als Kinder Gottes die Joker-Karte gezogen zu haben?!

Mir kommt bei diesem Vers die Grönemeyer-Textzeile »außen stark und innen ganz weich« in den Sinn. Gott kennt unsere Schwächen. Er sieht uns von innen UND außen. Wie viel mehr lassen wir uns von dem beeinflussen und prägen, was Menschen uns »verheißen«?! Es ist in uns verankert, was unsere Eltern uns immer gesagt haben. Es beeinflusst unser Handeln und Denken und besonders unser Selbstbild, was andere für eine Kritik an uns äußern. Wir lassen uns verunsichern. Wir glauben unserem Umfeld mehr als Gott. Es ist nicht leicht, von dem wegzusehen, wie Menschen uns einordnen. Bitten wir heute neu darum, dass Gott uns seine Sicht für uns selbst, andere und ihn schenkt. Möge er unseren Blick verändern! Was auch immer Menschen zu Ihnen gesagt haben, das Sie in Ihrem Verhalten einschränkt, gehen Sie damit zu Gott. Er möchte uns heilen, korrigieren, schleifen, stark machen – außen und innen. Seine siegreiche Hand möge uns segnen!

Ines Emptmeyer

Vielfach hast du, mein Gott, deine Wundertaten und deine Pläne an uns vollbracht; nichts ist mit dir zu vergleichen. Wollte ich davon berichten und reden – sie sind zu zahlreich, um sie aufzuzählen.

(Psalm 40,6; NL)

Beim Besuch eines Rehabilitations-Zentrums für behinderte Kinder in Albanien lernten wir den 12jährigen Hermes kennen. Seine leiblichen Eltern hatten ihn schon früh an Pflegeeltern abgegeben. Hermes hat eine schwere Muskelkrankheit und kann nicht mehr gehen. In einem bitterkalten Winter wurde er von seinen bettelarmen, verzweifelten Pflegeeltern nackt in einen Plastiksack gesteckt und weit außerhalb eines Dorfes abgelegt. Dort sollte er erfrieren. Aber Gott hatte seine Hand über diesem Jungen. Aus unerklärlichen Gründen machten Missionare an jenem Tag in dieser abgelegenen Gegend einen Spaziergang und hörten das Schluchzen. Sie fanden den halb erfrorenen Jungen, nahmen ihn mit und brachten ihn in das Rehabilitations-Zentrum. Dort wurde er liebevoll aufgenommen. Er bekam neben einem neuen Zuhause auch warme Kleider und einen Rollstuhl.

Seitdem hat Hermes sich prächtig entwickelt. Die Heilung seiner seelischen Wunden braucht noch viel Zeit. Aber er hat Jesus kennen gelernt und dankt ihm jeden Tag, dass er ihn gefunden hat. Das Strahlen seiner Augen hat uns noch lange begleitet. Am meisten hat mich beeindruckt, wie dankbar Hermes ist – für das Essen, den Rollstuhl und die Liebe, die ihm entgegengebracht wird.

Wie sieht es mit unserer Dankbarkeit aus? Egal, wie Ihr Leben bisher verlaufen ist, auch Sie dürfen Gott mit dem Psalmschreiber danken. So wie Gott für den kleinen Hermes gesorgt hat, wird er auch für Sie sorgen. Trauen Sie es ihm zu!

Ruth Bai-Pfeifer

»Ich, der Herr, sage Euch: Es kommt die Zeit, da schicke ich euch eine Hungersnot. Aber nicht nach Brot werdet ihr hungern und nicht nach Wasser verlangen. Nein, nach einem Wort von mir werdet ihr euch sehnen!«

(*Amos* 8,11; *Hfa*)

Hunger haben? Kennen wir dieses Gefühl überhaupt noch? Das Problem vieler Menschen heute ist eher, dass sie zu viel als zu wenig Nahrung zu sich nehmen. Das war nicht immer so. So erzählte ein alter Pastor, wie er im Krieg in Sibirien echt Hunger litt: »Wir haben nicht mehr gewusst, was wir noch essen sollten. Es war nichts mehr da! In der grössten Not haben wir uns dann von Baumrinde ›ernährt‹. In jenen Tagen bin ich fast irre an Gott geworden.«

Doch auch ich kenne das Gefühl zu hungern. Es ist nicht der Hunger nach Essen, nein, es ist ein Verlangen meiner Seele. Dies Gefühl ist schwer zu beschreiben. Da sitze ich in einer christlichen Veranstaltung; es wird gesungen, gepriesen, gebetet, gepredigt. Ich gehe raus und fühle mich leer. Da war kein Wort für mich dabei. »Bin ich so anspruchsvoll?«, frage ich mich dann selbst. »Muss ich immer ›satt vom Tisch‹ des Herrn gehen können? Woher kommt dieses Hungergefühl nach tiefer Jesus-Begegnung, nach einem Wort von ihm für mich?«

Das Wort aus dem Buch Amos macht mich hellhörig. Mein Hunger ist normal. Diese tiefe Sehnsucht treibt mich dazu, in der Bibel zu lesen. Und dabei stoße ich auf »Nahrung«: »Wer zu mir kommt, wird nie mehr Hunger leiden!« (Johannes 6,35) Diese Verse ermutigen mich. Ich habe aufgehört zu erwarten, dass ich von jeder Veranstaltung gesättigt nach Hause gehe. Aber ich weiß, wo ich meinen Hunger gestillt bekomme: direkt bei Jesus, beim täglichen Hören auf sein Wort.

Ruth Bai-Pfeifer

Unser Leben dauert siebzig Jahre, vielleicht sogar achtzig Jahre. Doch selbst noch die besten Jahre sind voller Kummer und Schmerz, wie schnell ziehen die Jahre vorüber und alles ist vorbei.

(Psalm 90,10; NL)

Vor einigen Jahren zog eine Operation, bei der zwei am Kopf zusammengewachsene Zwillinge aus dem Iran getrennt wurden, viel Aufmerksamkeit auf sich. Die jungen Frauen, 29 Jahre alt, wollten endlich ein eigenständiges Leben führen. Obwohl sie um das große Risiko wussten, bei der Operation das Leben zu verlieren, hatten sie großartige Pläne für die Zukunft. Leider ist der Eingriff nicht geglückt. Beide starben während der OP.

Viele behinderte Menschen werden nicht sehr alt. Die Auseinandersetzung mit dem Sterben in jungen Jahren ist immer schmerzhaft. Manchmal ist es kaum zu ertragen, einigen Menschen bei ihrer täglichen Mühsal zuzusehen. Ein junger, muskelkranker Mann sagt mir immer wieder: »Es ist nicht so wichtig, wie viele Jahre uns das Leben gibt, sondern wie viel Leben wir den Jahren geben.« Wir können mitbestimmen, womit wir unsere Jahre füllen. Auch wenn vieles mühsam ist und nicht so läuft, wie wir es uns wünschen, können wir unser Leben mit Dankbarkeit füllen.

Mein Leben soll jedenfalls nicht mit dem Satz enden: »Ihr Leben war Mühe und Arbeit«. Nein, es soll Segensspuren hinterlassen. Ich möchte dankbar und froh älter werden, auch wenn das Leben nicht nur schöne Seiten hat. Ich weiß, wohin ich am Ende gehen darf – nämlich zu Jesus. Aus dieser Gewissheit heraus kann ich auch sagen: »Es ist nicht wichtig, wie viele Jahre mir das Leben gibt, sondern wie viel Segen ich in den Jahren erfahren und weitergeben kann.«

Ruth Bai-Pfeifer

Was ist nun also der Glaube? Er ist das Vertrauen darauf, dass das, was wir hoffen, sich erfüllen wird, und die Überzeugung, dass das, was man nicht sieht, existiert.

(Hebräer 11,1; NL)

Zwei Worte springen mir aus diesem Vers ins Auge: Glaube und Vertrauen. Es gibt kein Vertrauen ohne Glauben. Und es gibt keinen Glauben ohne Vertrauen. Das erinnert mich an den letzten Sommer. Ich befand mich in einer Rehabilitationsklinik, und eines Tages ging mein Physiotherapeut mit mir an die Kletterwand. In mir sträubte sich alles und ich sagte ihm, dass ich da niemals rauf käme. Aber er ermutigte mich sehr und gab mir einen Gurt, in den ich hineinschlüpfen musste. Der Physiotherapeut zog ebenfalls einen Gurt an und sicherte mich mit einem Seil, das an seinem Gurt befestigt war. Dann kam der erste Schritt: Der Therapeut ermutigte mich, mich ganz in den Gurt hineinzuhängen. Er zog ein wenig, und so gelang der erste Schritt. Plötzlich wagte ich es, von einem Tritt der Kletterwand zum nächsten hinaufzuklettern. Es war mit viel Angst und Anstrengung verbunden. Der Therapeut half mit motivierenden Worten und indem er immer wieder etwas am Seil zog. So wuchs mein Vertrauen, dass er mich nicht loslassen würde. Als ich da ziemlich weit oben zwischen Himmel und Erde hing, ging mir plötzlich durch den Kopf: So ist es auch mit dem Glauben an Jesus. Ich bin von ihm gehalten, gesichert, und er lässt mich nicht fallen. Ich darf ihm vertrauen, was immer kommen mag. Er ermutigt mich und hilft mir, mein Ziel zu erreichen. Mit diesen Gedanken kletterte ich bis ganz hinauf und erlebte einen Erfolg, den ich mir nie zugetraut hätte. Dieses Beispiel wurde für mich zu einem ganz starken Bild. Glauben heißt, Gott zu vertrauen, dass ich in jeder Lebenslage von ihm gehalten werde und dass er es gut mit mir meint. Deshalb will ich mutige Schritte wagen im Vertrauen auf Jesus Christus, der der Grund meines Glaubens ist. Übrigens, ich habe meinem Physiotherapeuten und meinem Arzt meine Erlebnisse an der Kletterwand erzählt. Nun glaube ich, dass Gott auch ihre Herzen berühren wird. Es war für sie ein neuer Gedanke – aber ein zuversichtlicher.

Ruth Bai-Pfeifer

Wenn der Herr die Gefangenen Zions erlösen wird, so werden wir sein wie die Träumenden. Dann wird unser Mund voll Lachens und unsre Zunge voll Rühmens sein. Dann wird man sagen unter den Heiden: Der Herr hat Großes an ihnen getan!

(Psalm 126,1-2; L)

Mein Körper ist für mich wie ein Gefängnis.« Diese Aussage höre ich immer wieder von körperlich behinderten Menschen. Ihr Denken, ihr Empfinden, ihre Emotionen sind gesund. Oft sind sie hochintelligent, gut gebildet und haben es durch viel Fleiß und Einsatz zu etwas gebracht. Trotz aller Anstrengung schaffen diese Menschen nie das, was sie erreichen würden, wenn ihr Körper nicht entstellt, deformiert, spastisch, schwach und lahm wäre. Sie realisieren, wie sie aussehen, wie unselbständig sie sind, wie viel Hilfe sie brauchen und wie sie von anderen Menschen wahrgenommen werden. Es braucht viel, um den Selbstwert trotzdem einigermaßen halten zu können. Es gibt Momente, da ist es fast unerträglich, in diesem »Körper-Gefängnis« leben zu müssen.

Ich kenne diese Gedanken aus meinem eigenen Erleben auch sehr gut. Es sind schmerzhafte, unschöne, einengende Gedanken. Wenn ich ihnen nachhänge, wird es dunkel in mir. Dann fühle ich mich hoffnungslos und ziellos. Beim Bibellesen stoße ich aber immer wieder auf ermutigende Worte, die mein innerstes Empfinden ansprechen. Ein solches Wort ist der Psalm 126: Es gibt Hoffnung auf Befreiung! Für mich als körperlich behinderte Frau, und für all die behinderten Menschen, die ich kenne, ist das eine wichtige Botschaft, die es gilt weiterzugeben. Jesus Christus kam, um uns Menschen durch seinen Tod und seine Auferstehung den Weg in die Freiheit zu ebnen. Er wollte, dass wir die Ewigkeit bei ihm verbringen können, dort, wo es keine Behinderung, keinen Schmerz und keine Tränen mehr geben wird. Es wird uns gehen, wie Gefangenen, die nach Hause zurückkehren. Freude und Jubel erfüllt ihr Herz. Heute ist es noch ein Traum, nicht mehr in einem behinderten Körper leben zu müssen. Aber dann wird es Wirklichkeit sein. Für behinderte Menschen ist dies keine billige Jenseitsvertröstung, sondern echter Trost aus der Ewigkeit.

Ruth Bai-Pfeifer

Doch diesen kostbaren Schatz tragen wir in zerbrechlichen Gefäßen, nämlich in unseren schwachen Körpern. So kann jeder sehen, dass unsere Kraft ganz von Gott kommt und nicht unsere eigene ist.

(2. Korinther 4,7; NL)

Der Beruf meines Mannes brachte es mit sich, dass wir immer wieder umziehen mussten. Mit der Zeit hatte ich eine recht gute Routine entwickelt, wie ich was am besten einpackte. Die zerbrechlichen Dinge, wie Geschirr oder Gläser, erforderten die größte Sorgfalt und reichlich weiches Verpackungsmaterial. Trotzdem gab es auch Scherben, und hier und da musste ein abgebrochenes Stück wieder angeklebt werden.

Paulus vergleicht uns Menschen mit kostbaren, zerbrechlichen Gefäßen. Gott sucht sich ausgerechnet so etwas Fragiles aus, um seinen kostbarsten Schatz hineinzulegen. Dieser Schatz ist wie ein Licht, das hell strahlt und eine kalte, dunkle Welt wärmt und erleuchtet. Dieser Schatz ist Jesus Christus, der in uns leben will, damit alle Menschen um uns herum sehen, dass wir anders sind. Es geht dabei nicht darum, besser oder perfekter zu sein. Es geht darum, sich von Jesus Christus verändern zu lassen. Ein praktisches Beispiel: Dort, wo ich dazu neige, anderen Menschen gegenüber launisch oder unwirsch zu reagieren, will Jesus mein Verhalten ändern. Wenn ich es zulasse, werden das die Menschen um mich herum bald wahrnehmen. Mit Gottes Hilfe leuchtet dann das helle Licht des Evangeliums aus mir heraus.

Jesus riskiert es, seinen Schatz in mich hineinzulegen. Obwohl er meine Kanten, Risse und Sprünge kennt wie kein anderer, gebraucht er mich, um sich selber zu anderen Menschen zu tragen. Dieses Wunder schafft nur seine Liebe zu mir und seine Kraft in mir.

Ruth Bai-Pfeifer

Er umgab sie und wachte über sie, er behütete sie wie seinen Augapfel. Wie ein Adler, der seinen Jungen das Fliegen beibringt, über ihnen schwebt und sie auffängt, seine Schwingen ausbreitet und sie auf seinen Flügeln in die Höhe trägt, so führte der Herr sie; er allein, ohne fremde Götter.

(5. Mose 32,10b-12; NL)

Vor einigen Jahren erlebten wir in den Ferien, wie kleine Vögel fliegen lernten. Zuerst lagen sie hilflos und nackt in ihrem Nest. Die Vogeleltern flogen unermüdlich hin und her und brachten das nötige Futter. Auch schützten sie das Nest vor Angreifern. Die Vögelchen wurden schnell größer. Eines Tages stieß die Vogelmutter dann das vorwitzigste der Küken aus dem Nest, während der Vater die Umgebung sicherte. Mit Argusaugen wachten sie über die ersten Flugversuche ihres Sprösslings.

Gott wacht und umsorgt uns noch besser als Vogeleltern ihre Jungen. Er umgibt uns. Wir dürfen immer Zuflucht bei ihm nehmen. Unser Leben ist für ihn so kostbar wie sein eigener Augapfel. Nichts soll uns zustoßen, das nicht zu unserem Besten wäre. Immer meint er es gut mit uns. Ein Adler, der seine Jungen aus dem Nest wirft – so eine Situation erscheint im ersten Moment gefährlich. Mich erinnert dies Bild an verschiedene Situationen in meinem Leben: Oft verstehe ich nicht, warum Gott mir bestimmte Lebenswege zumutet. In solchen Momenten bin ich verunsichert, fühle mich einsam und habe Angst, das Leben nicht meistern zu können.

Am Schluss der Verse steht der wunderschöne Gedanke, dass Gott mich begleitet, auch dort, wo ich mich im freien Fall befinde. Dort, wo ich nicht weiß, ob ich sicher landen werde, ist er da und fängt mich auf. Mit dieser Zuversicht lebe ich.

Ruth Bai-Pfeifer

»Vergib uns unsere Schuld, wie auch wir denen vergeben haben, die an uns schuldig geworden sind.«

(Matthäus 6,12; NL)

Vielleicht wollen Sie gerade in Urlaub fahren. Vielleicht sind Sie mitten drin oder können sich noch darauf freuen. Ich wandere im Urlaub gerne in der Natur oder fahre Fahrrad. Dabei liebe ich es, kurze Pausen einzulegen, wenn ich auf einer Brücke stehe. Je nachdem, in welche Richtung ich schaue, sehe ich entweder was noch kommt oder was war.

Ein Urlaub ist für mich auch wie eine Brücke. Ich komme zur Ruhe und überschaue mein Leben. Was liegt hinter mir? Und was kommt noch, was liegt noch vor mir? Einmal kam mir dabei ein wichtiger Gedanke: Wenn ich mich freuen will auf das, was kommt, so muss ich versöhnt sein mit dem, was hinter mir liegt. Wenn sich negative Erinnerungen und Gefühle einnisten, beeinflussen sie auch das, was ich in Zukunft tun werde.

In unseren Erinnerungen gibt es immer wieder Menschen, die an uns schuldig geworden sind. Und auch wir sind an anderen schuldig geworden. Wie oft höre ich Sätze wie: »Das werde ich ihm nie vergeben« oder »Nie mehr werde ich jemandem vertrauen«. Vielleicht kennen Sie diese Gedanken und Gefühle auch. Nur – was bringen sie? Nichts! Wer bei negativen Gedanken hängen bleibt, wird sich nie für neue Erfahrungen und Gefühle öffnen können.

Mein Vorbild in Lebensfragen ist Jesus. Er hat immer wieder betont, wie wichtig Vergebung und Versöhnung sind. Im Vaterunser sagt er, dass wir um Vergebung bitten und auch selbst vergeben sollen. Persönlich habe ich immer wieder erlebt, dass Vergebung und Versöhnung eine unvorstellbare Kraft haben und uns frei machen – frei für das, was Gott in unser Leben bringen will.

Verena Birchler

»Ehre deinen Vater und deine Mutter. (…) Du sollst nicht töten. Du sollst nicht die Ehe brechen. Du sollst nicht stehlen. Du sollst keine falsche Aussage über einen deiner Mitmenschen machen. Du sollst den Besitz deines Nächsten nicht begehren …«

(2. *Mose* 20,12-17; *NL*)

Gesetze ermöglichen uns ein gutes Zusammenleben und Lebensqualität. Auch die zehn Gebote sind dazu da, dass Menschen zufrieden zusammenleben können. Wenn sich alle an diese Gebote hielten, wäre die Welt viel friedlicher. Leider durchbricht unser Egoismus immer wieder diese Ordnung. Die Folgen lassen sich mit einer Geschichte illustrieren, die ich auf einem Kongress gehört habe:

»In einem Dorf gibt es 100 Bauern. Sie haben vereinbart, dass jeder täglich eine Kuh auf die Allmend schicken darf. Dies hat über längere Zeit sehr gut funktioniert. Eines Tages jedoch sieht ein Bauer, wie sein Nachbar nicht nur eine Kuh, sondern zwei Kühe in die Herde führt, die gerade vorbeiläuft. Der Bauer ist empört. Doch dann denkt er sich: ›Was der kann, kann ich auch.‹ Gedacht, getan. Und so nutzen auf einmal 102 Kühe die gleiche Menge Futter, die eigentlich für 100 Kühe gedacht ist. Natürlich haben auch andere diesen Trick bemerkt. Und jede Woche gehen mehr Kühe auf die Allmend. Eine Weide, die für 100 Kühe gut gereicht hätte, wird schließlich unbrauchbar, weil bis zu 150 Kühe den Boden nutzen.«

Die Rednerin meinte zum Schluss: »Ethik, meine Damen und Herren, ist also ganz einfach: Es ist nicht die Menge der Kühe, die diese Allmend ruiniert hat, sondern die 101. Kuh. Ein Einzelner, der gegen gute Spielregeln verstößt, reicht aus, um alle guten Werte wertlos werden zu lassen.«

Verena Birchler

»Wer von den dreien war nun deiner Meinung nach der Nächste für den Mann, der von Räubern überfallen wurde?«, fragte Jesus. Der Mann erwiderte: »Der, der Mitleid hatte und ihm half.« Jesus antwortete: »Ja. Nun geh und mach es genauso.«

(Lukas 10,26-37 [hier 36-37]; NL)

Kürzlich habe ich im Fernsehen den *Vienna City Marathon* geschaut. Einer der Läufer hatte offensichtlich zu wenig getrunken. Sein Körper war völlig dehydriert. Er konnte nicht mehr klar denken und hatte seinen Körper nicht mehr voll unter Kontrolle. Völlig verwirrt torkelte er 200 Meter vor dem Ziel immer wieder gegen die Bande und fiel sogar zweimal um. Verschiedene Läufer schauten zwar hin, rannten dann aber an ihm vorüber zum Ziel. Plötzlich jedoch blieb ein Läufer stehen, legte einen Arm des Erschöpften über seine Schulter und schleppte ihn förmlich bis zum Ziel.

Mich hat dieses Bild berührt: einer, der hingeschaut und gehandelt hat. Aber das war nicht alles: Etwa fünf Meter vor dem Ziel ließ er den erschöpften Sportler los, sodass dieser aus eigener Kraft über die Ziellinie laufen und seine Ehre erhalten konnte.

Als ich das sah, musste ich an eine Geschichte denken, die Jesus erzählt hat: Ein Reisender wurde von Räubern ausgeraubt und verwundet. Halb tot ließen sie ihn liegen. Mehrere Personen gingen vorbei und halfen nicht. Schließlich kam ein Mann, der ähnlich handelte wie der hilfsbereite Marathonläufer: Er sah die Not und handelte. Er verarztete den verletzten Reisenden. Er brachte ihn sogar in eine Herberge und bezahlte dort Unterkunft und Verpflegung für den Verwundeten.

Ich hoffe, dass wir, wie der Reisende und der Läufer, immer mehr zu solchen Menschen werden, die hinschauen und handeln.

Verena Birchler

16. Mai

Gott dagegen beweist uns seine große Liebe dadurch, dass er Christus sandte, damit dieser für uns sterben sollte, als wir noch Sünder waren.

(Römer 5,8; NL)

Wenn ich morgens in den Spiegel schaue, komme ich mir manchmal vor wie moderne Kunst: Man weiß nicht so recht, was es sein soll. Nach und nach erkenne ich dann: Das bin ja ich! Man sagt: »Die Kunst liegt im Auge des Betrachters.« Kürzlich habe ich ein Kunstwerk mit wunderschönen Gelb- und Blau-Tönen gekauft. Jetzt frage ich oft meine Gäste, was sie in dem Bild sehen. Die Interpretationen fallen meist sehr unterschiedlich aus.

Auch das Bild, das wir von Gott haben, fällt bei verschiedenen Menschen ganz unterschiedlich aus. Ihre Vorstellung von Gott ist bestimmt anders als meine. Und ich finde das gut. Denn Gott kann man nicht einfach in eine Schublade stecken. Manche haben ein bedrohliches Bild von Gott. Mein Bild von ihm ist positiver. Ich sehe Gott als ein Gegenüber, das mich liebt. Kürzlich sagte mal jemand: »Du kannst unzählige Fehler machen. Gott wird dich deshalb nicht weniger lieben. Du kannst aber auch unheimlich viel Gutes tun. Gott wird dich deshalb nicht mehr lieben.« Das heißt nichts anderes, als dass sich die Liebe Gottes zu uns niemals verändert. Egal, was ich gemacht habe, ich kann immer wieder zurück zu Gott kommen und sagen: »Es tut mir leid.« Er sagt dann nicht: »Hau ab, diesen Satz habe ich schon hundert Mal von dir gehört.« Nein, er nimmt mich immer wieder an.

Bei jeder neuen Erfahrung, die ich mit Gott mache, verändert sich mein Bild von ihm ein wenig. Ich bin gespannt, wie sich das Bild weiterentwickeln wird und freue mich jetzt schon auf jede neue Perspektive.

Verena Birchler

»Wenn ihr nicht umkehrt und werdet wie die Kinder, werdet ihr nie ins Himmelreich kommen.«

(Matthäus 18,3; NL)

Lachen ist gesund, es macht schön und trainiert die Bauchmuskeln. Kleine Kinder lachen bis zu 400 Mal am Tag. Und das, obwohl die erste emotionale Äusserung bei jedem Kind ein Weinen ist. Kein Wunder, wird doch jedes Kind, das das so genannte »Licht der Welt« erblickt, zuerst einmal mit einem Klaps auf den Po zum Schreien gebracht.

Erwachsene lachen – wenn überhaupt – nur noch 20 Mal pro Tag. Irgendwann haben wir das Lachen verlernt. War es, als wir in das unbarmherzige Wertesystem unserer Gesellschaft eingeführt wurden? Als unsere Katze gestorben ist oder wir das erste Mal vor Liebeskummer sterben wollten?

Es gibt viele Gründe, wieso sich das Lachen aus unseren Seelen zurückzieht. Aber es gibt noch viel mehr Gründe, das Lachen wieder zurückzuholen. Jesus hat einmal zu den Männern, die mit ihm unterwegs waren, gesagt: »Wenn ihr nicht wie Kinder werdet, dann werdet ihr den Himmel nicht sehen.« Die Männer hatten sich wieder einmal gestritten. Es ging darum, wer im Himmel am nächsten bei Jesus sitzen dürfe. Wahrscheinlich stellte Jesus sich vor, wie das im Himmel einmal werden würde: lauter keifende Männer statt lachender Kinder.

Jesus sagt: »… dann werdet ihr nie ins Himmelreich kommen.« Das jetzt auf das Lachen zu beziehen und zu sagen, wer nicht lachen wolle, habe im Himmel nichts zu suchen, ist doch ein wenig zu extrem. Aber dass im Himmel Freude herrscht, das steht in der Bibel. Darum sollten wir jede Gelegenheit nutzen, um zu lachen, denn so können wir einen kleinen Vorgeschmack auf den Himmel schon hier auf der Erde erleben.

Verena Birchler

18. Mai

Denn Gott hat die Welt so sehr geliebt, dass er seinen einzigen Sohn hingab, damit jeder, der an ihn glaubt, nicht verloren geht, sondern das ewige Leben hat.

(Johannes 3,16; NL)

Es gibt Menschen, deren Leben vollständig von den Anforderungen ihrer Umgebung bestimmt ist. Natürlich, es gibt Situationen und Zeiten im Leben, da geht es nicht anders. Wir haben Verpflichtungen, die wir nicht ignorieren können. Es gibt Menschen, die brauchen uns hier und jetzt. Die können wir nicht einfach im Stich lassen. Trotzdem glaube ich, dass all die Verpflichtungen und Anforderungen immer noch Freiraum lassen, das Leben selbst zu gestalten: »Gestalte dein Leben, bevor es dich gestaltet.« Kürzlich bin ich auf folgende Zeilen gestoßen: »Mehr gehen und weniger fahren. Familienleben statt Karriere. Staunen statt fernsehen. Helfen statt schimpfen. Mehr Zeit haben statt mehr Geld. Mehr lieben und weniger hassen. Mehr Natur statt mehr Technik. Mehr Stille statt mehr Lärm. Sparen statt wegwerfen. Gras statt Asphalt. Gemeinschaft statt Einsamkeit. An einer Blume riechen statt rauchen. Wiederverwenden statt verschwenden. Kamillentee statt Beruhigungstabletten. An Gott glauben statt am Leben verzweifeln …«

»An Gott glauben statt am Leben verzweifeln.« Das hat mich sehr angesprochen. An Gott glauben heißt nicht zuletzt auch: Ich habe Perspektiven, die außerhalb meiner Grenzen und Erfahrungen liegen. Es bedeutet: Ich entwickle Vertrauen zu dem, der das Leben gestaltet – ja, der das Leben erfunden hat. An Gott glauben heißt für mich auch, dass ich ihn ernst nehme. Ich rede mit ihm über alles, was mich beschäftigt. Und ich stelle fest: Nach Zeiten, in denen ich mich mit Gott unterhalten habe, bin ich ruhiger, gelassener. »An Gott glauben statt am Leben verzweifeln.«

Verena Birchler

»Fragt nach dem richtigen Weg, und dann beschreitet ihn. So findet ihr Ruhe für euer Leben.«

(Jeremia 6,16; Hfa)

Ich bin mit einem guten Orientierungssinn gesegnet. Ich habe mich schon durch die verschiedenen amerikanischen Nationalparks gekämpft, habe in dichtesten Waldgebieten immer wieder den Ausgangspunkt gefunden – nur in diesem Sommer habe ich versagt! Ich war in Arosa und wollte auf einen ganz bestimmten Berg. Ziemlich unkonzentriert marschierte ich los. Meine Gedanken waren überall. Plötzlich realisierte ich, dass ich den falschen Weg eingeschlagen hatte. Ich wollte aber unbedingt auf diesen Berg. Also »zurück zum Start«. Zweiter Versuch. Kurz orientiert, schon war ich auf dem richtigen Weg. Nach ca. 30 Minuten traf ich jemanden und lies mich auf ein Gespräch ein. Das ist nicht grundsätzlich falsch, nur hatte ich mich wieder ablenken lassen und so eine wichtige Abzweigung verpasst. Etwas resigniert sagte ich mir: »Dann mache ich halt eine andere Tour.« Nur – irgendwann landete ich in einem engen Talkessel. Zurück nach Arosa wäre ich nur mit bergsteigerischen Fähigkeiten gekommen. Die habe ich aber nicht. Es blieb mir nichts anderes übrig, als die die Natur zu genießen und auf demselben Weg wieder zurückzugehen.

Für mich war diese Wanderung wie ein Symbol für mein Leben. Wenn ich mich von meinem Ziel durch Störungen ablenken lasse, lande ich oft in einer Sackgasse. Sich richtig zu orientieren ist wichtig. Die Orientierung für den Alltag hole ich mir aus der Bibel. Jeden Morgen lese ich darin. Dann mache ich mir Gedanken über den Tag und bespreche alles mit Gott. Die Ruhe am Tagesanfang hilft mir, mich zu orientieren. Probieren Sie es aus.

Verena Birchler

Das Eine aber wissen wir: Wer Gott liebt, dem dient alles, aber auch wirklich alles zu seinem Heil; denn dazu hat Gott selbst ihn erwählt und berufen.

(Römer 8,28; Hfa)

Dieser Bibelvers begleitet mich schon seit über 30 Jahren meines Lebens. Dabei wurde er mir zum ersten Mal eher zufällig zugesprochen. Ich befand mich auf einem internationalen Jugendkongress in den USA. Wir waren zwei Wochen durch die Vereinigten Staaten gereist und hatten sehr viel Schönes erlebt. Den Schluss dieser Reise bildete die Teilnahme an diesem Kongress. Ich saß in einer Gruppe mit Jugendlichen aus aller Welt. Wir tauschten uns darüber aus, wie wir uns fühlten und was uns besonders froh machte. Mein Gesprächspartner war ein junger Mann aus Indien. Ich teilte ihm mit, dass ich mich nicht besonders gut fühlte. Ich war müde, hatte Schwierigkeiten, die englische Sprache zu verstehen, und wäre am liebsten ganz für mich alleine und nicht auf so einer »hektischen« Konferenz gewesen. Da schlug der junge Mann seine Bibel auf und las mir diesen Vers aus dem Römerbrief aus seiner englischen Bibel vor. Ich merkte mir die Bibelstelle und las den Text später in meiner Bibel.

Beim Lesen verstand ich Folgendes: Gott ist da. Ganz egal, wie ich mich fühle. Auch diese Situation, die mir nicht gefällt, hat einen Sinn. Sie gehört zu meinem Leben dazu. Ich kann durch diese Begegnung, die ja eher alltäglich und nicht in besonderem Maße schwierig war, erkennen, dass Gott für mich sorgt. Er gebrauchte einen jungen Mann, um mich zu ermutigen. Mit frohem Herzen konnte ich danach sagen: »Danke, Vater, dass ich hier sein kann und dass du auf der ganzen Welt Menschen hast, die zu dir gehören.«

Erika Best-Haseloh

Das Eine aber wissen wir: Wer Gott liebt, dem dient alles, aber auch wirklich alles zu seinem Heil; denn dazu hat Gott selbst ihn erwählt und berufen.

(Römer 8,28; Hfa)

Stellen Sie sich vor, Sie wollen heiraten und suchen gemeinsam mit Ihrem zukünftigen Ehemann nach einem Bibelvers, der Sie durch Ihre Ehe begleiten soll. Das gibt es eine ganze Reihe von »klassischen Versen«, die uns da einfallen: zum Beispiel 1. Korinther 13, das Hohelied der Liebe oder Prediger 4,9.12 (»Zwei sind besser dran als ein Einzelner … und eine dreifache Schnur wird nicht so schnell zerreißen«).. Mir fiel damals sofort der Vers aus Römer 8 ein. Da das auch die Zustimmung meines damaligen Verlobten fand, baten wir unseren Pastor, bei unserer Trauung über diesen Vers zu sprechen. Er fragte uns, ob wir schlimme Zeiten erwarteten und uns schon auf die Schwierigkeiten einstellen wollten. Denn diese Bibelstelle würde doch meist aus einer mehr negativen Lebenseinstellung heraus zitiert. Wir hatten aber ganz andere Gedanken: Wir hatten erfahren, dass Gott uns zusammengeführt hatte. Wir hatten schon so viel Gutes und Wunderbares erlebt, dass wir voll Staunen waren. Das wollten wir mit diesem Bibelvers bezeugen: Alles was geschieht, nehmen wir aus seiner Hand.

Das Bibelwort war unser gemeinsames Glaubensbekenntnis. Wir wissen, dass wir einen Vater im Himmel haben, dem wir dienen wollen. Im Dienst für ihn haben wir uns kennen gelernt. Außerdem ist dieses Wort eine gemeinsame Liebeserklärung – nicht gegenseitig – sondern in eine Richtung. Wir lieben Gott, weil er uns zuerst geliebt hat, und diese gemeinsame Liebe verbindet uns. Kann man sich ein schöneres Motto für ein gemeinsames Leben aussuchen?

Erika Best-Haseloh

Das Eine aber wissen wir: Wer Gott liebt, dem dient alles, aber auch wirklich alles zu seinem Heil; denn dazu hat Gott selbst ihn erwählt und berufen.

(Römer 8,28; Hfa)

»Die Lebenssituationen eines Christen sind von Gott gewollt. In seinem Leben gibt es keinen Zufall. Gott führt ganz bestimmte Situationen herbei, um unseren Glauben weiterzuentwickeln.« (Oswald Chambers) Diese Sätze kann ich voll unterstreichen. Auch ich möchte, dass sich mein Glaube weiterentwickelt. Ich habe erfahren, dass ich an durchlebten Schwierigkeiten und Problemen der Vergangenheit gereift bin. Mein Vertrauen zu Gott ist gewachsen. Viele Dinge meines Lebens haben sich gut zusammengefügt. Ich bin dankbar, dass Gott so ein fantastischer Vater ist, der viel besser weiß als ich, was gut für mich ist.

Aber dann geriet an einem Tag mein ganzes wohlgeordnetes Leben aus den Fugen: Mein Mann kam von einer Reise nicht wieder zurück. Das Flugzeug, mit dem er zurückkehren sollte, war abgestürzt. Und ich hatte das Gefühl, mir würde der Boden unter den Füßen weggezogen. Warum passiert gerade uns so etwas Fürchterliches? Wieso lässt Gott das zu? Das ist doch unfair! Wie kann ich jemals wieder daran glauben, dass Gott es gut mit mir meint? Solche und ähnliche Gedanken beherrschten mich.

Als ich an einem der nächsten Tage gefragt wurde, ob ich einen Bibelvers auf die Todesanzeige schreiben wollte, brauchte ich nicht lange nachzudenken: Es war unser Trauspruch, der Vers aus dem Römerbrief. Welche tiefe und schmerzliche Bedeutung bekam dieser Vers nun für mich. Plötzlich war das »Beste« nicht mehr für mich sichtbar. Ich konnte nur sagen: »Mein Gott, ich verstehe dich nicht, aber trotzdem will ich dir vertrauen.«

Erika Best-Haseloh

Wir wissen aber, dass denen alles zum Guten dient, die Gott lieben … Denn die er vorgesehen hat für die Gemeinschaft mit ihm, denen hat er auch eine neue Gestalt bestimmt, die dem Bild seines Sohnes ähnlich sein soll. (…) Die er gerufen hat, die lässt er gelten, zu denen sagt er sein Ja. Über sie bereitet er seinen Lichtganz, macht sie heilig und schön.

(Römer 8, 28-30; Zink)

In schwierigen Lebensphasen wird oft der Vers aus Römer 8,28 zitiert. Das wirkt auf uns oft wie ein billiger Trost: »Wenn du auch jetzt nicht verstehst, warum du in dieser schwierigen Situation bist – Kopf hoch. Irgendwie ist es gut für dich, und irgendwann wirst du erkennen, warum.«

Vor zwei Jahren schrieb mir jemand nicht nur den Vers 28 auf eine Geburtstagskarte, sondern auch die beiden folgenden. Ich war ziemlich überrascht, was mir dadurch klar wurde: Alles, was mir begegnet, dient zu meinem Besten, aber nur aus einem Grund: weil es eine Gelegenheit ist, Jesus ähnlicher zu werden. Wenn ich viel Zeit mit Jesus verbringe, werde ich geistlich wachsen und meinem Vorbild Jesus ähnlicher werden. Außerdem hat er »Ja« zu mir gesagt. Das bedeutet, ich bin angenommen, ganz unabhängig von meinen Leistungen. Seine Gegenwart in meinem Leben kann eine Attraktivität bewirken, die für andere sichtbar und spürbar ist.

Viele Christen haben den Wunsch, Jesus ähnlicher zu werden, aber sie möchten nicht in Lebensumstände geraten, die schwierig sind. Aber erfahrungsgemäß geschieht Wachstum in den allermeisten Fällen nur durch Schmerzen. Ich möchte mir immer wieder bewusst machen, dass jeder Tag die Chance bietet, meine Umstände zu meinem »Besten« dienen zu lassen.

Erika Best-Haseloh

24. Mai

Trauern ist besser als Lachen; denn durch Trauern wird das Herz gebessert.

(*Prediger* 7,3; *L*)

Soll man dieser Erkenntnis des Predigers widersprechen? Ist Lachen nicht viel gesünder? Oder haben wir so viel zu lachen, dass es uns gefährlich werden könnte und wir die ernsten Fragen des Lebens nur noch oberflächlich beantworten?

Der Prediger ist nicht gegen Fröhlichkeit eingestellt und auch nicht gegen Lebensgenuss. Er freut sich an seiner Frau, an Essen und Trinken, an Freunden, an Arbeit und an der Weisheit. Und weil er kein Miesmacher ist, sollten wir vorurteilslos über diesen Ausspruch nachdenken:

Da gibt es die Trauer darüber, nur noch so wenig Lebenszeit zu haben. Dadurch entsteht die Frage: Was bleibt denn? Was ist wirklich wichtig? Welche Werte haben Bestand, wenn ich einmal vor Gott stehen werde? Das sind Fragen, die unser Herz für Gottes Absichten öffnen. Und etwas Besseres kann uns gar nicht passieren.

Da ist auch die Trauer über einen erlittenen Verlust, zum Beispiel eine zerbrochene Beziehung. War es wirklich nur der andere, der daran schuld war? Oder gab es auch bei mir Fehlverhalten? Solche Fragen, die Korrekturen anstoßen und zum selbstkritischen Nachdenken herausfordern, bewirken positive Veränderung bei uns. Weil Trauer notwendig ist und ihre Zeit braucht, sollten wir ihr nicht ausweichen. Denn wer möchte nicht zum Guten verändert werden?

Erika Best-Haseloh

Lehre uns bedenken, dass wir sterben müssen, auf dass wir klug werden.

(Psalm 90,12; L)

Was bedeutet dieser Vers für unser Leben? Ich wünsche mir, dass ich lerne, die Dinge hier auf der Erde nicht mehr so wichtig zu nehmen. Wie begrenzt unser Leben ist, merken wir immer dann, wenn ein naher Angehöriger stirbt – und besonders dann, wenn dieser Mensch noch nicht so alt war.

Wenn ich klug werde, dann kann ich dieses Leben viel bewusster leben. Dann kann ich von Dingen ablassen, die keinen Ewigkeitswert haben. Dann kann ich loslassen. Ich versuche, mein irdisches Leben aus Gottes Perspektive zu betrachten. Das bedeutet nicht, sich mit dem Jenseits zu vertrösten, wenn es hier schwierig wird, sondern die Dinge auf ihren »Ewigkeitswert« hin zu überprüfen und danach meinen Sinn zu richten. Das macht mich schon jetzt und hier reich. Es lässt mich anders leben.

Wenn ein geliebter Mensch stirbt, fragen wir uns: Wo ist er jetzt? Wie geht es ihm? Wie ist der Ort, an dem er jetzt angekommen ist? Als mein Mann starb, hatte ich Sehnsucht nach diesem fernen und doch so nahen Ort. Nicht Todessehnsucht, sondern Wissensdurst: Ich wollte gerne mehr darüber wissen. Es tröstete mich, dass mein Mann jetzt dort angekommen war, obwohl der Verlust noch lange sehr wehtat. Thea Eichholz-Müller beschreibt das in einem Lied sehr treffend: »Mein armes Herz, es klammert sich ganz fest an alles, was doch nicht zu halten ist. Doch nur wer loslässt, der empfängt von dir Geschenke deiner Herrlichkeit – schon jetzt und hier.«

Erika Best-Haseloh

Als Jesus ihren Glauben sah, spricht er zu dem Gelähmten: »Kind, deine Sünden sind vergeben.«

(Markus 2,5; E)

Welchen Wunsch hatte der Gelähmte wohl, als seine Freunde ihn zu Jesus brachten? Wollte er wieder laufen können oder wollte er Vergebung seiner Schuld erlangen? Jesus sieht seine Bedürftigkeit und sagt zu ihm »Kind«. Das drückt aus, dass er eine Beziehung mit ihm möchte. Dieser Mann ist ihm wichtig. Jesus möchte die zerbrochene Gemeinschaft wiederherstellen. Wenn das Leben in eine falsche Richtung geht, gelangt es nicht ans Ziel. Deshalb ist Umkehr notwendig. Jesus nimmt dem Kranken die Schuld ab, und dadurch kommt die Beziehung wieder in Ordnung.

Ich finde es fantastisch, dass Jesus so unmittelbar und direkt auf den Gelähmten eingeht. Gleichzeitig bin ich etwas erstaunt, dass er so ganz anders handelt, als ich es erwartet habe. Ist das nicht in meinem Leben auch oft so, dass ich genaue Vorstellungen davon habe, wie Jesus meine Gebete beantworten soll? Aber grenze ich ihn dann nicht mit meinen Vorstellungen ein?

Jesus sorgt sich um jeden von uns ganz persönlich. Sein Wunsch ist, dass wir unsere Schuld bei ihm abladen. Er vergibt uns gerne. Und dann haben wir Gemeinschaft mit ihm. Das ist es, was er in erster Linie möchte: Beziehung! Was möchte ich von Gott? Möchte ich seine Gaben – Gesundheit, eine nette Familie, eine Arbeitsstelle, ausreichend Geld – oder möchte ich eine gute Beziehung zu ihm?

Erika Best-Haseloh

Immer bin ich meinem Gott dankbar, wenn ich an euch denke, und das tue ich in jedem meiner Gebete mit großer Freude.

(Philipper 1,3-4; Hfa)

Gott möchte, dass wir ihm alles, was uns bewegt, im Gebet anvertrauen. Nicht nur die eigenen Sorgen und Ängste bringen Christen vor Gott. Sie beten auch für andere Menschen. Paulus denkt an die Christen in Philippi und betet für sie. Er tut es nicht aus Pflichtgefühl, weil er als Missionar die Gemeinde Philippi gegründet hat. Paulus betet »mit großer Freude« für die Menschen, die dort leben; er dankt Gott wenn er an sie denkt. Ich überlege: Macht es mir eigentlich auch große Freude, andere Menschen im Gebet vor Gott zu bringen? Oft bete ich für andere, weil die Fürbitte für Christen einfach zum Beten dazu gehört. Das Danken für andere fällt mir leicht. Aber oft lässt mich auch das Pflichtgefühl beten. Mir fällt ein, dass ich manchmal fest versprochen hatte »Ich bete für dich«, und dann habe ich es einfach vergessen. Wer mit großer Freude für andere betet, dem passiert das sicher nicht.

Ich kenne Menschen, die haben eine lange Liste von Namen, die täglich in ihrem Gebet vorkommen. Die Fürbitte ist ihnen keine Pflicht, sondern ein ganz wichtiges Anliegen. Sie sind überzeugt, dass Gott ihr Beten hört und sich um die Menschen kümmern wird, für die sie beten. Deshalb beten sie voller Freude. Sie wissen, dass sie für die anderen etwas Gutes tun. Ich wünsche mir, dass ich mich von solchen Betern anstecken lasse, damit auch mein Beten für andere mit wachsender Freude geschieht.

Brunhilde Blunck

28. Mai

Wichtig ist allein, dass die Frohe Botschaft von Jesus Christus verbreitete wird; mag das nun unter einem Vorwand oder in ehrlicher Absicht geschehen. Wenn nur jeder erfährt, wer Jesus Christus ist! Darüber freue ich mich, und werde mich auch in Zukunft darüber freuen!

(Philipper 1,18; Hfa)

Eigentlich ist es doch selbstverständlich, dass ein Christ sich freut, wenn die Frohe Botschaft von Jesus Christus verbreitet wird und viele sie mitbekommen. Paulus freut sich auch darüber. Aber wenn ich die Verse vorher lese, staune ich. Paulus freut sich, obwohl das Weitersagen des Evangeliums sozusagen »auf seine Kosten« geschieht. Er sitzt im Gefängnis und kann nicht mehr predigen. Jetzt tun das andere. Das ist Grund zur Freude. Aber einige Prediger haben negative Motive für ihren Verkündigungsdienst. Sie sind neidisch auf Paulus, wenn er als Prediger im Vordergrund steht. Jetzt ist Paulus matt gesetzt. Sie haben nun selber die Chance bekommen, die Verkündiger zu sein. Sie wollen beweisen, dass sie es besser können. Paulus bekommt das mit. Er könnte sich darüber ärgern. Aber er sagt: »Wenn nur jeder erfährt, wer Jesus Christus ist, dann freue ich mich und werde mich auch in Zukunft freuen.«

Paulus ist frei von persönlichem Ehrgeiz. Hauptsache, das Evangelium wird weitergesagt! Durch wen und mit welchen Hintergedanken hält er für nicht so wichtig. Mir fällt ein, dass ich mich immer wieder einmal über einen Prediger und seine Art ärgere. Ich möchte es lernen, mich auch mehr darüber zu freuen, dass Menschen auf irgendeine Art und Weise das Evangelium zu hören bekommen.

Brunhilde Blunck

Und selbst wenn ich sterben muss und mein Blut wie ein Opfer vergossen wird im Dienst für euren Glauben, so bin ich doch voller Freude. Ich freue mich mit euch allen, dass ihr Christus kennen gelernt habt und ihm dient.

(Philipper 2,17-18; Hfa)

Paulus hat in seiner Verkündigung und seinem Leben einen herben Rückschlag erlitten: Er sitzt im Gefängnis. Es ist durchaus möglich, dass er bald sterben muss. Wie soll er darauf reagieren? Mit Trauer, wenn auch durch den Glauben getröstet? Mit Gelassenheit, wenn auch unter Anstrengung? Paulus bleibt selbst im Leiden bei seinem Thema: Er lebt aus der großen Freude, die er durch die Begegnung mit Jesus gewonnen hat. Diese Freude gilt auch dann, »wenn ich sterben muss und mein Blut wie ein Opfer vergossen wird im Dienst für euren Glauben«, so schreibt er seinen Freunden in Philippi.

Hier wird eine Haltung offenbar, die uns oft fremd ist. Die Freude des Paulus ist nicht davon abhängig, dass es ihm äußerlich gut geht, sondern dass sein Leben im Dienst für Christus und die Gemeinde brauchbar ist. Da ein solches Denken nicht nur dem natürlichen Menschen widerspricht, sondern auch vielen Christen, fügt er ausdrücklich hinzu: »Darüber sollt auch ihr froh sein und euch mit mir freuen!« Wenn ich das lese, bin ich beschämt, wie sehr wir heute mit Jammern reagieren auf dieses oder jenes Leid, das uns trifft. Ist mein Blick vielleicht viel zu sehr ausgerichtet auf das, was ich von Christus erwarte und bekomme, als auf das, was ich für Christus geben kann? Meine Leidens- und Opferbereitschaft muss noch wachsen, damit ich mich wie Paulus freuen kann.

Brunhilde Blunck

Nehmt ihn herzlich als euren Bruder auf, und freut euch, wenn er schon jetzt zu euch kommt. Menschen wie ihn sollt ihr achten und ehren. Denn er hat sein Leben eingesetzt. Weil ihr nichts für mich tun konntet, hat er sich an eurer Stelle für mich aufgeopfert.

(Philipper 2,29-30; Hfa)

Paulus hatte bei seiner Missionstätigkeit viele Mitarbeiter. Einer davon war Epaphroditus. Die Philipper schickten ihn mit Gaben, die sie gesammelt hatten, zu Paulus ins Gefängnis. Er sollte ihm dort beistehen. Epaphroditus war dazu bereit und setzte sich voll ein. Paulus lobt ihn: »Er ist mir wirklich ein Bruder geworden, ein guter Mitarbeiter und Mitstreiter.« Epaphroditus schonte sich nicht in seinem Einsatz für den Apostel und das Evangelium. Er wurde darüber sehr krank. Paulus bangte um sein Leben. Gott aber ließ Epaphroditus wieder gesund werden. Paulus spürte, dass sein Mitarbeiter Sehnsucht nach seinen Freunden in Philippi hatte. Er wollte ihn deshalb auch nicht länger bei sich festhalten und schickte ihn zurück. In seinem Begleitbrief bittet er die Christen in Philippi, Epaphroditus mit großer Freude wieder bei sich aufzunehmen. Mit Freude, weil er so einsatzbereit war und sich nicht schonte im Dienst für Paulus. Mit Freude aber auch, dass Gott ihn nach seiner schweren Erkrankung wieder gesund werden ließ und er nun in der Gemeinde Philippi wieder mitarbeiten konnte. Wir merken, dass Paulus sich mit großer Liebe für seinen Mitarbeiter einsetzte. Freude und Dankbarkeit waren das Motiv. Sind uns unsere Mitarbeiter auch so wertvoll?

Brunhilde Blunck

Was auch immer geschehen mag, meine lieben Brüder: Freut euch, weil ihr zu Christus gehört! Ich werde nicht müde, euch das immer und immer wieder zu sagen; weiß ich doch, dass eure Gewissheit dadurch größer wird.

(Philliper 3,1; Hfa)

Immer wieder fordert Paulus die Philipper auf, sich zu freuen, dass sie zu Christus gehören. Ob ihnen diese Wiederholung nicht auf Dauer zu viel wird? Ich denke, die Christen in Philippi ließen sich diesen wiederholten Aufruf zur Freude richtig gern gefallen. Das Einssein mit Christus ist ja das tragende Fundament in ihrem Leben geworden. Darauf werden sie gern angesprochen. Ich möchte auch gern immer wieder einmal von meinem Mann hören, dass er mich lieb hat und wir ganz fest zusammen gehören. Er hat mir das zwar schon tausendmal gesagt. Aber die uns verbindende Liebe ist mir so wichtig geworden für mein Leben, dass ich mich jederzeit neu darüber freue.

Christen halten es für das Schönste und Wichtigste, dass Jesus sie in seine Nachfolge gerufen hat und sie zu ihm gehören. Paulus spricht nicht nur von der Freude über Jesus; er spricht von der Freude in Jesus. Er möchte damit deutlich machen, wie fest er mit Jesus verbunden ist. Seine Gedanken, seine Worte, sein Tun sind so sehr von Jesus bestimmt, dass er sagen kann: Mein Leben wird nicht mehr von meinem alten Ich bestimmt, sondern von dem auferstandenen Christus, der in mir lebt (Galater 2,20). Und genau das ist seine größte Freude. Ob das bei uns auch so ist?

Brunhilde Blunck

Freut euch, dass ihr zu Jesus Christus gehört. Und noch einmal will ich es sagen: Freut euch! Jeder soll eure Güte und Freundlichkeit erfahren. Denn: Der Herr kommt bald! Macht euch keine Sorgen! Ihr dürft Gott um alles bitten. Sagt ihm, was euch fehlt, und dankt ihm!

(Philipper 4,4-6; Hfa)

Woran werden Christen eigentlich von anderen erkannt? Wenn ihr Herz wirklich voller Freude über bzw. in Jesus ist (siehe Philipper 3,1), dann muss das doch auch nach außen dringen. Es geht sicher nicht darum, dass Christen immer ein Lächeln aufsetzen müssen, damit sie einen fröhlichen Eindruck machen. Es gibt bessere Möglichkeiten, eine erkennbare Ausstrahlung zu haben. Paulus sagt: Jeder soll eure Güte und Freundlichkeit erfahren! »Jeder?«, fragen wir. Paulus hält sich da an das, was Jesus gesagt hat: »Wenn ihr Christen nur euren Freunde liebevoll begegnet, ist das zu wenig. Das tun Nichtchristen auch. Als Kinder eures Vaters im Himmel sollt ihr auch eure Feinde lieben« (siehe Matthäus 5,43-48).

Paulus nennt ein weiteres Kennzeichen: Christen geben dem Sorgengeist keinen Raum in ihrem Leben Sie können doch Gott um alles bitten, was ihnen fehlt. Und sie können ihm danken, dass er sie so gut mit allem versorgt. Ich bin überzeugt, es fällt Nichtchristen auf, wenn wir das, was Paulus sagt, wörtlich praktizieren. Nur leider bekommen wir das nicht immer hin und sind traurig darüber. Wie gut, dass Paulus uns ermutigt: Denkt daran! Unser Herr kommt. Wenn wir uns heute schon auf die sichtbare Begegnung mit Jesus freuen, strahlen wir Hoffnung aus. Wir glauben, dass Jesus alles jetzt noch Unvollkommene herrlich vollenden wird.

Brunhilde Blunck

Ich habe mich sehr gefreut und bin dem Herrn von Herzen dankbar, dass es euch wieder möglich war, mich finanziell zu unterstützen. Mir ist klar, dass ihr immer dazu bereit seid und dass ihr in letzter Zeit nur durch die ungünstigen Umstände daran gehindert wurdet.

(Philipper 4,10; Hfa)

Die Christen in Philippi legten immer ein Opfer zusammen, um Paulus in seinem Missionsdienst finanziell zu unterstützen. Paulus freut sich darüber. Normalerweise sorgte er durch handwerkliche Arbeit (er war Zeltmacher) selbst für seinen Unterhalt. Aber die Gaben aus Philippi gaben ihm die Möglichkeit, mit mehr Zeit und Kraft als Missionar tätig zu sein.

Bis heute gibt es Gemeinden, die ganz regelmäßig einen Missionar unterstützen, den sie ausgesandt haben, um in einem anderen Land das Evangelium zu verkündigen. Sie halten, ähnlich wie die Philipper, guten Kontakt zu ihm. Und der Missionar ist froh und dankbar, eine opferbereite Heimatgemeinde zu haben. Wenn das Geld heute auch in den Gemeinden knapper wird und manches unter Umständen nicht mehr bezahlt werden kann, das Opfer für die Weltmission darf darunter nicht leiden. Paulus freut sich, weil die Opferbereitschaft der Christen in Philippi ein Zeichen ist, dass ihr Glaube Frucht trägt (siehe Philipper 4,17). Wer begriffen hat, wie reich Gott ihn durch Jesus beschenkt hat, der möchte gern seine Dankbarkeit zeigen. Mitzuhelfen, dass die gute Nachricht von Jesus der ganzen Welt weitergesagt wird, ist eine gute Möglichkeit, Gott zu danken.

Brunhilde Blunck

Gelobt sei der Herr täglich! Gott legt uns eine Last auf, aber er hilft uns auch.

(Psalm 68,20; L)

Meine Konfirmation stand bevor. Ich freute mich auf diesen Tag, hatte ich doch den Eindruck, dass damit etwas fest gemacht würde, was in meinem Herzen schon fest stand. Vier Monate zuvor hatte ich eine weit reichende Entscheidung getroffen: Eigentlich wollte ich Medizin studieren. Dazu brauchte ich das Abitur, und dazu hätte ich Mitglied der kommunistischen Jugendorganisation FDJ sein müssen. Diese Entscheidung war eine schwere Herausforderung. Die Frage nach dem Willen Gottes bewegte mich. Ich entschied mich gegen die FDJ, somit gegen das Abitur und schlussendlich gegen meinen Studienwunsch. Aber ich wusste: Er, um dessentwillen ich das tat, hielt eine Zukunft für mich bereit.

Für die Konfirmation sollte ich mir den Konfirmationsspruch selbst auswählen. Ich suchte in meiner Bibel und fand dieses Wort. Ja, das ist es! Er legt mir eine Last auf. Es ist schwer zu tragen, sich entscheiden zu müssen, einen Preis zu bezahlen und die Konsequenzen des Christseins zu tragen. Es ist eine Last. Aber er hilft mir auch! Tatsächlich! Das hat er getan. Und er tut es immer wieder und immer noch. Von Lasten bleibe ich nicht völlig verschont. Sie kommen direkt von ihm, aber er hilft uns auch. Gelobt sei der Herr täglich!

Astrid Eichler

4. Juni

»Ich will euch trösten, wie einen seine Mutter tröstet.«

(*Jesaja* 66,13; *L*)

Wenn in der Bibel Gott zumeist als Herr oder als Vater vorgestellt wird, dann entspringt das nicht einer Verachtung für Frauen, sondern dann entspricht das den damals vorherrschenden Lebensformen, den geltenden Vorbildern und Vergleichen. Wie schön und wie wichtig ist es, auch die mütterliche Rede von Gott zu entdecken und wahrzunehmen. Als Menschen tragen wir alle jeweils Anteile des anderen Geschlechts in uns, sowohl biologisch (Hormone) als auch psychologisch (Wesensart). Darin entspricht unser Wesen dem Wesen Gottes. Er ist zugleich männlich und weiblich. Er ist vollkommen.

Jerusalem lag zerstört am Boden, das Volk Israel war zerstreut. Die Katastrophe war groß. Da wurde Trost verheißen: »Ich will euch trösten, wie einen seine Mutter tröstet.« Wie eine Mutter – welch eine Lieblichkeit, Zartheit kommt da zum Klingen!

Trost, das ist eine Hauptaufgabe der Mutter, oder? Der Vater gibt zumeist Anerkennung, er dient dem Selbstbewusstsein des Kindes. Die Mutter schenkt Zuwendung, sie dient der Beziehungsfähigkeit. Wenn jemand verletzt ist, körperlich oder durch harte Worte, dann braucht er Trost. In Einsamkeit, in Angst brauchen wir Trost. In diese Situationen unseres Lebens will Gott hineinkommen, da will er uns begegnen! Da sagt er zu uns: »Komm mal her! Zeig mal!«

Die Mutter muss sich anschauen, was da wehtut. Ein »Erzähl einmal« hilft schon. Gehen wir so zu Gott, wie zu einer Mutter? Oder tun wir nur so, als ob? Kämpfen wir uns weiter, verletzt, erschöpft und zu stolz, den mütterlichen Dienst Gottes anzunehmen?

Astrid Eichler

Still und ruhig ist mein Herz, so wie ein sattes Kind im Arm der Mutter – still wie ein solches Kind bin ich geworden.

(Psalm 131,2; GN)

Gott wie eine Mutter, die uns stillt – ist das vielleicht eine hilfreiche Ergänzung zu unserem Gottesbild, das weithin geprägt ist von kräftigen Bildern: Herr, Gebieter, Führer, Richter, Vater, Schutz, Burg? Damit aber sind wir schon bei dem mütterlichen ... Eine Burg.

Es gibt ein ganz typisches Wort, das Gottes Wesen beschreibt. Im Alten Testament kommt es unzählige Male vor: »Barmherzig und gnädig ist der Herr ...« Gott ist barmherzig! Wenn ich in den hebräischen Text schaue, dann lese ich dort *rächäm* – barmherzig. Doch das Wort hat noch eine zweite Bedeutung: Mutterschoß. Gottes Wesen ist Barmherzigkeit, das ist der Mutterschoß. Wenn das nichts sagt über die weibliche, die mütterliche Art Gottes!

Gott ist der Ursprung allen Lebens. Mein Leben bekommt dadurch Halt und Sinn, denn es ist kein Zufall, sondern hat seinen Ursprung in Gott. Mutterschoß – das ist das Urbild von bedingungsloser Annahme. Solange ein Kind im Leib seiner Mutter ist, ist es angenommen. Nur die Möglichkeit der Abtreibung zerstört dieses Bild. Aber Gott treibt nicht ab! Er trägt. Er hält. Er freut sich an uns!

Das ist das Urbild von Geborgenheit. Im Leib der Mutter, dort ist niemand allein! Dort ist alles gut, bewahrt, geschützt, umgeben. So dürfen wir in Gott sein: aufgehoben, umgeben, geschützt. Vielleicht schließen wir einmal die Augen und stellen uns das vor: So aufgehoben, so umgeben, so geschützt. Da wird alles anders. Was mich bedroht, was mich ängstigt, erschüttert, umtreibt, verliert an Bedeutung. Still wie ein Kind im Arm seiner Mutter, ja, im Leib seiner Mutter, darf ich sein.

Astrid Eichler

Aber Gott gibt jedem Menschen seine besondere Gnadengabe. Den einen gibt er diese, den andern eben andere.

(1. Korinther 7,7; GN)

Da fragt mich jemand, warum ich nicht verheiratet sei. Ich fange an zu erzählen von dem, was ich als Willen Gottes in meinem Leben entdeckt habe, rede von einer Berufung zur Ehelosigkeit. Mein Gegenüber guckt mich irritiert an: »In der Bibel steht doch: ›Es ist nicht gut, dass der Mensch allein sei.‹« – »Ja, das steht da. Da steht aber auch: ›Allerdings wäre es mir lieber, wenn alle ehelos lebten wie ich. Aber Gott gibt jedem Menschen seine besondere Gnadengabe. Den einen gibt er diese, den andern eben andere.‹« – »Ja, das sagt Paulus. Der war doch ein kleiner, hässlicher Mann, aber du bist eine hübsche, junge Frau.« In mir zieht sich alles zusammen. Wie bitte? Gehen wir so mit dem biblischen Wort um? Könnte es sein, dass wir an manchen Stellen unsere eigene Auslegung haben, obwohl uns doch eigentlich die ganze Bibel wichtig sein sollte?

Was in der Theologie des Alten Testaments undenkbar, unmöglich war, das wird durch Jesus eine reale Lebensmöglichkeit. Im Reich Gottes ist eben wirklich alles ganz anders. Er hat es so gesagt: » … andere verzichten von sich aus auf die Ehe, weil sie ganz davon in Anspruch genommen sind, dass Gott jetzt seine Herrschaft aufrichtet. Das sage ich für die, die es verstehen können.« (Matthäus 19,12)

Ja, manches können wir nicht verstehen. Aber es ist trotzdem Gottes Idee.

Astrid Eichler

Wenn ich nur dich habe, so frage ich nichts nach Himmel und Erde. Wenn mir gleich Leib und Seele verschmachtet, so bist du doch, Gott, allezeit meines Herzens Trost und mein Teil.

(*Psalm* 73,25-26; *L*)

Mir ist total elend zumute: so viel Not, so viel Mangel. Irgendwie bin ich erschlagen von dem, was mir fehlt. In einem Gespräch schütte ich mein Herz aus. Dann beten wir gemeinsam. Am Ende ziehe ich aus einem kleinen Kästchen mit Bibelworten ein Kärtchen heraus mit einem Wort für meinen Weg: »Wenn ich nur dich habe, so frage ich nichts nach Himmel und Erde. Wenn mir gleich Leib und Seele verschmachtet, so bist du doch, Gott, allezeit meines Herzens Trost und mein Teil.« Mir schießen die Tränen in die Augen. Ich fühle mich ertappt. Wenn das wirklich so wäre, dann wäre nicht alles so schlimm. Wenn Gott mir wirklich mein Alles wäre, dann würde mir nicht alles andere so fehlen. »Nein, Gott! Es ist nicht so. Es ist mir nicht egal, wenn ›Leib und Seele verschmachten‹. Ich halte das nicht aus!«

Ich bringe allen Schmerz vor Gott und bete dann: »Herr, mache mich zu einem Menschen, der so beten kann. Ich möchte eine Frau werden, die das von Herzen sagen kann: Wenn ich nur dich habe, frage ich nichts nach Himmel und Erde. Wenn ich Dich habe, ist mir egal, was mir fehlt, egal, was mir geschieht.« Ich ahne etwas von der Freiheit, die sich auftut, wenn der Herr dieses Gebet erhört. Er macht sich mit mir auf den Weg. Und immer mehr merke ich, wie er mein Alles wird.

Astrid Eichler

8. Juni

Liebe ist stark wie der Tod und Leidenschaft unwiderstehlich wie das Totenreich.

(Hoheslied 8,6b; L)

Sprachlosigkeit in den Beziehungen, Hoffnungslosigkeit in den Gemeinden, Perspektivlosigkeit, Angst, verzweifelte Suche nach Hilfe und nach Leben – was haben wir dem entgegenzusetzen, dem todbringenden Geschehen, das uns umgibt? Ja, haben wir etwas? Alles, was wir haben, wird nicht reichen! Gott selbst stellt sich dem entgegen: »Liebe ist stark wie der Tod und Leidenschaft unwiderstehlich wie das Totenreich.«

Gott ist ein leidenschaftlicher Gott. Ich liebe das Wort eines jüdischen Lehrers: »Gott ist nicht nett. Gott ist kein Onkel. Gott ist ein Erdbeben.« Ja, so ist es! Kennen wir unseren Gott so oder haben wir ihn »fromm gemacht«, ein bisschen handlich, ein bisschen nett, völlig harmlos? Ich habe Angst vor einem harmlosen Gott, den wir uns zurechtgemacht haben. Es gibt ihn in vielen Formen und Fassungen, aber er ist nicht echt. Ich möchte Gott wieder entdecken als diesen leidenschaftlichen Liebhaber, der ungewöhnlich ist und Ungewöhnliches tut.

Heiße Quellen, Schneesturm, Wüstenwinde, die Weite des Meeres, die Kraft von Taifunen, Gänseblümchen, Rosenduft, Spatzen – das alles hat seinen Ursprung in seiner Leidenschaft. Gott hat liebevolle Leidenschaft für das Kleine, Unscheinbare; machtvolle Leidenschaft für das Große, alles Überragende.

Das Alte Testament ist die Geschichte dieser leidenschaftlichen Liebe. Gott erwählte sich ein Volk und ging einen Bund mit ihm ein. Er warb, eiferte, rang um dieses Volk wie ein Verliebter. Das Alte Testament ist die Liebesgeschichte eines leidenschaftlichen Gottes. Und dieser Gott ist es, der sich immer noch der Not, dem Tod, der Lauheit dieser Welt entgegenstellt.

Astrid Eichler

Liebe ist stark wie der Tod und Leidenschaft unwiderstehlich wie das Totenreich. Ihre Glut ist feurig und eine Flamme des Herrn, sodass auch viele Wasser die Liebe nicht auslöschen und Ströme sie nicht ertränken können.

(Hoheslied 8,6b-7a; L)

Liebe und Tod in einem Atemzug – was haben die bloß gemeinsam? Die Liebe ist vielleicht das Schönste dieser Welt. Da fließt das Leben, da wächst Neues auf. Der Tod ist ganz anders, eng, beängstigend, Leben zerstörend. Und doch gehören sie zusammen: Liebe und Tod – bei beiden geht es um alles. Beim Tod steht uns das klar vor Augen. Sterben, Tod – das gibt es nur ganz oder gar nicht. Und genauso ist es mit der Liebe: Liebe, die nicht »ganz« ist, ist gar nicht.

In Jesus Christus begegnet uns die leidenschaftliche Liebe Gottes. In ihm können wir ihr Wesen erkennen. Die Liebe Gottes zum Anschauen: Diese Liebe hat den Himmel verlassen, wurde als Mensch geboren in einem Stall, erlebte Armut, Ohnmacht, Hingabe. Findet diese Liebe in uns Widerhall? Findet diese Liebe in uns eine angemessene Antwort? Was wären wir bereit zu verlassen, hinzugeben, um zu lieben?

Liebe ist stark wie der Tod. Und sie ist stärker als der Tod! Jesus hat sein Leben hingegeben und so den Tod besiegt. Liebe bringt neues Leben hervor, aber nicht für sich selbst. Jesus ist nicht auferstanden, damit es ihm nun besser geht, damit er Leben in neuer Fülle hat. Nein! Er ist gestorben und auferstanden, damit wir Leben empfangen.

Das ist die leidenschaftliche Liebe, die nicht auszulöschen ist, nicht zu ertränken, auch nicht durch den Tod, auch nicht durch deine oder meine Schuld. In dem Feuer dieser Liebe verbrennen nicht wir, sondern unsere Schuld; und wir sind frei als die Geliebten Gottes zu einem neuen Leben. Liebe und Leidenschaft warten auf Antwort von uns Menschen, die wir so leidenschaftlich geliebt werden. Gott wartet sehnsüchtig auf unsere Liebe.

Astrid Eichler

Liebe ist stark wie der Tod und Leidenschaft unwiderstehlich wie das Totenreich. Ihre Glut ist feurig und eine Flamme des Herrn, sodass auch viele Wasser die Liebe nicht auslöschen und Ströme sie nicht ertränken können.

(Hoheslied 8,6b-7a; L)

Im Neuen Testament finden wir Menschen, die gepackt waren von dieser leidenschaftlichen Liebe, in denen dieses Feuer entzündet war und diese Glut brannte. Ich denke an die Frau, von der Lukas berichtet (Lukas 7,36-50): Sie wagte es, einzudringen in eine Männerrunde, trat an Jesus heran, ganz nah, »fing an, Jesu Füße mit Tränen zu benetzen und mit den Haaren ihres Hauptes zu trocknen und küsste seine Füße und salbte sie mit Salböl«. So etwas macht man doch nicht! Ja, die Liebe hat andere Maßstäbe. Sie wagt etwas und verlässt die üblichen Rollen. Liebe leistet sich Verschwendung. Sie will dem Geliebten unbedingt nahe sein, ganz nahe. Ja, Liebe kann es sich »leisten«, Verrücktes zu tun. Oder ich denke an Maria (Johannes 20,1-18), die nach dem Tod Jesu »früh, als es noch finster war«, zum Grab kam. Sie hielt es nicht aus ohne Jesus. Da schreckte auch die Finsternis sie nicht ab. Sie konnte ohne ihn nicht sein.

Um jeden Preis bei Jesus sein – ich höre schon einige sagen: »Ja, aber man kann doch nicht nur fromm sein. Man muss doch auch mal leben.« Genau das macht den Unterschied aus: Wenn »fromm sein« und »Leben« noch zwei verschiedene Dinge sind, dann hat die Leidenschaft uns noch nicht gepackt. Leidenschaftliche Liebe ist etwas anderes als »fromm sein«. Da wird nicht etwas zelebriert, da geht es nicht um religiöse Übungen und christliche Dienste. Da wird gelebt und zwar leidenschaftlich, feurig. Die leidenschaftliche Liebe zu Jesus setzt Leben frei. Vielleicht ist deshalb so vieles unter uns so mühsam und schwerfällig, weil in unserem Herzen noch fromme Regeln sind, ein christliches Sich-Abmühen, ein drückendes »Man muss doch«. Und das ist wirklich kein Leben. Leidenschaftliche Liebe setzt Leben frei!

Astrid Eichler

Jesus sagt: »Wer von euch bereit ist, Gottes Willen zu tun, der wird erkennen, ob diese Worte von Gott kommen oder ob es meine eigenen Gedanken sind.«

(Johannes 7,17; Hfa)

Beweise mir Gott!« In Gesprächen über den Glauben klingt immer wieder diese Forderung durch. Wir hätten gerne einen hieb- und stichfesten Beweis für die Existenz Gottes, dann könnten wir an ihn glauben. Ein solcher Beweis ist nicht möglich, und er würde auch nichts bringen! Ist es nicht auffällig, dass sogar die Zeitgenossen, die Jesus damals leibhaftig begegneten und seine Wunder miterlebten, keineswegs alle an ihn glaubten? Weder eine schlüssige Beweiskette noch ein Wunder, das man immer auch anders deuten kann, haben letzte Überzeugungskraft. Glauben ist etwas anderes, nämlich eine persönliche Beziehung, ein Vertrauensverhältnis. Und wie kann man dahin gelangen? Jesus weist hier den Weg, wie wir Menschen Gott als den Lebendigen und Gegenwärtigen, der sich uns zuwendet, erfahren können. Er sagt: »Fangt einmal an, so zu leben, als ob Gott wirklich da wäre. Fangt an, nach seinem Willen zu leben.« Aber was ist der Wille Gottes? Gott hat uns in seinem Wort gezeigt, wie wir leben sollen. So sollen wir z. B. ehrlich und hilfsbereit sein, auf das Wohl des anderen bedacht, auch bereit, dem anderen Fehler zu verzeihen. Es ist einsichtig, dass all das dem Einzelnen und der Gemeinschaft gut tut. Wenn wir so handeln würden, dann ginge es allen besser!

Und nun verspricht Jesus: Wenn du dich ernsthaft darum bemühst, das bei dir selbst in die Tat umzusetzen, dann wirst du Gott begegnen. Gott ist zuverlässig, ganz gewiss. Das kann man ausprobieren! Man kann ihn zwar nicht beweisen, aber wir können ihn so erfahren, dass man gar keinen Beweis mehr braucht.

Christel Hausding

Jesus spricht: »Nicht ihr habt mich erwählt, sondern ich habe euch erwählt!«

(Johannes 15,16; L)

Wer anfängt, nach Gott zu fragen, spürt irgendwann, dass Gott selbst schon längst unterwegs ist und uns entgegen kommt. Es geht also nicht so sehr darum, dass wir bei unserer Suche die richtigen Methoden anwenden und Ausdauer beweisen, sondern dass wir uns von ihm finden lassen. Es geht darum, auf Gottes Anreden einzugehen und ihm unser Herz zu öffnen. Was wir da hören, ist ganz erstaunlich: Gott meint tatsächlich mich! Er will gerade mich, so wie ich bin. Er möchte mit mir Gemeinschaft haben, denn er hat mich ja als sein Gegenüber geschaffen. In Gottes Augen bin ich wertvoll. Also bin ich jemand!

Das muss ich mir immer wieder bewusst machen, und dann tut es mir unendlich gut. Das Selbstwertgefühl von uns Frauen ist oft ein zartes Pflänzchen. Wie leicht bekommt es einen kalten Luftzug ab, und dann lässt es gleich den Kopf hängen. Das kann passieren, wenn wir uns mit anderen vergleichen und dabei den Kürzeren ziehen, wenn hormonelle Schwankungen uns zu schaffen machen und die Stimmung drücken oder wir uns zwischen Familie, Beruf und Gemeinde überfordert fühlen.

Jesus möchte nicht – wie wir es bei den Mächtigen dieser Welt beobachten – vor allem die um sich haben, die nach menschlichen Maßstäben *VIP*s sind, besonders begabt, einflussreich oder interessant. In Gottes Augen sind wir – Du und Sie und ich – Heilige und Geliebte. Jesus möchte tatsächlich mit mir zu tun haben. Er sucht unsere Freundschaft.

Christel Hausding

Jesus spricht: »Ich habe euch erwählt und bestimmt, dass ihr hingeht und Frucht bringt!«

(Johannes 15,16; L)

Ich erinnere mich, dass ich als Kind mit Begeisterung Völkerball gespielt habe. Da ich gut werfen und recht sicher fangen konnte, wurde ich bei der Verteilung der Spieler auf die beiden Mannschaften meistens rasch ausgewählt. Andere mussten länger warten, und manche wollte man am liebsten gar nicht in der Mannschaft haben, weil man von ihnen keine Verstärkung erwarten konnte. Heute ist mir klar, dass es für diese Mitspieler sehr enttäuschend gewesen sein muss, wenn sie sahen, wie andere ihnen vorgezogen wurden. Aber vielleicht hatten sie ja bei anderen Gelegenheiten ihre Erfolgserlebnisse.

Wo gehöre ich dazu und erlebe, dass jemand Interesse an mir hat und mir mit Wertschätzung begegnet? Von Jesus höre ich ganz persönlich den Ruf und die Zusage: »Ich habe dich erwählt! Gerade dich habe ich ausgesucht. Ich brauche dich. Ich habe einen Plan für dich und dein Leben und habe eine Aufgabe für dich.«

Und dabei kommt es gerade nicht darauf an, was ich alles mitbringe an vorzüglichen Charaktereigenschaften und Fähigkeiten. Er beruft uns, bei ihm zu sein und mit ihm zu leben. Und das ist das Außergewöhnliche: Er beruft nicht die Begabten, sondern er begabt die Berufenen! In Ihr und mein Leben hat er jeweils spezielle Gaben und Fähigkeiten hineingelegt und möchte, dass wir die nun zum Wohl unserer Mitmenschen und zum Bau seiner Gemeinde einsetzen. So möchte er durch uns wirken und unser Leben zur Entfaltung bringen.

Christel Hausding

14. Juni

Gesegnet aber ist der Mensch, der sich auf den Herrn verlässt und dessen Zuversicht der Herr ist.

(Jeremia 17,7; L)

Gratulation!« Zu den verschiedensten Anlässen wünschen wir einander Glück – zum Geburtstag und für das neue Lebensjahr, zu einer bestandenen Prüfung, zu einem beruflichen Erfolg, zur Geburt eines Kindes. Wir denken beim »Glückwunsch« meist an Gesundheit und Wohlergehen, dass wir von Krankheit und Unfall verschont bleiben, dass sich unsere Mühe lohnen möge und unsere Arbeit Erfolg hat.

Vielleicht wünschen wir dazu auch ganz bewusst »Gottes Segen«, und der ist noch viel umfassender. Gottes Segen kann äußeres Wohlergehen einschließen. Wer alles Gute, das ihm widerfährt, nicht gedankenlos »mitnimmt«, sondern es mit Gott in Beziehung bringt und aus seiner Hand nimmt, der wird mit einer dankbaren Grundhaltung durchs Leben gehen. Diese Einstellung prägt dann den ganzen Menschen und ist wohltuend für ihn und für andere. Aber es geht nicht nur um Gottes Gaben, sondern letztlich um den Geber selbst, um die Beziehung zu ihm.

Gesegnet ist vor allem derjenige, der sich auf Gott verlässt – und zwar in jeder Lebenslage; der mit Gottes Nähe, seiner liebevollen Zuwendung und seinem Eingreifen in unser Leben rechnet: Gott ist da; er sieht mich und ich bin ihm nicht gleichgültig. So jemand kann gerade auch in schwierigen Situationen, in Niederlagen und leidvollen Erfahrungen, Zuversicht bewahren im Aufblick zu Gott. Er ist es, der unser ganzes Leben in seiner Hand hält, und er lässt uns ganz gewiss nicht los.

Christel Hausding

15. Juni

Vergebt euch untereinander, wenn jemand Klage hat gegen den andern; wie der Herr euch vergeben hat, so vergebt auch ihr!

(*Kolosser* 3,13; *L*)

Wie schnell ist ein verletzendes Wort gefallen, wie leicht fühlen wir uns von jemandem schlecht behandelt! Jeder von uns hat schon die Erfahrung gemacht, wie wir dann mit unseren Gedanken und Gefühlen an diesem Ereignis hängen bleiben. Wir wenden es hin und her, und die Sache fängt an, unsere Gedanken zu beherrschen. Wir bekommen Lust, es der anderen Person heimzuzahlen. Soll sie doch wissen, wie sehr sie uns verletzt hat! Nun könnte es aber durchaus sein, dass sie selbst das gar nicht gemerkt hat. Wenn wir also darauf warten wollten, dass sie kommt und sich bei uns entschuldigt – dann können wir lange warten!

Jemandem etwas nachzutragen, ist sehr beschwerlich. Wir sollten uns klar machen: Wer schleppt hier eigentlich die Last hinter wem her? Es ist eben nicht der vermeintlich Schuldige, sondern der Verletzte. Wenn Jesus uns anleitet, dem anderen zu vergeben, dann entlastet das zuerst und vor allem uns selbst. Ich muss diese Last nicht länger hinter dem anderen herschleppen. Ich darf sie bei Gott ablegen und kann danach befreit weitergehen. Vergeben können ist Hygiene für die eigene Seele. Dazu fordert Jesus uns auf; dazu will er uns befreien und befähigen.

Jesus hat mir alle meine Schuld abgenommen. Er hat sie getilgt. Meine Verfehlungen werden bei ihm nie wieder zur Sprache kommen! Als jemand, der selber Vergebung erfahren hat, kann und soll ich nun auch Vergebung gewähren. Ich kann sie wie ein Geschenk an andere weitergeben. Mehr erwartet Jesus gar nicht von uns, aber auch nicht weniger.

Christel Hausding

Jesus spricht: »In der Welt habt ihr Angst; aber seid getrost, ich habe die Welt überwunden.«

(Johannes 16,33; L)

Beinahe täglich begegnen uns Dinge, die uns beunruhigen und ängstigen. Die Nachrichten bringen uns die Bilder von Terroranschlägen, Kriegswirren oder Naturkatastrophen ins Haus. Noch tiefer aber berührt uns das Schicksal von Freunden und Bekannten, wenn wir von einer unheilbaren Krankheit erfahren, vom Scheitern einer Ehe oder davon, dass anhaltende Arbeitslosigkeit jemand in Depressionen gestürzt hat. Je näher die Betroffenen uns stehen, desto mehr empfinden wir mit ihnen. Und wir werden selber verunsichert: So etwas könnte uns ja auch passieren, dem Ehepartner, den eigenen Kindern ... Was dann?

Jesus hat völlig Recht, wenn er nüchtern und realistisch feststellt: »In der Welt habt ihr Angst.« Wir haben Angst – nicht immer, aber immer wieder. Unser Leben ist unsicher. Glück, Gesundheit, Wohlstand sind so zerbrechlich. Aber er bleibt bei dieser Feststellung nicht stehen, sondern fordert auf: »Seid getrost!« Damit lenkt Jesus unseren Blick von den Bedrohungen weg in eine andere Richtung, nämlich hin zu ihm. Mit den Augen des Herzens können wir durch den Horizont schauen. Es stimmt: In dieser Welt ist alles vergänglich, deshalb gehören Ängste zu diesem Leben dazu. Sie werden bleiben, bzw. sich immer wieder zu Wort melden. Aber wenn unser Leben Jesus Christus gehört, dann ist es durch ihn in Gottes Ewigkeit verankert. Dafür verbürgt sich Jesus: Wer an ihn glaubt, der hat das ewige Leben. So sind wir als Christen schon jetzt in Gottes Welt zu Hause. Dahin ist Jesus uns vorangegangen und dorthin, wo es kein Leid und keine Tränen mehr gibt, wird er uns mitnehmen.

Christel Hausding

Sind wir auch untreu, so bleibt er doch treu; denn er kann sich selbst nicht verleugnen.
(2. *Timotheus* 2,13; *L*)

In die Gemeinschaft mit anderen Menschen muss man bekanntlich etwas investieren, wenn die Beziehung gelingen soll. Das gilt für jede Freundschaft, das gilt erst recht für die engste Gemeinschaft zweier Menschen, die Ehe.

Gott hat sich die Gemeinschaft mit uns Menschen wahrhaftig etwas kosten lassen. Es hat seinen Sohn, Jesus Christus, das Leben gekostet, uns Menschen mit Gott zu versöhnen. Und weil seine Liebe so groß ist und sein Einsatz so überaus groß war, deshalb gibt er uns nicht auf. Selbst wenn wir untreu werden sollten, so bleibt er doch treu. Das ist ungemein tröstlich. Bei jedem von uns werden Stunden und Tage kommen, wo man den Eindruck hat, dass Gott unendlich weit weg ist und dass er schweigt. Selbst wenn wir seine Hand losgelassen haben, wenn wir auf Abwege geraten sind und ihn verleugnet haben, wenn unser Glaube zerbröselt und ein Weg nicht mehr zu erkennen ist – Gott ist der liebevolle Vater, der uns unter allen Umständen zugewandt bleibt und auf uns wartet. Wie nach dem verlorenen Sohn, so sehnt er sich nach der verlorenen Tochter und hält Ausschau nach ihr. Wir können gar nicht so tief fallen, dass er uns fallen ließe. Gottes Treue ist unwandelbar.

Er selbst hat uns die Sehnsucht nach ihm ins Herz gepflanzt, und er hält sie wach, bzw. facht sie immer wieder neu an. Wir brauchen uns nur wieder ihm zuzuwenden. Und dann hören wir: »Willkommen zu Hause! Ein Glück, dass du wieder da bist!«

Christel Hausding

Es wallt mein Herz von gutem Wort. Sagen will ich meine Gedichte dem König! (...) Du bist schöner als andere Menschen, Anmut ist ausgegossen über deine Lippen; darum hat Gott dich gesegnet für ewig. (...) Ich will deinen Namen bekannt machen durch alle Generationen; darum werden die Völker dich preisen immer und ewig.

(Psalm 45 [hier: 2-3.18]; E)

Wann hast Du das letzte Mal eine Person richtig bewundert? Und wofür? Mich beeindrucken Schauspieler mit Ausstrahlung und talentierte Musiker, idealistische Menschenrechtler und Freunde mit starkem Charakter. Ab und zu, nach einer guten Tat, bewundere ich mich sogar selbst. Aber Jesus? Wann habe ich das letzte Mal von ihm geschwärmt? Und wie oft stelle ich in Gebeten meine eigenen Sorgen und Wünsche zurück und äußere ihm gegenüber, warum ich ihn verehre? Nicht sehr häufig, fürchte ich.

Ganz anders die Söhne Korachs, Verfasser des 45. Psalms. Dort besingen sie den kommenden Messias in all seiner Schönheit: Von Anmut und Pracht ist da die Rede, von Stärke, Sanftmut und Gerechtigkeit. Interessant, dass nicht nur die Charaktereigenschaften Jesu hervorgehoben werden, sondern ebenfalls seine äußere Erscheinung. Vielleicht haben gerade diese sinnlichen Erfahrungen – der Duft des Freudenöls, der Anblick der kostbaren Kleider, der Klang des Saitenspiels – in den Psalmisten die anfangs erwähnte »Wallung des Herzens« ausgelöst? Ich jedenfalls will Jesus immer wieder neu begegnen, ihn durch die Bibel besser kennen lernen, durch die Natur und Kunst eine Idee seines Wesens bekommen und dadurch meine Liebe zu ihm wachsen lassen. Ich möchte erleben, was Bob Dylan so beschrieb: »Ich habe mich lange genug mit der Schönheit der Menschen beschäftigt. Jetzt wurde ich von Gottes Schönheit überwältigt.«

Anna-Maria Heinemann

Die Gottseligkeit mit Genügsamkeit aber ist ein großer Gewinn; denn wir haben nichts in die Welt hereingebracht, sodass wir auch nichts hinausbringen können.

(1. *Timotheus* 6,6-7; E)

Beim Lesen der Bibel trifft man immer wieder auf eine bestimmte Wahrheit: Reichtum ist vergänglich, und alle materiellen Güter nutzen nichts in der Ewigkeit. Eine Art Merkzettel dafür wurde mir bereits in die Wiege gelegt: einen Angorapullover namens »Leppis«, den ich allen Kuscheltieren und Puppen vorzog und an dem ich liebevoll nuckeln und zupfen konnte, bis ich einschlief. Als ich älter wurde, habe ich manchmal überlegt, was mitzunehmen sei, wenn das Haus brennt. Und immer war mir klar, dass ich zuallererst meinen alten Angorapullover retten müsste. Auch heute noch ist er mein kostbarster Schatz, obwohl er für fremde Augen wohl nur ein ziemlich hässliches und wertloses Ding ist. Seit einigen Jahren jedoch bereitet dieser Schatz mir Kummer. Immer wieder entstehen neue Löcher, die meine Mutter mühsam stopfen muss. Und immer deutlicher wird der Zerfall, der nicht aufzuhalten ist. Wie unbeständig das Glück materieller Güter doch ist! Ich kann mein »Leppis« einfach nicht mit in die Ewigkeit nehmen, so sehr ich auch daran hänge.

Eine sehr einfache Wahrheit, an der es nichts zu deuten und interpretieren gibt. Aber es hilft mir, auch bei größeren, augenscheinlich wichtigeren Dingen, meine Prioritäten zu überdenken: Hänge ich mein Herz an Dinge, die mir letztendlich nur kurzfristiges Wohlbefinden garantieren? Oder investiere ich Zeit, Geld und Mühe, um mir und meinen Mitmenschen zur »Gottseligkeit« zu verhelfen? Es kann nicht schaden, sich beizeiten selbst zu hinterfragen und mögliche Fehltritte zu korrigieren. Denn laut Timotheus birgt das Streben nach Gottes ewigen Werten einen weit größeren Gewinn als alles, was wir in dieser Welt an Besitz aufhäufen könnten.

Anna-Maria Heinemann

Und es geschah, als die ganze Nation vollständig durch den Jordan gezogen war, da sprach der Herr zu Josua: … Hebt euch hier mitten im Jordan von der Stelle, wo die Füße der Priester auf festem Boden standen, zwölf Steine auf … Wenn eure Kinder künftig fragen: Was bedeuten euch diese Steine? – dann sollt ihr ihnen sagen: … diese Steine sollen den Söhnen Israel für alle Zeiten zur Erinnerung dienen. … Zwölf Steine aber richtete Josua mitten im Jordan auf … Dort sind sie noch bis zum heutigen Tag.

(Josua 4,1-9; E)

Das Volk Israel hatte schon einen langen Weg hinter sich. Seit dem Auszug aus Ägypten waren etwa vierzig Jahre vergangen, bis endlich das verheißene Land in Sicht war. Mose, der bisherige Anführer, übertrug kurz vor seinem Tod sein Amt Josua, der nun mit den Israeliten das Land erobern sollte. Doch bevor die Stadt Jericho in Angriff genommen werden konnte, musste erst noch der Jordan überquert werden. Gott teilte daraufhin das Wasser, damit das Volk trockenen Fußes ans andere Ufer gelangte. Um diesem Wunder eine Erinnerung zu schaffen, wurden zwei Steinmale errichtet. In der jüdischen Tradition besitzen solche Denkmäler einen hohen Stellenwert: Überall im Alten Testament findet man Anweisungen Gottes, ein Erlebnis mit ihm in bestimmten Ritualen, Namen oder Festen, schriftlich, mündlich oder auch plastisch festzuhalten.

Diese Tradition ist uns Christen der Moderne weitgehend verloren gegangen. Wer kennt nicht dieses peinliche Schweigen, wenn im Gottesdienst dazu aufgerufen wird, »Zeugnis zu geben«? Ich selbst sitze dann oft mit leerem Kopf da und versuche erfolglos, mich an ein Erlebnis mit Gott zu erinnern, das nicht länger als zwei Jahre zurückliegt. Deshalb habe ich begonnen, in meinem Tagebuch jede noch so kleine und unscheinbare geistliche Erfahrung zu notieren. Wenn ich diese Dinge dann nachlesen und mir ins Gedächtnis zurückrufen kann, fällt es mir auch leichter, andere Christen an meiner Erinnerung teilhaben zu lassen. So wird Glaube gestärkt, Gott geehrt, Ermutigung gesät. Wie kannst du Gott auf deiner Wanderung ins verheißene Land ein Denkmal errichten?

Anna-Maria Heinemann

Aber der Herr sprach zu Samuel: Sieh nicht auf sein Aussehen und auf seinen hohen Wuchs! Denn ich habe ihn verworfen. Denn der Herr sieht nicht auf das, worauf der Mensch sieht. Denn der Mensch sieht auf das, was vor Augen ist, aber der Herr sieht auf das Herz.

(1. Samuel 16,7; E)

Spätnachmittags in Hannover: Ich zwänge mich in eine Straßenbahn, die nach Feierabend wie immer völlig überfüllt ist. Die müden Leute stehen aneinandergezwängt, alle Sitzplätze sind besetzt. Nur ein verwahrlost aussehender alter Mann, wahrscheinlich ist er obdachlos, hat noch einen Platz neben sich frei. Anscheinend hat niemand das Bedürfnis, sich neben ihn zu setzen. »Gemeine Spießer«, denke ich, drängle mich zu ihm durch und lasse mich erleichtert in den Sitz fallen. Im nächsten Augenblick trifft mich der Geruch meines Nachbarn wie ein Schlag. Das ist mehr als Alkohol. Das ist Schweiß, Nikotin und Jahre alter Dreck zu einem ungenießbaren Cocktail vermischt. Ich ringe nach Atem. Der Mann taxiert mich mit einem Seitenblick und ich bringe es nicht übers Herz, mir die Nase zuzuhalten. Stattdessen verrenke ich meinen Kopf, so weit es geht, um irgendwo frische Luft aufzuschnappen. Dabei überlege ich, ob ich aufstehen und mich wegstellen kann, ohne selbst zum »gemeinen Spießer« zu werden.

Im nächsten Moment hält die Bahn und eine Frau mit Krücken steigt ein. So leid sie uns anderen Fahrgästen auch tut – Sitzplätze sind rar und kostbar und werden nicht gerne hergegeben. Nur einer steht auf und lässt sie sitzen: Der stinkende Obdachlose. Bei jeder Bewegung gehen neue unangenehme Gerüche von ihm aus, doch plötzlich ist nicht mehr er derjenige, der sich schämen muss. Er hat Charakter bewiesen und Nächstenliebe gezeigt. Ich habe nur Seife und Deo dagegenzuhalten. Wer äußerlich dreckig ist, wird von den Menschen gemieden. Wer ein schmutziges Herz hat, den meidet Gott. Mit wem verscherze ich es mir lieber?

Anna-Maria Heinemann

Denn das Wort vom Kreuz ist denen, die verloren gehen, Torheit; uns aber, die wir errettet werden, ist es Gottes Kraft.

(1. Korinther 1,18; E)

In Russland gibt es ein religiöses Phänomen namens *jurodiwy*, das am ehesten mit »Gottesnarr« zu übersetzen ist. Ein so bezeichneter Mensch hat die Gabe, geheimnisvolle Wahrheiten zu sehen und zu hören, die andere nicht einmal ahnen. Wenn er sich mitteilt, tut er dies in paradoxer, verschlüsselter Weise. Deshalb wirkt er oft idiotisch und lebt außerhalb der gesellschaftlichen Normen. Die meisten Menschen tun die Botschaften eines »Gottesnarren« als harmlose Absonderlichkeiten ab. Nur wenige erkennen den Wahrheitsgehalt seiner Prophetien oder Kritik und beachten, ja, fürchten sie sogar.

Warum ich das erzähle? Weil ich mich als Christ manchmal genauso fühle. Wie ein Narr, der sich an einem Evangelium festhält, das in den Augen vieler Freunde und Mitstudenten schlicht lächerlich ist. Der sich nicht anpassen kann an bestimmte Regeln der Gesellschaft und Zuflucht sucht bei einem Jesus, der selbst oft so unverständlich geredet und gehandelt hat. Trotzdem komme ich nicht davon los – die Torheit des Kreuzes erweist sich ein ums andre Mal als Gotteskraft. Jean Vanier, Gründer der Arche-Bewegung, sagte treffend: »Wir müssen uns zwischen zwei Arten, verrückt zu sein, entscheiden: Zwischen der Torheit des Evangeliums und dem Unsinn der Werte dieser Welt.«

Anna-Maria Heinemann

Das Fest der Laubhütten sollst du sieben Tage lang feiern … Und du sollst dich an deinem Fest freuen, du und dein Sohn und deine Tochter und dein Sklave … Denn der Herr wird dich segnen in all deinem Ertrag und in allem Tun deiner Hände, und du sollst wirklich fröhlich sein. …

(5. Mose 16,13-17; E)

Wenn ich am Wochenende auf eine Feier gehe, meint meine Mutter manchmal scherzhaft: »Denk dran: Das Bein, das sich zum Tanze regt, wird im Himmel abgesägt!« Ich kann dann darüber lachen, es ist ja nur ein alberner Spruch. Trotzdem weiß ich, dass manche Christen regelrecht gehemmt sind, mal ganz unfromm Spaß zu haben. Die meisten weisen das von sich, schließlich leben wir nicht mehr im Mittelalter, wo übermütige Junge bei einem lauten Lachen oder einem unbedachten Luftsprung alle Qualen der Hölle heraufbeschworen bekamen. Und doch kenne ich diese schiefen Blicke, wenn ich den Hauskreis mal ausfallen lasse, um zu einem nicht(!)christlichen Konzert zu gehen. Oder wenn jemand vorschlägt, für eine Gemeindefeier ein paar Flaschen Bier mitzubringen. Das passt doch nicht: Fromm sein und Spaß haben …?

Nicht, dass man mich falsch versteht – ich selbst trinke nicht und bin auch gegen eine Nachahmung der hohlen Spaßgesellschaft, die uns vorgaukelt, Disko- und Kneipenbesuche seien die ultimative Freizeitgestaltung. Mich stört einfach, dass manche Christen sich so verhalten, als habe Gott ihnen verboten, sich zu amüsieren. Das Gegenteil ist der Fall! Das Laubhüttenfest wurde extra dafür konzipiert, eine Woche lang Spaß zu haben! Deshalb ziehe ich mit meiner Gemeinde jeden Sommer auf eine Wiese, wo wir in Strohburgen, Laubhütten oder Zelten schlafen, überm Lagerfeuer kochen und Gott gehorsam sind, indem wir uns einfach freuen. Diese Art von Freude entspringt einer tiefen Dankbarkeit für Gottes Segen, für seine materielle Versorgung, die schöne Natur und die Gemeinschaft, die er uns schenkt. Das genießen wir natürlich – samt Essen, Wein, Musik und Tanz. Nachahmung empfohlen!

Anna-Maria Heinemann

24. Juni

Seid aber jederzeit bereit zur Verantwortung jedem gegenüber, der Rechenschaft von euch über die Hoffnung in euch fordert.

(1. Petrus 3,15; E)

Ich kann ziemlich schlecht mit Kritik umgehen. Aber mal ehrlich: Wer lässt sich schon gerne auf den Kopf zusagen, was an ihm ätzend, unglaubwürdig oder verbesserungsbedürftig ist? Solange meine Mitmenschen positiv von mir reden, bin ich ganz Ohr. Aber hat jemand was zu meckern, ziehe ich mich beleidigt zurück.

Fast genauso verhält es sich mit meinem Umgang mit Nichtchristen. Wer sich für meinen Glauben interessiert, ist immer herzlich zu einem Gespräch eingeladen. Aber was mache ich mit Kritikern? Gilt ihnen nicht der Vers? Sollen wir ihnen nicht Rede und Antwort stehen, wenn sie »Rechenschaft über die Hoffnung in uns« fordern? Ich denke doch. Ich habe die Erfahrung gemacht, gerade dann geistlich gewachsen zu sein, wenn mein Glaube hinterfragt wurde.

In der Schule wurde ich mit den Religionskritikern Marx und Feuerbach konfrontiert. Erstaunlicherweise brachte mich das näher zu Gott. Ich musste mir nämlich überlegen, wo ich ihn in ein Idealbild gepresst hatte, dass ihm gar nicht gerecht wird. Ich lernte, Gott als jemanden anzuerkennen, den ich nicht nach Belieben manipulieren kann, sondern der *mich* formen will!

In meinem Studenten-Hauskreis lesen wir öfter mit Atheisten, Buddhisten etc. in der Bibel. Es freut mich dabei immer wieder, wie viele interessante Gedankenanstöße sie liefern – ich hingegen habe die Verse schon so oft durchgekaut, dass sie mich oft gar nicht mehr berühren oder vor den Kopf stoßen. Und so geben mir Nichtchristen die Gelegenheit, meine eigenen Überzeugungen zu prüfen, an manchen festzuhalten und andere zu verwerfen. Nicht immer werden wir unsere Diskussionspartner »bekehren« – aber wir selbst können eine Menge durch sie lernen!

Anna-Maria Heinemann

Ihr gedachtet es böse mit mir zu machen, aber Gott gedachte es gut zu machen.

(1. Mose 50,20; L)

Was für ein Vers! Für mich der bewegendste der Josef-Geschichte, in deren Zusammenhang er steht. Im Vorlauf wird erzählt, wie Joseph von seinen Brüdern nach Ägypten in die Sklaverei verkauft wird. Die Brüder berichten ihrem Vater Jakob, Josef sei getötet worden. Weil Jakob Josef so sehr liebt, möchte er direkt in den *Scheol* (die Hölle) hinabfahren, so sehr schmerzt ihn der Verlust. Was aber wird aus Josef? Harte Arbeit in Ägypten, dann Aufstieg in eine Vertrauensstellung. Wahrscheinlich schätzt Josef sich glücklich, am Hof des Pharao dienen zu dürfen. Aber dann – der jähe Absturz:

Ein Verführungsversuch, eine Verleumdung wegen Vergewaltigung und schließlich Gefängnis – unschuldig! Dann folgen Josefs vergebliche Versuche, sich aus seinem Verlies zu befreien. Endlich kommt Josef erneut zu Macht und Einfluss. Das alles ist in drei Sätzen erzählt, doch im wirklichen Leben dauerte es 13 Jahre!

Wie beurteilt nun Josef diese Sache seinen Brüdern gegenüber, als sie ihr Unrecht endlich einsehen? »Ihr gedachtet es böse mit mir zu machen, aber Gott gedachte es gut zu machen.« Unglaublich. Noch kurz zuvor hatte Josef Ägypten »das Land seines Elends« genannt (1. Mose 41,52). Jetzt aber sagt er: »Nicht ihr habt mich hierher gesandt, sondern Gott« (1. Mose 45,7). Josef erkennt die gute Hand Gottes auch in seinen schweren Jahren. Er hatte sich dafür entschieden, nicht Zorn und Bitterkeit Raum zu geben, sondern in allem Gottes Führung anzunehmen. Nur wer mit der Vergangenheit Frieden schließt, wird frei werden, auch die Gegenwart positiv zu gestalten; so wie Josef.

Christine Schirrmacher

Aber aus Ehrfurcht vor Gott hielten sich die Hebammen nicht an den königlichen Befehl, sondern ließen die Jungen am Leben … Weil die Hebammen Ehrfurcht vor Gott hatten, tat er ihnen Gutes und schenkte ihnen viele Kinder.

(2. *Mose* 1,17.20-21; *Hfa*)

Eine Situation auf Leben und Tod: Aus Angst vor der Stärke des Volkes Israel hatte der König von Ägypten den Hebammen befohlen, alle neugeborenen Jungen israelitischer Mütter zu töten und nur die Mädchen am Leben zu lassen. Was für ein Befehl! Anweisung zum vorsätzlichen Mord! Wie konnte hier Leben gerettet werden? Die Hebammen selbst waren gefragt. Aber Mut war erforderlich! Die Hebammen erklärten kurzerhand, dass sie keine Gelegenheit hätten, die neugeborenen Jungen umzubringen, da die israelitischen Frauen die Kinder immer schon zur Welt gebracht hätten, wenn sie zur Geburt herbeieilten (2. Mose 1,19). Vermutlich hatten die Hebammen lange überlegt, was sie dem König antworten könnten, wenn die Jungen am Leben blieben und sie zur Rechenschaft gezogen würden. Befehl des Königs oder das Leben vieler Jungen retten – da gab es für diese gottesfürchtigen Frauen keine Wahl.

Der Text berichtet nichts von Repressionen gegen die Hebammen, gefürchtet haben sie sie aber sicher. Strafe, Vergeltung oder ihr eigener Tod waren unter einem solchen Herrscher denkbar. Gott aber sah, was die Hebammen taten, und er ließ ihren Gehorsam nicht unbelohnt: »Er tat ihnen Gutes.« (Vers 21)

Auch wenn wir uns in Konfliktsituationen an Gottes Wort halten, wird er das nicht unbelohnt lassen. Manchmal scheinen die Kosten zu hoch. Uns plagt die Angst um Ansehen und Stellung oder die Sorge um Arbeitsplatz und Zukunft. Unsere verfolgten Geschwister in anderen Ländern fürchten oft um ihr Leben. Gott kennt aber immer die Kosten, sieht Mut und Treue und wird uns dafür segnen. Nicht immer sofort, aber in jedem einzelnen Fall.

Christine Schirrmacher

»Ich will bei euch Israeliten wohnen und euer Gott sein. Ihr werdet erkennen, dass ich der Herr, euer Gott, bin. Ich habe euch aus Ägypten herausgeführt, um bei euch zu wohnen. Ja, ich bin der Herr, euer Gott!«

(2. *Mose* 29,45-46; *Hfa*)

Was für eine Botschaft – Gott wohnt mitten unter seinem Volk! Obwohl viele für unser aufgeklärtes, säkularisiertes, technisiertes Zeitalter prophezeit haben, dass im 20. Jahrhundert (endlich) die Bedeutung der Religionen abnehmen werde, ist scheinbar das Gegenteil eingetreten. »Religion« und »Glaube« sind heute so aktuell wie nie zuvor. Ja, über Werte und Glauben wird wieder öffentlich diskutiert, nicht zuletzt aufgrund des Phänomens »Islam« und seiner Bedeutung für die Gegenwart.

Alle Menschen sind zeitlebens auf der Suche nach Gott. Sie spüren, dass es mehr geben muss als Essen und Schlafen, Wohlstand und Arbeit, Heirat und Tod. Unnachahmlich formulierte es der Kirchenvater Aurelius Augustinus (354-430): »Ruhelos ist unser Herz, bis es ruht in dir«. Das Buch Prediger sagt: »Er hat die Ewigkeit in ihr Herz gelegt« (Prediger 3,11).

Was hat der Mensch nicht alles versucht, um das Unfassbare zu ergründen, um einen Blick in die jenseitige Welt zu werfen, hinter den Vorhang der Zeit: Er begibt sich auf eine spirituelle Reise, meditiert, ruft übernatürliche Kräfte an, sucht sogar Hilfe bei Magie und Zauberkräften.

Was sagt unser Text? Wir müssen – auch spirituell – nicht weit reisen, um Gott zu finden, denn er wohnt »mitten unter uns«. Sein Wunsch ist es, uns zu retten, uns aus unserem »Ägypten« zu befreien und mit uns Menschen Gemeinschaft zu haben. Er ist unser Gott, wir sind seine Kinder. Wer das angenommen hat, dessen Herz findet Ruhe in ihm. Dann ist er der Herr, mein Gott!

Christine Schirrmacher

Hüte dich, dass du den Herrn, deinen Gott nicht vergisst (...) dass nicht, wenn du isst und satt wirst und schöne Häuser baust und bewohnst und deine Rinder und deine Schafe sich vermehren und dein Silber und Gold sich mehren und alles, was du hast, sich mehrt, dass dann nicht dein Herz sich erhebt und du den Herrn, deinen Gott vergisst (...) und du dann nicht in deinem Herzen sagst: Meine Kraft und die Stärke meiner Hand hat mir dieses Vermögen verschafft! Sondern du sollst an den Herrn, deinen Gott, denken, dass er es ist, der dir Kraft gibt, Vermögen zu schaffen.

(5. Mose 8,11-14+17-18; E)

Not lehrt Beten« lautet ein altbekanntes Sprichwort. Es findet sich sogar in ähnlicher Formulierung in der Bibel: »Wenn du in Not bist ..., wirst du zum Herrn, deinem Gott, umkehren und auf seine Stimme hören« (5. Mose 4,30). Dann ist Gott »ein barmherziger Gott. Er wird dich nicht aufgeben und dich nicht vernichten« (5. Mose 4,31). Wie gut zu wissen, dass wir Gott in Not immer anrufen können, denn er ist ein Gott, der »so gerne hilft« (Psalm 13,6).

Eigentlich geht es Gott aber um mehr als nur einen »Hilferuf«, wenn »Holland in Not« ist. Er möchte, dass wir ihm unser Herz schenken, uns ihm mit unserem ganzen Leben anvertrauen. Dieses Vertrauen in Gottes Fürsorge wird uns Kraft geben, für gute wie für böse Tage. In Not wie in Jubelzeiten ist Gott gleichermaßen verlässlich.

So oft auch Menschen in Zeiten der Not Gottes Hilfe erbitten (und auch erhalten!), so groß ist die Gefahr, Gott zu vergessen, wenn die Zeiten besser werden. Es scheint uns dann sehr leicht zu fallen, unsere Not und Gottes Beistand zu vergessen. In unserem Text wird eine solche Haltung mit Hochmut in Verbindung gebracht: »dass dann nicht dein Herz sich erhebt« (Vers 14) – Gott bewahre uns vor solchem Denken. Alles, was wir haben, was wir können und was uns erfreut, kommt von Gott, dem Geber aller guten Dinge. Ihm sei dafür Dank, Lob und Anbetung!

Christine Schirrmacher

Denn dieses Gebot, das ich dir heute gebiete, ist nicht zu wunderbar für dich und ist dir nicht zu fern. (...) Sondern ganz nahe ist dir das Wort, in deinem Mund und in deinem Herzen, um es zu tun (...) Ich rufe heute den Himmel und die Erde als Zeugen gegen euch auf: das Leben und den Tod habe ich euch vorgelegt, den Segen und den Fluch! So wähle das Leben, damit du lebst, du und deine Nachkommen, indem du den Herrn, deinen Gott, liebst und seiner Stimme gehorchst und ihm anhängst!

(5. Mose 30,11+14+19; E)

Mose hatte das Volk Israel aus Ägypten geführt und war nun alt geworden. Am Ende seines Lebens spricht Gott noch einmal zu ihm und gibt ihm ein Vermächtnis mit. Gottes Wort ist Mose ganz nah, es lebt in seinem Herzen. Was läge näher, als es auch umzusetzen und zu befolgen? Leider zeigt die Geschichte des Volkes Israel im Alten Testament, dass es den Israeliten immer wieder schwer fiel, sich ganz auf Gott und seine Gebote auszurichten, obwohl sie doch die Fürsorge Gottes so greifbar erlebt hatten. Dieser Text zeigt auch, dass es immer eine Entscheidung gibt. Gott legt uns eine Wahl vor, die er »Segen« oder »Fluch« nennt oder »Leben« und »Tod«. Gott möchte, dass wir das Leben wählen und seinen Segen erfahren. Er sehnt sich danach, dass Menschen auf sein Rufen antworten und ihr Leben auf ihn ausrichten. Das geschieht, indem wir ihn »lieben, seiner Stimme gehorchen und ihm anhängen« (Vers 20). Eigentlich ganz einfach. So wie Eltern ihr Kind nicht aus Bosheit von der heißen Herdplatte fernhalten, so möchte auch Gott uns vor den Wegen bewahren, die uns viel Kummer und Leid bereiten. Seine Gebote helfen uns, diese Wege als falsch zu erkennen und zu vermeiden, zu unserem Besten. Dann werden wir leben!

Mit »Leben« ist nicht nur eine bloße Existenz gemeint, sondern Leben in Fülle, Freude und Frieden. Weil der Mensch Gottes Geschöpf und auf ihn hin geschaffen ist, wird er nicht »auf der anderen Seite des Meeres« Frieden finden, sondern erst dann, wenn er auf Gottes Liebe antwortet. Ein Vermächtnis – auch für uns.

Christine Schirrmacher

Daher musste er in allem seinen Brüdern gleich werden, damit er barmherzig würde und ein treuer Hohepriester vor Gott, zu sühnen die Sünden des Volkes. Denn worin er selber gelitten hat und versucht worden ist, kann er denen helfen, die versucht werden.

(Hebräer 2,17-18; L)

Jesus: Die volle Wucht! Der Hebräerbrief beschreibt die Person Jesu vor dem Hintergrund des alttestamentlichen Priestertums. Jesus steht über den Engeln (Hebräer 1), er ist gekrönt mit »Herrlichkeit und Ehre« (2,9), der eigentliche Hohepriester. Gott und Mensch, Gerechter und Sünder, Vollkommener und Sterblicher – wie können beide Seiten miteinander versöhnt werden? Vielleicht dadurch, dass Gott ein Auge zudrückt und seine Maßstäbe ein wenig herunterschraubt? Keineswegs!

Im Grunde erkennen alle Weltreligionen, dass hier ein Problem besteht. Und wohl alle Religionen lösen es dadurch, dass sie vom Menschen fordern, Anstrengungen für Gott zu unternehmen, sich zu kasteien, zu opfern, zu beten, zu fasten, zu wallfahren, Verzicht zu leisten und gute Werke zu tun, um vollkommener zu werden. Ganz anders die Bibel: Jesus wird zur Brücke – aber nicht, indem er seine Heiligkeit billig verkauft. Nein, indem er als Mensch mit unseren Begrenzungen lebt, aber ohne Sünde. Wer kann mich am besten verstehen, wenn ich einsam bin – der, der im Kreis seiner Freunde lebt oder der, der ebenfalls Einsamkeit und Verlassenheit litt? Wer kann Christen in Verfolgung trösten? Der, der dieselben Schmerzen litt und starb, weil er den Willen seines Vaters tat. Wer kann mir Halt geben, wenn ich ein Kind durch einen Unfall verliere? Nur der Gott, der seinen Sohn für uns gab. Und wie kann Gott mich verstehen in meinem Kampf mit Schwachheit und Sünde, den ich oft genug verliere? Nur der, der in derselben Lage war wie ich (5,7). Was für ein Gott! Ich muss mich weder kasteien noch opfern noch versuchen, mich zu Höherem aufzuschwingen. Jesus litt wie ich – deshalb ist er barmherzig! Jesus – eine echte Wucht!

Christine Schirrmacher

1. Juli

Der Glaube ist eine feste Zuversicht auf das, was man hofft, und ein Nichtzweifeln an dem, was man nicht sieht … Darum schämt sich Gott ihrer nicht, ihr Gott zu heißen; denn er hat ihnen eine Stadt gebaut.

(Hebräer 11,1.16; L)

Gut, dass die Bibel selbst definiert, was Glaube ist. Man könnte sonst auf alles Mögliche kommen. Gerade beim Dienst für Gott scheint es nahe zu liegen, etwas dazu zu erfinden, was man noch tun könnte, um Gott zu gefallen. Die Bibel nennt aber nur eins: den Glauben (Hebräer 11,6). Auch ganz große Taten für Gott, immense Opfer und tiefe Hingabe interessieren Gott nicht, wenn sie nicht aus Glauben heraus geschehen (Römer 14,23).

Gleichzeitig heißt das aber auch, dass Gott die Latte nicht zu hoch hängt: Glauben kann auch der, der sonst nichts (mehr) für Gott tun kann: der Kranke, der Gefangene, der Behinderte oder der Arme.

Manchmal scheint beim Glauben das Problem darin zu liegen, dass man ständig mit etwas Unsichtbarem hantiert. Andere erleben Wunder: spektakuläre Krankenheilungen oder Bewahrung in großer Not. Manchmal ist aber auch wenig zu sehen und Zweifel bleiben: Kann nicht auch alles Zufall sein? Als junge Christin wünschte ich mir, doch einmal mit Jesus direkt sprechen zu können. Ich hatte so viele Fragen. Glauben musste für die Jünger Jesu wohl besonders leicht gewesen sein. Aber war es das wirklich? Den »Zimmermannssohn« aus Bethlehem herumlaufen zu sehen und zu glauben, dass er in Wirklichkeit Gottes Sohn war?

Hebräer 11 definiert den Glauben als »feste Zuversicht« und »Nichtzweifeln«. Daraus ergeben sich Folgen: Das ganze Kapitel 11 erzählt von den Glaubenserfahrungen der Männer und Frauen Gottes, der »Wolke von Zeugen« (12,1), von Wundern und Gebetserhörungen, aber auch von Leid durch Verfolgung. Von Mose heißt es, dass er standhaft war, denn »er hielt sich an den, den er nicht sah, als sähe er ihn« (11,27). Das ist das Geheimnis des Glaubens: mich an den halten, als wenn ich ihn sähe! »Herr, hilf mir, so zu leben, als wenn Du neben mir stündest.« Denn so ist es ja auch.

Christine Schirrmacher

2. Juli

Gelobt sei Gott, der Vater unseres Herrn Jesus Christus, der uns gesegnet hat mit allem geistlichen Segen im Himmel durch Christus!

(Epheser 1,2; L)

Wes das Herz voll ist, des geht der Mund über!«, so sagen wir landläufig. Und es stimmt: Was uns bewegt, was uns beschäftigt, davon reden wir. So geht es auch Paulus.

Im ganzen ersten Kapitel des Epheserbriefs sprudelt es nur so aus ihm heraus von der Liebe und ewigen Vatergüte Gottes. In vielen Sätzen sagt er es und fädelt damit eine lange Kette von Kostbarkeiten auf. Immer wieder, wenn ich diesen Text lese, erhebt sich für mich die Frage: Wovon kann ich nicht schweigen? Also: Wovon läuft mir der Mund über?

Stellen Sie sich vor, Sie würden ihrem besten Freund oder ihrer besten Freundin einen Brief oder eine E-Mail schreiben …

»Liebe Freundin, viele Grüße aus Christhausen! Bei mir ist gerade furchtbar viel los. Der Stress in der Firma ist grässlich. Denn es ist Urlaubszeit und ich bin alleine. Alle Kollegen mit Familie haben jetzt Vorfahrt. Singles können ja auch noch im Herbst Urlaub machen. Und es ist so viel zu tun, dass ich es schier nicht schaffe.«

Wovon kann ich gerade nicht schweigen?

»Hallo, liebe Leutchen, viele Grüße aus Himmelsdorf. Ich bin so glücklich und k. o. zur gleichen Zeit. Hinter mir liegt eine super Freizeit. Es waren zwei super Wochen – total anstrengend. Manchmal habe ich geweint, so k. o. war ich. Manchmal gab es auch Missverständnisse und verletzende Worte. Aber es war trotzdem eine super Zeit, denn … usw.«

Wovon kann ich nicht schweigen?

Ich kann nicht von dem schweigen, was mich gerade, heute, in dieser Woche anstrengt, bestimmt, beschäftigt. Paulus möchte uns die Kette von Kostbarkeiten im Epheserbrief umlegen, damit unser Leben ganz vom Glanz der Herrlichkeit Gottes durchdrungen wird, damit wir etwas seien zum Lob seiner Herrlichkeit!

Franziska Stocker-Schwarz

3. Juli

...gesegnet mit allem geistlichen Segen im Himmel durch Christus!

(Epheser 1,2b; L)

Durch die Worte des Paulus legt uns Gott selbst eine kostbare Kette um. Sie kann uns verändern. Sie wird unserem Leben echten Glanz verleihen. Die Kette der Kostbarkeiten besteht aus vielen schimmernden Perlen, die jede für sich ein Schatz ist. Da sind zunächst die Perlen des geistlichen Segens. Diese Perlen haben bei näherer Betrachtung einige Verwachsungen, die ungewöhnlich sind. Aber gerade sie lassen die Perlen einzigartig schillern.

Der Segen, mit dem uns Gott beschenken will, ist kein billiger Glückwunsch, sondern es ist ein himmlischer Wunsch, alle Menschen in Christus zu segnen. Schon von Ewigkeit her ist uns Menschen dieser Segen zugedacht. Aber nur durch und nur seit Jesus Christus kommt dieser himmlische, geistliche Segen auf uns.

Denn was zunächst nur Abraham und seinen Nachkommen zugedacht war, das ließ Gott mit Jesus dann allen Menschen zufließen. Der Himmel öffnete sich für jeden, der an Jesus glaubt.

»Gesegnet mit geistlichem Segen« – mit dieser Perle schenkt uns Gott eine ganze Menge. Er sagt zu uns: »Du sollst gesegnet sein, das ist vom Himmel her beschlossene Sache!«

Der geistliche Segen beinhaltet ein erneuertes Denken, Gedanken des Friedens, eine innere Zufriedenheit, das Wissen, von Gott bewahrt zu sein. Zum geistlichen Segen gehört auch das, was wir in der Gemeinde erleben: super Gemeinschaft, echte Hilfsbereitschaft, Treue, Hilfe von Glaubensgeschwistern, auch in materiellen oder finanziellen Nöten. Das alles gehört zum geistlichen Segen. Denn es ist ein Segen, der durch das Himmelsgeschenk Jesus beginnt und die Herzen von uns Menschen gründlich verändert.

Franziska Stocker-Schwarz

Denn in ihm hat er uns erwählt, ehe der Welt Grund gelegt war, dass wir heilig und untadelig vor ihm sein sollten.

(Epheser 1,4; L)

Eine Kette von Kostbarkeiten schenkt uns Gott durch diese Worte des Paulus. Die Kette glänzt tief durch einen besonderen Edelstein, mit dem uns Gott beschenkt, schon vor Grundlegung der Welt. »Erwählt vor Grundlegung der Welt« – wer kann so etwas zugesprochen bekommen?

In Christus gilt es einem jeden Menschen, der sich von Gott rufen lässt.

Vielleicht erahnen wir etwas von dieser himmlischen Perspektive, wenn wir einen grandiosen Sternenhimmel beobachten können und so die Weite des Kosmos erspüren. Vielleicht vernehmen wir etwas von Gottes Schönheit und Schöpferkraft, wenn es uns im Urlaub vergönnt ist, mitten in der Natur zu sein: in der Gebirgswelt oder an einer Seenplatte oder am Meer.

Aber voller Erschrecken realisieren wir auch unsere Begrenztheit und Gottes Macht, wenn wir in einen Sturm geraten oder wenn wir ein krachendes Sommergewitter über uns ergehen lassen müssen. Wir Menschen sind Geschöpfe, nicht Herren der Erde. Aber Gott hat uns erwählt, heilig und untadelig in Gemeinschaft mit ihm zu leben. Wie ein herrlicher Sommermorgen, wie ein perfekter Sonnenuntergang, wie eine brilliante Fernsicht ... So herrlich soll unsere Gemeinschaft mit Gott sein. Dazu hat er uns erwählt.

In Christus schafft Gott selbst die Möglichkeit solch einer besonderen Gemeinschaft. Denn Jesus ist es, der uns heilig und untadelig macht. In ihm gilt uns diese Erwählung. Der kostbare Stein leuchtet von der Liebe Christi.

Franziska Stocker-Schwarz

In seiner Liebe hat er uns dazu vorherbestimmt, seine Kinder zu sein durch Jesus Christus nach dem Wohlgefallen seines Willens.

(Epheser 1, 4b-5; L)

In die Kette der Kostbarkeiten hat Gott einen wertvollen Ring eingefädelt, auf dem eingraviert ist: vorherbestimmt, Gottes Kinder zu sein. Wir sind vorherbestimmt, Gottes Kinder zu sein.

Alle Menschen dieser Erde sind Gottes Geschöpfe, sein Werk, seine Idee, seine Gedanken. Aber Gottes Kinder werden wir nur durch Jesus Christus. Das hält Paulus ganz klar fest:

»Er hat uns dazu vorherbestimmt, seine Kinder zu sein durch Jesus Christus nach dem Wohlgefallen seines Willens.« So gefällt es Gott: Seine Geschöpfe sollen durch seinen Sohn Jesus Christus auch seine Kinder werden. Durch Jesus werden wir eingesetzt als Söhne und Töchter. Durch ihn haben wir ein Recht bei Gott. So wie Kinder ein Erbrecht bei ihren Eltern haben. Durch Jesus haben wir das Vorrecht, ein ganz vertrauensvolles Verhältnis mit Gott haben zu dürfen.

Jesus hat uns beigebracht, so zu beten: »Vater im Himmel!« Das griechische Wort dafür entspricht dem deutschen Wort »Papa«. So vertraut, so persönlich dürfen wir mit Gott reden.

Das ist ein wertvoller Ring, der unser Leben ganz und gar umgibt. Einem guten Papa dürfen wir trauen, ihm dürfen wir alles sagen. Unser ganzes Leben darf vor ihm offenbar sein. Wir müssen nichts verheimlichen. So gefällt es Gott, dem Schöpfer des Himmels und der Erde.

Er will nicht nur Geschöpfe um sich haben, sondern Kinder, die ihn lieben und ihm vertrauen. Und in Jesus ist er, der allmächtige Gott, uns so nahe gekommen, dass wir es fassen können: »So barmherzig ist Gott. So sehr liebt er uns! So nahe will er uns sein!«

Wir dürfen als geliebte Kinder voller Vertrauen zu Gott kommen. Ein Ring der Sicherheit umgibt uns durch Jesus Christus.

Franziska Stocker-Schwarz

In Jesus haben wir die Erlösung durch sein Blut, die Vergebung der Sünden, nach dem Reichtum seiner Gnade, die er uns reichlich hat widerfahren lassen in aller Weisheit und Klugheit. Denn Gott hat uns wissen lassen das Geheimnis seines Willens nach seinem Ratschluss.

(Epheser 1,7-8; L)

Eine Kette der Kostbarkeiten schenkt uns Gott durch diese Verse im Epheserbrief.

Nun schauen wir auf das Schönste der Kette, das Wertvollste in blutrotem Rubin: Wir sind beschenkt mit dem Reichtum seiner Gnade. »In Jesus haben wir die Erlösung durch sein Blut, die Vergebung der Sünde!« Wäre dieser Stein nicht in der Kette, wäre das ganze Schmuckstück wertlos. Nur dieser Stein zeigt den wahren Wert der Kette an.

»Beschenkt mit dem Reichtum seiner Gnade!« Jesus hat unvorstellbare Schmerzen auf sich genommen, um für uns Gnade zu erwirken. Und auch das hat Gott in seinem Ratschluss schon gewusst, schon gewollt, schon eingeplant.

Gottes Ratschluss – im Griechischen das Wort Ökonomie – Gottes Ökonomie hat eben nur die Rettung und das Heil seiner Menschen als oberstes Ziel. Das soll am Ende der Bilanz stehen: dass alle Menschen gerettet werden und zur Erkenntnis der Wahrheit kommen. Das geschah durch Jesus, sein Leben und vor allem sein Sterben.

Auf Jesus darf sich jeder berufen, wirklich jeder. Gott will, dass jeder Mensch durch Jesus gerettet wird. Aber Gott will keine Marionetten um sich, sondern er will Männer und Frauen, die freiwillig im Gebet zu ihm kommen. Gott will unsere Entscheidung für ihn, denn Vergebung ist nichts Selbstverständliches, sondern Jesus hat dafür teuer bezahlt. Die Vergebung ist durch kein Geld der Welt zu erkaufen, sondern die Vergebung kann jeder nur erbitten, »in Jesu Namen«.

Blutrot leuchtet dieser Stein in der Kette. Er ist unbezahlbar. Allein Jesus hat bezahlt!!

Franziska Stocker-Schwarz

In Christus sind wir auch zu Erben eingesetzt worden, die wir dazu vorbestimmt sind nach dem Vorsatz dessen, der alles wirkt nach dem Ratschluss seines Willens, damit wir etwas seien zum Lob seiner Herrlichkeit, die wir zuvor auf Christus gehofft haben.

(Epheser 1,11-12; L)

Eine Erbschaft antreten, das ist doch eine feine Sache. Man bekommt etwas geschenkt. Manch einer tritt die Erbschaft über eine Firma an, wird in Verantwortung gestellt, darf nun schalten und walten. Manch einer bekommt ein Vermögen anvertraut, mit dem er nun wirtschaften kann. Was hat das mit unserem täglichen Einerlei zu tun? Wenn wir auf Christus hoffen, dann treten wir ein großes Erbe an. Es ist die Erbschaft des ewigen Lebens. Und das beginnt nicht erst, wenn ihr letztes Stündlein geschlagen hat, sondern schon heute.

Das Leben in Gottes Nähe beginnt schon jetzt. Große Schätze warten auf uns. Es sind die Liebestaten, die wir anderen in Jesu Namen tun dürfen. Gott hat diese Werke schon vorbereitet, damit wir sie tun. So schreibt Paulus wenig später im Epheserbrief: »Wir sind Gottes Werk, geschaffen in Jesus Christus zu guten Werken, die Gott zuvor bereitet hat, daß wir darin wandeln sollen.« (Epheser 2,10)

Da haben wir in der Gemeinde so große Möglichkeiten. Gemeinsam sind wir gefragt. Gott führt seine Kinder dazu, einander Gutes zu tun. Christen brauchen die Gemeinde. Sympathie und Antipathie spielen hier nicht die wichtigste Rolle, sondern dass wir den *einen* Vater haben, der für uns sorgt; das ist das starke Band, das uns zusammenbindet.

Stärken wir uns gegenseitig. »Wie geht es dir?« Antworten wir ehrlich. Fragen wir ehrlich. Geben wir zu, wo wir noch Schwierigkeiten haben. Gemeinsam sind wir zu Erben eingesetzt worden. Gemeinsam sollen wir etwas sein zum Lobe seiner Herrlichkeit.

Franziska Stocker-Schwarz

In Christus seid auch ihr, die ihr das Wort der Wahrheit gehört habt (…), als ihr gläubig wurdet, versiegelt worden mit dem heiligen Geist, der verheißen ist, welchen ist das Unterpfand unsres Erbes, zu unsrer Erlösung, damit wir sein Eigentum würden zum Lob seiner Herrlichkeit.

(Epheser 1,13-14)

Eine lange, kostbare Kette will uns Gott durch die Worte des Paulus schenken. Damit die Kette nicht reißt, damit die vielen kostbaren Perlen und Steine nicht verloren gehen, schließt Gott sie mit einem Sicherheitsverschluss. Er versiegelt sie sogar. Wer sich die Kette der Kostbarkeiten umlegen lässt, dem schenkt Gott seinen heiligen Geist.

Ganz nüchterne Worte benutzt Paulus hier: Wir sind versiegelt. Wir bekommen ein Pfand. Wir sind erbberechtigt. Um das Wirken des heiligen Geistes zu erleben, müssen nicht die großen Gefühlswallungen über einen kommen. Der heilige Geist ist kein Tränendrüsenbeweger. Der heilige Geist ist Gott unter uns. Wenn wir die Erlösung durch Jesus Christus für uns in Anspruch nehmen, dann wohnt Jesus Christus in uns. Der heilige Geist nimmt in uns Wohnung. Er tröstet, er stärkt, er hilft auf und er beschützt.

Wie ein Siegel! Damals waren es Briefe, heute werden oft Exportgüter versiegelt. Erst im Ankunftsland darf der Container geöffnet werden. Ein ungebrochenes Siegel beweist dem Empfänger: Es ist nichts weg- und nichts dazugekommen. So beschützt uns Gott, der heilige Geist. Nur noch Gott darf uns bewohnen. Keine Macht der Welt, nichts Böses kann uns noch beherrschen. Nichts kann mich mehr von der Liebe Gottes trennen.

Durch die Kette von Kostbarkeiten zeigt er es uns in aller Tiefe, aus verschiedenen Blickwinkeln, mit allem Glanz seiner Macht. Und alles auf ein Ziel hin: dass wir etwas seien zum Lobe seiner Herrlichkeit. Davon soll unser Herz voll sein, unser Mund überfließen!

Franziska Stocker-Schwarz

9. Juli

Ein frohes Herz macht ein glückliches Gesicht; ein gebrochenes Herz betrübt den Geist.
(Sprüche 15,13; NL)

Man sieht ihr schon von weitem an, dass es ihr heute gut geht. Die Augen leuchten und ihr Gang ist beschwingt. Die Arbeit geht ihr leicht von der Hand und immer wieder fällt ihr eine kleine Melodie ein, die sie dann fröhlich summt. Ihr Mann hat ihr heute Morgen ein großes Kompliment gemacht: »Du bist eine tolle Frau!« Dieser Satz ist ihr ins Herz gerutscht und auf fruchtbaren Boden gefallen. Denn gerade heute Morgen ging es ihr erst gar nicht gut, weil ihr sofort nach dem Aufwachen all das einfiel, was gestern schief gelaufen war. Wie schnell lassen wir uns entmutigen und anklagende, vorwurfsvolle Gedanken machen sich in uns breit. Eigentlich hättest du früher ins Bett gehen sollen, eigentlich war es falsch, so viel von den Kindern zu erwarten, eigentlich wäre gestern dein Sporttag gewesen, eigentlich …

Wenn solche anklagenden Selbstgespräche zu unserem Alltag gehören, kann es passieren, dass wir unser Herz in Schwermut ersäufen. Über kurz oder lang sieht man es uns an – aus der frohen, lebenslustigen Frau ist eine niedergedrückte, entmutigte Person geworden. Aber ich kann doch nichts dafür, wenn es in meinem Leben so viele Probleme gibt, denken Sie jetzt vielleicht. Das mag sein. Aber in unserer Hand liegt es, wie schwerwiegend wir die Dinge langfristig beurteilen und wie viel Raum negative Grübeleien und traurige Gedanken haben dürfen. Es gibt Zeiten, da ist es absolut dran und richtig, zu trauern und einen Verlust zu beklagen. Aber wir selbst sind die Wächterinnen über unser Herz und die Gefühle und können mit einer gelegentlichen Grundreinigung dafür sorgen, dass die Ecken der Trauer und des Selbstmitleides wieder gründlich entrümpelt werden. Das ist schwer, sagen Sie? Das stimmt – aber es ist nicht unmöglich und Gott selbst hat uns verheißen, mit seinem Geist der Freude unser Leben durchdringen zu wollen. Wie wäre es heute statt mit einem Haus- einmal mit einem Herz-Putz? Es könnte passieren, dass dann nicht nur Ihre Wohnung, sondern auch ihre Augen strahlen!

Antje Rein

10. Juli

Befiehl dem Herrn deine Werke, so wird dein Vorhaben gelingen.

(Sprüche 16,3; L)

Wenn ich etwas vorhabe, beginnt das meist mit einer Idee: Ja, so könnte es gehen. Manchmal liegt auch eine konkrete Aufgabe vor mir, für die ich Pläne mache und vordenke. Ich erinnere mich an vergangene Situationen und wie ich sie gemeistert habe. In meinem Gedächtnis gibt es einen reichen Schatz an Wissen und Erfahrungen. Manches haben mir Menschen beigebracht, anderes habe ich mir angelesen, vieles einfach von anderen abgeguckt. Für das, was ich heute vorhabe, mache ich mir einen Plan in meinem Kopf. Ich ordne nach Wichtigkeiten und Prioritäten und meist beginne ich meine Arbeit mit dem, was am meisten drängt. Es gibt eigentlich keinen Tag, an dem ich mal nichts vorhabe.

Sind meine Prioritäten auch Gottes Prioritäten? Wie sieht sein Plan mit dem heutigen Tag aus? Wenn ich immer nur nach meinem Schema und meinen Erfahrungen vorgehe, dann mache ich mich selbst zum Mittelpunkt des Lebens. Da wo ich anfange, nach Gottes Wichtigkeiten für meinen Tag zu fragen, bekommt mein Leben eine neue Dimension und ich steige ein in eine neue Wirklichkeit. Gott will heute in meinen Werken und durch mein Leben hindurch handeln. Und so befehle ich mein Leben heute neu Gott an und erwarte, dass er es gelingen lässt. Hingabe braucht jeden Tag neu den Mut, die Dinge aus der Hand zu geben.

Antje Rein

11. Juli

Die Menschen zu fürchten ist eine gefährliche Falle, wer aber auf den Herrn vertraut, lebt unter seinem Schutz.

(Sprüche 29,25; NL)

Da steigt es wieder hoch – dieses alte Gefühl, das mich manchmal beschleicht, wenn ich vor einem schwierigen Gespräch oder einer peinlichen Offenbarung stehe. Was wird der andere über mich denken? Bin ich völlig unten durch bei ihm, wenn ich offen und ehrlich mein Anliegen vorbringe oder meine Meinung sage? Menschenfurcht hat ihre Wurzel in der Angst vor Scham und Unterlegenheit. Es weckt keine besonders guten Gefühle in uns, wenn wir den anderen hinter unsere Masken schauen lassen müssen. Genauso macht es mich auf Dauer aber klein und unglücklich, immer nur der Meinung der anderen zu folgen und, aus Angst vor einer Konfrontation, meine eigenen Bedürfnisse häufig hinten an zu stellen. Gibt es Menschen, vor denen ich unehrlich bin, nur um mein Gesicht oder meinen guten Ruf zu wahren?

Mir hilft es, meine Gedanken vor einem wichtigen Gespräch schriftlich festzuhalten. So gehe ich sicher, dass ich nichts vergesse und auch das sage, was ich wirklich rüberbringen will. Hin und wieder schreibe ich auch einen Brief an die betreffende Person, mit der ich etwas zu klären oder zu bereinigen habe.

Nein – ich möchte nicht aus Menschenfurcht immer tiefer in die Grube der Selbstablehnung fallen. Denn Gott sagt mir zu, dass er zu mir steht und mich unendlich wertschätzt. In seinen Augen bin ich es tausendmal wert, zu mir, meiner Person, meinen Anliegen und meiner Meinung zu stehen. Auch wenn meine Gedanken unfertig und unvollkommen sind, so sind sie es wert, gehört oder gelesen zu werden. Ich möchte heute aufstehen und heraustreten aus dem alten Leben der Furcht vor Menschen und ich lasse mir von Jesus den Rücken stärken für die nötigen Schritte. Unter seinem Schutz kann ich mutig weiter gehen.

Antje Rein

Stärket die müden Hände und macht fest die wankenden Knie!

(Jesaja 35,3-4; L)

Es gibt sie, diese Tage. Müdigkeit und Kraftlosigkeit liegen auf mir wie eine Decke aus Blei. Sie drücken mich nach unten, nehmen mir die Luft zum Atmen und bewirken in mir das Gefühl, dass alles um mich herum gegen mich ist. Es kostet mich Kraft aufzustehen und die alltäglichen Dinge zu verrichten. Manchmal kommt diese Lähmung gerade in Zeiten, wo ich eigentlich froh, dankbar und beschwingt sein müsste – nach einem gelungenen Projekt, nach einem schönen Urlaub, nach einem erfolgreichen Vorhaben.

Inzwischen weiß ich, dass auch diese Phasen zu meinem Leben gehören und dass ich sie als Warnsignale und Achtungszeichen begrüßen darf. Sie weisen mich darauf hin, dass meine Kraftreserven nicht unendlich sind und dass, nach Zeiten der Anspannung, unbedingt wieder etwas anderes folgen muss. Mein Fokus muss sich nach den großen und wichtigen Aufgaben auch wieder nach innen und auf meine Bedürfnisse richten. Was brauche ich gerade? Was würde mir heute gut tun? Wonach sehnt sich meine Seele?

Das Ringen um die Ausgewogenheit zwischen einem guten Engagement für andere und der wohltuenden Sorge um die eigenen Bedürfnisse ist immer eine Gratwanderung. Bin ich zu viel auf mich fixiert, verliere ich die anderen aus dem Blick. Lebe ich nur im Kontext meiner Umwelt und »lasse mich leben«, dann bleibe ich selbst auf der Strecke.

Aufstehen, das Leben anpacken und die wackelnden Knie durchdrücken – das kostet Kraft und immer wieder eine große Portion Mut. Gott selbst weist mir nicht mehr zu, als ich tragen und ertragen kann. Er fordert mich nicht dazu auf, dauerhaft über meine Grenzen zu leben. Da wo ich das tue, entziehe ich mich seiner Herrschaft über mein Leben und mache mich selbst zum »Alleskönner«. Mein Beitrag ist es, mutig wieder aufzustehen. Gottes Beitrag ist es, sich um den Rest zu kümmern.

Antje Rein

13. Juli

Er gibt dem Müden Kraft und Stärke genug dem Unvermögenden.

(Jesaja 40,29; L)

Ich stelle es mir bildlich vor: Die erschöpfte Mutter holt tief Luft und fühlt sich auf einmal nicht mehr erschlagen vom ständigen Kindergeschrei und den nie enden wollenden Pflichten des Tages. Sie weiß, dass sie nicht alles schaffen kann und es auch nicht muss. Sie ahnt, dass sie trotz Versagen und Fehlerhaftigkeit die beste Mutter für ihr Kind ist. Sie steigt aus aus dem Wettbewerb: Welche andere Mutter übertreffe ich noch an Fleiß, pädagogischem Geschick, gepflegtem Garten und wohlerzogenen Kindern?

Ich stelle sie mir bildlich vor: die Seniorin, die zwar merkt, dass ihre körperliche Leistungsfähigkeit abnimmt, die aber trotzdem um ihren Wert und ihre Bedeutung für die nachfolgende Generation weiß. Sie braucht nicht mehr durch ihre Leistung zu glänzen, denn die Schätze, die sie in ihrem Herzen an Erfahrung, Glaube und Liebe trägt, strahlen weitaus schöner. Sie strafft ihre Schultern und lässt sich das Herz mit Liebe füllen.

Ich stelle es mir bildlich vor, dass die, die gerade nichts mehr können, genau an dem Punkt sind, an dem Gottes Möglichkeiten anfangen. Das kann die Büroleiterin im Chaos einer Mitarbeiterbesprechung sein, die Pfarrerin, der der Glaube im Trubel des Gemeindemanagements abhanden gekommen ist, die Lehrerin, die sich den Disziplinschwierigkeiten in ihrer Klasse nicht mehr gewachsen fühlt. Oder die Frau wie du und ich, die sich einfach manchmal nur müde und unvermögend fühlt. Uns meint Gott und genau dort hinein zielt die Hoffnungsvision, die Jesaja hier beschreibt. Mich tröstet es, dass uns kein Leben der ständigen Erfolge und der unerschöpflichen Kraftreserven verheißen ist. Die Bibel weiß genau, wie grenzwertig unser Leben oft verläuft. Ach ist das schön, dass ich nicht mehr scheinen muss als ich wirklich bin, und dass Gott genau darin auf mich wartet!

Antje Rein

Das geknickte Rohr wird er nicht zerbrechen, und den glimmenden Docht wird er nicht auslöschen.

(Jesaja 42,3; E)

Geht es Ihnen auch manchmal so, dass Sie im Stillen zweifeln an der Güte und Allmacht Gottes? Dass Sie darüber nachdenken, was wäre, wenn Ihr Glaube sich als ein Luftschloss herausstellte? Müssten nicht, wenn es Gott wirklich gäbe, unsere Welt, unsere Gemeinden, unsere Ehen und Familien und auch wir selbst ganz anders aussehen? Wo wird sie spürbar, die Kraft Gottes, wo erleben Menschen sein reales Eingreifen in ihr Leben? Vieles, was wir um uns herum wahrnehmen, sieht nicht heroisch und siegreich aus. Da gibt es Streit in den Gemeinden, Gleichgültigkeit, mangelndes Interesse aneinander. Es gehen Ehen von Mitarbeitern auseinander, Kinder aus christlichen Familien landen auf der schiefen Bahn, die Mitgliederzahlen der Kirchen schrumpfen.

Gibt es sie, die ständig missionarisch-bereite-christlich-freundliche-warmherzig-liebevolle-spendenfreudig-geisterfüllte Christenfrau? Oder sind wir nicht eher alle miteinander in diesen Bereichen recht durchschnittlich bis mittelschlecht? Also ich bin es und meine Gemeinde ist es auch und die Christen, die ich kenne, sind es auch. Durchschnitt; sie kochen auch bloß mit Wasser, haben einen Ehekrach und Geldsorgen, sind lieblos und neigen zum Geiz. Ziemlich viele geknickte Rohre und glimmende Dochte um mich herum und ich gehöre auch zu dieser Sippe. Und ich finde es gerade deshalb fantastisch, dazuzugehören, weil uns Durchschnittlichen eine große Verheißung gilt: Gott will uns nicht zerbrechen, sondern erhalten. Er will uns nicht auslöschen, sondern uns zu einer brennenden Fackel in der Dunkelheit dieser Welt machen. Wenn ich mir das wieder richtig bewusst werden lasse, dann stören mich auch meine eigenen Zweifel nicht mehr. Ich ahne, dass Gott, trotz meiner und unserer Knickrohr- und Glimmdocht-Syndrome, die Geschicke seiner Welt und seiner Kirche in der Hand hält.

Antje Rein

»Auch wenn Berge weichen und Hügel beben, soll meine Gnade nicht von dir gehen; und der Bund meines Friedens soll niemals wanken«, spricht der Herr, der Erbarmen mit dir hat.

(Jesaja 54,10; NL)

Als ich noch jünger war, träumte ich davon, Erfolg im Leben zu haben. Ich strebte nicht den Beruf Supermodel an (wer mich kennt, weiß, wie abwegig dieser Gedanke ist) oder wollte Bundeskanzlerin werden. Der Erfolg, den ich suchte, war anderer Art. Es sollte ein geistlicher Erfolg werden. Viele »Fische« wollte ich fangen für das Reich Gottes, eine dauerhafte missionarische Ausstrahlung besitzen, immer im Willen Gottes leben, meine Gemeinde von Grund auf erneuern, meine Kinder im Glauben erziehen, meinem Mann eine starke Gebetspartnerin sein ...

Den einen wird vielleicht bei der Aufzählung all meiner Erfolgsziele ganz flau im Magen, die anderen fragen sich eventuell, was an diesen Zielen schlecht sein soll. »Durch Fleiß und Ausdauer wirst du es immer höher bringen«, schrieb mir einst eine Mitschülerin in mein Poesiealbum. Habe ich diesen Vers auch auf mein geistliches Leben angewendet? Geht es Ihnen ähnlich und wir treffen uns gemeinsam auf der Rennbahn der erfolgsorientierten Christen wieder? Ziemlich anstrengend, so ein Klettern auf immer neue Stufen der geistlichen Karriereleiter. Solange es gut geht.

Das ist jetzt keine Drohung für diejenigen, die gerade wieder neuen Anlauf nehmen für einen Sprung auf die nächsthöhere Sprosse. Es ist ein Versprechen und eine wunderbare Zusage. Denn gerade dann, wenn nichts mehr geht, spüre ich die Gnade Gottes in meinem Leben, ohne die ich nichts tun könnte und die mir alles schenkt. Sie war auch vorher schon beständig vorhanden, aber ich habe sie nicht bemerkt und an meine eigenen Kräfte geglaubt. Seit ich die überwältigende Gnade Gottes neu entdeckt habe, brauche ich auf der geistlichen Karriereleiter nicht mehr höher zu kommen. Dank Gottes Hilfe bin ich schon ganz oben, denn ich darf Gemeinschaft mit ihm haben. Und das völlig ohne meine eigene Leistung, nur einfach aus Gnade.

Antje Rein

16. Juli

Angenommen, jemand sieht einen Bruder oder eine Schwester um Nahrung oder Kleidung bitten und sagt: »Lass es dir gut gehen, Gott segne dich, halte dich warm und iss dich satt«, ohne ihnen zu essen oder etwas anzuziehen zu geben. Was nützt ihnen das?

(Jakobus 2,15-16; NL)

Also, ich mag Jakobus. Nicht, weil ich seinen Ansprüchen schon gerecht werden könnte, sondern weil er mich herausfordert und mich vor dem geruhsamen »Schlaf des Gerechten« bewahrt. Jakobus redet nicht um den heißen Brei, sondern sagt kurz und knackig, in aller Schärfe, was Sache ist. Bei ihm wird das Christsein konkret und praktisch. Und damit seine Worte auch treffen, bedient er sich hier und da der Ironie – in den zitierten Versen zum Beispiel. Um die zu verstehen, muss man kein Theologe sein. Sie lassen auch keinen Spielraum für symbolische Deutungen oder wilde Spekulationen. Der Glaube zeigt sich in den Taten. Das ist die Botschaft im ganzen Jakobusbrief. So einfach ist das – und so schwer!

Annekatrin Warnke

17. Juli

Auch die Hure Rahab wurde durch ihr Handeln vor Gott gerecht gesprochen, als sie die Kundschafter versteckte und sie auf einem anderen Weg in Sicherheit brachte.

(Jakobus 2,25; NL)

Für dieses Beispiel eines gerechten Lebens könnte ich Jakobus glatt küssen! Aus all den großartigen Biografien heiliger Leute sucht er sich gerade Rahab aus, um sie der Christenheit als leuchtendes Vorbild hinzustellen. Ausgerechnet eine Frau, ausgerechnet eine Heidin und eine Hure! In Josua 2 ist nachzulesen, was für ein wortreiches Gottesbekenntnis Rahab ablegte. Das ist bemerkenswert, schließlich hatte sie kaum einen blassen Schimmer vom Gott Israels. Dennoch hätte es ihr nichts genützt, wenn sie es allein bei Worten belassen hätte. Ihr Einsatz war nötig, denn damit bezeugte sie, dass sie nicht nur leere Worte von sich gegeben hatte. Das, was sie tat für diesen Gott und sein Volk, war ein Beweis für ihren neuen Glauben. Diese Tat erforderte ihren ganzen Mut und barg ein hohes Risiko. Ihre Geschichte ist ein Ansporn. Sie zeigt, dass alles möglich ist, wenn wir uns mit unserem ganzen Leben für Gott einsetzen – sogar eine Bilderbuchkarriere von der Hure zur Heiligen.

Annekatrin Warnke

Liebe Brüder [und Schwestern], es sollten nicht so viele von euch in der Gemeinde lehren wollen, denn ihr wisst, dass wir als Lehrer von Gott besonders streng beurteilt werden!

(Jakobus 3,1; NL)

Holla! Das ist wieder eine typische Jakobusbemerkung: kurz, scharf – und nicht zur Diskussion gestellt. Sicher wusste der Mann auch, dass er mit diesem knappen Satz nicht alle Christen traf. Sie zielen nur auf die Ehrgeizigen unter uns, die sich nichts anderes vorstellen können, als dass Gott sie zu hohen Aufgaben berufen hat. In unserer Zeit sind das immer mehr Frauen. Wir stoßen mit Energie und Tatkraft in Leitungsaufgaben vor – in unseren Gemeinden und auch überörtlich. Dagegen ist grundsätzlich auch nichts zu sagen, falls Gott uns wirklich berufen hat. Oft hört man heute die Aussage, dass Gott die Wünsche unseres Herzens in uns hineingelegt hätte. Jakobus mahnt diesbezüglich zur Vorsicht. Und manche biblische Geschichte gibt ihm da Recht: Maria hatte ihre herausragende Rolle nicht angestrebt. Sie fügte sich bloß klaglos in Gottes Plan. Mose hatte sich gar gegen seine Führerrolle gewehrt, genauso wie Gideon, Jesaja oder Jeremia. Und sie alle wussten, warum. Sie sahen die immense Verantwortung, die Jakobus so prägnant in Worte fasst. Wir sollten sehr genau prüfen, ob unsere Herzenswünsche wirklich eine göttliche Berufung sind – gerade wenn es um Leitungsaufgaben geht.

Annekatrin Warnke

19. Juli

Ebenso ist es mit der Zunge: Sie ist nur klein und bringt doch gewaltige Dinge fertig.
(Jakobus 3,5; GN)

Es erstaunt mich sehr, dass Jakobus, der sonst alles so knapp formuliert, sich so ausführlich mit der »Zunge« beschäftigt. Ganze neun Verse befassen sich damit. Dieses Thema scheint ihm sehr wichtig zu sein. Auch ich möchte darum nicht nur einen Tag darüber nachdenken. Ist es jetzt ein Sakrileg, wenn ich argwöhne, dass diese Worte vor allem uns Frauen gelten? Es ist schon erstaunlich, dass selbst moderne, nichtfromme Bücher über Frauen und Männer, ihre Unterschiede und ihr Verhältnis zueinander, immer wieder betonen, dass das »Reden« uns viel leichter fällt als den Kerlen. Darin liegen Chancen und Gefahren. »Gewaltige Dinge« ist ja erst einmal kein Werturteil. Das kann sowohl Gutes als auch Schlechtes bedeuten, »Segen und Fluch«, wie Jakobus es später ausdrückt. Wenn in unserer Zunge solche gewaltigen Möglichkeiten stecken, dann sollten wir sie mit Bedacht benutzen.

Annekatrin Warnke

Wir können ein großes Pferd lenken, wohin wir wollen, wenn wir ihm ein Zaumzeug anlegen.

(Jakobus 3,3; NL)

Jakobus' treffende Beispiele gefallen mir gut. Auch hier geht es um die Zunge. Er vergleicht sie mit einem Pferd. Pferde sind wunderschöne Tiere, vor allem solche, die wir zum Dressurreiten nutzen. So ein edles Vollblut kann das Auge erfreuen mit seiner Schönheit, und unter einem geschickten, liebevollen Reiter entfaltet sich seine gesamte Grazie fast spielerisch. Dasselbe Tier wird zu einer Gefahr, wenn es unkontrolliert durchgeht. Dann zeigt sich seine wilde, animalische Kraft. Ein einziger Hufschlag kann für einen Menschen tödlich sein. Wenn wir dieses Bild auf unser Reden übertragen, wird deutlich, warum wir unsere Zunge im Zaum halten sollten, oder?

Annekatrin Warnke

21. Juli

Ein winziger Funke steckt einen großen Wald in Brand! Die Zunge ist wie eine Flamme ...

(Jakobus 3,5-6; NL)

Hilfe! Dieser Vergleich macht mir richtig Angst. Ich denke an die Fernsehbilder von australischen Buschbränden oder kalifornischen Großfeuern, an diese gewaltigen Feuerwalzen, die alles Leben vernichten, an die evakuierten, toten Siedlungen – alles ausgelöst durch eine schwelende Zigarettenkippe. Solch eine Wirkung kann meine Zunge haben? Ich rede so manches unbedacht daher, gar nicht mal immer in böser Absicht. Oft geht es nur um einen guten Spaß. Und eine vernichtete Gemeinde kann zum Beispiel die Folge davon sein? Herr, ich bin auf deine Zucht angewiesen – und auf deine Barmherzigkeit! Hilf mir, meine Zunge zu zügeln – und da, wo sie wieder mit mir durchgegangen ist, verhindere in deiner Gnade den Großbrand!

Annekatrin Warnke

So heißt es auch in der Schrift: »Gott stellt sich den Stolzen entgegen, den Demütigen aber schenkt er Gnade.«

(Jakobus 4,6; NL)

Ich glaube, das ist der Schlüsselvers im Jakobusbrief. Er fasst den Kern aller Themen zusammen, die dort angesprochen werden: Hochmut verhindert unseren Einsatz für bedürftige Geschwister. Hochmut lässt uns Menschen verachten, die eine Geschichte wie Rahab haben. Hochmut verlockt zu ungesundem Streben nach Leitungsaufgaben. Und Hochmut hindert uns daran, unsere Zunge zu zügeln. Nur demütige Leute können sich mit echter Hingabe einsetzen, zum Wohl anderer. Demut allerdings ist die schwierigste Übung überhaupt. Es geht nicht darum, sich wie eine schleimige Kröte kriechend durch das Leben zu bewegen. Es geht aber auch nicht darum, von Demut zu reden. Wer sich selbst auf die Schulter klopft, weil er schon so demütig geworden ist, ist ja auch schon wieder hochmütig. »Demut ist Mut zum Dienen.« So einfach ist das – und so schwer.

Annekatrin Warnke

Abimelech rief seinen jungen Waffenträger zu sich und befahl ihm: »Zieh dein Schwert und töte mich! Sonst heißt es: »Eine Frau hat ihn umgebracht.« Da erstach ihn der junge Mann.

(Richter 9,54; Hfa)

Was war schlimmer als der Tod für König Abimelech? – Der Gedanke, dass er in die Geschichte eingehen könnte als einer, der von einer *Frau* besiegt wurde! Dabei hat er schon seine 70 Halbbrüder eigenhändig umgebracht; zimperlich war er also nicht. Aber die Demütigung, vom Steinwurf aus der Hand einer Frau im belagerten Turm zu sterben, das war für den Macho unerträglich.

Seit dieser Geschichte hat sich vieles zum besseren gewandt: Diskriminierung ist nach dem Grundgesetz verboten und in der Regel stehen uns Frauen alle Möglichkeiten offen, von Bischöfin bis Bundeskanzlerin. Aber eins ist weder bei Männern noch bei Frauen überwunden: der Stolz. Die Angst, was »man« über uns denken oder sagen wird. Der Drang, sich für die Nachwelt ins bestmögliche Licht zu stellen. Abimelech hätte besser in seinen letzten Minuten an den Gott seines Vaters Gideon denken sollen, als an seinen Nachruf. Denn lebenswichtig – ja, ewig lebenswichtig – ist nicht das, was man von uns erzählt, sondern was Gott von uns hält.

Deshalb unterdrücke ich das leise Schmunzeln, das mich bei diesem Vers befällt (»Diese *Männer*!«) und erinnere mich an Paulus' Worte an die Römer (11,20): »Seid deshalb nicht hochmütig, sondern passt auf, dass es euch nicht genauso ergeht.«

Christine Schollmeier

24. Juli

In seinem 39. Regierungsjahr bekam Asa ein schweres Fußleiden.

(2. Chronik 16,12; Hfa)

Woran sterben die Promis, zumindest in Romanen? – Ihr Herz, ihr Gehirn kann die Last der Termine, der Verantwortung nicht mehr tragen und gibt auf. Oder sie werden von Rivalen vergiftet, von Schwermut bis zum Selbstmord geplagt, von Schwindsucht ermattet dahingerafft …

Nicht so König Asa. Er war ein großer König in Juda, »tat, was gut und gerecht und dem Herrn, seinem Gott, gefiel«. Er legte sich sogar mit seiner Großmutter an, die die Göttin Aschera anbetete, und führte sein Volk zu einem neuen Bund mit dem Allmächtigen, der dem Volk Jahrzehnte lang Frieden bescherte. Aber weder an Herzinfarkt noch von Mörderhand starb er, sondern – an seinen kranken Füßen!

Mein Mann muss Insulin spritzen, und ich weiß um die Gefahren des »Diabetischen Fußes«. Ob Asa so etwas hatte oder eine andere Krankheit, sagt die Bibel nicht. Der Fuß jedenfalls war und ist ein ziemlich vernachlässigter Körperteil; Hühneraugen, eingewachsene Nägel, Blasen an der Ferse – da geht man doch nicht zum Arzt, oder? Vielleicht hat Asa am Anfang ähnlich gedacht. Zum Schluss sagt uns die Bibel, suchte er seine Hilfe nicht beim Herrn, sondern bei Ärzten. Und sie konnten diesmal nicht helfen.

Der Diabetiker weiß, dass er seine Füße genau inspizieren und jede Auffälligkeit dem Arzt melden muss, sonst könnte er daran sterben.

Warum schieben wir manchmal die kleinen Warnzeichen unserer Seele, die »kleinen« Sünden, die Notlüge, die Gebetsunlust, so leichtfertig zur Seite und ignorieren sie, bis es zu spät ist? Im Gegensatz zu Asas Ärzten hat der Herr eine Therapie!

Christine Schollmeier

»Ephraim vermischt sich mit fremden Völkern. Wie ein Brotfladen, der nicht gewendet wird, auf einem glühenden Stein verschmort, so geht Israel zugrunde.«

(Hosea 7,8; Hfa)

Nicht nur Jesus konnte passende Bilder aus dem Alltag nehmen, um seine Worte plastisch zu machen. Hosea kann das auch. Und so nimmt er etwas, was ihm – und wenn Sie ehrlich sind, wahrscheinlich auch Ihnen – sicherlich mal passiert ist: man vergisst das Essen auf dem Herd, und schon ist's passiert. In meinem Fall hatte ich statt Rindsrouladen (ver-)Kohl(te) Rouladen. Bei Hosea ist es ein Brotfladen, der auf einem glühend heißen Stein gebacken wird. Das war damals die einfachste Methode, Fladenbrot herzustellen, man brauchte nicht einmal einen Ofen dazu.

Aber wenn man den Fladen auf dem Stein nicht rechtzeitig wendete, verschmorte alles – wirkliches »Schwarzbrot« und ungenießbar, nur zum Wegwerfen geeignet. So, sagt Hosea, geht es dem Königreich Israel, das gegen das ausdrückliche Verbot Gottes sich mit fremden Völkern und fremden Göttern eingelassen hat. Hilfe sucht es überall und findet sie nirgends, ja, die anderen machen sich über Israel lustig, das hochmütig ist und sich weigert, seine Hilfe beim Herrn zu suchen. »Denn mich, den Herrn, suchen sie nicht. Sie wollen trotz allem», sagt Vers 10, »nicht zu mir umkehren«.

Rechtzeitiges Umdrehen hätte den Brotfladen gerettet. Rechtzeitiges Umdrehen hätte nicht nur Ephraim damals, sondern auch heute viele Menschen, vor dem Verderben bewahrt. Denn was ist Bekehrung anderes als eine Umdrehung, ein Gang in die total andere Richtung? Wie ein Brotfladen, der nicht gewendet wird, geht jeder zugrunde, der sich nicht an den Herrn wendet!

Christine Schollmeier

»Auch in der Wüste werde ich euch versorgen ... Ihr gleicht einem gut bewässerten Garten und einer Quelle, die nie versiegt.«

(Jesaja 58,11; Hfa)

Engländer lieben ihren Garten, aber das ist nicht der Grund, warum mir dieser Vers besonders lieb ist. (Ich habe nicht einmal einen Balkon, geschweige denn Garten, auch wenn ich über 100 Topfpflanzen in der Wohnung habe!)

– Ich war ausgebrannt, leer. Die Gebete gingen bis zur Decke und fielen anklagend auf mich zurück. So viel für Gott gearbeitet, so wenig Zeit für ihn selber gehabt – ich war in der Wüste gewesen und rappelte mich jetzt langsam hoch, beim Urlaub in Norwegen. Doch ich hatte Angst. Angst, dass ich die nächste Wüstenstrecke nicht schaffen würde, Angst, dass ich aus meinen Fehlern nicht genug gelernt hätte. Bei meiner Bibellese las ich diese Verheißungsworte an Israel; ich fing an zu vertrauen. Abends dann in einer Zeltmissionsversammlung, kam ein mir unbekannter Norweger und meinte: »Ich soll dir sagen: ›Auch in der Wüste werde ich euch versorgen ...‹« Er zitierte den Vers zu Ende, und mein Norwegisch reichte aus, um zu verstehen, was mir zum zweiten Mal an diesem Tag gesagt wurde. – Zufall? Vielleicht, aber ich habe mich ganz fest an diese Verheißung geklammert und tue es jetzt noch. Auch in der Wüste werde ich versorgt. Auch wenn es schwer ist, die Quelle versiegt nicht.

Es ist fast wie mit meinen Topfpflanzen. Die allermeisten sind auf Hydrokultur umgestellt, und so kann ich sie getrost eine Weile in der Wohnung allein lassen, sie sind versorgt. Wie auch der Tag ist, ob ich mal mehr oder mal weniger bete: Er sorgt für mich und für einen Garten in der Wüste.

Christine Schollmeier

Der Geist des Herrn ruht auf mir, weil er mich berufen hat. Er hat mich gesandt, den Armen die frohe Botschaft zu bringen und die Verzweifelten zu trösten.

(Jesaja 61,1; Hfa)

Vor fast 30 Jahren wurden mein Mann und ich, noch junge Heilsarmeeoffiziere, als Gemeindeleiter von Berlin nach St. Pauli versetzt. Ich war zwar einiges gewohnt, doch die Talstraße entsetzte mich: Pornokinos, Schwulenkneipen, Oben-Ohne-Bars, auf dem Gehweg Hinterlassenschaften aus sämtlichen menschlichen Körperöffnungen, Scherben, Dosen, Pommesschalen, das einzige Grün: die Polizeiwagen. Geruch von verwesender Ratte über Urin bis hochprozentig Erbrochenem. Ich wollte nicht; wollte nicht hier wohnen, hier arbeiten. So betete ich in den ersten Tagen um ein Zeichen, nicht um eine neue Arbeitszuweisung – Heilsarmeeoffiziere salutieren, parieren und marschieren, hatte es bei meiner Ausbildung geheißen –, sondern um etwas, was mir helfen würde, gerade hier meinen Dienst zu tun.

Dann las ich in meiner täglichen Bibellese diese Stelle aus Jesaja. Ich kannte den Vers natürlich. Aber mir fiel auf einmal auf, dass dies offensichtlich zu der Zeit etwas Besonderes war. Wissen Sie, ich bin in Großbritannien aufgewachsen, da weiß man, dass die ersten Gewerkschaften von frommen Methodisten gegründet wurden, dass die Heilsarmee nach dem Staat der größte Anbieter von Heimplätzen für Alkoholkranke ist, dass es die Pflicht und die Freude der Christen ist, den Armen das Evangelium zu bringen. Aber zu Jesajas Zeiten war das offenbar nicht so selbstverständlich. Jesus selber bezog diese Worte auf sich und sagte, dass diese Worte in ihm ihre Erfüllung gefunden hätten.

Und als ich begriff, dass es keine Last, sondern eine Ehre ist, mit Jesus seine Aufgabe zu teilen, da wurde es wirklich so.

Christine Schollmeier

Nimm es also an! Ich habe es von Gott geschenkt bekommen, und ich habe wirklich alles, was ich brauche.

(1. Mose 33,11; Hfa)

In dieser Geschichte begegnen sich Jakob und Esau: Brüder, die in Unfrieden auseinander gegangen sind und sich jetzt nach Jahren zum ersten Mal wiedersehen. Jakob, der eigentlich Schuldige, kommt seinem Bruder mit großen Geschenken entgegen, denn er hat gehört, dass Esau mit 400 Mann anrückt. Er will ihn besänftigen. Jakob geht an der Spitze des Zuges, dann seine Frauen und Kinder. Nach Demutsbezeugungen fällt Jakob seinem Bruder um den Hals, beide weinen. Aber Esau schüttelt beim Betrachten der geschenkten Herde den Kopf: »Ach, mein Bruder, ich habe schon selbst genug, behalt es doch!«, sagt er. Und dann kommt der Satz aus dem Munde Jakobs, der mit nichts als dem geklauten Segen des Vaters von zuhause abgehauen ist und jetzt den Bruder unbedingt beschenken will: »Nimm doch, ich habe alles, was ich brauche!«

Esau hat die beachtliche menschliche Größe, seinem Bruder freundlich zu begegnen. Auf seine Geschenke ist er nicht angewiesen, er hat sich selber Wohlstand erarbeitet. Aber Jakob hat die geistliche Größe, seine Schuld einzugestehen und zuzugeben, dass sein Reichtum nicht erarbeitet, sondern das Geschenk eines barmherzigen Gottes ist.

Auf meinem Schreibtisch steht das Foto eines Kühlschrankes: alt, verrostet, fast leer – so etwas sieht man nicht einmal auf dem Sperrmüll im reichen Hamburg. Es ist aber der einzige Kühlschrank einer afrikanischen Klinik und enthält den kostbaren Medikamentenvorrat! Wahrlich, ich habe mehr als ich brauche …

Christine Schollmeier

29. Juli

Ja, jeder Kochtopf in Jerusalem und in ganz Juda ist dann dem Herrn, dem allmächtigen Gott, geweiht!

(Sacharja 14,21; Hfa)

Haben Sie schöne Töpfe in der Küche? Sind die auch heilig? – Eine Bekannte von mir hatte über der Spüle in ihre Küche einen Spruch hängen: »Hier wird dreimal am Tag Gottesdienst gefeiert!« Ja, Dienst an der Familie ist Dienst an Gott – und nicht nur am Spülstein. Der Prophet Sacharja kennt das auch; er träumt von der Zeit, wo jeder Kochtopf so heilig sein wird wie die Gerätschaften, die im Tempel im Gottesdienst gebraucht werden. Es geht ihm um die Zeit, wenn Jerusalem wieder Stadt Gottes ist und Menschen aus allen Völkern dahin pilgern, um Gott anzubeten. Die vielen Opfertiere können nicht im Tempel zubereitet werden, und so müssen überall im Lande die Töpfe herhalten; sie sind Gott geweiht und dadurch »heilig«.

Jesus Christus hat sich ein für alle Mal für uns geopfert, sagt uns Hebräer 10,10. Wir brauchen keine Opfertiere mehr. Aber heilige Kochtöpfe kenne ich trotzdem. Sie hängen zum Beispiel als große 40 Liter fassende Ungetüme von der Küchendecke eines Heilsarmeehauses. Oder sie werden der kranken Rentnerin mal zwischendurch von ihrer Frauenkreisbekannten mitgebracht – »und für morgen gleich mit!«. Von den unzähligen Kochtöpfen ganz zu schweigen, die Tag für Tag im Einsatz für Menschen sind, die uns anvertraut wurden …

Was als Dienst an unserem Herrn getan wird, ist ein Gottesdienst. Was Gott geweiht ist, ist heilig. Der Kochtopf, der Computer, der Hammer und das Mikroskop sind mehr als Arbeitsgeräte. Sie können heilig sein, wenn wir es sind. Ihm geweiht!

Christine Schollmeier

Denn er ist unser Gott, und wir sind das Volk, das er beschützt, die Schafe, die er behütet. Wenn ihr doch heute auf seine Stimme hören würdet! Der Herr spricht: Verschließt eure Herzen nicht, wie Israel es bei Meriba tat, wie sie es bei Massa machten. Dort haben euere Vorfahren meine Geduld auf die Probe gestellt, sie haben meinen Zorn herausgefordert, obwohl sie meine Taten gesehen haben.«

(Psalm 95,8; NL)

Jeden Morgen beim Frühstück danken mein Mann und ich Gott ganz bewusst dafür, dass wir gesund aufgewacht sind, in einem warmen Haus an einem gedeckten Tisch sitzen und uns haben. Aber natürlich haben wir noch viel mehr: Kinder, gute Schwiegersöhne, eine Arbeitsstelle, ein Auto, einen schönen Garten, genug Geld, um ab und zu in Urlaub zu fahren, eine Gemeinde, in der wir uns wohl fühlen, Freunde, nette Nachbarn – die Liste ließe sich lange fortsetzen. Ihnen geht es bestimmt genauso: Wenn wir uns die Zeit nehmen und einmal genau hinschauen, sehen wir, wie viel wir haben, wie gut es uns eigentlich geht. Und das nicht nur, weil wir so fleißig sind und uns so manches hart erarbeiten, sondern weil Gott es uns gut gehen lässt, weil er uns so gut versorgt; einfach so, aus Liebe, weil er unser Vater ist, der es gut meint.

Aber – und das ist ja sooo menschlich – wir nehmen dies oft als selbstverständlich und meinen, es stehe uns zu, wir hätten das verdient. Und wenn wir dann aus irgendeinem Grund unzufrieden sind, beklagen wir uns bei Gott und geraten schnell in Zweifel. Wir schauen auf unsere Sorgen und Nöte und fragen uns, wo Gott ist, ob er uns vergessen hat. Vielleicht werden wir sogar bitter. Hier werde ich ermahnt, mich, mein Herz nicht zu verschließen, Gott nicht auszuschließen aus meinen Gedanken und meinem Alltag. Ich werde daran erinnert, dass ich – was immer mir auch fehlt – einen Gott habe, der sich um mich kümmert, denn ich bin sein Lieblingsschaf!

Gebet: Herr, hilf mir heute dabei, mein Herz für deine Liebe zu öffnen.

Ingrid Seeck

»Und trotzdem: Ich werde euch alles vergeben – aus freien Stücken. Ich werde alles Böse für immer vergessen.«

(Jesaja 43,25; Hfa)

Manchmal komme ich mir richtig mies vor. Wenn ich so daran denke, was ich alles schon falsch gemacht habe. Wie viele verletzende Worte ich schon gesagt habe – und manche davon sogar mit Absicht. Wie ungeduldig ich mit meinen Kindern, meinem Mann, meinen Schülern war. Wie sehr ich andere vielleicht überfordert habe mit meinen Ansprüchen und Erwartungen. Wie oft ich vergessen habe, mich für etwas Nettes zu bedanken, oder mal eben kurz bei jemandem anzurufen. So manchen Besuch habe ich nicht gemacht, weil etwas dazwischen kam, was mir wichtiger erschien. Es gibt wohl auch Versprechen, die ich gemacht, aber nie eingelöst habe – weil ich sie vergessen habe. Ganz zu schweigen von den gehässigen Gedanken die ich ab und zu über andere liebe Mitmenschen habe (und manchmal sogar genieße?!). Manchmal komme ich mir richtig mies vor und möchte mich am liebsten verstecken. Vor mir selber. Aber die Erinnerung kommt mit, vor der kann ich mich nicht verstecken.

Und dann ist da plötzlich jemand, der zu mir sagt: Gib schon her, ich kümmere mich darum. Ich vergebe dir, was du dir selber nicht vergeben willst oder kannst. Ich nehme es weg, schaffe es aus der Welt, sorge dafür, dass es niemandem mehr schadet. Und ich halte es dir nie wieder vor, es ist weg, ein für allemal: Weil ich es so möchte, weil ich dich liebe, weil ich es bin, dein Gott. Reden wir nicht mehr darüber! Komm, lass uns zusammen weitergehen!

Gebet: Herr, hilf mir dabei, die Dinge, die du mir vergeben hast, nicht immer wieder hervorzuholen.

Ingrid Seeck

1. August

»Ich will euch ein anderes Herz und einen neuen Geist geben. Ich nehme das versteinerte Herz aus eurer Brust und gebe euch ein lebendiges Herz. Mit meinem Geist erfülle ich euch, damit ihr nach meinen Weisungen lebt, meine Gebote achtet und sie befolgt.«

(Hesekiel 36,26-27; Hfa)

In einem Märchen tauscht der Michel sein Herz gegen ein Herz aus Stein. »Aber so ein steinernes Herz ist doch ganz kalt«, meint er.

»Ja, schon«, lautet die Antwort, »aber dafür haben alle, die ihr Herz gegen so ein steinernes Herz getauscht haben, jetzt keine Ängste und Sorgen mehr. Und außerdem ist so ein Herz aus Stein im Sommer angenehm kühl und im Winter wärmt ein Gläschen Schnaps sowieso viel besser. Und man kann nicht nur ohne Angst und Sorgen leben mit einem steinernen Herzen, sondern man empfindet auch kein Mitleid mehr mit anderen Menschen. Wenn du so ein Herz hast, kannst du leben, ohne dass dich der ganze Jammer der Welt berührt.« Michel lebt zunächst recht zufrieden und kommt zu Geld und Ansehen. Nach einigen Jahren stellt er dann aber fest, dass er sich nicht mehr freuen kann, über nichts mehr lacht, nichts mehr genießen kann. Er merkt, dass ihm das Leben keinen Spaß mehr macht. Am Ende holt er sich durch eine List sein eigenes, warmes und lebendiges Herz zurück Er genießt es jetzt, fühlen zu können, Nöte, Ängste und Sorgen und vor allem alles Schöne und alle Freuden wieder wahrzunehmen.

Gott möchte mich mit einem lebendigen, empfindsamen und empfindlichen Herzen ausstatten. Ich soll alle Höhen und Tiefen des Lebens wahrnehmen können. Ich soll den Unterschied spüren können zwischen Angst und Geborgenheit, zwischen Leid und Freude, zwischen Sorge und Zufriedenheit.

Und Gott gibt mir seinen heiligen Geist, damit ich immer mehr unterscheiden lerne, was mein Herz versteinern lässt und was es lebendig sein lässt. Gott möchte, dass ich lebe!

Gebet: Herr, danke, dass mein Herz schlägt. Manchmal unruhig, manchmal fröhlich. Danke, dass ich leben darf – für dich.

Ingrid Seeck

»Ich bin der wahre Weinstock und mein Vater ist der Weingärtner. Er schneidet jede Rebe ab, die keine Frucht bringt, und beschneidet auch die Reben, die bereits Früchte tragen, damit sie noch mehr Frucht bringen.«

(Johannes 15,1; NL)

Manchmal sieht man plötzlich Dinge, die immer schon da waren, die man aber nie recht beachtet, sondern übersehen hat. So ging es mir mit dieser Bibelstelle. Ich hatte sie schon so oft gelesen, dass ich gar nicht mehr genau hinsah beim Lesen. Und ganz plötzlich sprangen mich diese Worte regelrecht an: »beschneidet er«.

Genau das war damals meine Situation, genauso fühlte ich mich: Ich wurde beschnitten, jemand schnippelte an mir herum und es tat weh, sehr weh. Mir fehlten die abgeschnittenen Teile, ich hatte mich an sie gewöhnt, sie gehörten zu mir. Der Verlust schmerzte. Ich geriet aus dem Gleichgewicht. Mein Leben änderte sich, ohne dass ich gefragt wurde und ohne dass ich das wollte.

In dieser Zeit las ich diese Bibelverse und ich sah ganz deutlich den Zusammenhang: Es hatte einen Sinn! Dieses Abschneiden geschah nicht, um mir weh zu tun, sondern damit ich weiter wachsen konnte – aber in die richtige Richtung! Gott sah weiter als ich, und wusste, was unwichtig war. Gott befreite mich von dem, was unnötig war in meinem Leben, und er entfernte auch, was vorbei war. Die Gärtner nennen so etwas Erziehungsschnitt.

Der Schmerz wurde leichter und das Staunen über Gottes Sicht der Dinge begann! Er hatte den Überblick, er hatte ein Ziel für mich und er wollte, dass ich reifer wurde. Er half mir, Knospen zu entwickeln, Blüten hervorzubringen. Er möchte, dass ich Frucht bringe. Ich darf an seinem Weinstock wachsen, und er sorgt für die richtige Pflege – auch wenn es mal wehtut!

Gebet: Himmlischer Vater, danke, dass ich dir nicht egal bin und dass du mich manchmal zurechtstutzt!

Ingrid Seeck

Nur Jesus kann den Menschen Rettung bringen. Nichts und niemand sonst auf der ganzen Welt rettet sie.

(Apostelgeschichte 4,12; Hfa)

Haben Sie eine Kranken- und eine Unfallversicherung? Wahrscheinlich ja. Und wie sieht es mit Haftpflichtversicherung, Hausratversicherung, Versicherung für Zahnersatz, Gepäckversicherung, Versicherung gegen Blitzschlag und Wasserschaden, gegen Ernteausfall und Haarausfall aus? Sie gehören doch zu den vernünftigen Leuten und schließen immer eine Reiserücktrittsversicherung ab, wenn Sie eine Reise buchen, oder?

Wir Deutschen sind Weltmeister im Abschließen von Versicherungen. Und mehrmals im Jahr werden wir in der Zeitung, im Radio und Fernsehen darüber informiert, welche Versicherungen sinnvoll und wichtig sind, und auf welche man ruhig verzichten kann. Es ist menschlich, sich absichern zu wollen. Wir schnallen uns im Auto an, damit wir bei einem Unfall nicht schwer verletzt werden. Wir lassen uns impfen, um nicht an Infektionskrankheiten zu erkranken. Wir sorgen vor – und machen uns Sorgen, was alles passieren kann.

Es ist gut und richtig, voraus zu planen und sich gegen manches Lebensrisiko abzusichern. Aber letztlich kann uns das nur davor bewahren, nicht in finanzielle Not zu geraten. Wir werden trotz Krankenversicherung krank, trotz Arbeitslosenversicherung arbeitslos und auch die Versicherung gegen Elementarschäden schützt uns nicht vor dem Blitzeinschlag!

Die Gefahr ist, aus den Augen zu verlieren, dass nicht unser Körper und unser Besitz in den Himmel kommen werden. Es geht um unsere Seele, um unser ewiges Leben bei Gott. Und da gibt es nur eine Versicherung: Jesus. Und die Police ist schon bezahlt.

Habe ich schon unterschrieben?

Gebet: Jesus Christus, du bist meine Sicherheit, mein Halt, mein Weg nach Hause. Halte mich ganz fest, ich brauche dich!

Ingrid Seeck

4. August

Denkt bei allem daran, dass ihr für Gott und nicht für die Menschen arbeitet.

(Kolosser 3,23; Hfa)

Haben Sie Ihren Traumjob gefunden? Sind Sie auf der Stufe der Karriereleiter angekommen, die Sie sich immer ersehnt haben? Haben Sie eine Arbeit, die Ihnen Freude macht, sie zufrieden sein lässt? Oder – wenn es Ihnen geht wie mir, und Sie »Geschäftsführerin eines gut gehenden kleinen Familienunternehmens« sind und sich um Haus, Hof und Familie kümmern – sind Sie zufrieden damit?

Egal wie Ihre Tätigkeit aussieht, wir alle machen doch die gleichen Erfahrungen: Mal geht die Arbeit gut von der Hand, mal macht sie Mühe und die Erfolgserlebnisse lassen auch häufig auf sich warten!

Wie gut, dass es noch den anderen Aspekt gibt, den göttlichen.

Hier wird mein Blick darauf gelenkt, dass nicht entscheidend ist, wie nützlich, anerkannt oder bewundert meine Arbeit bei meinen Mitmenschen ist, sondern, was Gott dazu sagt.

Gott sagt: Gut gemacht, es ist dir schwer gefallen, aber du hast es versucht – ich bin stolz auf dich! (Und dabei habe ich – menschlich gesehen – nicht geschafft, was ich wollte).

Gott sagt: Danke, dass dir deine Kinder/dein Mann/deine Eltern ... wichtiger sind als deine Karriere und dass du deswegen auf das Angebot verzichtet hast!

Gott sagt: Das, was du tust, ist wichtig für mich, es ist keine Kleinigkeit. Es ist genau das, was du heute an diesem Tag, an deinem Platz auf dieser Welt tun kannst – und niemand sonst!

Gebet: Danke, Jesus, dass ich heute wieder einen neuen Tag geschenkt bekam – lass mich spüren, wie wichtig meine Arbeit für dich ist!

Ingrid Seeck

Liebt nicht diese Welt, die von Gott nichts wissen will. Hängt euer Herz nicht an sie, auch nicht an irgendetwas, das zu dieser Welt gehört. Denn wer die Welt liebt, kann nicht zugleich Gott, den Vater, lieben.

(1. Johannes 2,15; Hfa)

Was würden Sie auf die berühmte Frage antworten: Wenn du auf einer einsamen Insel strandest, was würdest du dabei haben wollen?

Welchen der vielen lieben Menschen meines Lebens, welchen mir wichtigen und scheinbar unentbehrlichen Gegenstand, welches Buch? Es ist so schwierig, sich etwas auszusuchen. Und wenn ich einen ganzen Koffer voll mitnehmen darf und dazu einen Menschen? Das macht die Entscheidung bestenfalls etwas einfacher.

Und jetzt die nächste Frage: Wenn ich eine leere Wohnung habe – was muss unbedingt als Erstes hinein, auf was möchte ich auf keinen Fall verzichten?

Ein bequemes Bett, der Fernseher (samt Sessel), die Spülmaschine, meine Nähmaschine, der CD-Spieler, mein Computer, die Stereoanlage …

Wenn ich mir einmal die Zeit nehme, über diese Fragen nachzudenken, kann ich viel über mich lernen. Und wenn ich ehrlich bin, entdecke ich, dass mir manche Dinge wichtiger sind, als sie eigentlich sein sollten, dass ich vielleicht sogar von ihnen abhängig geworden bin. Ich habe mein Herz an Dinge gehängt, die vergänglich sind, mir keinen wirklichen Halt geben können. Und ich bin davon überzeugt, dass niemand ganz frei davon ist.

Wie gut, dass mich Gott darauf aufmerksam macht! Er bringt sich mir wieder in Erinnerung, er ruft »*Stopp!* Du rennst in eine falsche Richtung, du entfernst dich zu weit von mir! Kehr um und komm wieder her! Und bleib ganz nah bei mir!«

Gebet: Herr, ich danke dir, dass du mir so viel Freiheit lässt, selbst wenn ich mich von dir entferne. Und noch viel mehr danke ich dir dafür, dass du mich immer wieder zu dir rufst.

Ingrid Seeck

Sie schwiegen, denn sie hatten sich gestritten, wer unter ihnen wohl der Größte wäre.

(Markus 9,34; GN)

Wieder einmal bereitete ich ein Frauenfrühstück vor. Dazu hatte ich eine Frau eingeladen, die neu in der Gemeinde war und gesagt hatte, dass sie da eine Begabung hätte. Wie immer war ich die Leiterin. Mein Konzept stand, das Team war eingespielt, wir mussten nicht viel besprechen, außer der Dekoration war alles klar. Ich hatte mir auch da schon Gedanken gemacht. Die Frau hatte die ganze Zeit eigene Ideen und sagte sie auch. Das war eigentlich in Ordnung, aber in mir regte sich Widerstand, und ich verteidigte den ganzen Abend meine Ideen. Als ich heimkam, ging es mir schlecht und mir wurde klar, dass wir beide um eine Rolle gekämpft hatten: Ich war die Leiterin und spürte, dass die andere diese Rolle gerne einnehmen wollte.

Es gibt diese Frage also immer noch, wer der Größte sei und zwar nicht nur in hohen Positionen, sondern auch im ganz normalen Alltag. Eine Rolle im Leben zu haben, ist für uns alle wichtig. Für einige ist es besonders wichtig, eine sichtbare Rolle zu spielen. Rangstreit unter den Jüngern – heute so aktuell wie damals. Ganz normale Frauen vergleichen sich, beneiden die anderen, sind eifersüchtig, sobald eine andere sichtbarer, schöner, intelligenter ist.

Der Wunsch, eine Bedeutung zu haben, liegt tief in uns. Die Jünger diskutieren diese Frage in der Abwesenheit Jesu. Wenn Jesus bei uns ist und wir in der Kommunikation mit ihm sind, haben wir den Vergleich nicht mehr nötig. In der Beziehung zu Jesus erfahren wir, dass wir angenommen und wertgeschätzt sind. Wer sich angenommen weiß, muss nicht mehr mit Vergleich und Neid um Geltung ringen.

Sibylle Stegmaier

Als Bartimäus hörte, dass Jesus von Nazareth in der Nähe war, begann er zu schreien: »Jesus, Sohn Davids, hab Erbarmen mit mir!« »Sei still!«, fuhren die Leute ihn an. Aber er schrie nur noch lauter: »Sohn Davids, hab Erbarmen mit mir!«

(Markus 10,47-48; NL)

Während der Zeit im Ausbildungsseminar geschah es einmal, dass ich sehr empfindlich reagierte. Ich reagierte empfindlich darauf, dass der Ausbilder, der mich hätte kennen sollen, mich nicht mit Namen ansprach. Von den anderen Teilnehmern kannte er die Namen und nannte sie auch. Nach einer gewissen Zeit merkte ich, wie es mich verletzte, nicht mit Namen angesprochen zu werden. Beim Namen genannt zu werden, bedeutet für mich, dass da jemand weiß, wer ich bin.

Der blinde Bettler Bartimäus kennt den Namen Jesu. Das heißt, er weiß, zu wem er ruft. Der Mann, der verachtet wird und am Rand der Gesellschaft steht, traut sich, laut zu rufen. Alle sehen ihn an. Er traut sich, weil er im Herzen weiß, dass von diesem Menschen Hilfe kommt. Irgendwie muss er wissen, wen er vor sich hat, weil er die Worte verwendet, für die Jesus besonders offen ist: Erbarmen. Jesus hat mit Menschen Erbarmen. Als Bartimäus ihn anruft, tritt er in eine Beziehung mit ihm. Der Bettler ist bereit, sich selbst und seiner Blindheit zu begegnen, denn im Grunde weiß er, bevor er Jesus beim Namen nennt, ist er schon von Gott bei seinem Namen gerufen worden, hat Gott schon »Ja« zu ihm gesagt.

Sibylle Stegmaier

Als Jesus ihn hörte, blieb er stehen und sagte: »Sagt ihm, er soll herkommen.« Da riefen sie den blinden Mann. »Nur Mut«, sagten sie. »Komm, er ruft dich!«

(Markus 10,49; NL)

Nach einer Gruppenarbeit wurde ich aufgerufen, meine Meinung zu sagen. Ich war schüchtern. So etwas war für mich das Schlimmste. Der Ausbilder sagte, ich solle aufstehen, damit man mich besser verstünde. Es vergingen einige Minuten bis ich dazu in der Lage war, weil ich große Angst hatte, mich zu blamieren, das Falsche zu sagen, bloßgestellt zu werden. Hinterher war ich glücklich: Ich hatte der Angst nicht nachgegeben.

Es war ein erster Schritt des Bartimäus zu rufen. Aber nun hatte er etwas eingeleitet, das all seine Kraft kostete. »Nur Mut«, sagten ihm die Leute. Das bedeutet doch, dass er plötzlich Angst vor der eigenen Courage hatte. Er hatte Angst, seinen sicheren Platz, seine gewohnte Rolle zu verlassen. Ein Bettler wurde am Morgen an den Platz zum Betteln gebracht, am Abend wurde er wieder abgeholt. Jemand, der zum Betteln in der Ecke steht, hat keine Verantwortung. Wenn wir es mit Jesus zu tun haben und Hilfe von ihm erwarten, ruft er uns auch immer dazu auf, die Verantwortung zu übernehmen. Auch Bartimäus wurde von Jesus aufgefordert, sein Leben eigenverantwortlich zu gestalten. Es ist nicht leicht, sich von Altem zu trennen, vor allem von alten Denk- und Verhaltensmustern.

Wenn Jesus ruft, gibt er uns auch den Mut zur Veränderung, weil er nur das Beste für unser Leben will.

Sibylle Stegmaier

Bartimäus warf seinen Mantel ab, sprang auf und kam zu Jesus.

(Markus 10,50; NL)

Ich liebe den Winter. Vor allem aus dem Grund, weil ich mich in meinen lieben alten Mantel hüllen kann. Der Mantel ist schwarz, weit und lang. Daran ist ein breiter Schal angenäht, den ich sogar um den Kopf schlingen kann, wenn es kalt wird. Der Mantel gibt mir das Gefühl, geschützt zu sein vor den prüfenden Blicken der anderen.

Der Blinde riskierte alles. Indem er seinen Mantel abwarf, machte er sich schutzlos. Er warf seinen Schutz ab. Bei Jesus ist es nicht nötig, sich zu verstecken. Vor aller Augen macht die Randfigur, der Schwache, sich sichtbar. Ein Blinder, der aufspringt! Selten springt ein Blinder auf, dazu fehlt ihm die Sicherheit des Sehens. Bartimäus aber springt, er riskiert alles. Er riskiert es, gesehen und ausgelacht zu werden – und zu fallen.

Was für ein Vertrauen spricht aus diesem Verhalten! Er stolpert auf Jesus zu, in dessen offene Arme, die ihn auffangen, falls er fällt. Und wir? Auch wir fallen immer in diese offenen Arme.

Sibylle Stegmaier

»Was soll ich für dich tun?«, fragte Jesus. »Rabbuni«, sagte der blinde Mann, »ich möchte sehen!«

(Markus 10,51; NL)

Als er zu mir in die Beratungsstunde kam, war er total verlegen: »Ich weiß auch nicht recht, was ich will. Auf jeden Fall kann es so nicht mehr weitergehen. Ich habe mein Leben im Griff, ich bin mit mir total zufrieden. Und dennoch ...« Ich fragte nach, was nicht mehr so weitergehen könne, aber er wusste es nicht. Er konnte sein Problem einfach nicht konkretisieren. Er hätte immer so ein komisches Gefühl, wenn er mit Leuten zusammentraf. Jesus solle ihn gesund machen. Aber was genau sollte Jesus gesund machen?

Die Art, wie Jesus den Blinden befragt, ist sehr charakteristisch. Jesus ist immer ganz direkt: »Was soll ich für dich tun? Was soll sich ändern, was soll anders werden?« Der Blinde wird direkt von Jesus konfrontiert. Da sind keine überflüssigen Worte, kein Schönreden, kein Bemitleiden. Er bezieht den Blinden in den Heilungsprozess mit ein, indem er ihn ernst nimmt und sein genaues Problem wissen will. Jesus ruft Bartimäus zur Verantwortung auf. Indem er ihn ganz konkret fragt, fordert er ihn dazu auf, ganz konkret zu werden, dem Problem ins Gesicht zu sehen. Ein Sichtwechsel wird stattfinden.

Ich frage mich, ob ich wirklich sehend bin, nur weil ich gesunde Augen habe. Wo sind die Schatten auf meiner Netzhaut? Wo sind die blinden Flecke in meinem Leben, die Dunkelheiten, die keiner sehen soll, nicht mal ich selber? In diese Dunkelheiten bringt Jesus sein Licht, diese Dunkelheiten will er heilen. Wo verschließe ich meine Augen vor der eigenen Realität, um weiterhin in Illusionen zu leben?

Sibylle Stegmaier

Jesus antwortete: »Geh nur, dein Vertrauen hat dir geholfen.« Im gleichen Augenblick konnte er sehen und folgte Jesus auf dem Weg.

(Markus 10,52; GN)

Vertrauen ist nicht meine Muttersprache. In meinem Elternhaus war Misstrauen die Grundsprache. Jedem und allem wurde misstraut. Keiner war gut, alle Menschen und die ganze Welt waren schlecht und wollten einen nur ausnutzen. Ich fing sehr früh an, an Gott zu glauben. Mein Glaubensleben war geprägt vom Leistungsdenken – Selbermachen war meine Lebensdevise. Die Krise kam, und erst in der totalen Einsamkeit merkte ich, dass Glaube ohne Vertrauen nicht die Beziehung zu Gott ist, die er sich für mich wünscht.

Der Schritt, Gott einen Vertrauensvorschuss zu geben, kostete mich alles. Mir wurde bewusst, dass Beziehung ohne Vertrauen in das Gegenüber keine Tiefe bekommt. Um dieses Vertrauen und den Glauben an Gottes Liebe habe ich konkret gebetet. Von diesem Augenblick an hat sich mein Leben verändert: Ich wurde beziehungsfähiger.

Bartimäus wusste, dass er alles riskiert hatte und nichts mehr zu verlieren hatte. In der Begegnung mit Jesus erkannte er, dass er für sein Leben Verantwortung übernehmen musste. Er sollte sich nicht mehr verstecken. Stattdessen durfte er sehen, wie an ihm die Liebe Gottes sichtbar wurde. Gott wird sichtbar, wenn wir bereit sind, daran zu glauben, dass er es gut mit uns meint.

Sibylle Stegmaier

12. August

Achte auf deine Gedanken und Gefühle, denn sie beeinflussen dein ganzes Leben!

(Sprüche 4,23; Hfa)

Die Frauenfreizeit war vorbereitet. Ich hatte das Thema »Angst« ausgesucht, da sagte im letzten Moment die Referentin ab. Eine Frau aus dem Team sagte daraufhin, ich solle doch die Vorträge halten, das könnte ich bestimmt gut. »Ich?«, fragte ich. »Das kann ich nicht.«

Diese Antwort war typisch für mich. Die Antwort kam ganz automatisch. Ich hatte sie mir angeeignet. Gedanken, die so spontan kommen, sind alte Gedanken. Viele Gedanken und Überzeugungen entwickeln wir schon als Kinder. Das Kind beobachtet und interpretiert. Meine Eltern trauten sich und damit auch mir nicht sehr viel zu. Und ich übernahm diese Sicht. Ich dachte von mir, dass ich gar nichts könnte.

Annahmen, die wir von uns selbst haben, haben die Angewohnheit, Wirklichkeit zu werden. Unsere Gedanken und Vorstellungen über uns selbst sind die Grundlage für Entmutigung, Minderwertigkeitsgefühle und Angst. Wer negativ von sich denkt, der wird auch von anderen negativ gesehen. Wer sich selbst nichts zutraut, dem trauen die anderen auch nichts zu. Wer denkt, er könne nichts, der kann auch nichts.

Gott denkt nicht negativ über mich. Er meint es gut mit mir und traut mir zu, mein Leben zu leben mit all meinen Gaben. Seit ich ihm vertraue, habe ich mein Denken bewusst geändert. Das »Ich kann nicht« oder »Ich genüge nicht« kann mit Gottes Hilfe gedanklich in ein lebensbejahendes Denken verändert werden.

Sibylle Stegmaier

»Doch bevor der große und schreckliche Tag des Herrn kommt, sende ich euch den Propheten Elia. Er wird die Herzen der Väter ihren Kindern und die Herzen der Kinder ihren Vätern zuwenden, damit ich bei meinem Kommen nicht das Land vernichten muss.«

Maleachi 3,23-24; NL)

Zunächst einmal finde ich es einfach herrlich, dass ganz am Schluss des Alten Testamentes eine Verheißung steht. Eine Verheißung, die einen der wichtigsten Bereiche unseres Lebens betrifft: die Versöhnung. Herzen einander wieder zuwenden, die sich entfernt haben. Gewisse Dinge scheinen sich auch über die Jahrhunderte nicht zu verändern. Herzen entfernen sich vor allem im kleinsten System unserer Gesellschaft: der Familie. Versöhnung in Familien ist so wichtig – und auch so schwierig. Für mich enthalten diese Verse zwei bedeutende Wahrheiten, wie diese Versöhnung gelingen kann. Zunächst schafft Gott die Basis dazu. Er schickt seinen Propheten, d. h. er schickt sein Wort, seine Präsenz. Ich kann und muss das nicht allein aus eigener Kraft schaffen. Und zweitens: Versöhnung in Familien hat meistens eine Richtung. Die Beziehung zwischen Eltern und Kindern wird immer zunächst von den Eltern definiert. Kinder, die versuchen, ihre Familie zu versöhnen, werden das sehr schmerzlich erleben. Von unten nach oben eine Beziehung umzudeuten ist fast unmöglich. Die Eltern müssen die Hand zur Versöhnung reichen, Kinder können dazu immer nur einen Anstoß geben. So wie wir das vielleicht als Kinder erlebt haben, so müssen wir es uns vornehmen, wenn wir selbst Eltern sind. Erwarten wir nicht, dass unsere Kinder die Versöhnung in unserer Familie umsetzen; das ist unser Part. Wir haben mehr Kraft über unseren Schatten zu springen und zu verzeihen, was uns verletzt hat.

Und das ist von entscheidender Bedeutung. Denn die Prophezeiung hat auch eine Schattenseite: Wenn wir dauerhaft Versöhnung verweigern, wird das langfristig unsere Gesellschaft dem Untergang weihen – keine schöne, aber eine realistische Sicht in unsere Zukunft.

Ursula Hauer

Genauso sollst du die älteren Frauen lehren, ihr Leben so zu führen, wie es sich für jemanden gehört, der dem Herrn dient. Sie sollen nicht herumgehen und tratschen, und sie dürfen keine Trinkerinnen sein. Stattdessen sollen sie anderen zeigen, was gut ist.

(Titus 2,3-4; NL)

Wenn Paulus über Frauen schreibt, habe ich oft Mühe mit seinen Aussagen. Als ich vor einigen Monaten im Hauskreis über diese Stelle stolperte, wurde mein Puls mal wieder schneller. Die Frauen sollten kuschen und lieb und unauffällig sein, und überhaupt, was war denn das für eine Gemeinde, in der man die Frauen dazu auffordern musste, dass sie ihre Kinder lieben? War das nicht selbstverständlich? Ist Mutterliebe nicht schließlich sprichwörtlich?

Dieser Gedanke blieb hängen. Ist es selbstverständlich, dass ich meine Kinder liebe? Wenn alles gut läuft, dann liebe ich meine Kinder – ja, natürlich. Aber manchmal, wenn sie einem so sehr fremd sind, oder noch schlimmer, wenn sie einem so fürchterlich ähnlich sind, dann ist da nichts mehr selbstverständlich. Ja, hin und wieder muss ich mich dazu entschließen, sie zu lieben. Und ich muss mich entschließen, um der Liebe willen, nicht so zu reagieren, wie es mein Emotionsbarometer gerade anzeigt. Liebe ist nie selbstverständlich. Liebe ist immer eine Frage des Willens und der Entscheidung und viel weniger, als wir glauben, eine Sache der Emotionen.

Und da war noch ein Gedanke, eine Vision: eine ältere Frau in der Gemeinde, die Würde ausstrahlt und ein Vorbild ist für alle anderen. Das klang gar nicht so schlecht. Das könnte Sinn machen für die Zeit nach der Kinderphase.

Ein kleines Fazit: Es ist gut, dass Paulus mich immer wieder aufregt. Nur durch dieses Ringen mit seinen Formulierungen, komme ich zu neuen Gedanken und neuen Überzeugungen.

Ursula Hauer

Aber sie ließen nicht locker und verlangten eine Antwort. Schließlich richtete er sich auf und sagte: »Wer von euch ohne Sünde ist, der soll den ersten Stein auf sie werfen!«

(Johannes 8,7; NL)

Jesus und die Ehebrecherin ist eine der faszinierendsten Geschichten im Neuen Testament. An diesen Versen begeistert mich vor allem, was Jesus nicht sagt und wie er mit nur einem einzigen Satz die Situation mehrerer Menschen verändert. Damit schafft er eine Lösung, mit der alle Beteiligten leben können. Viele Jahrhunderte später wird der Kommunikationswissenschaftler Paul Watzlawick so etwas als »Lösung zweiter Ordnung« definieren.* Lösungen erster Ordnung funktionieren nach dem Prinzip »mehr von demselben« und verändern die Situation nicht wirklich. Leider versuchen wir oft, Probleme in unserem Leben so zu lösen. Lösungen zweiter Ordnung erfordern einen Blick über das ganze System hinaus. Sie erscheinen sehr ungewöhnlich, sind von einer ganz anderen Qualität und zielen nicht darauf ab, das System als solches zu erhalten. Jesus diskutiert nicht über die Rechtsauffassung dieser Männer, er maßregelt nicht die Frau, er nutzt nicht die Situation für eine Predigtreihe. Er führt alle Beteiligten auf eine ganz andere Ebene, die Ebene der persönlichen Verantwortung. Plötzlich löst sich das Problem einfach auf. Die Fragen, die bisher wichtig waren (mindestens für eine Person sogar, im wahrsten Sinne des Wortes, lebenswichtig), treten zurück hinter die Frage nach der ganz persönlichen Verantwortung für das, was ich tue. Wenn ich merke, dass ich ein Problem erfolglos mit immer wieder den gleichen Methoden angehe, dann sollte ich mich einmal vertrauensvoll an Jesus, den Meister der Lösungen zweiter Ordnung, wenden. Sicher hat er auch für mich eine ganz andere Perspektive der Dinge anzubieten.

Ursula Hauer

*nachzulesen in dem Buch von P. Watzlawick, J. Weakland und R. Fisch: *Lösungen. Zur Theorie und Praxis menschlichen Wandels.* München: Huber, 6. Aufl. 2000.

Jesus blieb stehen und ließ den Mann zu sich führen. Dann fragte er ihn: »Was willst du von mir?« »Herr«, flehte ihn der Blinde an, »ich möchte wieder sehen können!«

(Lukas 18,40-41; Hfa)

Am meisten gefallen mir im Neuen Testament die Begegnungen zwischen Jesus und seinen Mitmenschen. Jesus war drei Jahre im Dauerstress. Ständig umgeben von Menschen, die etwas von ihm wollten, und trotzdem nahm er sich immer wieder ausgiebig Zeit für Einzelne.

Ein Blinder wurde zu ihm geführt und Jesus fragte: »Was willst du?«. War das nicht klar? Unzählige Kranke umringten ihn und baten um Heilung und Jesus fragte »Was willst du?« Er hätte ihn doch auch schnell segnen und heilen und dann zum Nächsten übergehen können, damit er mit möglichst vielen noch in Kontakt kam. Jesus fragte das nicht, weil er es wissen wollte. Jesus fragte, weil es wichtig war für diesen Menschen. Dieser Mann war vielleicht schon sehr lange blind. Er hatte sich möglicherweise damit arrangiert, bettelte oder hielt sich sonst wie über Wasser. Wahrscheinlich hatte er keine Schulbildung und Berufsausbildung. Was würde es für ihn bedeuten, sehend zu sein? Sein ganzes Dasein würde sich verändern.

Nicht alle Kranken wollen gesund werden. Manche ziehen schon so viele Vorteile aus ihrer Krankheit, dass sie sich gar nicht mehr vorstellen können, ein Leben als Gesunder zu führen. Jesus heilt niemanden gegen seinen Willen. Jesus möchte, dass dieser Mann sich klar wird über seine Wünsche, über die Folgen, und dass er das auch ausspricht. Es ist ein Unterschied, ob ich immer wieder über etwas nachgrüble oder ob ich darüber rede, es offen ausspreche und die Gedanken dabei richtig Form annehmen. Jesus war ein grandioser Seelsorger. Er gab den Menschen nicht immer das, was sie wollten, sondern das, was sie brauchten.

Ursula Hauer

17. August

Dann legte er sich hin und schlief unter dem Strauch ein. Doch plötzlich berührte ihn ein Engel und sagte zu ihm: »Steh auf und iss!«

(1. Könige 19,5; NL)

Wenn Sie heute die Zeit dazu haben, lesen Sie die ganze Geschichte von Elias Burn-out (1.Könige 19,1-16). Es ist wunderbar zu sehen, wie Gott auf Elia eingeht, als er in akuter Depression einfach nicht mehr kann. Für mich ist diese Geschichte zum klassischen Beispiel für Seelsorge geworden. Elia bekommt nicht als Erstes eine Verheißung oder eine Predigt. Er bekommt Basisversorgung: Essen und Trinken und Schlaf. Der Engel kommt mehrfach zu ihm, fordert ihn zum Essen auf und lässt ihn dann wieder schlafen. Erst danach bekommt er ein ausgiebiges Bewegungsprogramm verordnet (40 Tage und Nächte Wüstenwanderung) und trifft dann Gott ganz persönlich, um sich ausquatschen zu können und dann seine neue Aufgabe zu bekommen.

Oft lassen wir Menschen in unserer Umgebung nicht die Zeit, die sie brauchen, um Verletzungen, Fehlentscheidungen oder Enttäuschungen zu verarbeiten. Wir sprechen schnell von Vergebung und geistlicher Disziplin, anstatt uns um die offensichtlichen Nöte zu kümmern. Wer keine Kraft mehr hat, seinen Alltag zu bewältigen, braucht keine theologischen Weisheiten, sondern praktische Unterstützung. Fragen Sie doch öfter mal Menschen, die von ihren Problemen erzählen, auch nach den grundsätzlichen Dingen: »Kannst du denn überhaupt richtig schlafen zurzeit?« oder »Wie ernährst du dich denn im Moment so?« oder »Machst du irgendeinen Sport, bei dem du deinen Frust mal richtig rauslassen kannst?« Ich hoffe, dass es in meiner Umgebung Menschen mit solch einem Verständnis gibt, wenn ich mal so am Boden liege wie Elia. Und ich hoffe, dass ich auch einmal der Engel sein kann, der demjenigen, der am Boden liegt, sagt: »Komm, steh auf und iss erst mal was.«

Ursula Hauer

18. August

Jesus stieg in eines der Boote und bat den Besitzer des Boots, Simon, vom Ufer abzustoßen. Dann lehrte er die Menge vom Boot aus.

(Lukas 5,3; NL)

Für diesen Vers ist besonders wichtig, was rundherum passiert. Kurz zuvor hat Jesus die Schwiegermutter von Simon geheilt, kurz danach beruft er Simon zum Nachfolger und Menschenfischer. Jesus bereitet Simon systematisch vor. Bei der Heilung seiner Schwiegermutter zeigt er ihm die Macht Gottes ganz nah und greifbar. Und dann, bei einer Predigt vor einer riesigen Menge, bittet er Simon, ihn im Boot auf den See zu fahren. Das bedeutet, dass Simon die ganze Zeit mit im Boot saß und zuhören musste. Ich frage mich, ob diese Predigt nicht eigentlich ganz persönlich auf Simon zugeschnitten war. Diesen bodenständigen aber impulsiven Fischer, der bald eine Entscheidung treffen musste, die sein Leben verändern könnte. Er hätte ja auch »Nein« sagen können, er hätte zu Jesus sagen können: »Du, das klingt gut und ich fühle mich wirklich geschmeichelt, aber ich muss doch schließlich meine Familie versorgen. Ich kann ja hin und wieder zu deinen Predigten kommen und danach können wir uns noch ein wenig unterhalten.« Jesus weiß, dass Simon der Entschluss schwer fallen wird, und er gibt ihm diese Chance, die ganze Sache noch einmal von Grund auf anzuhören und zu überdenken. Simon sitzt mit ihm in einem Boot und flickt wahrscheinlich nebenbei ein Netz. Und er denkt darüber nach, was diese ganz neue Art über Gott zu sprechen mit ihm zu tun hat.

Jesus bereitet Simon vor auf das, was ihn erwartet. Er überfordert ihn nicht. Genauso überfordert er uns nicht. Er gibt uns alles mit, was wir für unsere täglichen Herausforderungen brauchen.

Ursula Hauer

Zähle die Tage meiner Flucht, sammle meine Tränen in deinen Krug; ohne Zweifel, du zählst sie.

(Psalm 56,9; L)

Tränen haben einen schlechten Stellenwert in unserer Gesellschaft. Manchmal beneide ich in den Nachrichten-Szenen die arabischen Mütter, die schreien und heulen, weil ihre Söhne gestorben sind. Bei uns ist selbst auf einer Beerdigung noch eine »gefasste Haltung« erwünscht. Oder haben Sie schon mal bei einem Staatsbegräbnis jemanden weinen sehen? Warum darf man das nicht bei uns? Wir werden dazu erzogen, unsere Tränen zu unterdrücken; echte Männer weinen nicht und eine Heulsuse mag niemand.

Vor einigen Monaten bin ich über einen Satz von Gail McDonald gestolpert, dem ich nur von Herzen zustimmen konnte: »Einige von uns haben Jahre voller Tränen in sich, die nie geweint wurden …« Ich bin, entgegen anderer Ansichten, der Meinung, dass man Schlaf nachholen kann, und auch, dass man das Weinen nachholen kann. Auch wenn uns das unangenehm ist, weil wir einfach so erzogen worden sind, tut uns das unendlich gut. Aufgestaute Tränen raus zu lassen hat etwas unendlich Befreiendes. Und dann noch zu wissen, dass jemand dafür Verständnis hat. Ich empfinde das Bild, dass Gott meine Tränen in einem Krug sammelt, einfach als sehr tröstlich. Das heißt für mich: Meine Tränen sind nicht umsonst und sie sind sogar so wertvoll, dass sie jemand sammelt. Sie sind gezählt, jede einzeln – sie dürfen sein. Wenn wir das nächste Mal weinen müssen, denken wir vielleicht an einen Krug. Oder wir können einer Freundin, die weinen muss, davon erzählen.

Ursula Hauer

Dann sprach Gott folgende Worte…

(2. *Mose* 20,1; *NL*)

Die zehn Worte – Total genial

Im Alltag erlebe ich oft, dass die einfachen Lösungen die genialen sind. Ähnlich geht es mir im Blick auf die so genannten zehn Gebote. Immer wieder bringen sie mich zu ehrfürchtigem Staunen: Der Allmächtige regelt mit zehn Lebensprinzipien die Beziehung seines Volkes zu seinem Gott und die Beziehung der Menschen untereinander. Und das auf so praktische, geniale Weise, dass sogar die den Segen dieser Ordnung erfahren, die den Autor nicht persönlich kennen und dennoch danach leben.

Für mich ist es kein knallhartes Gesetz, das ich nie in der Lage bin zu erfüllen. Für mich sind die zehn Worte Ausdruck der Weisheit und Liebe Gottes. Denn die dahinter stehende Absicht ist für mich unverkennbar: Er möchte, dass es uns in jeder Hinsicht gut geht.

Diese Gebrauchsanweisung für das Zusammenleben von Menschen ist ein schützendes Geländer, ähnlich den Leitplanken an der Autobahn. Nur wer schon mal am Abgrund stand, weiß, dass sie Leben retten können.

Der Schlüssel, der diese Perspektive eröffnet, heißt »ihn lieben«. (»Ich bin ein eifernder Gott …, der Barmherzigkeit erweist an vielen tausenden, die mich lieben.«) Anders scheint das Geheimnis der zehn Worte dem Menschen nur schwer zugänglich zu sein. Darum kann der erste Schritt heute sein, zu sagen: »Herr, ich liebe dich nicht so, dass mir die zehn Gebote attraktiv erscheinen. Ich höre nur das ›Du sollst …‹ und nicht ›Du wirst …‹ Bitte mehre meine Liebe zu dir und deinem Wort.«

Sie werden staunen, wie gerne und auf welche Weise Gott dieses Gebet erhört. Er kennt doch unser Herz und ist der Einzige, der es ändern kann.

Marina Franz

»Ich bin der Herr, dein Gott, der dich aus der Sklaverei in Ägypten befreit hat. Du sollst außer mir keine anderen Götter haben.«

(2. *Mose* 20,2-3; *NL*)

Ich bin der Herr, dein Gott

Das Volk Israel hatte kurz zuvor erlebt, was es heißt, diesen Herrn zum Gott zu haben. Er hatte sich als treu und zuverlässig erwiesen. Als einer, der tut, was er sagt. Der Menschenherzen lenken und Naturgewalten befehligen kann, und der sich seine Ehre nicht streitig machen lässt.

Wenn Gott Gott ist, dann ist eines auch klar: Ich bin es nicht. »Ihr werdet sein wie Gott«, damit hatte die Schlange Eva verführt. Diese Aussicht war zu verlockend. Dieser Wunsch sitzt so tief, dass der Herr dies gleich zu Anfang grundsätzlich klärt: ICH bin Gott.

Wer dies akzeptiert, erlebt, wie befreiend dies auch ist: Mein Anspruch an mich selbst wird wieder menschlich. Ich muss eben nicht perfekt sein, alles wissen, alles können, alles verstehen, für alles zuständig sein. Ich darf zu meiner Unvollkommenheit stehen.

Nur der Herr kann dem Anspruch an einen Gott gerecht werden. Kein Mensch kann für den anderen Gott sein. Dieser Versuch ist zum Scheitern verurteilt. Auch Gegenstände, Bilder, Statuen, Besitz können nicht Gott sein. Da sind Enttäuschungen vorprogrammiert. Gott kann nur sein, wer sich als Gott erweist. Und das hat nur einer getan: der Herr. (»Jahwe« kann mit »Ich bin der, als der ich mich erweisen werde« übersetzt werden, siehe 2. Mose 3,14.)

Bitten Sie Gott, dass er sich auch in Ihrem Leben, in Ihrer besonderen Situation, als Gott erweist. Und dann geben sie dem Verlangen in ihrem Herzen nach und beten sie ihn an. Sie werden sich fühlen wie ein gerade gestilltes Kind.

Marina Franz

»Du sollst dir kein Götzenbild anfertigen von etwas, das im Himmel, auf der Erde oder im Wasser unter der Erde ist. Du sollst sie weder verehren noch dich vor ihnen zu Boden werfen, denn ich, der Herr, dein Gott, bin ein eifersüchtiger Gott.«

(2. *Mose* 20,2-7; *NL*)

Es gibt nur einen ersten Platz

Auch wenn sich bei anderen Völkern Anklänge an die zehn Gebote finden, so ist der Bezug auf Gott hier doch einzigartig. Die Abhängigkeit von Gott hat unmittelbare Auswirkungen auf mein Verhalten gegenüber meinem Mitmenschen – ebenso wie die Unabhängigkeit von Gott Auswirkungen auf dieses Verhalten hat.

Gott ist nicht bereit, den ersten Platz in unserem Leben mit jemandem zu teilen. Punktgleichheit gibt es nicht, weil niemand ihm gleich ist. »Wo ist ein Gott wie du, der die Sünden vergibt …?« (Micha 7,18), haben die Israeliten gesungen. Und sie kannten die Antwort: »Keiner ist ihm gleich.« (2.Mose 15,11 u.ö.)

Woran erkenne ich aber, wer oder was Gott in meinem Leben ist? Dein Gott oder Götze ist das, wovor du dich niederwirfst (Menge) oder niederbeugst (Elberfelder), dem du dienst (Menge) oder das du anbetest (Luther). In heutigem Deutsch würden wir es vielleicht so ausdrücken: Dein Gott ist das, dem du dich unterwirfst, dem du dich ergibst oder hingibst mit Leib und Seele. Dein Gott ist das, worum deine Ge-danken überwiegend kreisen, wofür du sogar bereit bist, Opfer zu bringen. Dies zeigt sich auch in umgangssprachlichen Formulierungen: »Der hat sich dem Alkohol ergeben« oder »Für den würde ich alles tun«.

Sie merken, die selbst gemachten Götter sind so vielfältig und so unterschiedlich wie die Menschen selbst. Gott ist eine eindeutige Haltung ihm gegenüber so wichtig, dass er an dieser Stelle ausdrücklich mit Strafe droht. Dabei möchte er so viel lieber – nämlich tausendfach – Gnade erweisen!

Marina Franz

»Denk an den Sabbat und heilige ihn. Sechs Tage in der Woche sollst du arbeiten und deinen alltäglichen Pflichten nachkommen, der siebte Tag aber ist ein Ruhetag für den Herrn, deinen Gott. [...] Denn in sechs Tagen hat der Herr den Himmel, die Erde, das Meer und alles, was darin und darauf ist, erschaffen; aber am siebten Tag hat er geruht. Deshalb hat der Herr den Sabbat gesegnet und für heilig erklärt.«

(2. Mose 20,8-11; NL)

Das Arbeitsgebot

Dieses Gebot ist so genial, weil es sowohl für Faulpelze als auch für Workaholics genau die richtige Norm für einen ausgewogenen Lebensstil aufzeigt. Schlechte Nachricht für Faulpelze: Arbeit ist kein Fluch! (Der Fluch besteht im Unkraut im Acker, d. h. erschwerten Arbeitsbedingungen). Der Schöpfer weiß, wie sehr wir die sinnvolle Beschäftigung für unser Leben brauchen. Dauerurlaub und »Abfeiern« ist nicht – schon gar nicht auf Kosten anderer. Sechs Tage zu arbeiten ehrt Gott ebenso wie einen Tag seine Ehre zu feiern! Gottes Gebot ist sehr lebensnah: Das Verhältnis von Arbeit und Ruhe ist 6:1. Er weiß also, wie sehr uns die alltäglichen Aufgaben in Anspruch nehmen. Und er will uns dafür an einem Feiertag segnen! Gleichzeitig möchte er nicht, dass wir uns verausgaben und schuften bis zum Umfallen. Vielmehr weiß er, dass wir die Freude an getaner Arbeit nur dann erleben, wenn wir uns Zeit zur Betrachtung nehmen. (»Danach betrachtete Gott alles, was er geschaffen hatte«, 1. Mose 1,31.) Gleichzeitig werden wir durch die Ruhephasen wieder fit für neue Taten. Das heißt, dass wir unter Umständen ohne schlechtes Gewissen auch mal »Nein« sagen können. Aber es geht um mehr als nur eine gesunde Lebensweise. Den Ruhetag halten ehrt Gott. Es ist eine ganz praktische Art, meinen Ehr-Geiz in Grenzen zu halten. Wer nicht geizig ist darin, Gott zu ehren, bringt ganz praktisch sein Vertrauen zu ihm zum Ausdruck. Er verzichtet darauf, alles im Griff und unter Kontrolle zu haben, denn er glaubt nicht, dass ohne ihn nichts geht.

Wann sagen Sie mal wieder: »Herr, heut habe ich Zeit – nur für dich«?

Marina Franz

»Ehre deinen Vater und deine Mutter. [...] Du sollst nicht töten. Du sollst nicht die Ehe brechen. Du sollst nicht stehlen. Du sollst keine falsche Aussage über einen deiner Mitmenschen machen. Du sollst den Besitz deines Nächsten nicht begehren.«

(2. *Mose* 20,12-17; *NL*)

Hast Du keinen Respekt – oder was?

Gott ist ein schützender Gott: er schützt mein Leben (V.12u.13), meine Ehe (V.14), meinen Besitz (V.15u.17) und meinen guten Ruf (V.16) vor unrechtmäßigen Übergriffen durch meine Mitmenschen. Zuwiderhandlung zieht Strafe nach sich. Gleichzeitig schützt er aber auch das Leben, die Ehe, den guten Ruf und den Besitz meines Nächsten vor mir. Die Verse 13-17 lesen sich wie ein »Vorsicht in deiner inneren Haltung gegenüber deinem Nächsten, in deinen Gedanken, in deinen Worten und deinen Taten«. Gott will den *Respekt* des Menschen gegenüber Gott und gegenüber anderen Menschen.

Schnell merken wir, dass es nicht um den simplen Ladendiebstahl oder den Meineid vor Gericht geht. Es geht um die täglichen Entscheidungen zum Wohl meines Nachbarn.

Mir hilft dabei oft die Frage: Möchte ich, dass andere an mir so handeln? Wie würde ich in dieser Situation behandelt werden wollen? Wie viel *Ehrerbietung* möchte ich, dass man mir im Alter erweist? Möchte ich, dass meine Nachbarn so über mich reden, wie ich über sie rede? Gebe ich dem Nächsten die *Anerkennung*, die ich gerne hätte?

Damit ist immer auch die Frage verbunden: Wie viel *Ehrfurcht* habe ich vor Gott? Auch wenn ein Mensch meine Anerkennung und Hochachtung nicht zu verdienen scheint, berechtigt mich dies nicht, entgegen Gottes Gebot zu handeln. Wenn ich in der Gefahr stehe, den Respekt vor einem Mitmenschen zu verlieren, dann gebietet es mir meine *Ehrfurcht vor Gott*, mich nicht an ihm zu versündigen. Um Gottes Willen lasse ich die Finger von der Ehe, dem Besitz, dem guten Ruf, ja, dem Leben des andern – denn: auf Gott kann und will ich nicht verzichten.

Marina Franz

»Du sollst nicht die Ehe brechen.«

(2. *Mose* 20,14; *NL*)

Du sollst nicht die Ehe brechen

Begehren« heißt der Stoff, aus dem ein Ehebruch gestrickt ist. Es ist kein Zufall, dass am Ende der Zehn Worte das Begehren der Frau des anderen noch mal ausdrücklich erwähnt wird – obwohl zuvor bereits vor dem Ehebruch gewarnt wurde.

Schon hier wird deutlich, dass der Bruch des Treue-Vertrages gegenüber der Ehefrau/dem Ehemann nicht erst im Bett stattfindet, sondern seinen Anfang im Kopf und im Herzen nimmt.

Der Ehebruch nimmt sozusagen seinen Lauf, wo ich mir endlose romantische Geschichten mit einem anderen Mann als meinem ausdenke. Oder da, wo ich die Gegenwart des anderen Mannes genieße oder suche, weil er mir »gut tut«, »mich versteht« oder eines der Defizite in meiner Ehe auszufüllen vermag. Da, wo ich versuche, die Beziehung zu einem anderen Mann als »reine Freundschaft« abzutun, wird es gefährlich. Und wenn ich in Gedanken oder Worten dem eigenen Ehepartner die Schuld für mein fehlerhaftes Verhalten gebe, brennt es! Aus Gottes Perspektive sind nicht die anderen, sondern wir selbst für unser Handeln verantwortlich.

Es ist viel leichter, aus der eigenen unbefriedigenden Beziehung zu flüchten, als hart daran zu arbeiten. Aber es lohnt sich, um Gottes willen hier eine langfristige Perspektive zu entwickeln.

J. Elliot, der Auca-Missionar, der für seinen Glauben starb, prägte den Satz: »Der ist kein Tor, der hingibt, was er nicht behalten kann, auf dass er gewinne, was er nicht verlieren kann.«

Bevor Sie aufgeben – haben Sie wirklich alles für das Gelingen Ihrer Ehe getan? Scheuen Sie sich nicht, dabei Hilfe in Anspruch zu nehmen. Es ist den Versuch wert!

Marina Franz

»Du sollst den Besitz deines Nächsten nicht begehren: Weder sein Haus, seine Frau, seinen Sklaven, seine Sklavin, sein Rind, seinen Esel oder sonst etwas, das deinem Nächsten gehört.«

(2. *Mose* 20, 17; *NL*)

»Must have?«

Gott ist kein Geizkragen – im Gegenteil: Er gönnt uns unser Hab und Gut, Haus und Hof, ja, tausendfachen Segen. Und er möchte, dass wir es ihm gleichtun: dass wir unseren Nachbarn das Haus, das Vieh, die Mitarbeiter, den Ehepartner, das Auto, die Wohnungseinrichtung – kurzum: den Wohlstand gönnen.

Solange ich das Gleiche habe, ist das eigentlich auch kein Problem. Was aber, wenn der Nachbar etwas hat, das ich auch gerne hätte, mir aber nicht leisten kann?

Dann wünsche ich mir nicht nur diese Dinge, dann *will* ich sie haben, dann *muss* ich sie haben – und unbemerkt wird aus dem Wunsch die Begierde. Diese wiederum macht es mir unmöglich, dem Nachbarn zu gönnen, was ich nicht habe. Neid frisst an der Seele oder die Angst, zu kurz zu kommen. Was ich nicht habe, erscheint soviel begehrenswerter als das, was ich habe. Der Preis, den manche bereit sind zu zahlen, um zu besitzen, was sie begehren, ist erschreckend hoch, bis hin zu Raub und Mord.

Drei praktische Schritte helfen mir oft in solchen Situationen:
1. Meinen Neid vor Gott im Gebet zu bekennen. 2. Für all das Gute und auch das Unvollkommene in meinem Leben zu danken. 3. Die Frage: Möchte ich auch die Lasten dessen tragen, auf den ich neidisch bin?

Das macht mich frei für die beglückende Erfahrung, mich an den schönen Dingen anderer zu erfreuen.

Marina Franz

27. August

Ja, er jubelt, wenn er an euch denkt!

(Zefanja 3,17; Hfa)

Ich war ein paar Tage von zu Hause weg, um unser zweites Kind auf der Entbindungsstation zur Welt zu bringen. Mein Mann besuchte mich natürlich in dieser Zeit und brachte an einem Tag unsere knapp zweijährige Tochter mit. Als wir uns dann im Garten des Krankenhauses begegneten, war sie ganz aus dem Häuschen. Wie ein Flummi, außer sich vor Freude, mich wiederzusehen, hüpfte sie einige Minuten auf und ab, ehe sie dann in meine Arme lief.

Diese Szene ist, obwohl seitdem schon beinahe 30 Jahre vergangen sind, in meinem Inneren hängen geblieben. So stelle ich mir die Freude Gottes über uns vor! Beim Anblick des ersten Menschen, den er so einzigartig geschaffen hatte. Und nachdem er die Frau so wunderbar gestaltet hatte. Ja, und dann über alle Generationen fort: Über jedes Kind, das auf diese Welt kommt, freut sich unser Gott von Herzen.

Mehr noch: Gott jubelt sogar beim Gedanken an uns! In diesem Kapitel sagt Zephanja das über sein Volk Israel, das er auserwählt hat, das ihn so oft verlassen und bitter enttäuscht hat.

Meine und deine Geschichte – mehr oder weniger. Wie um alles in der Welt kann Gott sich, angesichts dieser Jahrtausende langen hässlichen Realität, über seine Menschen freuen, ja sogar jubeln?

Nun, er hat jene Zeit im Blick, wenn er möglichst alle wieder bei sich haben wird. Er hat unermessliche Sehnsucht danach.

Heute darf ich wissen, dass Gott sich über mich freut. Gerade da, wo ich bin, genau in dem Zustand, in dem ich mich befinde. Und das ganz unabhängig von meiner eigenen Einschätzung.

Hannelore Illgen

Doch ohne Gottes Segen ist alles umsonst!

(Psalm 127,2; Hfa)

Ich fand das klasse: Ein Politiker würdigt die Bedeutung des Segens Gottes – sogar für eine ganze Nation. Horst Köhler wünscht, meines Wissens als erster Bundespräsident Deutschlands, uns Deutschen am Ende seiner Antrittsrede Gottes Segen.

Bei der Vereidigung der neuen Minister im November 2005 sagten alle bis auf eine Ministerin, dass sie ihre Arbeit mit der Hilfe Gottes tun wollten (»So wahr mir Gott helfe!«). Nicht nur Kommentatoren sehen das inzwischen als Signal dafür, dass unsere politisch Verantwortlichen damit anerkennen, dass es eine Dimension über der der eigenen Machbarkeit hinaus gibt. Hoffentlich erste Anzeichen eines Wandels im öffentlichen Leben dahingehend, dass wir zugeben, trotz allen Bemühens Gottes Hilfe und Segen zu brauchen!

Menschen, die in einer Beziehung zu Jesus leben, ist der Segen Gottes sehr wichtig. Bei persönlichen Begegnungen, schriftlichen Kontakten, vor allem bei besonderen Ereignissen unseres Lebens sprechen wir ihn einander zu, und meinen damit Wohlergehen, Gesundheit, Erfolg, also alles erdenklich Gute in allen Lebenslagen, bei allem Tun. Als Quelle dafür sehen wir Gott. Die Bibel selbst geht noch weiter: Alle Mühe, alle redliche Anstrengung ist eigentlich vergeblich, wenn Gott nicht einbezogen wird. Letztlich kommt von ihm, wenn etwas gelingt. Leider erinnern wir uns manchmal erst, wenn wir schon geplant haben, daran, dass wir uns vorher an Gott hätten wenden sollen.

Heute will ich gleich frühmorgens Gottes Segen erbitten!

Hannelore Illgen

Denn es ist ein Geschenk Gottes, wenn jemand isst und trinkt und sich über die Früchte seiner Arbeit freuen kann.

(Prediger 3, 13; NL)

Es ist schon einige Zeit her: Die erweiterte Familie war auf Urlaubsfahrt gen Süden. Unterwegs mussten wir in Österreich übernachten und wollten dort so richtig schön zu Abend essen, mit dabei möglichst eines der tellergroßen Schnitzel, als Auftakt einer entspannten Zeit. Dann kam die ernüchternde Bemerkung: Im Urlaub kann man ja mal auf Fleisch verzichten! Was das wohl für ein Urlaub werden würde? Für uns als Familie war der Urlaub genau die Zeit, in der wir dazu kamen, unser Geld mal richtig zu genießen und damit essen zu gehen; zu Hause war uns das aus Zeitgründen nicht so möglich.

Ich kam ins Nachdenken. Für manche ist das ganze Leben harte Arbeit. Man bekommt nichts geschenkt. Da hat man ja schon fast ein schlechtes Gewissen, wenn man etwas umsonst bekommt. Es ist wichtig, dass etwas bei der eigenen Arbeit herauskommt. Aber dann kann man es doch nicht richtig genießen: Man hätte damit doch … Man sollte damit doch lieber … Einfach so genießen und sich daran freuen, das fällt sehr schwer.

Wie kann das sein? Der obige Bibelvers gibt uns Antwort: Wir dürfen die Freude über das, was bei der eigenen Arbeit herauskommt, als Geschenk sehen. Freude kann man nicht einfach so produzieren, das wäre Heuchelei. Man kann sie aber als Gottes Geschenk entgegen nehmen. Freude ist von göttlicher Qualität. Gar nicht so einfach für uns leistungsorientierten Deutschen!

Hannelore Illgen

Wir Frauen zu Hause teilen die Beute aus.

(Psalm 68,13; Hfa)

Hier ist nicht von der Beschränkung einer Frau auf das Haus die Rede oder der Auslotung ihres Wirkens im Bereich von »Kindern, Küche und Kirche«. Es geht auch nicht um das Ergebnis unserer Arbeit und Mühe in Haushalt, Beruf und ehrenamtlichem Einsatz, obwohl wir hier tüchtig sein und unser Bestes geben sollen.

Es ist auch nicht gemeint, dass wir uns Gedanken darüber machen sollen, wie wir am besten den Bedürfnissen unserer Umgebung begegnen können. Auch wenn man das mal öfter tun sollte.

Es heißt ganz eindeutig, dass der Herr der Welt uns Frauen *seine* Beute anvertraut. Beute ist der kostbare Fang, für den Gott selbst gesorgt hat: das Ergebnis *seiner* Arbeit, Beute aus *seinem* Sieg!

Egal, wo wir sind: im Haus, aushäusig im Beruf oder in beidem. In den Versen dieses Psalms befiehlt uns Gott geradezu, das aktiv weiterzuvermitteln.

Worum geht es dabei?: Gottes Geschenk tiefer Annahme und Bejahung, Entlastung bei Schuld, Möglichkeit der Vergebung in Beziehungen. Sich keinem planlosen Schicksal ausgeliefert zu wissen. Jemanden zu haben, auf den wir uns verlassen können, der immer für uns da ist. Die froh machende Aussicht auf ein Leben nach dem Tod.

All das ist das Silber und Gold des Lebens, eine Währung, die niemals abgewertet oder ungültig wird.

Beute gehört mir, wenn ich nach ihr greife. Sie kommt zu anderen, wenn ich sie austeile. Wir Frauen haben einen Blick dafür, hier Bedürfnisse in unserer Umgebung zu erkennen. Nutzen wir heute unsere Chancen!

Hannelore Illgen

… doch wenn eine Frau Gott gehorcht, verdient sie Lob.

(Sprüche 31,30b; Hfa)

Irgendwie scheint sie mir unerreichbar, diese tüchtige Frau in Sprüche 31! Etwas näher kommt sie mir, wenn ich feststelle, dass die so hoch gelobte Frau nicht das Idealbild aller Männer oder eine reine weibliche Wunschvorstellung ist. Hier berät eine Königinmutter – aus der Summe ihrer Lebenserfahrung heraus.

Nun wenn man den damaligen kulturellen Hintergrund einmal außer Acht lässt, könnte die Beschreibung heute auf außerordentlich leistungsfähige Frauen zutreffen, wie z. B. die deutsche Familienministerin: Mutter von sieben Kindern, mit wissenschaftlicher Karriere, Auslandsaufenthalt, steile Karriere als Landesministerin … Nicht weniger stark: die Frau des Jahres 2005, eine Russlandaussiedlerin, großer Haushalt mit 16 eigenen Kindern, eine kluge Mutter und liebevolle Managerin ihres Familienbetriebes.

Zwei Frauen, für ihre Familie und die Gesellschaft von hohem Wert, die sicher keinen Mangel an privater und öffentlicher Anerkennung haben.

Aber was ist mit den anderen mittleren und kleinen Hausfrauen, Müttern, Berufstätigen, die ihr Bestes geben und doch nie an eine dieser oben genannten Frauen heranreichen werden?

Gott lässt uns wissen, dass das Wichtigste im Leben ist, was bei ihm zählt, und dass er die Motivation und den daraus folgenden Einsatz für wichtig hält. Niemand wird für eine virtuelle Tätigkeit gelobt, aber für das, was jemand aus dem Vorhandenen macht. Wie ich das anpacke, was getan werden muss. Ob ich es mit Zuversicht angehe. Letztlich zählt nicht das, was Menschen von mir erwarten, sondern was vor Gott Bestand hat. Kurz gesagt: Ist mir Gottes Zustimmung am wichtigsten – mehr als Lob von anderen?

Hannelore Illgen

1.September

Da sagte Jesus zu ihr: »Frau, dein Glaube ist groß. Deine Bitte soll erfüllt werden«. Und im gleichen Augenblick war ihre Tochter gesund.

(Matthäus 15,28; NL)

Die Situation der Frau ist verzweifelt. Ihr Verhalten ist für die Jünger unerträglich. Und Jesus? Er reagiert nicht, sieht gar keinen Auftrag. Schlimmer noch: Er versucht, die Ausländerin mit einem – abgemilderten – Schimpfwort abzuwimmeln, das damals alle verstanden: Nichtjüdische Menschen waren nichts anderes als unreine, streunende Hunde. Warum diese Reaktion des Gottessohnes? Er begegnete doch sonst jedem und allem in der richtigen Art und Weise.

Was bewirkt bei Jesus, dass er genau das tut, worum die Frau so verzweifelt bittet, aber erst, nachdem sie schlagkräftig dagegen argumentiert hat? Ihr Glaube! Natürlich wusste Jesus, was er tat, als er die Frau vorerst hängen ließ: Er machte damit seinen Nachfolgern – bis in unsere Tage – eindrücklich deutlich, worauf es ankommt, damit er handeln kann. Wir brauchen Glauben, der sich nicht abbringen lässt von seiner Erwartung an Gott. Durch nichts und niemanden! Der auch in Verzweiflung dabei bleibt, dass der Herr sich menschlich Unlösbarem annimmt.

Was lässt Jesus alles manchmal zu, bis wir so verzweifelt agieren! Was alles wirkt er in uns, bis wir schließlich da sind, wo wir mit unserem Glauben sein sollen!

Glaube ist ein kraftvoll wirkender Ausdruck des Vertrauens. Ich denke, Jesus musste so vorgehen, anders wären wir schnell bei dem Automatismus: ein Gebet – und es funktioniert. Natürlich kann Gott auch so reagieren, aber es bewirkt wenig in der Beziehung zu Gott. Wer Jesu Antwort so herbeiglaubt, erfährt, wird nicht mehr von ihm lassen.

Dies soll mich heute in einer noch nicht gelösten Not ermutigen, dran zu bleiben und an Gottes Stunde zu glauben.

Hannelore Illgen

2. September

Dann berührte er sie, und sofort konnte sie sich aufrichten. Da lobte sie Gott und dankte ihm!

(Lukas 13,10-17; NL)

Jahrzehnte lang verbogen durch das politische System, danach geprägt von Chaos und Korruption. So begegnete uns Albanien im Sommer 1994, als ich dieses Land zum ersten Mal besuchte. Mein Mann, der mich auf dieser Reise begleitete, verbarg seine Augen hinter einer Sonnenbrille, weil der Anblick der Menschen ihn zu Tränen erschütterte: Sie hatten leere Gesichter, Hoffnungslosigkeit oder materialistische Gier in den Augen. Ein alter Mann, der einen schweren Kartoffelsack auf seinem gebeugten Rücken zum Markt schleppte, versinnbildlichte uns den inneren Zustand der Menschen dieses Landes: unfähig, sich aufzurichten unter der Last der Vergangenheit und Gegenwart.

Dann trafen wir die Menschen in den christlichen Gemeinden. Zu den Frauentreffen, die wir von unserer internationalen Frauenarbeit aus initiierten, brachten die frisch bekehrten Albanerinnen Nachbarinnen und Kolleginnen mit. Viele hatten ein trauriges Schicksal: eingegrenzt durch tote religiöse Tradition (u. a. die Blutrache), mit äußerst geringen finanziellen Mitteln, die Kinder hatten sich nach Westeuropa abgesetzt. Ihnen erzählten wir, dass Jesus sie von ihrem gelähmten Lebensgefühl und ihren Lasten befreien will. Wir weinten mit ihnen, umarmten sie, segneten sie.

Wenn sie sich Jesus anvertrauten, kam Leben in ihre Augen. Ihr Blick wurde neu: Sie fingen an, sich täglich auf Jesus auszurichten. Mit ihnen zu beten und Gott zu loben, war eine Freude. Wie bei der Frau in der Synagoge: Ihre Lebensumstände hatten sich nicht geändert, aber sie wusste, wer sie aufgerichtet hatte und wem sie ihre Lasten übergeben konnte.

Das ist es eigentlich, was wir in der Begegnung mit Jesus erleben: Wir werden aufgerichtet, entlastet und zum Danken befreit.

Hannelore Illgen

Überlasst alle eure Sorgen Gott, denn er sorgt für euch.

(1. Petrus 5,7; Hfa)

Dieser Satz findet seinen Zusammenhang in einer Reihe von Ratschlägen des Paulus an die Gemeindeältesten und die Jüngeren in der Gemeinde. Nachdem die Ältesten als die Leiter der Gemeinde erfahren haben, in welcher Weise sie Gemeinde leiten sollen, redet er anschließend zu den Jüngeren. Sie erfahren, dass sie demütig Gott gegenüber sein sollen, was bedeutet, dass sie sich ihren Leitern unterstellen und ein grundsätzliches Ja zu ihnen finden sollen. Interessant ist dann der Folgesatz: »Überlasst alle eure Sorgen Gott…« Natürlich werden sich die Jüngeren zur Zeit Paulus' gefragt haben, wie das denn alles funktionieren soll; wo es mit der Gemeinde hingeht. Hier greift das »Überlasst eure Sorgen Gott …«.

Dieser Vers wird immer wieder auch in einem Zusammenhang zitiert, in dem es um konkrete Sorgen des Alltags geht. Und sicher ist es legitim, dieses Bibelwort auch ganz persönlich für sich zu nehmen: Ich gebe meine Sorgen Gott ab, um frei zu werden für den nächsten Schritt.

Dennoch glaube ich, dass es nötig ist, sich immer wieder klar zu machen, dass dieser Vers einen ganz konkreten Zusammenhang hat. Und der benennt die Sorge um die Gemeinde und das Wohl der Gemeinde. Hier sagt Gott ganz klar, dass er dafür sorgen wird, wie es mit seiner Gemeinde weitergeht – als Trost für alle, die das Gefühl der schweren Verantwortung niederdrückt.

Sabine Vetter

Aber er hat zu mir gesagt: «Verlass dich ganz auf meine Gnade. Denn gerade wenn du schwach bist, kann sich meine Kraft an dir besonders zeigen.« Darum will ich vor allem auf meine Leiden und meine Schwäche stolz sein. Dann nämlich wirkt die Kraft Christi an mir.

(2. Korinther 12,9; Hfa)

Kennst du das? Du hast das Gefühl, ausgepowert zu sein, nichts geht mehr, alles scheint sich gegen dich zu richten, jeder will etwas von dir, du funktionierst nur noch irgendwie.

Gerade in der Zeit, als unsere Kinder klein waren (irgendwo zwischen 2 und 12 Jahren), hatte ich immer wieder dieses Gefühl, nichts auf die Reihe zu kriegen, ohne Ziel und Orientierung zu sein. Und gleichzeitig wollte ich gerne so leben, wie ich dachte, dass Gott es von mir erwartet – ich wollte seinen Willen tun. Aber wie, wenn ich mich doch kaum in der Lage fühlte, überhaupt irgendetwas zu tun, das nicht mit Essen machen, putzen, kochen, Wäsche waschen, Tränen trocknen, Windeln wechseln … zu tun hatte!?

Und dann, irgendwann zwischen einem verzweifelten Aufschrei: »Gott, wo bist du? Wie soll ich das nur wieder schaffen? Was kann ich für DICH tun?« und dem nächsten Wäscheberg, stieß ich auf diesen Vers: »Meine Kraft ist in den Schwachen mächtig …« Die Übersetzung *Hoffnung für alle* drückt es noch plastischer aus: »Gerade wenn du schwach bist, kann sich meine Kraft in dir besonders zeigen.« Oh ja, Schwäche fühlte ich genug, doch nun verstand ich auf einmal, dass meine Schwäche Gottes Chance war: Er wollte mir ja helfen, mir Kraft für meinen Alltag geben – doch ich hatte nur auf mein eigenes Nicht-Können geschaut.

Seit dieser durchschlagenden Erkenntnis fällt es mir viel leichter, mich einfach nur schwach und unfähig zu fühlen. Immer wieder begleitet mich dieses Wort, durch das ich erkenne, dass es in Ordnung ist, schwach zu sein, weil Gott seine Kraft durch mich zeigen will. Und so wusste ich, warum ich manche Dinge schaffte, die andere nur mit einem erstaunten »Wie schaffst du das nur alles!« kommentierten: Gott gab und gibt mir diese Kraft bis heute, »alles zu schaffen«, was ich schaffen soll.

Sabine Vetter

Wendet euch Gott zu, dann wird er zu euch kommen. Wascht die Schuld von euren Händen, ihr Sünder, und lasst Gott allein in euren Herzen wohnen, ihr Unentschiedenen!

(Jakobus 4,8)

Das ist ein Wechselspiel: Wer wendet sich wem zuerst zu? Jesus hat bereits alles dafür getan und uns alle Möglichkeiten eröffnet, dass wir uns Gott zuwenden können. Wie? Das alte Wort »die Schuld von den Händen waschen« (vergleiche das sprichwörtliche »Ich wasche meine Hände in Unschuld!«) meint hier ganz konkret, eine Lebenswende zu vollziehen: Sich umdrehen, einen neuen Anfang machen, Gott um Vergebung bitten, dass wir ihn und sein Wort bisher ignoriert haben und ein Leben ohne ihn lebten.

Oder auch, dass wir neben ihm vieles andere in unserem Lebenshaus wohnen lassen wollten. Vielleicht haben wir das getan, weil man ja nie so genau wissen kann, ob Gott die Dinge unseres Lebens auch so führt, wie wir es uns wünschen. Da ist es ja vielleicht besser, sich noch nach ein paar anderen Dingen umzuschauen und schon mal Festlegungen zu treffen. Und so lassen wir uns von vielen vermeintlichen Sicherheiten beherrschen: Von Geld, Besitz und menschlichen Abhängigkeiten…

Gott will dagegen allein in unserem Lebenshaus wohnen, um die Prioritäten für unser Leben zu setzen. Dann trifft er die Festlegungen, zeigt uns unsere Prioritäten. Erst das wird unser Leben wirklich verändern und reich machen!

Sabine Vetter

6. September

»Euch allen sage ich: Liebt eure Feinde und tut denen Gutes, die euch hassen. Segnet die Menschen, die euch Böses wünschen, und betet für alle, die euch beleidigen.«

(Lukas 6,27-28; *Hfa)*

Euch allen…«, also jedem von uns, sind diese Worte Jesu gesagt. Können wir das? Das allgemeine Wort: »Liebet eure Feinde« hat mich nie besonders erschüttert, weil ich nie so recht wusste, ob ich wirklich »Feinde« habe. Und: Gibt es überhaupt jemanden, der mich hasst? Ich wüsste es nicht zu sagen. Aber dann wird es konkreter: Menschen, die mir Böses wünschen, soll ich segnen, und für die beten, die mich beleidigen. Das ist stark! Beleidigungen gehen mitten ins Herz, treffen mit unbarmherzigen Worten, drücken die Luft ab. Wie kann Jesus erwarten, dass ich für Menschen, die so was tun, bete? Und was soll ich überhaupt für sie beten? Vielleicht: »Herr, schenke ihm/ihr Einsicht, dass er/sie sich entschuldigt!«? Bedeutet das für den anderen beten? Jemanden segnen, für ihn beten bedeutet mehr. Es heißt ihm Gutes zu wünschen, ihn Gottes segnender Hand zu empfehlen. Will ich das überhaupt? Der andere ist doch auch nicht nett zu mir gewesen – und vielleicht ist er es immer noch nicht. Warum soll ich nett sein?

Weil Gott uns in Jesus zuerst geliebt hat, ohne dass wir es uns verdient haben können, und weil Gott uns segnet, auch wenn wir ihm oft zur Schande leben. Das alles ist bereits geschehen, bevor wir aufgefordert werden, diese uns geschenkte Liebe weiterzugeben. Probieren wir es doch aus: Beten und segnen wir den anderen, der uns nichts Gutes gönnt – und wir werden erstaunt sein, was Gott tun kann, wenn wir gehorsam sind! Es ist wie eine Reinigung unserer Seele. Und wir werden Gottes Segen dadurch erfahren.

Sabine Vetter

7. September

»Mit dem Maßstab, den ihr an andere legt, wird auch Gott euch messen.«

(Lukas 6,38b)

Maßstäbe hat jeder von uns. Wir richten uns alle nach dem, was wir gelernt haben oder auch wonach wir geprägt worden sind. Maßstäbe geben uns Sicherheit und sind wie Orientierungsmerkmale auf unserem Lebensweg. Maßstäbe zu haben ist an sich nichts Verwerfliches. Sie können mir helfen, gut zu handeln und zu leben. Doch wie gehe ich mit Maßstäben im Blick auf andere Menschen um? Wie, auf welche Weise verteile ich Kritik? Und warum? Bin ich mit anderen Menschen barmherzig oder lasse ich eher knallhart Gerechtigkeit walten? Nur Gott kann gerecht und gnädig zur gleichen Zeit sein. Wir als seine Geschöpfe sind zur Barmherzigkeit aufgefordert.

Im Zusammenleben mit anderen Menschen, gerade auch in einer christlichen Gemeinde, geschehen viele Missverständnisse. Wir haben unterschiedliche Wahrnehmungen von gleichen Situationen. Denken wir an diese Tatsache, wenn es darum geht, eine verfahrene Situation zu analysieren? Wer hat Recht und wer nicht? Gibt es einen Schuldigen?

Wie schnell sind wir dabei, an andere bestimmte, oft von uns selbst festgelegte Maßstäbe anzulegen, weil wir glauben, im Recht zu sein. Oder wir haben eine ganz bestimmte Sicht von biblischen Aussagen, die in unseren Augen nur so und nicht anders zu deuten sind. Denken wir daran: Alle Erkenntnis ist beschränkt. Wir haben nie die volle Wahrheit. Jesus warnt uns: Wir werden von Gott mit dem Maßstab gemessen werden, den wir an andere anlegen.

Ich möchte von der Gnade und Barmherzigkeit Jesu lernen, der selbst denen verzeihen konnte, die ihn quälten, als er schon am Kreuz hing, und sie mit den Augen Gottes sah: Als Verlorene, die Erlösung brauchen – wie ich auch.

Sabine Vetter

8. September

»Ich komme bald. Halte fest, was du hast, damit niemand deinen Siegeskranz nehme!«
(Offenbarung 3,11; E)

Luther übersetzt den 2. Teil des Verses so: Halte, was du hast, dass niemand deine Krone raube.

Diesen Vers erhielt ich zum Abschluss meines Biblischen Unterrichts als Leitsatz. Lange habe ich als 14-jährige darüber nachgedacht: Wieso sollte mir jemand meine Krone, meinen Siegeskranz rauben? Ich wusste, dass ich eine Krone, einen Siegeskranz bekommen würde, wenn ich einmal am Ende meines Lebens bei Gott sein würde. Und festhalten sollte ich doch sicher alles, was Gott mir geschenkt hatte: Seine Liebe, seine Vergebung, das ewige Leben. So verstand ich den Vers der Offenbarung.

Zum Leben erwachte dieser Vers in mir, als ich mit 20 Jahren das erste Mal das Gefühl hatte, ausbrechen zu müssen: aus der Enge, den christlichen Zwängen, den Gesetzen. Eigentlich ist dann gar nicht viel passiert. Es fiel mir lediglich »mein« Bibelvers auf einmal wieder ein. Jetzt verstand ich, dass es jemanden gibt, der uns alles nehmen will: den Glauben, das Vertrauen, die Liebe zu Gott. Es ist derjenige, der weder uns noch Gott gönnt, dass wir zusammengehören, als Kinder zum Vater. Und dieser Eine wird es, so oft es ihm möglich ist, versuchen, Zweifel über die Güte und Barmherzigkeit Gottes in uns zu säen, uns alles Gute madig zu machen und uns von Gott wegzuziehen. Er ist auch der Einzige, der uns unseren »Siegeskranz« nehmen könnte, wenn wir es zuließen. Es liegt an uns, wie wir mit falschen Einflüsterungen umgehen, ob wir es zulassen, dass Gedanken in uns Raum gewinnen, die nichts mit Gottes gutem Willen zu tun haben.

Ich darf festhalten, was ich habe, damit es mir niemand wegnimmt!

Sabine Vetter

Wenn wir aber mit Christus gestorben sind, so glauben wir, dass wir auch mit ihm leben werden.

(Römer 6,8 E)

Mit Christus sterben – was heißt das eigentlich? Dass Jesus für uns gestorben ist, können wir ja vielleicht noch nachvollziehen. Schließlich liegt in seinem Tod und der Auferstehung der Grund für unser Christsein. Was bedeutet es dann aber, *mit* ihm zu sterben?

Wir werden auf Christi Tod getauft, so heißt es im Umfeld dieses Verses. Damit stirbt der Mensch, der wir vorher waren, mit all seinen Wünschen, Plänen und Begierden.

Für mich begann dieses Mit-Sterben an einem Punkt in meinem Leben, an dem ich begriff, dass nur ganze Hingabe auch ganze Fülle bringt; dass nur ein Leben zur Ehre Gottes wirklich erfüllt. Es bedeutet, eigene Wünsche sterben zu lassen. Es könnte z. B. auch heißen, dass Gott so führt, wie ich es mir ursprünglich nicht gewünscht habe. Wäre ich eigentlich bereit, alles aufzugeben, wenn Gott dies von mir verlangen würde? Das würde bedingungsloses Vertrauen in einen Vater bedeuten, von dem ich weiß, dass er es gut mit mir meint.

Jesus hat Lazarus sterben lassen, bevor er zu ihm ging, um ihn dann zur Ehre Gottes von den Toten aufzuerwecken. Nur, wenn mein altes Ich stirbt, kann Christus in mir leben – das ist wie bei einem Samen, der in die Erde fällt und sterben muss, zugunsten einer neuen Pflanze. Bin das, was dann wächst, noch ich selbst? Das, was entsteht, wenn mein Ich mit seinen Lebensplänen gestorben ist – das bin ich *wirklich*! Und zwar so, wie Gott sich das gedacht hat. Denn nur, wer mit Christus auferstanden ist, wird ewig leben!

Sabine Vetter

»Häuft in dieser Welt keine Reichtümer an! Sie verlieren schnell ihren Wert oder werden gestohlen. Sammelt euch vielmehr Schätze im Himmel, die nie ihren Wert verlieren und die kein Dieb mitnehmen kann. Wo nämlich eure Schätze sind, da zieht es euch hin.«

(Matthäus 6,19-21; Hfa)

Ich hatte vor kurzem das große Vorrecht, bei der Geburt eines Babys dabei sein zu dürfen. Eine Freundin bat mich, betend diese Geburt zu begleiten, und es war ein sehr intensives und gutes Erlebnis.

Doch nach der großen Freude über den kleinen Samuel kam nach 2 Tagen völlig unerwartet eine Krise. Dem Kleinen ging es plötzlich sehr schlecht, er musste auf schnellstem Weg in die Klinik, und wir bangten um sein Leben.

War ich die Tage zuvor sehr damit beschäftigt, die Renovierung des Hauses zu planen, in das wir in 4 Monaten einziehen werden, so verlor das plötzlich völlig seinen Stellenwert. Wie unwichtig und nebensächlich waren all die Dinge auf einmal, die mich zuvor so beschäftigten, dass ich deshalb schlaflose Nächte hatte.

Stattdessen kümmerte ich mich nun um das zurückgebliebene Geschwisterkind, verbrachte 6 Stunden im Krankenhaus, als ich eben »auf einen Sprung« vorbeischauen wollte und sich der Zustand dramatisch verschlechtert hatte. Dass unsere Wohnung deshalb ungeputzt war und mein Mann mit unseren Gästen alleine blieb – völlig unerheblich.

Was ich in diesen Tagen und in dieser extremen Situation wieder neu gelernt habe, ist, meine Prioritäten klar zu setzen. »Liebe Gott, und deinen Nächsten wie dich selbst«, hat uns Jesus als wichtigste Priorität mitgegeben. Der kleine Samuel ist inzwischen übrigens wieder gesund.

Elisabeth Vollmer

»Hört auf, euch Sorgen zu machen um euer Essen und Trinken oder um eure Kleidung. Warum wollt ihr leben wie die Menschen, die Gott nicht kennen und diese Dinge so wichtig nehmen? Euer himmlischer Vater kennt eure Bedürfnisse.«

(Matthäus 6, 31-32; NL)

Wir können nicht verstehen, / wann Gott zurückhält oder schenkt. / Und während wir dem nachtrauern, / was uns nicht gegeben / und was uns genommen wurde, / rinnt uns das Heute durch die Finger.«

Dieses Gedicht ist für mich in den letzten Jahren zu einer Schlüsselbotschaft geworden. Mit unserer christlichen Lebensgemeinschaft waren wir an einen neuen Wohnort umgezogen. Schon im Vorfeld hatten wir uns intensiv um Wohnraum für unsere Familie bemüht. Die teure und schlecht geschnittene 4-Zimmer-Wohnung, die wir notgedrungen bezogen, war von vornherein als »Übergangswohnung« definiert. Nachbarschaftskonflikte kamen dazu, und ich hatte zunehmend das Gefühl, so nicht leben zu können. Ich konnte (und wollte?) nicht verstehen, warum Gott nicht schenkte, was wir so offensichtlich brauchten. Ich war gefangen in der Sorge und dem Bemühen, an der schlechten Wohnsituation etwas zu ändern. Und dann kam dieses Gedicht und machte mir klar, was der Preis meiner Sorgen war: Das Heute rann mir durch die Finger. Mein Blickwinkel war eingeschränkt, meine Gedanken drehten sich im Kreis, und ich war kaum mehr in der Lage, das zu sehen, was Gott mir schenkte. Zu sehr stand im Vordergrund, was er mir vorenthielt.

Rückblickend kann ich heute sagen, dass die fünf Jahre »Übergangswohnung« für mich eine wichtige Zeit waren. Ich »genoss« ein breites Lernfeld zu den Themen Vergebung und Annehmen von schwierigen Situationen. Ich habe neu gelernt zu vertrauen, dass Gott weiß, was er tut, wenn er »zurückhält«. Ein Baby macht sich auch keine Sorgen darum, ob es heute Abend noch etwas zu trinken bekommen wird. In dieses kindliche Vertrauen möchte ich immer mehr hineinwachsen, denn mein Vater weiß, was ich brauche.

Elisabeth Vollmer

»Wenn ihr für ihn lebt und das Reich Gottes zu eurem wichtigsten Anliegen macht, wird er euch jeden Tag geben, was ihr braucht. Deshalb sorgt euch nicht um morgen, denn jeder Tag bringt seine eigenen Belastungen. Die Sorgen von heute sind für heute genug.«

(Matthäus 6,33-34; NL)

Der erste Vers des heutigen Textes ist für mich ein ganz besonderer: Es ist unser Trauvers, der uns vor 14 Jahren wichtig war und uns diese ganze Zeit über begleitet hat. Zwei Jahre vor unserer Hochzeit habe ich einen neuen, lebendigeren Zugang zu Jesus gefunden. Kurz darauf lernte ich meinen Mann kennen und lieben und ich schwebte auf Wolke 7. Die Verheißung dieser Bibelworte war mir sehr konkret Wirklichkeit geworden und ich war ziemlich sicher, dass es immer so weitergehen würde, wenn ich nur in allem Gott und seiner Sache den ersten Platz im Leben einräumen würde. Doch wie Sie sich denken können, war es nicht so. Manchmal ist mir Gottes Wirken greifbar nah, ein anderes Mal scheint er mir so weit weg zu sein, finde ich mich in Situationen wieder, die ich mir nicht ausgesucht hätte und in denen ich keinen Sinn sehen kann. Dann reibe ich mich an diesem Vers und frage mich, ob Gott mir wirklich gibt, was ich nötig habe. Zumindest scheint er immer wieder ein komplett anderes Verständnis davon zu haben, was ich nötig habe …

In einem Vortrag hat der Referent einen »Dialog mit Gott« vorlesen lassen, den ich hier verkürzt wiedergeben möchte. Der Beter redet mit Gott und versucht ihm einen »Vertrag« – seine Vorstellungen davon, wie sein Leben verlaufen sollte – zu unterbreiten. Gott lässt sich auf den Dialog ein und unterbreitet dann seinen »Vertrag«: Ein leeres Stück Papier. Der Beter ist entsetzt, dass er gar nicht weiß, was er da unterschreiben soll. Gottes Antwort ist: »Vertraue mir. Ich werde im Laufe deines Lebens das Blatt füllen und in allem mit dir sein.« – An diesem Abend haben mein Mann und ich ein weißes Blatt genommen und unterschrieben. Nicht alles, was mein Leben seit damals mitgebracht hat, war einfach und schön, aber er war mit mir. Immer.

Elisabeth Vollmer

13. September

»Hört auf, andere zu verurteilen, dann werdet auch ihr nicht verurteilt. Warum regst du dich über einen Splitter im Auge deines Nächsten auf, wenn du selbst einen Balken im Auge hast?«

(Matthäus 7, 1+3; NL)

Ich erinnere mich noch sehr gut an das Gespräch. Es war mir so peinlich, dass ich es vermutlich nie vergessen werde. Ich hatte mich über eine Bekannte sehr geärgert. Ihre Selbstgerechtigkeit und die Vehemenz, mit der sie ihre Meinung kundtat, schienen mir unerträglich. Da sagte ein guter Freund von mir: »Merkst du eigentlich, dass die Schwäche, die dich an ihr so ärgert, deine eigene ist? Dass sie dir damit etwas wiederspiegelt?« Er sagte es liebevoll und ich merkte, dass er mir helfen wollte. Deshalb konnte ich es annehmen und meinen entrüsteten inneren Aufschrei zurückhalten. Ich dachte darüber nach und musste diesem Freund Recht geben. Ja, ich neige dazu, selbstgerecht zu sein. Wenn ich von etwas überzeugt bin, kann ich das sehr bestimmt zum Ausdruck bringen und manch einen damit »überfahren«.

Diese Episode ist mir ein Lehrstück fürs Leben geworden. Ich habe entdeckt, dass ich mich oft über die Verhaltensweisen anderer ärgere, die ich mitunter selbst an den Tag lege (und an mir nicht mag ...). Und ich habe gelernt, dass es gut ist, liebevoll auf solch ein Fehlverhalten hingewiesen zu werden (– schließlich tut ein Splitter im Auge weh und es ist gut, ihn zu entfernen). Wenn ich mir meiner eigenen Unvollkommenheit bewusst bin, dann kann ich auch mit den Fehlern und Schwächen meiner Mitmenschen barmherzig sein.

Elisabeth Vollmer

»Wer bittet, wird erhalten. Wer sucht, wird finden. Und die Tür wird jedem geöffnet, der anklopft. Wenn ihr, die ihr Sünder seid, wisst, wie man seinen Kindern Gutes tut, wie viel mehr wird euer Vater im Himmel denen, die ihn darum bitten, Gutes tun.«

(Matthäus 7,8+11; NL)

Im letzten Herbst ist die Krebserkrankung einer lieben Freundin von mir neu ausgebrochen. Bei den Untersuchungen wurde klar, dass eine schwere Bauchoperation nötig sein würde. Gemeinsam mit unserem Pfarrer und anderen engen Freunden trafen wir uns drei Tage vor dem Eingriff im Haus der Familie, um intensiv miteinander für diese Freundin zu beten. Wir salbten sie mit Öl und waren alle zuversichtlich, dass es gut laufen würde. In einem Winkel meines Herzens betete ich sogar, dass die Ärzte bei der OP kein Krebsgewebe mehr finden würden, weil Gott die Freundin schon geheilt hatte. Doch es kam anders. Nach einer schweren, fast 12-stündigen Operation waren wir zunächst froh, dass es überstanden war, auch wenn die Befunde schlecht waren. Aber nach drei Tagen bekamen wir abends einen Anruf. Es war zu einem Magen-Darm-Durchbruch gekommen. Ein Mann aus der Gemeinde war der Dienst habende Anästhesist und bat uns dringend um Gebet, da akute Lebensgefahr bestand.

Aufgewühlt, wütend, enttäuscht und hoffnungslos schrie ich zu Gott. Wir hatten so gehofft und gebetet – und nun das? Was war das für eine Antwort? Als ich zwei Tage später am Bett der Freundin saß, der es wirklich schlecht ging, sagte sie: »Weißt Du, was mir die Kraft gibt, das durchzustehen? Euer Gebet. Ich denke immer wieder an diesen Gottesdienst bei uns zu Hause zurück und das gibt mir so viel Kraft.«

Gott hat unser Gebet gehört, wenn auch ganz anders, als ich es mir vorgestellt habe. Ich will ihn bitten, immer wieder, und erwarten, dass er mir Gutes gibt.

P.S. Allen medizinischen Prognosen zum Trotz lebt meine Freundin und es geht ihr, trotz einiger Einschränkungen, gut.

Elisabeth Vollmer

15. September

»So wie ihr von den Menschen behandelt werden möchtet, so behandelt sie auch. Das ist – kurz zusammengefasst – der Inhalt der ganzen Heiligen Schrift.«

(Matthäus 7,12; Hfa)

In seinem Buch »Mutig führen« schreibt Bill Hybels, dass die Vision einer Gemeinde auf die Vorderseite eines T-Shirts passen sollte. Kurz und bündig, leicht wiederzugeben und so formuliert, dass ein durchschnittlicher Laie sie ohne Probleme aufsagen kann.

Diese wirklich konzentrierte Quintessenz (»der Inhalt der ganzen Heiligen Schrift«) hat Jesus in diesem Vers auf den Punkt gebracht. Eigentlich ist es doch ganz einfach: Jeder ist zu jedem nett (schließlich sind wir doch eigentlich alle nett, oder?), und schon haben wir auf der ganzen Welt Friede, Freude, Eierkuchen.

Nur klappt das irgendwie nicht so ganz. Wir Menschen schaffen es einfach nicht immer, »nett« zu sein, und Jesus muss das gewusst haben. Lebte er schließlich schon gut 30 Jahre auf dieser Erde und hatte in der römischen Besatzungszeit sicher einiges mitbekommen. Sein Anspruch an uns, die Menschen so zu behandeln, wie wir selbst behandelt werden möchten, greift deshalb tiefer. Er beschränkt sich nicht darauf, die freundlich zu behandeln, die uns wohl gesonnen sind. Wir alle sind manchmal für andere unbequem, unfreundlich oder lieblos. Und dann wünschen wir uns, dass uns andere aushalten, Verständnis für uns haben, uns trotzdem eine neue Chance geben und uns in Liebe auf unsere Fehler aufmerksam machen (oder das dann doch lieber nicht?). Die Welt kann sich verändern, wenn wir in dieser barmherzigen und vergebenden Grundhaltung leben. Bruchstückhaft, sicher, weil wir Menschen sind und scheitern, aber stetig und in der Kraft Gottes.

Elisabeth Vollmer

»Fastet nicht wie die Heuchler! Sie setzen eine wehleidige Miene auf, damit jeder merkt, was ihnen ihr Glaube wert ist. Das ist dann auch der einzige Lohn, den sie je bekommen werden. Wenn du fastest, dann pflege dein Äußeres so, dass keiner etwas von deinem Verzicht merkt außer deinem Vater im Himmel. Dein Vater, der jedes Geheimnis kennt, wird dich belohnen.«

(Matthäus 6,16-18; Hfa)

Ich liebe meinen Kaffee am Morgen und ab und zu ein Glas Wein am Abend. Auf all das habe ich während der Schwangerschaft und Stillzeit mit meinen 3 Kindern verzichtet. Manchmal ist mir dieser Verzicht schwer gefallen, aber die Freude auf das Baby hat deutlich überwogen und war mir dieses »Fasten« wert. Ich habe in dieser Zeit festgestellt, dass ich – o Wunder – tatsächlich auch ohne Koffein-Schub am Morgen in die Gänge kommen kann und ein leckerer Tee genauso gut zu einem gemütlichen Abend passt wie ein Glas Wein. Je länger ich darauf verzichtete, desto weniger machte es mir aus.

Was Jesus in dem Text heute fordert, fällt mir deutlich schwerer. »Aufmerksamkeitsfasten« nenne ich die Übung, bei der ich einen Verzicht (oder eine gute Tat) bewusst so lebe, dass der Beifall von außen ausbleibt. Ich tue es im Verborgenen und mache Gott die Anerkennung, auf die ich verzichte, zum Geschenk. Das ist keine Sache, die mir leicht fällt. Aber vielleicht ist sie gerade deshalb so wichtig für mich einzuüben. Allzu oft mache ich mich abhängig von der Anerkennung meiner Mitmenschen. Wenn ich im Kleinen einübe, darauf zu verzichten, macht mich das stark und frei(er), gegen den Strom zu schwimmen, wenn es dann drauf ankommt: Wenn ich in Situationen komme, in denen ich weiß, dass ich nicht mit Beifall, sondern mit Entrüstung oder Ablehnung zu rechnen habe, wenn ich meinen Weg so gehe, wie ich es für richtig erkannt habe. So möchte ich in diesen Tag heute gehen, mit einem Geheimnis zwischen mir und Gott. Ich werde heute etwas Gutes tun und auf etwas Anderes bewusst verzichten – und was das ist, das geht nur Gott und mich etwas an.

Elisabeth Vollmer

Ist somit jemand in Christus, so ist er ein neues Geschöpf. Das Alte ist vergangen, siehe, es ist neu geworden.

(2. *Korinther* 5,17; *Z*)

Aus ihren Augen strahlt Freude. Mutig steht sie vorne vor vielen Menschen und erzählt, wie Gott ihr begegnet ist. Dabei ist Laura eigentlich gar nicht mutig, sie ist eher zurückhaltend und scheu. Da vorne steht ein neues Geschöpf!

Hinter diesem Geschöpf steht ein Schöpfer, ein kreativer Gott mit enorm viel Schaffenskraft. Laura da vorne hat nicht irgendwelche Aufputschmittelchen genommen oder abgefahrene meditative Erfahrungen hinter sich gebracht. Gott hat sie angesprochen und – nach langem Hin und Her – hat sie Antwort gegeben. Das ist alles. Aber es ist sehr viel. Dieses neue Geschöpf Laura trägt ab jetzt eine bereinigte Vergangenheit mit sich herum und eine Zukunft, die in die Ewigkeit hineinreicht. Kann das jemand verstehen? Nein, das ist schwer zu verstehen, aber es ist zu erahnen. Da verändern sich Eigenschaften Lauras und Verhaltensweisen von ganz tief innen. Und weil das einmal so war, kann das wieder geschehen.

He, ihr Lauras unter euch Leserinnen, für die das schon so lange zurückliegt: Manchmal leben wir unter unseren Möglichkeiten. Wir schauen auf das alte Geschöpf, ob es nun Laura heißt oder Anne oder Hildegard. Die Schöpferkraft Gottes ist geblieben, und damit die Chance, immer mehr in diese neue Laura, neue Anne oder neue Hildegard hineinzuwachsen. Wir wollen uns nicht entmutigen lassen von unserem Versagen oder den Lebensbereichen, wo wir über uns selbst seufzen. Die Schöpferkraft Gottes ist in uns und will auch heute verändern, erneuern, befreien, aufrichten. Einfach bei ihm, dem Schöpfer, bleiben und offen sein. Mehr ist nicht nötig.

Kerstin Wendel

18. September

Ich will meinen Posten auf dem Wachturm einnehmen und Ausschau halten. Dort will ich abwarten, was der Herr zu mir sagt und wie er auf meine Klage antwortet.

(Habakuk 2,1; NL)

Burg Braunfels im Frühling. Unser Sohn ist schon seit einiger Zeit in der Ritterphase, und wir erklimmen einige Befestigungsanlagen in der Umgebung und im Kinderzimmer. Unsere Feinde sind nur ausgedacht, aber auch wir erspähen manches vom Wachturm aus.

Habakuk hält ebenfalls Ausschau. Auch er wartet nicht auf Feinde, er wartet auf Gott. Dem hat er sein Unverständnis für die übermäßige Bestrafung des Gottesvolkes vorgetragen. Damit kommt er nicht zurecht. »Gott, was hast du dir dabei gedacht?« Und nun wartet er, der Prophet Habakuk.

Gottesbegegnung braucht oft Stille. Das ist klar, denn unsere Welt ist laut und geräuschvoll, und unser Innenleben ebenfalls. Was Habakuk da tut, spricht von einem großen Vertrauen zu einem Gott, der reden kann. Es ist ein Wagnis, Ausschau zu halten und dort zu warten. Und was ist, wenn er zu müde wird, der Habakuk? Oder wenn Gott zu müde wird oder gar andernorts spricht, nicht zu Habakuk, dem Turmwächter? Habakuk hat keinen Zweifel. Gott wird antworten auf seine Klage. Kommt Zeit, kommt Gott!

Diese Erfahrung machen viele Stillesucher. In stillen Tagen, in Einkehrtagungen oder sogar längeren Ruhezeiten vor Gott, suchen Menschen damals wie heute den Gott, der ebenfalls das Gespräch sucht. Vorhersagen, was er antwortet, kann man nicht. Aber sich von Habakuk ermutigen lassen, das kann man. Steig mal wieder auf deinen Turm und halte Ausschau nach Gottes Antworten. Gönne dir das Langsamsein, das Warten, die Spannung, die damit verbunden sind. Und übe dich in der Ehrlichkeit, wenn vielleicht nicht alles, was du zu hören bekommst, nur leichte Kost ist.

Willkommen bei den Turmwächtern!

Kerstin Wendel

Gebt dem Wort Jesu Christi in reichem Maße Wohnrecht unter euch! Lehrt und ermuntert euch gegenseitig in rechter Weisheit! Singt eurem Gott in Psalmen, Hymnen und geistgewirkten Liedern mit dankerfüllten Herzen im Bewusstsein der euch geschenkten Gnade.

(Kolosser 3,16; Bruns)

Drei, vier groovige Klavierakkorde dringen an mein Ohr. Gleich setzt der vierstimmige Chor ein: »Der Eine, der vom Tod erstand, der Leben schafft und Hoffnung weckt, der sich total uns zugewandt, hat uns mit Glauben angesteckt, zum Miteinander Mut gegeben: Gemeinsam unterwegs zum Leben!«

Ein Lächeln gleitet über mein Gesicht. Wenn es mir so richtig dreckig geht, dann legt mein Mann eine dieser CDs beim Frühstück auf, von denen er weiß: Sie leistet bei mir Sofort-Ermutigung. Es gibt sie also, die geistlichen Lieder, die uns gut tun.

Als Paulus seinen Leuten diese Gedanken schrieb, gab es weder CDs noch MP3-Player, es gab keine Händel-Oratorien und kein Anbetungslied mit dem Titel »Anker in der Zeit«. Und dennoch hat dieses Wort seine Gültigkeit nicht eingebüßt: Wort, Lieder, Gedanken können in uns Wohnung nehmen. Sie beeinflussen uns. Und wir sind die, die darüber entscheiden, welche Gedanken uns bestimmen dürfen. Wir sollen und können uns und einander »Hauslehrer« sein, nämlich uns mit guten Gedanken von Gott füllen. Wir brauchen dazu nicht auf die nächste Predigt zu warten, die kommt nämlich erst in einigen Tagen.

Oh ... und wann höre ich dann die Lieder ohne Worte von Mendelssohn-Bartholdy, die Songs von Sarah Connor und die Stücke von Pat Metheny? Die höre ich natürlich auch noch. Keine Frage! Hier geht es nicht um das »Dürfen«; hier geht es um einen Grundzug christlichen Lebens: Gebe ich Jesus eine Chance, mich an ihn zu erinnern? Lasse ich mein Herz singen oder zumindest mal meine Anlage? Gemeint ist keine christliche Dauerberieselung von *Feiert Jesus 1-9*, verteilt auf alle Zimmer des Hauses inklusive dem CD-Player im Auto. Aber: Worte, Lieder, Gedanken können in uns Wohnung nehmen. Gönnen wir uns eine gute Jesus-Prägung!

Kerstin Wendel

20. September

Und alles, was ihr tut, im Wort oder im Werk, alles tut im Namen des Herrn Jesus!
(Kolosser 3,17a; E)

Ich habe morgens um 6.30 Uhr noch nicht ganz beide Füße aus dem Bett, da steht eigentlich schon die erste Entscheidung an, die die nächste Stunde beeinflussen wird. Gelingt mir ein kurzes Gebet? Es kommt dabei nicht auf die Worte an. Die mögen vorformuliert sein oder phantasievoll täglich neu ausgedacht. Es kommt auf die Herzenshaltung an. Im Bewusstsein von Gottes Gegenwart will ich die Kinder wecken und Frühstück machen, an die Arbeit des Tages denken oder es sein lassen. Ich spreche ein Gebet, nicht aus Angst vor Gott, weil er sonst heute nicht in Freundlichkeit an mich denkt. Gott bewahre! Ich tue es, weil ich sehr wohl den Unterschied kenne, zwischen einem Leben in enger Verbindung mit meinem Herrn und einem Leben aus Eigenproduktion.

Mein Mann hat sich ein Morgengebet ins Bad gehängt. Das gibt seinen Gedanken Richtung. Meine Freundin bevorzugt eine kurze Zeit mit ihrer Bibel im Bett, bevor sie mit andern spricht. Ich gehe vormittags mit der Bibel unter dem Arm im Wald spazieren, um meinen Tag mit ihm zu besprechen, um zu reden und zu hören. Das »Wie« ist also nicht das Entscheidende. Wichtig ist, dass ich Jesus das Recht zugestehe, mir reinreden zu dürfen. Deshalb ist mit diesem Vers auch nicht ein billiges »Herr, segne diesen Tag, Amen«-Gebet gemeint. Hier geht es um einen Lebensstil. Mache deinen Garten, deinen Schreibtisch, dein Auto, deine Küche zu einem Ort, an dem Gott dir begegnen kann! Hier findet dein Gottesdienst statt.

Und wenn dann schon morgens um sieben die Milch über den Frühstückstisch fließt und du dir am Schnellkocher die Finger verbrennst? Dann hilft ein Lappen für den Tisch, kaltes Wasser für den Finger und ein Gedanke an Gott, damit du weißt: Der Tag mit ihm wird heute trotzdem gut. Allein schon deshalb, weil er da ist.

Kerstin Wendel

Jesus antwortete den Pharisäern: »Wenn ihr nur ein einziges Schaf hättet, und es fiele am Sabbat in einen Brunnen, würdet ihr nicht alles daransetzen, es herauszuziehen? Ganz bestimmt. Wie viel mehr ist ein Mensch wert als ein Schaf! Daher ist es erlaubt, am Sabbat Gutes zu tun!«

(Matthäus 12,11-12; NL)

Meine Urgroßeltern ließen ihr Geschirr am Sonntag stehen, um es im Alltag zu spülen. Meine Mutter mochte sich am Sonntag nicht die Haare waschen, weil sie es als unwürdige Beschäftigung empfand. Und ich? Ich bemühe mich, Telefonate am Sonntag erst nach 18 Uhr zu führen. Telefonieren ist für mich Arbeit.

Zu allen Zeiten haben Menschen versucht, den von Gott eingesetzten Ruhetag zu würdigen, ihn angemessen zu leben. Das ist gut so. Jesus stellt allerdings mit dieser Heilungsgeschichte ein Warnzeichen auf. Bewusst heilt er die gelähmte Hand eines Mannes unter den argwöhnischen Augen der Pharisäer. Das Warnzeichen Jesu heißt: »Barmherzigkeit geht immer vor. Immer!« Jesus ermöglicht diesem Mann vielleicht, 15 Stunden vor Wochenbeginn geheilt zu sein. Ist das wichtig? Der hätte sich doch gut und gerne noch den halben Tag behelfen können. Ja, das hätte er. Aber hier geht es um uns, nicht um den kranken Mann. Wir können um unserer lieben Sonntagsruhe willen nicht warten, wenn ein Mensch Hilfe braucht. Mitten am heiligen Sonntag. Es kann sogar sein, dass wir für unsere Hilfeleistung länger brauchen als Jesus für seine Heilung. Das steht nicht zur Diskussion. Entscheidend ist, dass wir Barmherzigkeit erlebt haben. Dann wollen wir auch barmherzig sein zu unseren Nächsten. Könnte sein, dass ich dann schon vor 18 Uhr telefonieren muss am heiligen Sonntag. Vielleicht kann sich jemand nicht bis Montag früh behelfen. Könnte sein.

(Weitere Gedanken zum Thema »Heiligung des Sonntags« finden Sie anhand der Bibel, z. B. in 2.Mose 20,10-11.)

Kerstin Wendel

Fliege ich dorthin, wo die Sonne aufgeht, oder zum Ende des Meeres, wo sie versinkt: auch dort würde deine Hand nach mir greifen, auch dort lässt du mich nicht los.

(*Psalm 139, 9-10; GN*)

Bis ans Ende des Meeres, wo die Sonne versinkt, bin ich nicht gekommen. Nur bis zur Nordsee, bis Schillig, einem kleinen verschlafenen Örtchen. Urlaub wollen wir hier machen als vierköpfige Familie. Und es will gar nicht recht gelingen. Denn ich bin auf der Flucht. Auf der Flucht vor mir selbst. Hinter mir liegen anstrengende Wochen; ich stecke mitten in einer großen Lebenskrise. Nichts ist für mich wie es war. Bodenlos falle ich, stelle mich meiner Vergangenheit, spüre unendlich viel Schmerz. Und nun hoffe ich, hier Abstand zu finden, mich, mein Leben, meine Probleme zurückzulassen. Zum ersten Mal in meinem Leben klappt das nicht. Und nun?

Kann nicht in der Bibel lesen, kann nicht schlafen, kann nicht lachen. Mitten in dieser Ausweglosigkeit trifft mich dieser Vers, den mir eine Frau mitgab: »Auch dort wird deine Hand nach mir greifen, auch dort lässt du mich nicht los.« Gab es früher Zeiten in meinem Leben, in denen ich es gern gehabt hätte, Gott hätte sich nicht ständig um mich gekümmert, lasse ich mich nun ergreifen von diesem Gedanken. Er ist jetzt da! Mitten in meinem Chaos, mitten in meiner versuchten Flucht! Er hält jetzt neben mir aus, erwartet kein heiteres Urlaubsgesicht. Unendlich viel Trost strömt aus diesem Vers für mich, dort an der nebligen Nordsee. Leben mit Gott heißt für mich: Ich schlage ein, wenn er mir die Hand entgegen streckt.

Kerstin Wendel

Erforsche mich, Gott, und erkenne mein Herz, prüfe mich und erkenne meine Gedanken. Zeige mir, wenn ich auf falschen Wegen gehe und führe mich den Weg zum ewigen Leben.

(*Psalm* 139,23-24; *NL*)

»Wenn der etwas Gemeines über Gott sagt, dann kann der was erleben!« Wutentbrannt steht meine Tochter vor mir. Sie ist noch jung, aber auf Gott will sie nichts kommen lassen. Da wird sie zornig und will sich selbst dazwischen stellen.

David hat in diesem Psalm ein ähnliches Problem. Mit glühendem Hass kommt er im Gebet zu Gott und schüttet sein Herz vor ihm aus. Feinde hat er, richtige Gottesfeinde. Moment mal! Das geht doch jetzt zu weit! Für David nicht; er ist tief im Gebet versunken. In großer Offenheit geht er alles mit seinem Herrn durch, seinen ganzen großen Ärger. Und zum Schluss, nachdem er alles ehrlich dargelegt hat, erteilt er seinem Gott eine Erlaubnis. Es ist die Erlaubnis, sich von diesem Herrn tief in sein Innerstes schauen zu lassen. So tief, dass auch Gott seine Antworten geben dürfte. »Weise mich zurecht, wenn mich das alles von meinem Weg abbringt«, bittet er seinen Gott.

Das sind zwei ganz wichtige Schritte, von denen wir oft keinen wagen. Ich möchte uns Mut machen zu diesem vertrauten Verhältnis mit Gott. Denn er wird antworten. Das kann sehr spannend für uns werden. Eine tiefe Ruhe wird uns erfüllen, wenn alles soweit klar ist. Und wenn nicht? Dann wird Gott sich in unser Leben einmischen und dafür sorgen, dass wir ihn richtig verstehen können.

Kerstin Wendel

24. September

»Ich will ihr in ihrer Not beistehen.«

(nach Psalm 91,15b)

Leidens- und Notzeiten haben einen ganz besonderen Glanz, wenn wir sie als Chance nutzen, um näher in die Gegenwart Gottes zu kommen. Sicher suchen wir uns diese Art von Chance nicht aus oder sehnen uns danach, endlich wieder eine Anfechtung zu haben. Aber das Wort Gottes sagt, dass wir »durch viel Trübsal ins Reich Gottes eingehen« werden (Apostelgeschichte 14,22). Dazu gab mir Jesus eine eindrückliche Lektion. In einer notvollen Phase meines Lebens, in der mir alles über den Kopf zu wachsen schien, die Nächte voller Ängste waren, die Tage ein fades Gefühl von Ungenügen und Lustlosigkeit hinterließen und jeder Anruf zu viel war, bat ich den Herrn, mich doch von meinen Aufgaben zu befreien oder all diese Symptome von Überforderung von mir zu nehmen. Trotz intensiven Gebets und ordnender Strukturen geschah gar nichts, bis ich eines Tages diese leise Stimme in mir hörte, die sagte: »Meine Geliebte, ich bin doch bei dir in deiner Not, ich sehe doch alles. Ich selber habe dich an diesen Platz gestellt und ich will, dass du lernst, dort zu stehen. Aber es wird sich nichts ändern, wenn du selbst die ganze Last der Verantwortung tragen willst. Bist du dazu bereit, dass ich die Hauptlast trage und du jeden Tag neu die Last trägst, die ich dir gebe?« Äußerlich hat sich daraufhin nichts geändert. Die Not ist geblieben, der Druck ist geblieben. Aber in meinem Herzen ist etwas geschehen. Ich habe erkannt, dass mein Ja zu einer tieferen Abhängigkeit von Gott dasselbe bedeutet wie »sich unter die gewaltige Hand Gottes zu demütigen« (1. Petrus 5,6). Dazu gehört, dass ich alle meine Sorgen, Ängste und Überforderungen auf ihn werfe und nicht aus eigener Kraft versuche, alles in den Griff zu bekommen, um möglichst schnell aus der unangenehmen Situation zu entfliehen. Jesus hat es verdient, dass wir ihm vertrauen. Er hat alle Versuchungen durchlebt, alles Leid durchlitten, alle Not mitempfunden und blieb doch ohne Sünde, damit er uns heute zurufen kann: »Fürchte dich nicht, ich bin bei dir alle Tage bis an der Welt Ende«.

Lilo Keller

»Ich will ihr zeigen mein Heil.«

(nach Psalm 91,16b)

Zum Heil gehört der ganze Errettungs-, Erlösungs- und Wiederherstellungsplan Gottes für seine Schöpfung und seine Geschöpfe. In und mit Jesus, dem Heiland, hat dieser uns eher fremde Begriff Gestalt und Leben bekommen. Petrus sagt in seinem berühmten Bekenntnis vor dem Hohen Rat (Apostelgeschichte 4. 12): »In keinem andern ist das Heil, auch ist kein andrer Name unter dem Himmel den Menschen gegeben, durch den wir sollen selig werden.« Es ist der Herzenswunsch des Vaters, uns sein Heil zu zeigen. Als Mose Gott bat, er möge ihm seine Herrlichkeit zeigen, da durfte er sie von hinten sehen, als sie an ihm vorüber zog. Ich glaube, Mose hat damals den für uns zerschlagenen Rücken Jesu gesehen! Den drei Jüngern auf dem Berg der Verklärung sagte der Vater: »Dies ist mein lieber Sohn, … den sollt ihr hören!« (Matthäus 17,5). Später verheißt Jesus seinen Jüngern, dass der Heilige Geist kommen wird. Dieser werde sie in alle Wahrheit führen, sie trösten, erinnern und lehren. Ja, sogar das Zukünftige werde er verkünden, das, was er am Herzen Gottes vernommen hat. Der heilige Geist ist es, der als diese Quelle des Lebens in uns sprudelt und uns als Helfer gegeben ist, damit wir Jesus und den Vater erkennen, anbeten und lieben können. Er ist mehr als Gaben und Früchte, er ist der »Freund des Bräutigams« und will uns dazu anspornen, dass wir uns schön machen auf dem Weg, dem Bräutigam entgegen. Er formt in unserem Innern das Zeugnis von Jesus und bringt das Liebeslied für unsern Gott zum Klingen.

Er ist derselbe Geist, der Jesus gezeugt hat und durch den der Vater Jesus von den Toten auferweckt hat! Er weckt auch dich und mich auf, damit wir in den großen Wehen, die über die Erde gehen, wach sind und ein brennendes Zeugnis vom Heiland und seinem Wiederkommen als »König der Könige« und »Herr aller Herren« in unserem Herzen haben. Wir wollen Teil der weltweiten Brautgemeinde von Jesus sein und mit dem Geist rufen: »Komm, Herr Jesus!«

Lilo Keller

26. September

»Ich will sie herausreißen und zu Ehren bringen.«

(nach Psalm 91,15b)

Gott kommt nie zu spät, aber er hat ein anderes Empfinden für Zeit und Raum als wir. Das erzeugt in uns eine Spannung, die es auszuhalten und auszufüllen gilt, und zwar mit Glauben. Der Hebräerbrief beschreibt den Glauben als eine feste Zuversicht auf das, was wir hoffen, und ein Nichtzweifeln an dem, was wir noch nicht sehen (Hebräer 11,1). Was mich dabei an Gott so unheimlich beeindruckt, ist sein fester Wille, alles nach seinem Bild wiederherzustellen. Es gibt keine Situation, die für ihn zu schwer wäre, um neues Leben hinein zu geben, ja, Neues zu schaffen. Er hat aus dem Chaos, aus dem Nichts, eine Welt hervorgerufen; darum fragt er auch uns in die unmöglichsten Umstände hinein: »Sollte mir etwas unmöglich sein?« Ich war schon mehrmals dem Tode nahe. Menschlich gesehen müsste ich tot sein. Aber Gott hat mich immer wieder herausgerissen, auch aus einer tiefen Depression, die fast zwei Jahre gedauert hat. Damals konnte ich nicht verstehen, wie dieser Gott, der doch Liebe sein sollte, es zulassen konnte, dass ich in eine solche Tiefe stürzte. Ich kannte meinen eigenen Namen nicht mehr und wollte nur noch sterben. Dabei war ich schon verheiratet, hatte zwei kleine Kinder, ein großes Pfarrhaus und war mitten in einer erfolgreichen Karriere als Musikerin. – Erst viel später konnte ich Gott danken, dass er mich in zweifacher Weise gerettet hat. Er riss mich heraus aus meinen Plänen und Vorstellungen von dem, was Leben ist, aus Hochmut, Stolz und Selbermachen. Und dann bestand seine Heilung darin, dass er mir mitten im Dunkel der Seele als dieses helle Licht erschien und mein Herz erwärmte, bis ich ihn sehen konnte. Er hat mich zu Ehren gebracht mit seiner wiederherstellenden Liebe, sodass ich heute von ganzem Herzen glaube und verkündige: »Wir haben einen Gott, der Licht ist. Niemand muss im Dunkeln bleiben. Es ist sein Wille, uns aus dem Einflussbereich des Satans herauszureißen und zu Ehren zu bringen, indem er uns seine Freundschaft schenkt«.

Lilo Keller

»Ich will sie sättigen mit langem Leben.«

(nach Psalm 91,16a)

Die Bibel erzählt von vielen Menschen, die alt und lebenssatt gestorben sind. Ein eindrückliches Beispiel ist Simeon, ein frommer und gottesfürchtiger Mann, dem der Heilige Geist versprochen hat, er werde nicht sterben, bis er den Heiland gesehen habe. So kam es, dass Simeon im Tempel war, als die Eltern Jesus darbrachten. Er erkannte, durch den Heiligen Geist, in diesem Jesus den Messias und sagte: »Herr, nun lässt du deinen Diener in Frieden fahren, wie du gesagt hast; denn meine Augen haben deinen Heiland gesehen« (Lukas 2,29-30). Auch Hanna, die 84 Jahre alte Prophetin, welche Gott noch in hohem Alter mit Fasten und Beten Tag und Nacht diente, erkannte bereits in dem Säugling Jesus den Herrn und pries Gott über ihm! Andere sind in jungen Jahren als Zeugen Gottes gestorben, wie Stephanus oder Jeanne d'Arc. Aber was sie »gesättigt« und ausgefüllt hat, war die Liebe und Erkenntnis des Herrn. Sie waren erfüllt von der Freundschaft mit Gott. Egal, wie es in der Welt aussieht, wie die Umstände um uns sind: Es ist Gottes Wille, dass unsere Herzensaugen so erleuchtet werden, dass wir diesen prophetischen Blick bekommen, ihn und seine Absichten in allem zu sehen und zu erkennen. Dann verliert auch die Angst vor dem Tod die Macht über uns. Wissenschaftler haben festgestellt, dass Momente von Angst oder Ärger in einem Menschen ebensoviel Lebensenergie aufbrauchen wie viele Stunden harter Arbeit. Zukunftsangst, Angst vor Versagen, Angst um unser Leben oder auch Ärger in vielerlei Form sind Kräfte, die uns wegtreiben aus dem Strom des Geistes. Sie rauben uns den inneren Frieden und höhlen unsere Lebensqualität aus, anstatt uns zu sättigen.

Gebet: Du Gott des Friedens, ich danke dir für mein Leben. Ich will von dir und deiner Gegenwart satt werden. Ich will dir all meine Ängste und meinen Ärger übergeben. Deine Auferstehungskraft soll in mir wirksam sein, bis ich dich sehen werde von Angesicht zu Angesicht.

Lilo Keller

»Sie kennt meinen Namen, darum will ich sie schützen.«

(nach Psalm 91,14b)

Gott hat sich Mose in einem brennenden Dornbusch offenbart. Als Mose ihn nach seinem Namen fragte, antwortete ihm Gott: Mein Name ist »Jahweh – Ich bin, der ich bin!« (2. Mose 3,14). Mit diesem Namen ging Mose zu seinem Volk zurück und hat es Kraft dieses Namens aus dem Sklavenhaus Ägypten befreit.

Das ist ein Schattenbild für das, was Jesus für uns getan hat. Er selbst sagt von sich, bevor er seinen Gehorsamsweg am Kreuz vollendet: »Vater, ich habe deinen Namen den Menschen offenbart und kundgetan!« (Johannes 17,6). Nach seiner Auferstehung bekommt Jesus nicht nur den Ehrenplatz im Himmel, er wird zum Befreier der Menschheit, zu deinem und meinem Erlöser. Ihm wird ein Name gegeben, der über allen andern Namen ist. Jeder, der ihn anruft, wird gerettet und in sein unerschütterliches Reich eingepflanzt. Ihn kennen bedeutet: von diesem Namen umschlossen zu sein, im Leben und im Sterben.

Vor etwa zehn Jahren hatte ich ein Phase von Träumen, in denen immer wieder die Frage auftauchte: »Kennst du Jesus wirklich?!« Da begann ich, um eine neue Offenbarung seines Wesens zu bitten. Das führte dazu, dass ich Menschen begegnete, die ihren Glauben total anders erfuhren und auslebten als ich. In dieser Fremdartigkeit – anders als ich's gewohnt war – ist mir Jesus nochmals neu begegnet und lieb geworden.

Der Name des Herrn ist nicht nur Schutz, sondern auch eine Waffe. Jesus hat uns seinen Namen gegeben, damit wir als seine Jünger hingehen und dasselbe tun, was er getan hat: die frohe Botschaft verkündigen, Kranke heilen, Dämonen austreiben, Traurige trösten, Tote auferwecken. Nur so können sich der Schutz, die Kraft und der Wohlgeruch seines wunderbaren Namens in und durch uns entfalten.

Gebet: Vater, lass mich heute deinen Namen heiligen. Ich will in den kleinen Schritten meines Alltags deine Zeugin sein. Danke für deinen kostbaren Namen, Jesus.

Lilo Keller

»Sie liebt mich, darum will ich sie erretten.«

(nach Psalm 91,14a)

Das kleinste Fünklein Liebe, das der Vater bei seinen Kindern sieht, rührt sein Herz an. Er kennt uns und sieht, wie wir's meinen.

Die Liebe zu Gott ist die Antwort unserer Herzen auf seine Liebe; sie bewirkt eine Herzens-Beziehung. Ob dies immer etwas mit Gefühlen zu tun hat? Ich glaube nicht. Oft ist es ganz einfach die bewusste und willentliche Entscheidung, ihm den ersten Platz im Leben einzuräumen, den ganzen Lebensstil nach ihm auszurichten und sich einzulassen auf einen Prozess der Umgestaltung zu seinem Bild. Dies ist zugleich Anbetung, ein Liebes-Erweis. Und noch eine andere Art nennt Jesus, wie diese Liebe zum Ausdruck kommt: »Wer meine Gebote hat und hält sie, der ist's, der mich liebt.« Und diese Liebe wird dann zu einem Schlüssel für tiefere Offenbarung: «Wer mich aber liebt, der wird von meinem Vater geliebt werden, und ich werde ihn lieben und mich ihm offenbaren« (Johannes 14,21). Es erstaunt mich immer wieder, dass die Jünger schon eine lange Zeit mit Jesus unterwegs waren, angezogen von seiner Liebe und seinem Anderssein gegenüber Gott und den Menschen, aber nicht wussten, wer er wirklich war. Als Jesus sie fragte, wer er sei, konnte nur einer von den Zwölfen darauf antworten, weil er durch den Heiligen Geist eine Offenbarung bekommen hatte: dass Jesus Gottes Sohn ist, der Erretter. Auch wir brauchen in unserem Geist diese Offenbarung der errettenden Liebe Gottes in der Person Jesu Christi. Sonst rüttelt und schüttelt es uns bei jeder Gelegenheit herum und wir fragen uns, ob wir ihn wohl lieben, oder auch, ob er uns wirklich meint und liebt. Wenn wir uns aber entscheiden, uns der Liebe Gottes auszusetzen, indem wir ihm unsere Liebe schenken, dann wird das Herz fest. Wir werden im Glauben zur Gewissheit kommen, dass es Gottes Wille ist, uns mit seiner Retterliebe in allem zu Hilfe zu eilen. Heute soll so ein Tag sein.

Gebet: Ich will mein Vertrauen auf dich setzen, mein Gott. Ich will dich lieben mit allem, was ich bin und habe. Ich will mich von dir ganz abhängig machen in allem, was ich tue. – Danke, Jesus, dass du mir zu Hilfe eilst und dich mir offenbarst.

Lilo Keller

»Wenn sie zu mir ruft, will ich antworten.«

(nach Psalm 91,15a)

Manchmal vergessen wir, dass unser Gott hört, fühlt, sieht, empfindet, riecht und schmeckt. Er hat uns nach seinem Bild geschaffen und sein innigster Wunsch ist es, mit uns in Freundschaft zu leben. Mir gefällt der Liebesruf des Bräutigams aus dem Hohelied 2,14: »Meine Taube in den Felsklüften, im Versteck der Felswand, zeige mir deine Gestalt, lass mich hören deine Stimme; denn deine Stimme ist süß, und deine Gestalt ist lieblich!«

Du bist die Taube! Die Geliebte! Hinter was hast du dich versteckt und wagst es nicht mehr, Gott unter die Augen zu treten und mit ihm zu reden? Er ist so anders, als wir denken. Seine Liebe ist größer als unser Versagen, größer als unser Unglaube, größer als alles Unrecht, das wir erfahren haben. Die Hauptsache ist, wir machen uns auf zu ihm, wir geben dem Schrei unseres Herzens Ausdruck.

Als der blinde Bartimäus aus vollem Halse rief: »Sohn Davids, erbarme dich meiner!«, da hat Jesus Halt gemacht auf seiner Reise, hat zum Ärger seiner Begleiter den Blinden zu sich rufen lassen und ihn gefragt: »Was willst du, dass ich dir tun soll?« Er wollte es aus seinem Munde hören: »Ich will sehend werden!« Und Jesus tat das Wunder und gab ihm sein Augenlicht wieder (Markus 10, 46-52).

Stell Dir vor, dass Jesus gerade jetzt, wo du diese Zeilen liest, bei dir steht und dich fragt: »Was willst du, dass ich dir tun soll?« Schütte ihm dein Herz aus, lass ihn deine Stimme hören. Denk daran, dass deine Stimme für ihn einen süßen Klang hat. Sag ihm die Wahrheit und du wirst sein Handeln erleben.

Lilo Keller

Als er weiterging, sah er Levi, den Sohn des Alphäus, am Zollhaus sitzen. »Komm, folge mir nach«, sagte Jesus zu ihm. Da stand Levi auf und folgte ihm nach.

(Markus 2,13-17; NL)

Begegnung mit Jesus … verändert das Leben

Auf dem Weg zum See mit seinen ersten Jüngern kommt Jesus an einer Zollstelle vorbei. Dort sitzt Levi, auch bekannt unter dem Namen Matthäus. Ein Zöllner war ein in seiner Umwelt verachteter Mensch. Um die Pacht einer Zollstelle zahlen zu können, zogen sie von allen, die in einen Ort wollten, Geld ein. Da sie selbst aber gut leben wollten, nahmen sie den Leuten meist mehr ab, als ihnen zustand. Sie wurden vor Gericht nicht als Zeugen zugelassen. Auch ihre Familien wurden geächtet. Zu solch einem Mann sagt Jesus im Vorübergehen: »Folge mir nach!« Und Levi lässt alles liegen und folgt Jesus. Noch mehr geschieht: Er lädt seine Freunde, weitgehend »Zöllner und Sünder« wie er, zu einem Abschiedsmahl ein. Das ist für ihn der Aufbruch in etwas ganz Neues. Wer dem Ruf Jesu folgt, vollzieht immer einen Abbruch seines bisherigen Lebens und einen Aufbruch in ein völlig neues Leben.

Ben lernte ich kennen als einen Mann, der für Jesus brannte. Sein Ziel war, Jesus vielen Menschen bekannt zu machen. Aufgewachsen war er als Straßenkind in Manila. Als jungem Mann wurde ihm in einer Umsiedlungsaktion der Regierung ein kleines Grundstück in der Umgebung Manilas zugewiesen. Toll, das konnte man verkaufen, und so hatte er wenigstens für kurze Zeit Geld. Und dann ging das Leben in alter Weise weiter. Er wurde kriminell, kam ins Gefängnis. Dort begegnete ihm Jesus. Nach seiner Entlassung pachtete er ein Häuschen im Umfeld der Großstadt und begann zu predigen. Bald entstand dort eine Gemeinde. Dann zog er weiter in den nächsten Ort. Als er Familie hatte, blieb er an einem Platz ansässig, zog aber mit der Botschaft von Jesus weiter von Ort zu Ort und gründete überall Gemeinden. Bei unserer ersten Begegnung waren so schon 49 Gemeinden entstanden. Mit Jesus ist er in neues Land aufgebrochen und vielen zum Segen geworden.

Ingrid Kern

2. Oktober

Da sah Jesus den Mann voller Liebe an. »Eins fehlt dir noch«, sagte er zu ihm. »Geh und verkaufe alles, was du hast.«

(Markus 10,17-22; NL)

Begegnung mit Jesus … fordert auf zur Entscheidung

Ganz unterschiedlich begegnen Menschen Jesus. Manche ruft er direkt in die Nachfolge. Andere suchen bei ihm Antwort auf brennende Lebensfragen, z. B. wie sie ewiges Leben gewinnen können. Da ist der »reiche Jüngling«. Von Kind auf ist er mit den Geboten vertraut und ehrlich bemüht, sie zu erfüllen. Unvorstellbar, dass ein Mensch sagen kann: »Das alles habe ich gehalten von meiner Jugend an.« Aber Jesus schaut tiefer als jeder andere. Er lässt diese Aussage unwidersprochen stehen. Voller Liebe schaut er den jungen Mann an. Er sieht die Schwachstelle, die ihn hindert, sich ganz auf Gott einzulassen. Neben dem Bemühen, Gott zu folgen, gibt es noch etwas anderes, das für sein Leben wichtig ist. Das sind sein Platz und sein Status in der Gesellschaft, die ihm durch seinen Reichtum zuteil werden. Als Jesus nun von ihm die Entscheidung fordert, sich ganz auf Gott zu verlassen und den Reichtum aufzugeben, da geht es ums Ganze. Man kann nicht Gott dienen und dem Mammon. Der junge Mann entscheidet sich für sein gesichertes, wohlhabendes Leben. Er verpasst so die Chance einer völligen Gottesbeziehung, die Jesus ihm bietet. Längere Zeit hatten wir Kontakt zu einem hochbegabten jungen Studenten der Geschichtswissenschaft. Die Ärzte hatten bei ihm Krebs diagnostiziert. Nun wartete er auf die letzte Bestätigung durch die histologische Untersuchung. In seinem Studium hatte er sich intensiv mit der Bibel beschäftigt. So kam er zu uns mit vielen Fragen. Auf jede Antwort, die ihm zur Entscheidung helfen wollte, kamen Gegenargumente, neue Fragen. Wir spürten, sein Ringen war echt. Als der Befund für ihn positiv ausging, hielt er nicht weiter Kontakt zu uns. Nicht nur Reichtum, auch Gesundheit und andere Dinge im Leben können wichtiger werden als eine Entscheidung für Gott.

Ingrid Kern

Etwas zu dieser Zeit kamen die Jünger zu Jesus und fragten ihn. »Wer ist der Größte im Himmelreich?«

(Matthäus 18,1-5; NL)

Begegnung mit Jesus ... setzt neue Maßstäbe

Mit dieser Frage kommen die Jünger zu ihrem Herrn. Es ist eine Frage, die immer wieder einmal unter ihnen aufgekommen ist. Sie erwarten nach der Leidenszeit Jesu die Zeit seines Triumphes und wollen wissen, welch hervorragende Rolle sie dann spielen werden. Das ist die ewige Versuchung des Menschen: groß sein zu wollen, selbst etwas sein zu wollen. Dabei haben die Jünger doch bereits eine lange Zeit mit Jesus gelebt und bei ihm gelernt. Sie haben einmal ihr altes Leben aufgegeben, sind ihm gefolgt. In seinem Auftrag sind sie zu zweit in die Orte gezogen und haben das anbrechende Reich Gottes verkündigt. Es sind Jünger, also »bekehrte« Leute, die mit dieser Frage zu Jesus kommen.

Und sie erhalten eine seltsame Antwort: Jesus ruft ein Kind herbei, stellt es in ihre Mitte und sagt: Wenn ihr euch nicht ändert und den Kindern gleich werdet, dann könnt ihr in Gottes neue Welt überhaupt nicht hineinkommen. – Die Jünger sollen sich ändern, umkehren. Umkehr heißt doch Bekehrung. Bekehrung meint: Geht zurück an den Punkt, an dem Jesus in euer Leben trat. Da erkanntet ihr nämlich, dass ihr auf falschem Wege wart, dass allein ein Leben in der Abhängigkeit von Gott die Rettung für euch sein kann. So wie ein Kind sich voller Vertrauen der Liebe seiner Eltern ausliefert, so sollt ihr immer wieder zu Gott kommen als Empfangende. Damit will Jesus seinen Jüngern zeigen, dass die Diskussion unter ihnen völlig verfehlt ist. Streben nach Größe, auch nach »geistlicher Größe«, ist Sünde.

Das Reich Gottes ist mit Jesus angebrochen und wird sichtbar unter uns in der Gemeinde. Welche Maßstäbe setzen wir untereinander? Jede Einordnung von uns selbst oder anderen kann nur ein Maß haben. Jesu Antwort ist klar: Wer wie ein Kind sich bedingungslos Gott anvertraut, nicht auf eigene Leistungen schaut, wird seinen Platz in der Welt Gottes haben.

Ingrid Kern

Da rief Petrus ihm zu: »Herr, wenn du es wirklich bist, befiehl mir, auf dem Wasser zu dir zu kommen.« »Dann komm«, sagte Jesus. Und Petrus stieg aus dem Boot und ging über das Wasser, Jesus entgegen.

(Matthäus 14,28-33; NL)

Begegnung mit Jesus … zeigt, dass Glaubensüberschwang und Zweifel dicht beieinander liegen

Sofort fällt uns das, was Petrus tut, ins Auge. Hat der einen Glauben! Wer würde es schon wagen, sich gegen alle natürlichen Erfahrungen so dem Wasser anzuvertrauen? Doch was geschieht hier eigentlich? Die Jünger sitzen alle in einem Boot. Sie kämpfen gemeinsam gegen die Wellen. Als ihnen im Morgengrauen eine Gestalt über das Wasser entgegenkommt, schreien sie alle vor Angst, weil sie glauben, ein Gespenst zu sehen.

Auch Petrus ist voller Furcht. Was bewegt ihn nun dazu, sich mit der Bitte an Jesus zu wenden, ihn auf dem Wasser gehen zu lassen? Will er schneller bei Jesus sein als die anderen? Will er sich und den anderen beweisen, wie groß sein Vertrauen und Glaube ist? Oder braucht er für sich selbst den Beweis, dass er kein Gespenst vor sich hat? Was auch immer seine Motivation ist, Jesus schlägt ihm die Bitte nicht ab. Er lässt den Petrus zu sich kommen. Wieder, wie schon so manches Mal vorher, macht dieser impulsive Mann zunächst die Erfahrung, was Glaube vermag. Das Wasser trägt auch ihn. Aber dann schaut er auf die Wellen, und sein Glaube geht buchstäblich »baden«. Glaube, der Gott vorschreibt, was geschehen soll, kann so schnell in Zweifel umschlagen. Gott kann mit und durch uns Wunder tun, Dinge geschehen lassen, die unser Verstand nicht zu fassen vermag, wenn **er** uns auf den Weg schickt. Es ist immer gefährlich, im Überschwang der Gefühle, seinen eigenen Glauben zu überschätzen. Auch ein bekanntes Lied bringt das zum Ausdruck: »Wenn du mich sendest, will ich gehn, getrost und ohne Bangen. Auf deine Augen darf ich sehn, an deinem Munde hangen. Wenn du nur mitgehst, Heiland mein, dann brauch ich nicht zu zagen; denn meine Kraft ist ganz allein, im Herzen dich zu tragen.«

Ingrid Kern

»Füchse haben ihren Bau und Vögel haben Nester, doch der Menschensohn hat keinen Ort, an dem er sich ausruhen kann.«

(Lukas 9,57-62; NL)

Begegnung mit Jesus … befreit von falschen Erwartungen

In aller Kürze werden uns drei Menschen geschildert, die Jesus begegnen. Der erste kommt und bietet an, Jesus ohne wenn und aber überallhin zu folgen. Er ist einfach begeistert von Jesus. Jesus ruft ihn zurück auf den Boden der Realität: »Bedenke, worauf du dich einlassen willst!« Es wird uns nicht gesagt, wie die letzte Entscheidung dieses Mannes ausfällt. – Ein anderer wird von Jesus zur Nachfolge aufgerufen. Er ist grundsätzlich bereit, will nur zuvor noch seine Sohnespflicht erfüllen, seinen Vater zu begraben. Fast unverständlich Jesu Forderung: »Lass die Toten ihre Toten begraben«. Aber das Reich und seine Proklamation haben Vorfahrt und dulden keinen Verzug. – Ein Dritter bietet sich wieder selbst an, will allerdings zuerst richtig Abschied nehmen von der Familie. Doch auch hier wieder eine radikale Forderung Jesu: »Wer mir nachfolgen will, muss das auf der Stelle tun, darf nicht zurückschauen. Wer pflügt und dabei nicht nach vorne schaut, zieht krumme Furchen.«

Während einer Tagung in Singapur lernte ich Daniel kennen. Seine Heimat war Malaysia, ein islamisches Land. Stück um Stück erfuhr ich seine Lebensgeschichte. Aufgewachsen als Moslem in gutem Haus, hatte er sich vor kurzem für Christus entschieden. Damit war spontan jeder Kontakt zu seiner Familie abgebrochen. Er existierte für seine Angehörigen einfach nicht mehr. Dieser junge Mann hatte den Ruf in die Nachfolge mit aller Konsequenz beschritten, Jesus über die Familie gestellt und sagte: »Die Familie, in die ich hineingeboren wurde, hat mich verstoßen. Aber Gott hat mir eine neue Familie mit vielen Angehörigen geschenkt.« Daniel hat die Hand an den Pflug gelegt und gerade Furchen gezogen. Sein Leben ist für viele zum Segen geworden.

Ingrid Kern

»Wenn ihr denen vergebt, die euch Böses angetan haben, wird euer himmlischer Vater euch auch vergeben. Wenn ihr euch aber weigert, anderen zu vergeben, wird euer Vater euch auch nicht vergeben.«

(Matthäus 6,5-15; NL)

Begegnung mit Jesus … schenkt Vergebung und stellt in Dienst

Jesus begegnet einer großen Volksmenge. Sie hat sich am Abhang eines Berges gelagert und hängt gebannt an seinem Mund. Viel hat er ihnen zu sagen. Unter anderem lehrt er sie, wie man recht betet. Plötzlich horchen sie auf. Sie sollen nicht nur beten: »Vergib uns unsere Schuld, wie wir vergeben unseren Schuldigern«. Das, was diesem Gebet folgt, ist eine unerhört ernste Mahnung. Wer selbst Schuldvergebung erbittet und erfährt, muss als Antwort darauf, gegenüber anderen bereit zur Vergebung werden, die an ihm schuldig geworden sind. Wer diese Konsequenz nicht zieht, muss wissen, dass Gott auch ihm nicht die Schuld erlässt.

Toy lebte in einer Familie, in der es viel Unfrieden gab. Über lange Zeit hatte der Großvater sie selbst und ihre Schwestern missbraucht. Als die Eltern dahinter kamen, zeigten sie ihn an. Es kam zu einer Gerichtsverhandlung, die gerade für die Kinder ein sehr bedrückendes Erlebnis war. Der Hass gegen diesen Mann, der ihr so viel Leid zugefügt hatte, erfüllte fortan Toys Leben. Nach einiger Zeit traf Toy Menschen, die sie mitnahmen in eine christliche Gemeinde. Dort begegnete sie Christus und übergab ihm ihr Leben. Aber noch immer hasste sie den Großvater. Unter dem Eindruck der Liebe Christi wurde ihr klar, dass sie so Jesus nicht folgen und dienen konnte. Sie bat Jesus um Vergebung. Mehr noch, sie erkannte, dass sie nicht nur frei werden musste von ihrem Hass, sondern dass sie bereit sein musste, auch ihrem Großvater zu vergeben. Sie besuchte ihn als Einzige aus der Familie im Gefängnis und bezeugte ihren Glauben. Sie versuchte, auch ihm den Weg zur Vergebung seiner Schuld zu zeigen. Wer Vergebung erfährt, wird frei, auch anderen zu vergeben und damit zum Dienst für Jesus.

Ingrid Kern

»Friede sei mit euch.«

(Johannes 20,19-23; NL)

Begegnung mit Jesus ... verleiht Frieden

Hinter verschlossenen Türen sitzen die Jünger beieinander. Das Erleben der letzten Tage steckt ihnen in den Knochen. Die Juden haben ihren Herrn ans Kreuz geschlagen. Am Morgen wurden sie aufgeschreckt von der Nachricht der Maria Magdala: Sie sei zum Grab gelaufen und habe es leer vorgefunden. Die Botschaft der Frau, dass sie den Auferstandenen gesehen und mit ihm gesprochen habe, konnte sie auch nicht beruhigen. Sie haben einfach Angst.

In diese verängstigte Schar tritt nun plötzlich Jesus und sagt: »Friede sei mit euch.« Friede ist nach dem Verständnis der Bibel immer eine Gabe Gottes. Friede ist die Versöhnung des Menschen mit Gott, dem Vater, durch Jesu Tod. Friede Gottes umfasst den ganzen Menschen, bringt ihm Heil, gerade in die Situation, in der er sich befindet.

Äußerlich verändert sich gar nichts. Das Geschehene wird nicht ausgelöscht. Die Bedrohung durch die Juden bleibt bestehen. Dennoch verändert sich bei den Jüngern etwas. Indem sie den Frieden annehmen, werden sie froh, beginnen neu zu sehen und zu hoffen.

Da war Heidi. Man hatte ihr mitgeteilt, dass sie hoffnungslos erkrankt sei. »Zu spät« für jede Behandlung stand über dem Rest ihrer Tage. Wie auch immer, ich weiß es nicht, war der Auferstandene mit dem Geschenk seines Friedens in ihr Krankenzimmer gekommen. So konnte sie in dieser Zeit, körperlich sehr schwach geworden, dennoch bezeugen: »Ich gehe zu meinem Herrn. Sein Friede trägt mich.« Viele Freunde und Bekannte besuchten sie. Und jedem sagte sie: Vertraut Jesus, dann habt ihr im Leben und Sterben eine Zukunft. Wer sich mit diesem Frieden beschenken lässt, wird durchgetragen bis ans Ziel.

Ingrid Kern

8. Oktober

Herr, zeige mir den richtigen Weg, damit ich in Treue zu dir mein Leben führe! Lass es meine einzige Sorge sein, dich zu ehren und dir zu gehorchen!

(Psalm 86,11; GN)

Mein letztes Jahr war seltsam farblos. Nachdem ich am Jahresanfang noch gespannt nach neuen Aufgaben Ausschau gehalten hatte und hoch motiviert und bereit gewesen war, neue Wege zu gehen, sah ich nach und nach, statt eines klaren Ziels, Nebel am Horizont aufkommen, der sich immer mehr verdichtete. Schließlich war alles, wozu ich mich berufen gefühlt hatte, in dichtem Grau verschwunden. Enttäuscht wandte ich mich ab und zog mich in meinen Normal-Alltag zurück. Ha, hatte ich etwa geglaubt, man brauche mich – Gott habe gar eine neue Aufgabe für mich? Nein, ich hatte mich viel zu wichtig genommen und irrte offenbar dauernd einer Fata Morgana hinterher. Am besten war, alles zu vergessen und mein eigenes kleines Leben zu leben.

Mein kleines Leben. Nichts Besonderes. Hausarbeit, Gemeindearbeit, alles wie gehabt. Darf es nicht etwas mehr sein?

– *Zeige mir den richtigen Weg* … hab ich dich gebeten, aber ich hab keinen Weg gesehen, Herr!

– Und wenn du bereits darauf gehst?

– Ich soll also im alten Trott dahinleben?

– Das lass meine Sorge sein. Deine soll sein, mir zu folgen und mich mit deinem Leben zu ehren. Egal, mit welcher Aufgabe. Sei treu in dem, was du jetzt tust.

– Treu sein also. Ach, das hört sich so langweilig an!

Beim näheren Betrachten wird das aber spannend. Treu sein heißt doch, nahe an Gott zu bleiben – und das birgt Überraschendes in sich. Gott hat noch etwas mit mir vor. Das kann sich in meinem Leben, wie ich es heute kenne, verbergen, oder es wird an der Wegbiegung, über die ich noch nicht hinaussehe, einen überraschenden Richtungswechsel geben. In erwartungsvoller Treue zu Gott den Alltag leben. Ja, das bringt mich weiter. Ich will nicht wie Jona unter der Rizinusstaude sitzen bleiben und das Welken der Blätter meiner Vorstellungen beklagen. Gott sieht weiter als ich.

Luise Korte

9. Oktober

Zieh meinen Blick von Nichtigkeiten ab und führe mich, damit ich leben kann.
(Psalm 119,37; GN)

Es gibt immer so viel zu tun.
Alltagsgewichtiges.
Martha-Geschäftigkeiten.

Wenn alles getan ist, was zu tun ist, werde ich A. anrufen. Wenn meine Wohnung wieder akzeptabel aussieht, werde ich an B. denken und mich kümmern. Wenn ich den Wäscheberg abgearbeitet habe, werde ich gucken, ob ich zu C. gehe, um mit ihr zu reden und zu beten. Wenn alles getan ist, werde ich mich an den Tisch setzen und den Brief schreiben, den ich schon lange im Kopf habe. Meine Tante wird sich über das Foto von ihr und meiner Mutter freuen, das ich als Bild gestaltet habe.

Doch Tage werden zu Wochen, das notwendig erscheinende Tageseinerlei frisst meine Zeit. Dann habe ich endlich alles fertig. Der Brief ist geschrieben, das Bild steckt mit im großen Umschlag, morgen werde ich zur Post gehen.

In der Tagespost liegt ein Brief mit schwarzem Rand. Keine guten Nachrichten.

Fassungslos lese ich, dass meine Tante gestorben ist. Ganz plötzlich. Unerwartet trotz ihrer jahrelangen Krankheit. Ein Zwischenfall bei der Dialyse.

Der Brief zittert in meiner Hand. Zu spät! Ich bin zu spät dran!

Der Vers aus den Psalmen hat mich an einer Stelle getroffen, wo ich immer wieder versage: den wichtigen Augenblick wahrzunehmen und aus dem Nichtigen herauszufiltern.

Lehre mich, Herr, meine Angelegenheiten an deinem Maßstab zu messen, damit ich weise lebe.

Luise Korte

... aber Jesus nahm das Mädchen bei der Hand und rief: »Mädchen, steh auf!«
(Lukas 8,40–56, NL)

Den nachfolgenden Text habe ich für die Eltern eines im Wachkoma liegenden Kindes geschrieben. Später habe ich ihn auch Eltern zugedacht, deren Kind schwer behindert ist.

Es gibt so viele Situationen, in denen wir Gott bitten »Sag doch nur ein Wort!« – und wo Gottes Reden und Handeln scheinbar unter seinen Möglichkeiten bleibt.

Häufig gehen uns die Augen viel später auf dafür, wie er gehandelt hat – oft ganz unerwartet anders, als wir es dachten.

Ach
sprächst du nur
zwei Worte

Talita kum –

es erhöbe die Welt sich
zum Tanz
uns wäre Himmel auf Erden
ums Herz
das jetzt so bänglich nur schlägt

Wenn du sprichst:
Steh auf, Mensch, du!
Erhebe dein Herz
zu mir, deinem Gott

Wie weit ist es hin
bis zu deinem Gesicht?

So groß du
und wir so danieder

Strecke deine Hand
uns entgegen
Entreiße uns
der nachtdunklen Verzweiflung
Richte uns auf
dass wir leben vor dir
gehalten
getröstet
getragen
deiner Gegenwart gewiss
immer wieder
ohne *Aber* und *Wenn*

Luise Korte

11. Oktober

Denn die ganze Schöpfung wartet sehnsüchtig auf jenen Tag, an dem Gott offenbar machen wird, wer wirklich zu seinen Kindern gehört.

(Römer 8,18-25; NL)

Mein kleines Wintergoldhähnchen (kleinster Vogel Europas) liegt tot vor den großen Fensterscheiben neben dem Eingang. Ich nehme es auf und hebe ein winziges Grab unter dem roten Haselnussstrauch aus. Immer noch fühle ich wie ein Kind in solchen Dingen, könnte trauern um jedes Lebewesen, das tagtäglich leidet. Zum Glück nehme ich wenig von der Tragik wahr, die sich bei jedem Lidschlag in unserer Welt abspielt. Aber die Zeitungen sind voll davon. An manchen Tagen falte ich die unheilschwarz bedruckten Blätter mit schwerem Herzen zusammen. Und draußen lacht der Himmel in unschuldiger Bläue. So schön ist unsere Welt! So wunderbar ist die Schöpfung!

Doch dann meldet Greenpeace, dass dieses Wunder weiterhin schwer gefährdet sei, und mahnt eine Umkehr an. Abkehr vom eingeschlagenen Kurs, der Devisen bringt. Aber: Stillstand heißt Rückgang, sagen die Unternehmer. Und wir selbst wollen auch nicht ins Vorzeitige zurück! Der Schöpfung mag es schlecht gehen – uns geht es doch gut! Und wenn der Ast bricht, auf dem wir sitzen und an dem wir blindlings rumsägen?

Sehnsucht nach einer neuen Welt. Einer paradiesischen.

Gott muss gewusst haben, wie zerstörerisch der habgierige Mensch nach dem Sündenfall mit der ihm anvertrauten Schöpfung umgehen würde. Wir haben es tatsächlich »weit gebracht«.

Die Bibel spricht davon, dass sich mit uns die ganze Schöpfung nach der Befreiung aus Vergänglichkeit und Zerstörung sehnt.

Der Regenwald. Die Ozeane. Von den Bergen geht das Seufzen in die Täler. Die Tierwelt sehnt sich.

Es gibt eine Hoffnung: Die ganze Schöpfung soll mit Gottes Erlösten das Wunder der Befreiung erfahren. Wie tröstlich!

Aber das ist keine Vertröstung auf bessere Zeiten: Wir haben eine Verantwortung für diese Welt!

Luise Korte

Aber ebenso wie wir seufzt und stöhnt auch der Geist Gottes, der uns zu Hilfe kommt. Wir sind schwache Menschen und unfähig, unsere Bitten in der rechten Weise vor Gott zu bringen. Deshalb tritt sein Geist für uns ein mit einem Stöhnen, das sich nicht in Worte fassen lässt.

(Römer 8,26; GN)

Manchmal hängt die Zimmerdecke dicht über meinem Kopf und mein Gebet scheint daran kleben zu bleiben. Wie soll mein unfähiges Stottern in Situationen, in denen ich gar nicht weiß, worum ich beten soll, von Gott wahrgenommen werden?

Und da lese ich, dass Gottes Geist mit mir stöhnt. Unglaublich! So wichtig bin ich Gott? Dieser Vers macht mich vor Ehrfurcht ganz klein, und schenkt mir Vertrauen. Gott in seiner Größe und Heiligkeit will mich wahrnehmen, meine Bitten verstehen.

Paulus spricht an anderer Stelle vom Beten in anderen Sprachen als einer Form der Hilfestellung durch den Heiligen Geist. Ich weiß nicht, wie und worum ich eigentlich bitten soll – bin sprachlos im wahrsten Sinn des Wortes – und er gibt mir eine Sprache, die ich nicht einmal verstehe.

Vielleicht gibt er mir auch ein Lied in mein Herz oder ein Wort der Bibel, das ausdrückt, was sich nicht aus meinem Herzen herausheben und in Worte fassen lässt.

Zu schwach zum Beten! Gott weiß, wie unfähig ich bin, und wie anspruchsvoll – ich möchte doch in meinem Anliegen dem allmächtigen Gott begegnen! Er schickt mir einen Helfer. Der stöhnt sogar mit mir. Unfassbar! Wirklich!

Luise Korte

13. Oktober

Obwohl er Gott war, bestand er nicht auf seinen göttlichen Rechten.

(Philipper 2,6; NL)

Neulich sah ich eine Reportage über Deutschlands Rechthaber, die anderen und sich das Leben schwer machen. Die Geschichten fingen meist lächerlich an und endeten oft tragisch. Die Menschen darin schnürten sich selbst vom Leben ab. Dabei hatten sie doch nur ihr vermeintlich gutes Recht eingefordert.

Im Recht sein und dieses Recht behalten wollen!

Ehre dem, dem Ehre gebührt – in diesem Fall mir!

Anspruch auf etwas haben und es bekommen – es steht mir zu!

Zielstrebig sein und das erreichen, was ich mir vorgenommen habe – komme, was da wolle!

Notfalls die Ellbogen ausfahren …

Nur nicht nachgeben, dem anderen seine Fehler nicht nachsehen.

Und dann sehe ich Jesus.

Er war Gottes Sohn – und gab alles auf.

Der Souveräne wählte die Knechtschaft.

Der Herr allen Lebens ging in den Tod.

Sein Beispiel vor Augen lasse ich los, was ich festhalten möchte.

Ich kann verzichten auf etwas, wovon ich meine, dass es niemandem außer mir zusteht.

Ich gewinne die Freiheit der Kinder Gottes, die wissen, dass ihnen in Jesus der Himmel gehört.

Wie klein werden da flüchtige Gewinne, die wie Sand durch die Finger rinnen! Das bisschen Ehre, das nur wie ein schäbiges Kleidchen ist, neben dem Mantel der Ehre, den er mir umwirft …

Nehme ich den Mund hier nicht etwas voll? Vergesse ich in der entsprechenden Situation diese Gedanken nicht schnell?

Ja, immer wieder muss ich mich entscheiden, ob ich als Schnäppchenjägerin am Grabbeltisch des irdischen Lebens, gierig nach Vorteilen für mich, nach scheinbar Notwendigem und Unentbehrlichem grabschen, oder ob ich als Beschenkte am Gabentisch Gottes sitzen will.

Luise Korte

14. Oktober

Denn immer, wenn unser Gewissen uns verurteilt, wissen wir, dass Gott größer ist als unser Gewissen. Er weiß alles.

(1. Johannes 3,20; GN)

Ich habe einen Rundbrief bekommen. Die Verfasserin ist meine beste Freundin aus längst vergangenen Tagen. Sie wurde zu einem Zeitpunkt Christin, als ich es schon längst war. Kaum zu glauben, dass ich eine von denen war, die an diesem Punkt den Finger ausstreckten und auf Jesus wiesen, dem sie damals schon ahnungsvoll »von ferne« folgte. Sie ließ sich taufen und gehörte fortan ungeteilten Herzens Jesus, und gehört ihm weiterhin. Sie hat vier Kinder, denen sie eine wunderbare Mutter ist. Sie ist die tatkräftige Stütze ihres Mannes und bewegt vieles in einer Gemeinde in einem fernen Land. Sie hat etwas aus ihren Begabungen und ihrer Berufung gemacht. Oder anders: Gott segnet dieses Leben in den Fußspuren seines Sohnes. Kann man das von mir auch sagen? Ich weiß es nicht. Sichtbar ist es jedenfalls nicht. Ich fühle mich eher als Versagerin an dieser Stelle. Nicht nur an dieser, aber sie ist die wichtigste. Vielleicht hatte Gott viel mit mir vor und ich blieb einfach bequem in meinem Alltagssessel sitzen.

Sie ist eine Frau nach dem Herzen Gottes. Mich würde es nicht wundern, wenn sie einmal einen Ehrenplatz an seiner Tafel haben würde. Ich bestimmt nicht – es stünde mir nicht zu, geehrt zu werden. Am andern Tag bekomme ich wieder einen Brief. Er ist nicht persönlich; es ist ein Brief vom Bibellesebund. Eine Lupe ist ihm beigelegt, damit ich das Kleingedruckte besser lesen kann. Eine der Stellen erwischt mich an meinem »wunden Punkt«: »Denn immer, wenn unser Gewissen uns verurteilt …« Ja, genau! Nimm die Lupe! Was steht über der Anklage? »*Gott ist größer!*«

Es ist eins meiner Lieblingsworte in der Bibel: Gott ist größer als unser Herz. Ich vergesse es immer wieder. Immer wieder erschlagen mich die groß gedruckten Lettern *VERSAGER* – und verkleinern die Möglichkeiten Gottes mit mir. Ja, auch mit mir! Trotz allem.

Jesus sei Dank, der für mein Versagen starb. Gott sei Dank, der meine Bedürftigkeit sieht und meine Lücken füllt.

Luise Korte

15. Oktober

»Freuen dürfen sich alle, die nur noch von Gott etwas erwarten – mit Gott werden sie leben in seiner neuen Welt.«

(Matthäus 5,3; GN)

Jesus beginnt die Bergpredigt mit den »Seligpreisungen«. Im Urtext steht das griechische Wort »makarios« mit der Bedeutung »glückselig, völlig zufrieden, von Gott gesegnet«.

Wie würde wohl unsere eigene Glücklichpreisung lauten? Glücklich die Frau, die gesund ist, die eine intakte Ehe und Familie hat, die einen interessanten Beruf ausübt, die ihren Alltag mit Leichtigkeit meistert, die …

Was macht uns glücklich? Wovon ist unser Glück abhängig? Was brauchen wir, damit wir glücklich sind? Da spielen unsere Lebensumstände natürlich eine wichtige Rolle! Doch wir haben es alle schon erlebt: Selbst wenn äußerlich alles stimmt, kann es sein, dass wir im Innersten unglücklich, unerfüllt, unzufrieden und irgendwie leer sind.

Jesus spricht von einem Glück, das weit über das irdische Leben hinausreicht. Er weiß, dass wir mitten in der Welt voller Bosheit, Angst und Unsicherheit leben. Trotzdem wünscht und verspricht er uns Freude!

»Selig sind, die da geistlich arm sind, denn ihrer ist das Himmelreich.« So hat Luther die erste Seligpreisung übersetzt. Arm sein, bedürftig sein im Geist kann bedeuten, dass wir wenig Lebenskraft haben, dass wir mutlos und verzweifelt sind. Was für eine Zumutung, dass wir uns darüber freuen sollen! Warum gratuliert Jesus nicht den Menschen, die stark und selbstsicher sind oder zumindest so wirken? Jesus weiß, wer in sein Reich passt: Menschen, die zugeben können, dass sie in sich arm und bedürftig sind. So werden wir offen und empfänglich für Gott. Wir geben zu, dass wir unsere Freude am Leben letztlich nicht in glücklichen Lebensumständen oder lieben Menschen finden, sondern in Gott allein.

Susanna Oppliger

»Freuen dürfen sich alle, die unter dieser heillosen Welt leiden – Gott wird ihrem Leid ein Ende machen.«

(Matthäus 5,4; GN)

Die Seligpreisungen könnten wir auch als Gratulationen, als Glückwünsche von Jesus verstehen. Sie holen uns mitten in der Welt ab und weisen auf die Ewigkeit hin. Doch wir fragen: Warum müssen wir immer noch leiden? Warum sehen und erfahren wir so wenig vom Heil und von der Erlösung, die Jesus uns mit seinem Leben gebracht hat? Vertröstet er uns einfach auf die Ewigkeit?

Mit dieser Seligpreisung nimmt uns Jesus in sein eigenes Menschsein und seine eigenen Erfahrungen hinein. Er kannte die Traurigkeit über die heillose Welt, über die Macht von Krankheit und Tod, über die Hartherzigkeit der Menschen – er hat darüber geweint, er hat das Leid dieser verdorbenen Welt erlebt und getragen bis zum Äußersten! Darum kann er uns in all unserm Leiden verstehen.

Es ist gut, wenn wir das Leiden im Leben Jesu anschauen und uns fragen, ob wir bereit sind, es mit ihm zu teilen. Paulus schreibt: »Wie wir mit Christus leiden, sollen wir auch seine Herrlichkeit mit ihm teilen« (Röm. 8,17b). Es ist gut, wenn wir Tränen und Traurigkeiten über unser eigenes unheiles Leben zulassen. Es ist gut, wenn wir traurig sind über gestörte Beziehungen, über hartherzige Menschen, über all das Böse in der Welt. Jesus macht uns keine Vorwürfe wegen unserer Traurigkeit und unserem Leiden. Er sagt nicht: »Wenn du glauben würdest, müsstest du nicht mehr traurig sein.« Nein, solange wir in dieser Welt leben, haben wir Anteil an solchem Leiden. Aber wir dürfen uns trotzdem freuen, denn letztlich wird alles gut! Wörtlich steht in der zweiten Vershälfte: » ... denn sie werden getröstet werden«. Damit ist das rettende, heilschaffende Eingreifen Gottes am Ende der Geschichte gemeint. Das ist unser Trost. Und manchmal erfahren wir schon heute und jetzt etwas von Gottes rettendem Eingreifen!

Susanna Oppliger

»Freuen dürfen sich alle, die auf Gewalt verzichten – Gott wird ihnen die Erde zum Besitz geben.«

(Matthäus 5,5; GN)

Mit dieser Gratulation sind wir einverstanden. Zu offensichtlich sind all die negativen Folgen von körperlicher und seelischer Gewalt! Es ist eine menschenfreundliche Haltung, wenn wir auf die verschiedenen Formen der Gewalt verzichten. Doch wie sollen wir denn der Ungerechtigkeit und Bosheit in der Welt begegnen? Sollen wir alles still duldend über uns ergehen lassen?

Im Luther-Text heißt es: »Selig sind die Sanftmütigen.« Sanftmütig ist in der deutschen Sprache verwandt mit zart, weich, leicht, angenehm. Das erfasst die ursprüngliche Bedeutung des Wortes nur einseitig, es fehlen die Kraft und Stärke, die auch noch drin stecken. Sanftmut ist die Mitte zwischen hemmungslosem Zorn und übertriebener Gleichgültigkeit.

Sanftmut steht im Gegensatz zur strengen Ordnung, die nach dem Gesetz urteilt und bestraft. Gerade wenn wir uns auf die Bibel berufen, können wortgewaltige Kritik, Zurechtweisung und Ermahnung ausgeteilt und eingesteckt werden. Dabei werden wir verletzt und verletzen andere. Jesus lehrt uns den Weg der Sanftmut. Diese Haltung hilft uns, den Menschen zuvorkommend, annehmend, wertschätzend zu begegnen. Sie ermöglicht Ermahnung ohne Härte, Diskussionen ohne Intoleranz, Zorn ohne Sünde und Milde ohne Schwäche. Sanftmütige Menschen bewirken in den anderen das, was Zwang niemals schaffen kann. Das Gesetz zerschlägt das Eis, die Sanftmut bringt es zum Schmelzen.

Jesus ist die Sanftmut in Person! Bei ihm finden wir gerechten Zorn und vergebende Liebe. Er reinigte mit Zorn den Tempel und sprach mit Barmherzigkeit einer Ehebrecherin Vergebung zu. Bei ihm können wir diese Wesensart erkennen, lernen und bekommen.

Der sanftmütige Jesus sorgt dafür, dass im Reich Gottes die Sanftmut herrscht. Freuen darf sich, wer sanftmütig ist, denn er wird an dieser Herrschaft teilhaben und die neue Erde besitzen!

Susanna Oppliger

18. Oktober

»Freuen dürfen sich alle, die danach hungern und dürsten, dass sich auf der Erde Gottes gerechter Wille durchsetzt – Gott wird ihren Hunger stillen.«

(Matthäus 5,6; GN)

Wir sollen uns freuen, wenn wir Hunger und Durst haben! Das gelingt nur, wenn wir wissen, dass unser Bedürfnis nach Essen und Trinken bald gestillt wird. Hunger und Durst sind in der Bibel ein Ausdruck für die Sehnsucht. Wir sehnen uns nach etwas, was noch nicht da ist, was wir aber erwarten. »Dein Wille geschehe, wie im Himmel, so auf Erden« – so beten wir im Vaterunser. Wir sehnen uns danach, dass es keine Ungerechtigkeit, keinen Terror, keinen Krieg, kein Leid und keinen Tod mehr gibt. Alle Menschen werden den dreieinigen Gott anbeten und einander lieben nach seinem Willen. Wir erwarten, dass Gott sein Reich aufrichtet und vollendet!

In Jesus haben wir das Brot des Lebens und die Quelle des lebendigen Wassers gefunden. Wir essen und trinken davon und werden gesättigt. Wir erfahren Vergebung und Befreiung von Schuld, Heil und Heilung für unsere Schwachheiten, Stärkung und Wegweisung für die Lebensgestaltung, Frieden und Ruhe für unsere Seele. Doch solange wir auf der Erde leben, dauert die Phase der Sattheit, des Gestilltseins nur kurz, dann werden wir wieder hungrig.

Diesen Hunger brauchen wir, um auf unserem geistlichen Weg weiter zu kommen und zu wachsen. Wir brauchen die Sehnsucht, dieses Ausstrecken und Dürsten nach Gott, nach seiner Gerechtigkeit, seiner Wahrheit und seinem Willen! Und wo wir seinen Willen erkennen, wollen wir danach handeln und mithelfen, dass unter uns Menschen das Reich Gottes gebaut wird.

Susanna Oppliger

»Freuen dürfen sich alle, die barmherzig sind – Gott wird auch mit ihnen barmherzig sein.«

(Matthäus 5,7; GN)

Gott hat ein Herz für seine Geschöpfe, ja, er liebt alles, was er gemacht hat! Dieses Herz Gottes ist in Jesus Christus offenbar, sichtbar, erfahrbar geworden. Er hatte Mitleid mit den Menschen. Deshalb lehrte und heilte er sie (Markus 6,34).

Das deutsche Wort »barmherzig« ist verwandt mit »Erbarmen« und ist zusammengesetzt worden aus »arm« und »Herz« mit der Bedeutung »ein Herz für die Unglücklichen (Armen) haben«. Wenn wir also auf die Barmherzigkeit Gottes angewiesen sind, bedeutet dies, dass wir selbst zu denen gehören, die arm und unglücklich sind und einen Gott nötig haben, der ein Herz für uns hat. In dieser Wahrheit ist unsere Barmherzigkeit gegenüber unseren Mitmenschen begründet.

Für manche Frauen trifft zu, dass sie eher mit den anderen barmherzig umgehen können als mit sich selbst. Vielleicht will uns diese Seligpreisung auch ermutigen, mit uns selbst barmherzig zu sein! Deshalb fragen wir uns heute ganz persönlich: Kann und will ich das Erbarmen Gottes *für mich* annehmen? Gilt es für *meine* Unzulänglichkeiten und Schwachheiten? Kann und will ich dieses Erbarmen weitergeben und wirksam werden lassen in meinen Beziehungen zu meinen Nächsten in Familie, Gemeinde, Beruf?

Gott lindert in großer Barmherzigkeit auch die Folgen unserer Sünde und Schuld, die selbst mit Vergebung nicht beseitigt sind. Manchmal leiden wir weiter an den Folgen, die eigene oder fremde Schuld in unser Leben gebracht haben. Alle Erklärungen, Schuldzuweisungen und Entschuldigungen bringen uns nicht weiter. Da ist die Gefahr groß, dass wir uns durch Hartherzigkeit abgrenzen und schützen, um nicht noch weiter verletzt zu werden. Aber wenn wir unser Herz vom göttlichen Erbarmen berühren lassen, kann es weich und barmherzig werden. Lassen wir uns heute einhüllen von Gottes Barmherzigkeit wie von einem warmen Mantel!

Susanna Oppliger

»Freuen dürfen sich alle, die im Herzen rein sind – sie werden Gott sehen.«

(Matthäus 5,8; GN)

Gott sehen, bei ihm sein – das ist das Ziel unseres Lebens! Darauf freuen wir uns. Jesus sagt, dass wir dazu ein reines Herz brauchen. Das haben wir nicht einfach so. Nein, die Bibel lehrt uns, dass unser Herz von Natur aus böse, trotzig und verzagt ist. Mit Herz meint die Bibel die Mitte des leiblichen, geistigen und geistlichen Lebens. Das Herz steht für das ICH des Menschen. Hier wohnen Gedanken, Wille, Urteilskraft, Empfindungen, Liebe, Angst, Sorge, Sehnsucht – alle Kräfte des Geistes und der Seele. Es ist die Stelle im Menschen, an die Gott sich wendet, weil es der Ort ist, wo die Sünde wohnt. Jesus sagt: »Aus dem Herzen kommen die bösen Gedanken und mit ihnen Mord, Ehebruch, Unzucht, Diebstahl, falsche Zeugenaussagen und Beleidigungen« (Matthäus 15,19).

Wie kann unser Herz rein werden? Was bedeutet es, ein reines Herz zu haben? Rein heißt soviel wie sauber, klar, ungetrübt, aufrichtig, ehrlich, eindeutig. Das Gegenteil ist schmutzig, trüb, dunkel, unaufrichtig, falsch, zweideutig. Wir schaffen es nicht, selbst unser Herz zu reinigen. Aber vielleicht beten wir mit David: »Schaffe in mir, Gott, ein reines Herz, und gib mir einen neuen, beständigen Geist« (Psalm 51,12). Gott kennt unser Herz. Durch den Glauben an den Sohn Gottes wird unser Herz gereinigt und wir werden von aller Schuld befreit. Der Geist Gottes kommt in die Mitte unseres Lebens. Er bewirkt in uns die Umkehr und die fortwährende Reinigung. Unser ganzes Denken, Fühlen und Wollen wird in einem lebenslangen Prozess nach dem Willen Gottes erneuert und umgestaltet. Er will, dass wir unsere Verfehlungen eingestehen. Wir brauchen nichts zu verstecken und uns selbst zu betrügen. Wir dürfen unser Herz vor ihm ausschütten. Er erschrickt nicht! Sein Angebot der Reinigung durch das Blut Jesu Christi gilt für unsere ganze Lebenszeit.

Darum wollen wir vor Gott hintreten mit offenem Herzen und in festem Glauben; unser Gewissen wurde ja von aller Schuld gereinigt. (Hebräer 10,22)

Susanna Oppliger

21. Oktober

»Freuen dürfen sich alle, die Frieden stiften – Gott wird sie als seine Söhne und Töchter annehmen.«

(Matthäus 5,9; GN)

Jesus, der Sohn Gottes, ist der große Friedensstifter! Davon haben die Engel bei seiner Geburt gesungen: Friede auf Erden! Doch wo ist dieser versprochene Friede auf der Welt, in unserer Umgebung, in unseren Gemeinden, in unseren Familien, in unserem ganz persönlichen Leben, in unserem Innersten?

Das deutsche Wort Friede ist verwandt mit Freude, Befriedigung, Schonung und Freundschaft. Es kommt von »fri« und bedeutete frei. Ein freier Mensch war einer, der zur Sippe gehörte und deshalb geschützt, lieb und erwünscht war. Wir verbinden mit Frieden verschiedene Begriffe: Eintracht, Einigkeit, Beruhigung, Harmonie, Einklang, Einheit, Ausgleich, Ruhe, Stille, Schweigen, Verständigung, Versöhnung, Entspannung, Sorgenfreiheit, Sicherheit, Vertrauenszustand, Wohlsein, Zufriedenheit, Heil, Schönheit und Freundschaft. Wer Frieden stiftet, der setzt sich dafür ein, dass diese Begriffe unter uns Wirklichkeit werden und wir in guten Beziehungen miteinander leben können. Wo Streit und Unversöhnlichkeit herrschen, versucht er zu vermitteln.

Jesus hat das gestörte Verhältnis zwischen den sündigen Menschen und dem heiligen Gott wiederhergestellt. Er hat sich mit seinem eigenen Leben dafür eingesetzt und alle Schuld der Menschheit auf sich genommen. Er ist gekommen, »um uns zu führen und zu leiten, dass wir den Weg des Friedens finden« (Lukas 1,79). Wenn wir Frieden mit Gott gefunden haben, können wir auch in rechter Weise Friedensstifterinnen werden!

Es beginnt bei mir selbst. Bin ich versöhnt mit mir und meiner Lebensgeschichte? Suche ich die Verständigung mit meinen Nächsten? Bin ich zufrieden mit meiner Lebenssituation? Verbreite ich eine Atmosphäre des Vertrauens in meinem Alltag?

Gott hat uns als seine Töchter angenommen. Wir leben »standesgemäß«, wenn wir im Frieden mit Gott leben und durch unser Leben den Frieden zu andern Menschen tragen!

Susanna Oppliger

»Überlegt es euch vorher, ob ihr wirklich bereit seid, alles für mich aufzugeben und mir nachzufolgen.«

(Lukas 14,33; NL)

Alles loslassen für Jesus?

Loslassen ist ein Lebensthema, eine unausweichliche Herausforderung. Kein Bereich unseres Lebens ist davon ausgeklammert. Es beginnt schon bei der Geburt, wenn ich als Mutter das Kind loslasse aus meiner Versorgung, ins eigene Leben. Mehr und mehr nehmen andere Menschen Einfluss auf mein Kind. Kindergarten, Schule, die erste Liebe, die Berufsausbildung. Dann der Führerschein, die erste Fahrt ... Die Eltern treten in den Hintergrund, sind noch Berater und stehen hilfreich zur Seite – wenn die Beziehung stimmt.

Wer loslässt, hat die Hände frei für Neues, lebt gelassener. Loslassen ist eine Kunst, die ich lernen kann und darf, immer wieder neu. Loslassen: meine Sorgen, Erwartungen, wichtige Menschen, Projekte, Besitz, Ehrgeiz, Eifersucht. Große und kleine Dinge. Und unseren Kater Hugo.

Wenn wir unterwegs sind, wohnt immer jemand in unserem Haus, weil Katzen menschenbezogene Tiere sind. Aber einmal fand ich niemanden, für vier lange Wochen. Endlich habe ich schweren Herzens unsere Nachbarin gefragt, ob sie ihn wenigstens täglich mit Futter versorgen könnte. Das war ein Prozess des Loslassens. Aber Hugo hat alles gut überstanden – und ist seitdem noch zutraulicher als vorher. Das ist eine gute Erfahrung für mich. Im Vertrauen auf Jesus mutig loslassen wird belohnt.

Angela Werth

»Denn was würde es einem Menschen nützen, wenn er die ganze Welt gewönne, aber sein Leben einbüßte?«

(Matthäus 16,26; E)

Festhalten

Das Gegenteil von Loslassen ist Festhalten.

Ein Affe sah durch das Glas einer Flasche eine Kirsche und wollte sie herausholen. Er streckte seine Hand durch den Flaschenhals und schloss die Faust um die Kirsche. Aber nun konnte er die Hand nicht mehr zurückziehen. Da tauchte der Jäger auf, der die Flasche dorthin gestellt hatte. Sie war eine Falle. Der Affe wurde durch die Flasche so behindert, dass er nicht davonlaufen konnte, und war gefangen. »Wenigstens habe ich noch die Kirsche in der Hand«, dachte er. Aber im gleichen Moment gab ihm der Jäger einen festen Klaps auf den Ellenbogen. Die Hand des Affen öffnete sich im Reflex und fuhr aus der Flasche. So hatte der Jäger nun alles: Die Frucht, die Flasche und den Affen.

Dieser gierige Affe ist ein Beispiel für Menschen, die nicht loslassen können. Sie halten krampfhaft etwas fest und verlieren am Ende oft alles.

»Herr hilf mir, dir alles zu geben und dir alles zuzutrauen.«

Angela Werth

24. Oktober

Danach betrachtete Gott alles, was er geschaffen hatte. Und er sah, dass es sehr gut war.
(1. Mose 1,31; NL)

Betrachten

Gott freut sich über das, was er geschaffen hat. Alles ist gut. Er betrachtet es von allen Seiten und freut sich darüber. Es gibt nun ein Meer, es gibt Pflanzen und Bäume und Tiere. Und es gibt endlich auch die Krönung der Schöpfung, die Menschen: Adam und Eva.

Gewaltig viel hat Gott geschaffen. Und was tut er? Er schaut es an und lässt es los. Die Menschen dürfen das Land bewohnen und selbständig gestalten. Er schaut immer mal wieder vorbei, aber er nimmt keinen direkten Einfluss auf ihr Leben. Er überlässt ihnen die Verantwortung. Auch die, ob sie von den Früchten des besonderen Baumes essen oder nicht.

Ich möchte von Gott lernen. Ich möchte das würdigen und genau betrachten, was ich gemacht habe. Ob es ein gutes Essen ist oder ein gelungenes Gespräch oder auch ein nur hektischer Anruf. Ich möchte lernen, genau hinzuschauen und dann etwas Abstand zu nehmen, um es erneut in Gottes Hände zu geben.

»Herr, hilf mir, dass ich innehalten kann, dass ich genau betrachten kann, was ich geschafft habe und mich freue, wenn es gelungen ist. Ich halte dir alles hin, meine Erfolge und meine Misserfolge und alles Unfertige. Dann habe ich wieder meine Hände frei, um Neues zu wagen.«

Angela Werth

Überlass alle deine Sorgen dem Herrn.

(Psalm 55,23a; Hfa)

Überlassen

Das ist ein Psalmwort von David. Er weiß, wie das ist, wenn man seine Sorgen rückhaltlos Gott überlässt. Er hat sich ihm immer wieder ganz ausgeliefert. Zudem sind die meisten Sorgen höchst überflüssig. In einer Studie habe ich eine Auflistung gefunden:

40 Prozent aller Sorgen betreffen Ereignisse, die überhaupt nicht eintreffen oder ihren Schrecken verlieren, wenn man sie aus der Nähe betrachtet.

30 Prozent der Sorgen betreffen längst vergangene Ereignisse. Aber vorbei ist vorbei; man sollte nicht auf den Sorgen hocken bleiben wie auf einem Sofa. Die Vergangenheit sollte besser ein Sprungbrett sein. Es ist wichtig, beim Fahren ab und zu in den Rückspiegel zu schauen, aber vor allem müssen wir die Wegstrecke beachten, die vor uns liegt.

Zwölf Prozent der Sorgen sind Sorgen um unsere Gesundheit, die sogar das Gegenteil bewirken. Wer sich andauernd selbst beobachtet und immerzu an drohende Krankheiten denkt, wird leichter krank.

Nur acht Prozent aller Sorgen sind berechtigt, und diese Sorgen kann ich Gott überlassen. Er trägt gerne den vollen Sorgenrucksack. Und ich kann erleichtert meinen Weg fortsetzen.

Angela Werth

26. Oktober

Er wird dich wieder aufrichten, niemals lässt er den scheitern, der treu zu ihm steht.

(Psalm 55, 23b; Hfa)

Gewinnen

Loslassen macht frei. Ich kann wieder aufrecht gehen.
Und noch mehr:
Ich kann durchatmen und bekomme neue Energie.
Ich lerne selbständig zu sein.
Ich schätze nun manche Dinge mehr.
Ich kann leichter auf einen anderen zugehen.
Ich lerne Offenheit gegenüber Gott und den Nächsten.
Ich erlebe eine neue Begegnungsebene.
Ich bin befreit von negativen Gefühlen.
Ich habe mehr Selbstbewusstsein.
Ich kann nun endlich weinen und trauern.
Ich habe neue Hoffnung und neue Orientierung bekommen.

Loslassen hat lebensverändernde Auswirkungen! Frauen haben mir die aufgelisteten Auswirkungen genannt.

Beim Loslassen kommt etwas in Bewegung – in mir und somit auch um mich herum.

Angela Werth

Jesus betete: «Vater, wenn du willst, dann lass diesen Kelch des Leides an mir vorübergehen. Doch ich will deinen Willen tun, nicht meinen.« Da erschien ein Engel vom Himmel und stärkte ihn.

(Lukas 22,42-43; NL)

Jesus, mein Vorbild

Jesus in Gethsemane: Er weiß, was Gott von ihm möchte. Und trotzdem bittet er ihn mit letzter Kraft: Dir ist alles möglich. Bewahre mich! Aber nicht, was ich will, sondern was du willst, soll geschehen. Jesus ist allein, und er ringt um sein Leben. Er liefert es ganz und gar aus. Ich freue mich darüber, dass Lukas erzählt, wie Gott ihm einen Engel an die Seite stellt, der ihm wieder neue Kraft gibt.

Jesus ist gehorsam. Er hat Gott sein Leben übergeben. Und ist nun frei, damit ich meine Lasten bei ihm abladen kann.

Er hat sein Leben losgelassen, ist am Kreuz einen fürchterlichen Tod gestorben. Doch nach drei Tagen ist er auferstanden und später zurückgegangen zu seinem Vater in eine neue Welt, die wir noch nicht kennen, aber kennen lernen dürfen. Jesus hat uns eingeladen. Er bereitet schon unsere Wohnungen vor im Himmel. In Gottes heller Welt ist unser ewiges Zuhause.

Jesus hat durch das dunkle Tal des Todes neues Leben gefunden. Er ist mir vorausgegangen. Ich weiß: Wenn ich mein Zuhause auf dieser Erde loslassen muss, wartet auf mich ein ewiges Zuhause.

Angela Werth

28. Oktober

Er ermutige euch und gebe euch Kraft, Christus in Wort und Tat zu bekennen.

(2. *Thessalonicher* 2,17; *Hfa*)

Ermutigung

Ich möchte eine kleine Gebärdenübung beschreiben, die mir hilft, das Loslassen zu spüren.

Wir stellen uns gut und fest hin, stellen die Beine hüftweit auseinander, atmen tief und werden groß und gerade. Ich spüre den Grund, auf dem ich stehe. Gott ist mein Grund, der mich trägt.

Nun bilde ich mit meinen Händen vor meiner Leibmitte eine offene Schale, um zu sammeln, was im Moment da ist: Hoffnungen, Ängste, Vertrauen, Verwundungen, Zuversicht oder Ärger. Ich halte alles hoch. Dazu hebe ich meine beiden Hände wie eine offene Schale vor meine Augen. Ich sehe, was da ist; ohne zu werten, zu beurteilen.

Denn loslassen kann ich nur, was ich zuvor wahrgenommen habe.

Nun breite ich meine Arme aus und öffne die Schale. Meine Hände halten aber immer noch etwas fest.

Ich drehe nun die Handflächen nach unten und lasse alles los, was in meinen Händen ist.

Ich habe losgelassen, fallengelassen, ich habe es förmlich gehört.

Nun ist alles in einer anderen Hand, in der Hand Gottes.

(Angelehnt an: Pierre Stutz: *Heilende Momente,* München: Kösel Verlag, 2000, S. 49-53.)

Angela Werth

29. Oktober

Meine Zukunft liegt in deinen Händen.

(Psalm 31,16; NL)

Das folgende Gebet, ursprünglich eine Inschrift auf einer Kirchenuhr, ist mir schon seit vielen Jahren ein treuer Begleiter. Die Gedanken und Wünsche, die dahinter stehen, wollen aber immer wieder neu erobert werden.

Herr meiner Stunden und meiner Jahre,
du hast mir viel Zeit gegeben.
Sie liegt hinter mir und sie liegt vor mir.
Sie war mein und wird mein.
Ich danke dir für jeden Schlag der Uhr
und für jeden Morgen, den ich sehe.
Ich bitte dich nicht, mir mehr Zeit zu geben.
Ich bitte dich aber, dass ich mit viel Gelassenheit
jede Stunde füllen kann.
Ich bitte dich, dass ich ein wenig dieser Zeit
freihalten darf von Befehl und Pflicht,
ein wenig für die Stille,
ein wenig für die Menschen am Rande meines Lebens,
die einen Tröster brauchen.
Ich bitte dich um Sorgfalt,
dass ich meine Zeit nicht töte,
nicht vertreibe, nicht verderbe.
Jede Stunde ist ein Streifen Land.
Ich möchte ihn aufreißen mit dem Pflug.
Ich möchte Liebe hineinwerfen,
Gedanken und Gespräche, damit die Frucht wächst.
Segne du meinen Tag.
Amen

Monika Kuschmierz

30. Oktober

Alles hat seine Zeit, alles auf dieser Welt hat seine ihm gesetzte Frist.

(*Prediger* 3,1-8; *NL*)

Ich will alles – sofort! Kennen Sie diese Sehnsucht in sich?
Ich will verheiratet sein, aber meine Freiheit behalten.
Ich will gut für meine Kinder sorgen, aber gleichzeitig so leben, als wäre ich völlig unabhängig.
Ich will reif werden, aber jung bleiben.
Ich will …

Salomo, der Prediger, macht deutlich: Alles hat seine Zeit. Und nicht alles kann man gleichzeitig haben. Sich in einer bestimmten Lebensphase zu befinden, bedeutet, auf manche Dinge zu verzichten – weil sie jetzt gerade nicht dran sind. Auch das gehört zu dem Rhythmus, den Gott geschaffen hat. Wenn wir uns innerlich darauf einlassen, liegt darin eine große Freiheit: Wir können die Möglichkeiten, die Gott uns gerade bietet, voll und ganz nutzen, ohne auf das zu schielen, was wir gerade nicht haben. Oder, um es mit Peter Hahne auszudrücken: »Wer einen großen Gott hat, der kann sich Ruhe leisten. Ihm läuft schon nichts davon, weil er schon alles hat.«

Gibt es einen Lebensbereich, in dem Sie diesen Gedanken nicht akzeptieren können und innerlich rebellieren? Reden Sie mit Gott darüber!

Monika Kuschmierz

31. Oktober

An einer richtigen Antwort hat jeder Freude; wie gut ist es, zum richtigen Zeitpunkt das Rechte zu sagen!

(Sprüche 15,23; NL)

Ist Ihnen das auch schon aufgefallen? Viele spannende Filme beruhen auf dem Prinzip, dass einer zur falschen Zeit am falschen Ort war und das Falsche gesagt hat. Daraus ergeben sich Irrungen und Wirrungen und hektische Verfolgungsjagden.

Mir geht es manchmal auch so. Vielleicht war ich am richtigen Ort, aber ich habe zur falschen Zeit geredet. Mein Mann kommt niedergeschlagen von der Arbeit – und ich erinnere ihn daran, dass der Wasserhahn immer noch tropft. Mein Kind kommt müde und hungrig aus der Schule – und ich halte ihm vor, dass das Kinderzimmer aussieht, als wäre eine Bombe eingeschlagen. Die Jugendkreis-Mitarbeiterin kämpft gerade mit starken Selbstzweifeln – und ich erkläre ihr, was mich an ihrem Leitungsstil ärgert.

Mir ist klar, dass ich nicht immer wissen kann, was andere gerade beschäftigt, und dass ich deshalb immer wieder ins Fettnäpfchen treten werde. Aber ich wünsche mir, ein Gespür für das rechte Wort zur rechten Zeit zu bekommen. Darum möchte ich sensibler werden und vor dem Reden überlegen, ob meine (auch berechtigte) Kritik nicht auf einen günstigeren Zeitpunkt verschoben werden sollte.

Übrigens: Ein Wort der Ermutigung kommt eigentlich immer gerade recht …

»Mit Klugheit sprechen – groß Geschick! Gesprochen Wort kehrt nicht zurück.«

Monika Kuschmierz

Die Apostel kehrten zu Jesus zurück und berichteten, was sie getan und gelehrt hatten. Darauf sagte Jesus: »Kommt, wir ziehen uns an einen einsamen Ort zurück, wo ihr euch ausruhen könnt.« Denn ständig waren so viele Menschen um sie, dass Jesus und seine Apostel nicht einmal Zeit fanden zu essen. So fuhren sie mit dem Boot an einen ruhigeren Ort.

(Markus 6,30-32; NL)

Ich staune wieder einmal darüber, wie liebevoll Jesus mit seinen Jüngern umgeht. Obwohl es viel zu tun gibt und viele Menschen etwas von ihm und den Jüngern wollen, nimmt er sie beiseite und verschafft ihnen eine Ruhepause.

Jesus nimmt unsere natürlichen und körperlichen Bedürfnisse sehr ernst. Er möchte nicht, dass wir uns überfordern.

Eine kleine Geschichte hat mir sehr deutlich vor Augen geführt, wie wichtig es ist, angemessene Ruhepausen einzulegen: Ein Mann forderte seinen Freund zu einer Wette heraus. Sie wollten den ganzen Tag Holz hacken. Wer von ihnen würde am Abend den größten Haufen Holz vorweisen können?

Der Herausforderer arbeitete sehr hart und gönnte sich nur eine kurze Mittagspause. Der andere aß in aller Ruhe sein Mittagessen und machte auch im Laufe des Tages immer wieder mal eine kleine Pause. Als es Abend wurde, musste der Herausforderer verärgert feststellen, dass sein Freund viel mehr Holz gehackt hatte als er.

»Ich kapier das nicht«, sagte er. »Jedes Mal, wenn ich zu dir hinsah, hast du gerade eine Pause gemacht und trotzdem so viel mehr Holz geschlagen als ich. Wie kommt das?«

»Ich glaube, eins hast du übersehen«, antwortete der Gewinner, »immer, wenn ich eine Pause machte, habe ich meine Axt geschärft.«

Haben Sie regelmäßig das Gefühl, mit Ihren Kräften am Ende zu sein? Dann sollten Sie angesichts des heutigen Bibeltextes noch einmal überprüfen, ob sie sich genügend Zeit zum Ausruhen und Entspannen nehmen, um Ihre »Axt« zu schärfen.

Monika Kuschmierz

Gott, von frühester Kindheit an warst du mein Lehrer, und ich habe den anderen Menschen stets von deinen herrlichen Taten erzählt. Nun, da ich alt und grau bin, verlass mich nicht, o Gott. Lass mich von deiner Macht auch der kommenden Generation noch erzählen und von deiner Kraft allen, die nach mir kommen.

(Psalm 71,17-18; NL)

Geht es Ihnen auch so, dass Sie mit zunehmendem Alter das Gefühl haben, die Zeit eile immer schneller? Vor kurzem las ich eine sehr interessante Erklärung für dieses Phänomen: Ein Kind von acht Jahren kann sich ungefähr vier Jahre zurückerinnern. Ein Jahr macht somit ein Viertel der Lebensspanne aus, die das Kind vor Augen hat – unglaublich viel Zeit! Wenn das Kind zwölf ist, dann steht ein Jahr noch für 12,5 % seiner gesamten Erinnerung und ist, auf das Ganze gesehen, schon deutlich weniger. Bei einer Frau von 44 Jahren ist ein Jahr nur noch 2,5 Prozent der Lebenserinnerung. Klar, dass uns ein Jahr nicht mehr so lang vorkommt wie einem Kind.

Wie gut ist es da, dass meine ganze Lebenszeit – meine Jugendjahre, meine mittleren Jahre und, wenn es dazu kommt, auch mein Alter – bei Gott gut aufgehoben ist. Er ist die Konstante in der Zeit, die immer schneller an mir vorbei zu fliegen scheint. Er verändert sich nicht. Bei ihm sind 1000 Jahre wie ein Tag. Er ist ewig. Deshalb bin ich zuversichtlich und getrost, auch wenn mein nächster Geburtstag mich daran erinnert, dass die Zeit wieder weitergeeilt ist.

Übrigens, der Wunsch des Psalmbeters ist auch mein Wunsch: Zu jeder Zeit möchte ich anderen erzählen, wie der lebendige Gott in meinem Leben gewirkt hat.

Nehmen Sie sich doch für heute oder die nächsten Tage bewusst vor, sich mit einem Kind zu unterhalten und ihm etwas von Gottes Größe in Ihrem Leben zu erzählen (Vers 18). Es müssen ja nicht unbedingt die Eigenen sein ...

Monika Kuschmierz

3. November

Lasst uns jede Gelegenheit nutzen, allen Menschen Gutes zu tun, besonders aber unseren Brüdern und Schwestern im Glauben.

(Galater 6,10; NL)

Dass Gott uns in dieser Welt noch Zeit lässt, hat mehrere Gründe. Einer davon ist, dass er uns Zeit lässt, einander Gutes zu tun. Das ist eine so eindeutige Aussage, dass ich Ihnen heute einfach nur drei Zitate zum Weiterdenken mitgeben möchte und die Frage: Wer braucht gerade Ihre Hilfe?

»Diesen Weg gehe ich nur einmal. Wenn ich also etwas Gutes tun kann, wenn ich jemand meine Zuneigung zeigen kann – will ich es gleich tun. Ich will es nicht aufschieben noch unterlassen, denn ich komme diesen Weg nicht noch einmal vorbei.« *A. E. Housmans*

»Es gibt nichts Gutes, außer: man tut es.« *Erich Kästner*

»Liebst du das Leben? Dann verschwende keine Zeit, denn daraus ist das Leben gemacht.« *Benjamin Franklin*

Übrigens: Wenn Sie selber gerade Hilfe brauchen, scheuen Sie sich nicht, einen anderen Christen um Hilfe zu bitten. Man kann nämlich nur dann effektiv helfen, wenn man weiß, dass die Hilfe erwünscht ist!

Monika Kuschmierz

Achtet sorgfältig darauf, wie ihr lebt; handelt nicht unklug, sondern bemüht euch, weise zu sein. Nutzt jede Gelegenheit, in diesen üblen Zeiten Gutes zu tun. Handelt nicht gedankenlos, sondern versucht zu begreifen, was der Herr von euch will.

(Epheser 5,15-17; NL)

Was ist Ihnen besonders wichtig im Leben? Es ist hilfreich, gelegentlich zu überprüfen, was unsere Lebensprioritäten sind. Paulus erinnert uns daran, dass wir als Christen im Grunde genommen wissen, worauf es im Leben ankommt. Stimmt das auch für Sie?

Ich merke, dass ich mich im Alltag immer wieder in den Werten und Normen unserer begrenzten Welt verfange. Geld verdienen, sich Urlaub leisten, das Haus verschönern – all das nimmt zuweilen mehr Raum in meinem Denken ein, als ich möchte. Dabei ist mir doch eigentlich wichtig, was Gottes Reich voranbringt.

Reinhold Ruthe hat in diesem Zusammenhang gesagt: »Gottes Erwartungen und unsere Erwartungen verraten unterschiedliche Ziele. Uns darf nicht egal sein, was Gott über uns denkt. Sage mir, womit du dich beschäftigst, und ich sage dir, wohin dein Leben steuert.«

Nun könnte man ja versuchen, möglichst viel in dieses kleine Leben hineinzupacken. Das ist jedenfalls meine ganz persönliche Gefahr. Doch es kommt nicht darauf an, wesentlich mehr, sondern mehr Wesentliches zu tun. Was das ist, sieht bei jedem Menschen anders aus. Für die eine bedeutet es, die Werte ihres Glaubens an ihrer Arbeitsstelle einzubringen. Für die andere bedeutet es, den eigenen Kindern ein liebevolles Zuhause zu schenken. Und die dritte weiß, dass das Wesentliche in den Beziehungen mit ihren nicht gläubigen Freundinnen geschieht. Letztlich ist es Gott, der jeder von uns ganz persönlich zeigt, für welche Aufgabe er sie berufen hat.

Tragen Sie doch gleich in Ihrem Terminkalender ein, wann Sie sich einmal in Ruhe etwas Zeit nehmen können, um über Ihre Prioritäten nachzudenken!

Monika Kuschmierz

Denn alle, die vom Geist Gottes bestimmt werden, sind Kinder Gottes.

(Römer 8,14; NL)

Es liegt schon Jahre zurück. Ich war auf der Suche nach lebendigem Glauben. Ich spürte, meinem Glauben fehlte Tiefgang. Ich war kraftlos. Kritisches Denken leitete mein Christsein. Da gab mir ein Gemeindeglied eine Kassette. Der Vortrag darauf hatte sein Herz berührt.

Beim Anhören traf mich der Satz: »Deine unvergebene Schuld ist wie ein Stahlpanzer, der die Liebe Gottes nicht in dein Herz hineinlässt.« Als mein Mann der Kassette lauschte, wurde er ebenso angesprochen.

Gottes Geist gab uns den Anstoß, neue, ungewohnte Schritte des Glaubens zu gehen. Wir bekannten Jesus unsere Sünde. Wir sagten ihm im Gebet alles Negative aus unserem Leben und was wir aus unserer Familiengeschichte wussten. Dann empfingen wir den Zuspruch: »Im Namen Jesu Christi ist dir deine Sünde vergeben.« Wie ein Strom neuen Lebens erfüllte der Heilige Geist unsere Herzen und Gedanken mit der Liebe Gottes und mit starker Freude.

Von diesem Tag an leitete uns der Heilige Geist mehr und mehr: Frieden wuchs in uns. Vergeben wurde leichter. Liebe erfreute unser Leben. Der Heilige Geist führte uns in einen Erneuerungsprozess.

Die Bibel wurde zum lebendigen Buch. Der Geist Gottes schenkte ein immer besseres Verstehen. Ein Licht nach dem anderen ging uns auf. Das Wort Gottes sprach in unsere Lebenssituationen hinein.

Dorothea Keucher

Denn alle, die vom Geist Gottes bestimmt werden, sind Kinder Gottes.

(Römer 8,14; NL)

Der Heilige Geist lockt zum Vertrauen. Er baut Brücken zum Vertrauen in die Liebe Gottes, des Vaters. Manchmal wird ein alltägliches Ereignis dafür zum Gleichnis. Ronny aus unserer Gemeinde, Vater von Aaron und Milena, erzählt ein Erlebnis der letzten Wintertage: »Unser Sohn Aaron ist mit mir Schlitten gefahren. Er hält sich schon selbst ganz gut am Schlitten fest. Wir fahren wie gewohnt den Berg hinunter. Dann schlage ich ihm vor, dass ich mich mit dem Bauch auf den Schlitten lege und er sich auf meinen Rücken setzt. Er willigt ohne Angst und Zweifel ein, obwohl er das noch nie gemacht oder gesehen hat. Er sitzt nun auf meinem Rücken und hält sich an seinem Papa fest. Ich lenke mit den Händen und bremse mit den herunterhängenden Stiefeln. Aaron lacht und quiekt die ganze Fahrt über und ist außer sich vor Freude. Unten angekommen sagt er: ›Cool Papa, noch mal!‹ Das hat er von seiner großen Schwester gelernt.«

Ganz anders erlebte Rembrandt (1606–1669) die Liebe Gottes, des Vaters. Sein berühmtes Bild »Der verlorene Sohn«, in dem er persönliches Erleben verarbeitete, hängt in der Eremitage in Sankt Petersburg.

Liebevoll legt der Vater seine Hände auf den zerlumpten Sohn, der nach chaotischem Leben heimkehrte. Eine Hand trägt die Züge einer kräftigen Männerhand, die andere ist eine Frauenhand. Die Botschaft ist klar. Väterlich und mütterlich wendet sich Gott dir zu. Er schließt dich in die Arme. Jesus hat das Gleichnis so anschaulich erzählt: Der Vater hält Ausschau, breitet die Arme aus, küsst den Heimgekehrten und gibt vor Freude ein Fest.

Das Ja Gottes zu uns übersteigt unser Verstehen. Darum: Vertraue ihm.

Seit 1980 hängt in unserer Wohnstube dieses Bild von Rembrandt. Es war damals ein Jahr mit tiefen Anfechtungen. Täglich kündet das Bild: Die Liebe des Vaters gilt uneingeschränkt.

Dorothea Keucher

7. November

Denn alle, die vom Geist Gottes bestimmt werden, sind Kinder Gottes.

(Römer 8,14; NL)

Leitung durch den Geist Gottes im beruflichen Alltag, wie geht das? Gibt es das?

Conny aus unserer Gemeinde, sagt im Rückblick: »Gott hat einen Plan.« Sie erzählt von Tiefen, vom Gebet und von Gottes Lebensschule:

»1997 trat ich meine neue Arbeitsstelle als Physiotherapeutin an. Damals wusste ich nicht, dass ich nicht nur einen neuen Job hatte, sondern auch für acht Jahre eine Lebensschule durchschreiten würde. Mit Freude ging ich an die Arbeit. Gern verbessere ich Dinge, gestalte kreativ, ermutige andere und mache natürlich auch Fehler. Schnell musste ich feststellen: Das ist nicht erwünscht. Ständig wechselten Kollegen. Klagen über den Chef gab es, wenn er nicht da war. Und Lügen kamen dazu. Oft saß ich abends am Tisch und weinte. Ich hatte das Gefühl, den Boden unter den Füßen zu verlieren. Esoterik, Neid, Unzufriedenheit und Unsicherheit hatten mich umgeben. Ich wollte weg. Aber die Möglichkeiten zerschlugen sich immer wieder. Ich wusste, es musste einen Sinn haben. Gebet war meine Zuflucht und das Festhalten an der Gewissheit, Gott hat einen Plan.

In dem Ausgebranntsein spürte ich die Liebe Jesu. Ich wusste, das ist die Welt, in der ich lebe. Hier möchte Gott, dass ich bestehe und mich nicht fürchte.

In Schwachheit betete ich: ›Herr, ich kann nicht mehr. Ich habe gesündigt und oft versagt. Es tut mir leid. Aber ich weiß, dass du mich liebst, und bitte dich, gehe weiter deinen Weg mit mir.‹

Wenn du es am wenigsten erwartest, greift Gott ein. Türen öffnen sich klar. Voller Dankbarkeit kann ich nun in meiner eigenen Praxis Pläne umsetzen. Gott hat mich geformt und für eine neue Herausforderung geschliffen. Eher wäre ich dieser nicht gewachsen gewesen.«

Der Geist Gottes leitet seine Kinder in seinem Zeitplan.

Dorothea Keucher

Denn alle, die vom Geist Gottes bestimmt werden, sind Kinder Gottes.

(Römer 8,14; NL)

Die Leitung des Heiligen Geistes öffnet den Blick für die Fülle des Lebens.

Wie Gottes Geist zu einem Ja zur Familie leitete, erzählt Daniela, die inzwischen 12 Jahre verheiratet ist:

»Nach sieben Jahren Ehe stellte sich für uns die Frage, ob wir Kinder wollten. Ich stand dem Kinderkriegen eher kritisch gegenüber. Kinder erlebte ich als anstrengend oder als Mittelpunkt ihres Umfeldes. Außerdem hatte ich große Bedenken, ob unsere Ehe dieser Verantwortung standhalten würde.

In der Bibel begegnete mir immer wieder eine riesige Freude, wenn Gott Paaren Kinder schenkte. Mich ließ die Ahnung nicht los, dass meine Sichtweise zum Thema und Gottes Gedanken nicht übereinstimmten. Mein Mann und ich unterhielten uns darüber, aber wir konnten mit unserem Verstand keine Lösung finden.

Wir hatten es zu einer guten Tradition gemacht, jedes Jahr ein Eheseminar zu besuchen. Dieses Mal beschlossen wir, während einer Gebets- und Segnungszeit, diesen Bereich unseres Lebens bewusst Gott hinzulegen.

Nach einigen Tagen erfüllte mich plötzlich eine starke Freude und ich wusste genau, dass ich Kinder wollte. Ich sagte zu meinem Mann: ›Jetzt weiß ich, ich möchte gern Kinder‹ und er war sofort einverstanden. Jetzt haben wir zwei wunderbare Kinder und möchten gern noch mehr. Erst mit den Kindern konnte ich erfassen, was Kindersegen bedeutet. Ich habe entdeckt, dass ich sehr gern erziehe und dass viele Dinge gar nicht so nervig sind, wie sie nach außen vielleicht wirken.

Ich bin Gott absolut dankbar, dass er mein Herz verändert hat, dass der Heilige Geist meine Gesinnung in eine geistliche Gesinnung gewandelt hat.«

Dorothea Keucher

9. November

Denn alle, die vom Geist Gottes bestimmt werden, sind Kinder Gottes.

(Römer 8,14; NL)

Kinder Gottes, Christen, lassen sich von Gottes Geist führen, leiten und inspirieren. Das klingt so klar und selbstverständlich. Ist das wirklich so normal?

Irene, schon einige Jahrzehnte Christin, berichtet, wie sie die liebevolle Leitung des Heiligen Geistes nicht sofort erkannte:

»Es war an einem herrlichen Wintertag voller Eis und Schnee. Ich hatte eine längere Autofahrt vor mir. Etwas seltsam war mir zu Mute, als ich mit unserem behinderten Sohn losfuhr. In meinem Herzen stand trotzdem fest, Gott ist mit mir.

Oft war ich schon diese Strecke gefahren. Alles ging gut. Jetzt nur noch oben am Berg links abbiegen, herunterfahren und die Zickzackkurven am Bach entlang.

Vorschriftsmäßig bog ich ab und landete völlig überrascht auf einer mir unbekannten Buswendeschleife. Ich schimpfte laut über meine Dummheit, worüber sich mein Sohn wie ein Königskind freute. Er hatte seinen Spaß! Kurz darauf war ich wieder auf der richtigen Straße und bog links ab. Vor mir waren soeben Autos ineinander gefahren. Der Herr hatte mich »aus dem Verkehr gezogen« und total bewahrt! Danke!«

Heiliger Geist, ich will mehr lernen, dir zu vertrauen. Lehre mich! Mach mir Mut zum Vertrauen! Ich danke dir, dass ich bei dir geborgen bin, dass deine Liebe mich umgibt.

Dorothea Keucher

Denn alle, die vom Geist Gottes bestimmt werden, sind Kinder Gottes.

(Römer 8,14; NL)

Aus diesen Worten des Apostels Paulus spricht tiefes Vertrauen. Offensichtlich brachten ihn viele persönliche Erlebnisse zu dieser Aussage. Immer wieder fand er die Bestätigung, dass der Herr weiterführt, dass er leitet und den Überblick hat.

Die Studentenberaterin von Campus für Christus, Daniela, machte mehrfach solche Erfahrungen. Sie erzählt:

»Mit unserer christlichen Studentengruppe planten wir Anfang Juni ein missionarisches Projekt an unserer Universität. Dazu hatten wir bei der Universitätsleitung einen Stellplatz für einen Kaffeestand vor dem Hörsaalgebäude beantragt. Der Antrag wurde kommentarlos abgelehnt. Wir beteten viel dafür und zerbrachen uns den Kopf über Alternativen. Schließlich bekamen wir eine Genehmigung für das Foyer im Hörsaalgebäude. Zuerst dachten wir, im Juni ist da sicher kaum jemand. Aber dann hatten meine Kollegin und ich den Eindruck, dass es vielleicht regnen würde und Gott uns deshalb lieber drinnen unterbrachte. Wir waren überhaupt nicht erstaunt, als der Wetterbericht für diese Woche Regen meldete und es häufig in Strömen goss. So hielten sich relativ viele Studenten im Foyer auf, mit denen wir reden konnten.«

Erfahrungen und Erlebnisse vermitteln uns Signale Gottes. Paulus sagt im selben Kapitel des Römerbriefes: »Denn der Geist Gottes selbst bestätigt uns tief im Herzen, dass wir Gottes Kinder sind« (Vers 16).

Wenn wir wachsam für die Fingerzeige Gottes sind, bauen sie uns auf. Sie kräftigen unseren Glauben. Sie führen uns weiter. Hoffnung leuchtet auf.

Dorothea Keucher

Denn alle, die vom Geist Gottes bestimmt werden, sind Kinder Gottes.

(Römer 8,14; NL)

Wie lesen Sie diesen Satz des Paulus? Gelassen oder innerlich zustimmend? Oder bleiben Sie schon an den ersten Worten hängen?

Sie können Provokation, Herausforderung und Infragestellung sein. Gehöre ich zu den hier Beschriebenen? »... *alle, die* ...« Wie ist meine Verbindung zu Gott? Kind Gottes – damit gehöre ich ja zum Herrn des Himmels und der Erde. Über ihm gibt es keine Autorität. Eine bessere Führung und Leitung für mein Leben kann ich nicht bekommen.

Will ich das? Suche ich Führung durch den Geist Gottes?

Er prägt uns gern mit aufbauenden Worten aus der Bibel: »Sei getrost und unverzagt«; «Fürchte dich nicht«; »Vertraue nur«; »Dein Glaube hat dir geholfen«; »Sündige nicht mehr«.

Der Geist Gottes ist Lehrmeister und Erzieher und bringt Früchte wie Geduld, Freude, Friede und Liebe hervor. Prägung mit göttlicher Qualität bereichert unser Leben.

Eine Mutter erinnert sich an großen Kummer. Ein Sohn war auf Abwege geraten. Der Freundeskreis trug massiv zur Zerstörung der Werte des Lebens bei. Sie schüttete vor Gott ihr Herz aus. Deutlich hörte sie im Herzen das Reden des Geistes Gottes: »Schau nicht auf das, was du jetzt siehst, sondern auf das, was ich daraus machen will.« Sie gab den Sohn bewusst in Gottes Hand und betete immer wieder für ihn, den Zuspruch Gottes im Herzen bewahrend.

Monate später kam der Sohn zum Glauben und bereinigte sein Leben. Man konnte sehen, wie Gottes Geist sein Leben veränderte.

Darum bete ich selbst oft: »Heiliger Geist, komm noch mehr in mein Leben.« Denn ich weiß, der Geist Gottes ist eine starke Kraftquelle für mein Leben. Er bringt mich auch durch Tiefen hindurch. Manchmal muss ich von ihm Korrektur annehmen. Er lehrt Gehorsam und Festhalten an Jesus. Ich bin dankbar für die Leitung des Geistes Gottes.

Dorothea Keucher

Der Löwe brüllt, wer sollte sich nicht fürchten? Gott der Herr redet, wer sollte nicht Prophet werden?

(*Amos* 3,8; *L*)

Amos ist kein Buch für beschauliche Andachten, kaum ein Wort der Ermutigung, kaum ein Zeichen der Hoffnung. Und dennoch ist Amos wichtig für uns. Amos klagt das Volk Gottes an. Er fordert zur Umkehr auf, übermittelt die Botschaft des unausweichlichen Gerichts Gottes.

Woher nimmt er den Mut? Als einfacher Viehhüter und Feigenzüchter lebt er ein bescheidenes Leben in Thekoa, einer kleinen Stadt am Rande der Wüste Juda. Dort überrascht ihn Gott. Er redet zu ihm und zeigt ihm seine Pläne. Die Stämme Israels im Nordreich missachten Gott und seine Gebote. Gott wird sie richten. Amos ist überwältigt, kann nicht anders, als Gott zu gehorchen. Wie das Brüllen eines Löwen ist das Reden Gottes. Amos geht nach Bethel, den Ort der Verehrung eines Stiergottes, und überbringt die Botschaft, die die Menschen dort gar nicht hören wollen.

Armer Amos! Wer will schon mit einer solch harten Botschaft unterwegs sein? Es wäre einfacher, von Gottes Liebe, Vergebung und Hilfe zu reden. Doch Amos warnt das Volk, ruft zur Umkehr. Das Gericht steht bevor. Dabei ist Amos sehr präzise, wenn er das Unrecht benennt. Es könnte unser Volk sein, das er beschreibt, unsere selbstzufriedene und gottlose Gesellschaft des 21.Jahrhunderts in Europa. Sieht Gott uns heute so, wie er damals Israel sah? Sieht er unsere Gemeinden so?

Was ist mit uns? Haben wir uns an Unrecht und Gottlosigkeit gewöhnt? Wir reden lieber vom lieben Gott als vom Richter der Welt. Doch die Menschen unserer Zeit brauchen Menschen wie Amos, denn sie können nur dann umkehren, wenn sie wissen, dass sie auf einem falschen Weg sind. Amos will warnen, weil er das Volk liebt. Und weil er Gott gehorcht. Deshalb will ich auch wie Amos sein. Wenn der Löwe brüllt, will ich bereit sein.

Elke Werner

Höre, Haus Israel! Höre das Klagelied, das ich über dich anstimme ...

(Amos 5,1; NL)

Gott klagt, und er klagt an. In den ersten Kapiteln des Amosbuchs klagt er die Nachbarvölker Israels an. Sie haben in ihren Kriegen das Völkerrecht missachtet. Sie haben barbarisch getötet. Gott verkündet das Urteil: Er wird sie nicht schonen im Gericht.

Und dann klagt er Israel und Juda, das Nord- und Südreich des Volkes Gottes an: dass sie anderen Göttern nachlaufen, dass sie die Armen unterdrücken, dass sie seine Gebote übertreten, dass sie ihren Reichtum auf Kosten der Armen ansammeln.

Dem Anschein nach geht es dem Volk Gottes gut. Sie können prassen und Häuser bauen, in Saus und Braus leben. Aber sie haben den verlassen, der sie aus der Gefangenschaft in Ägypten gerettet hat.

Ist denn das Morden der Völker gleichzusetzen mit dem Vergehen Israels? Ja, für Gott ist es ein ebenso schweres Vergehen, dass sein Volk sich von ihm abwendet. Die direkten Folgen dieses Weges ohne Gott sind Unterdrückung, Ungerechtigkeit, Elend und Leiden.

Gott selbst leidet unter den Zuständen, die entstehen, wenn Menschen nicht mehr auf ihn hören. Er liebt die Menschen zu sehr, um tatenlos zuzusehen. Er klagt an. Er kann nicht ertragen, dass Menschen in dieser Welt hungern, wo andere im Überfluss leben. Dass Kinder in Kriegen getötet werden und die reichen Nationen mit dem Waffenhandel ihr Geld verdienen. Gott erträgt nicht, dass seine Gemeinde äußerlich christlich ist, aber innerlich schon lange das Vertrauen in Gott und seine Hilfe verloren hat. Gott will uns ganz zurück. Unser Innerstes. Unser Herz. Nur dann können wir anders leben, wenn wir mit Gott leben. Wenn wir uns wieder zu ihm wenden und dieser Welt dienen. So wie Jesus es getan hat. Mit dem Herzen bei Gott, mit dem Leben bei den Unterdrückten.

Elke Werner

»Darum werde ich dir so tun, Israel. Weil ich dir dies tun will, mach dich bereit, deinem Gott zu begegnen, Israel!«

(Amos 4,12; E)

So, wie der Vers hier steht, liest er sich wie eine schöne Einladung zu einer angenehmen Zweisamkeit mit Gott. Doch was diesem Vers vorausgeht, ist alles andere als das. Gott hat durch Hungersnot, Dürre, Trinkwassermangel, Raupenfraß, Pest und Überfälle kriegerischer Völker versucht, das Volk Israel zur Umkehr zu bewegen. Doch es wollte nicht. Es kehrte Gott nur umso entschiedener den Rücken. Was hatte Gott nicht alles unternommen, um gehört zu werden.

Am Tag nach unserer Verlobungsfeier fuhren wir in zwei Autos mit unseren Übernachtungsgästen durch Duisburg. Mein Verlobter Roland fuhr voran, ich im Auto dahinter. In unserem Auto gab es ein Problem, und ich wollte ihm verständlich machen, dass er anhalten sollte. Ich hupte, betätigte die Lichthupe, bremste und fuhr an den Straßenrand; Roland bemerkte es gar nicht. Damit wir uns nicht aus den Augen verloren, fuhr ich wieder hinter ihm her. Er war so ins Gespräch vertieft, dass er meine vielen Versuche, ihn zu stoppen, nicht bemerkte. Ich war verzweifelt. Wie sollte ich mich sonst noch bemerkbar machen?

So ähnlich mag es Gott gegangen sein. Er ist seinem Volk auf den Fersen, umwirbt es, kämpft um es. Doch es zeigt sich davon unberührt und geht weiter auf dem Weg, der nicht gut ist. Die Erziehung Gottes zeigt keinen Erfolg. Er sehnt sich so sehr danach, dass sein Volk umkehrt zu ihm. Er lässt es spüren, wohin sein Weg es führt. Doch die Menschen haben keine Augen für Gott.

Wann habe ich eigentlich zum letzen Mal gemerkt, dass Gott hinter mir her ist, um mir etwas mitzuteilen? Wodurch versucht Gott zurzeit, mein Herz für sich allein zu gewinnen? Vielleicht ist das Problem, an dem ich zurzeit am schwersten trage, genau der Punkt, an dem Gott mir begegnen will. Bin ich bereit dazu? Heute, jetzt?

Elke Werner

»Tu weg von mir das Geplärr deiner Lieder; denn ich mag dein Harfenspiel nicht hören! Es ströme aber das Recht wie Wasser und die Gerechtigkeit wie ein nie versiegender Bach.«

(Amos 5,23; L)

Ich erinnere mich gut an unsere Heimkehr aus Afrika. Drei Monate hatten wir dort gelebt: kein fließendes Wasser, kein Strom, kein Kühlschrank, kaum Auswahl an Lebensmitteln (eine Woche lang gab es auf dem Markt nur Zwiebeln). Ich kam in unsere Wohnung und war überwältigt: Teppichboden, fließendes warmes Wasser, Licht in jedem Raum, ein weiches Bett, der Kühlschrank von lieben Freunden aufgefüllt. Wie reich ich doch war! Wie unendlich reich!

Der Kontrast zwischen meinem Leben hier und meinem Leben dort hätte nicht krasser sein können. In Afrika hatten wir Christen besucht, die sich dafür schämten, dass sie uns noch nicht einmal Wasser anbieten konnten, weil sie es in ihrem Flüchtlingslager teuer kaufen mussten und dafür kein Geld mehr übrig war. In ihren Gottesdiensten ging es nicht darum, ob Orgel- oder Worshipmusik angesagt sind. Sie sangen ohne Instrumente aus vollem Herzen. Mit echtem Gefühl, voller Anbetung Gottes. Sie waren ungeteilt bei Gott, auf ihn angewiesen, ihm allein dankbar.

Wo ist mein Herz, wenn ich im Gottesdienst singe? Beobachte ich andere? Bewerte ich die Mitwirkenden im Gottesdienst wie ein Punktrichter? Wie erlebt Gott den Gottesdienst, in den ich gehe? Ist das Leben im Alltag im Einklang mit dem Leben in der Gemeinde?

Gott liebt Gerechtigkeit. Dazu ist Christus in die Welt gekommen, um uns vor Gott gerecht zu machen. Und dazu hat er uns berufen: anderen diese Gerechtigkeit zukommen zu lassen. Wir sind Botschafter Gottes, seine Abgesandten. Wir sprechen in seinem Namen gegen Unterdrückung, Ausbeutung, Missachtung von Menschenleben. So stellt sich Gott unseren Gottesdienst vor. Und dabei ist die Musik, das gemeinsame Singen, nur die Sahne auf dem Kuchen unseres Tuns. Der Vollkorn-Tortenboden und die Füllung heißen »Gerechtigkeit für alle«.

Elke Werner

Und der Herr sprach zu mir: »Was siehst du, Amos?« Ich antwortete: »Ein Bleilot.« Und der Herr entgegnete: »Mit diesem Bleilot werde ich mein Volk Israel prüfen.«

(Amos 7,8; NL)

Drei aufwühlende Bilder hat Gott Amos gezeigt: Ein Heuschreckenschwarm will alles Gras fressen; ein Feuer bedroht das Ackerland; und ein Bleilot wird an eine Mauer gehalten, um zu überprüfen, ob sie gerade steht. Zweimal fleht Amos um Gnade für das Volk, und Gott lenkt ein. Doch ein Bild bleibt: Das Haus des Volkes Gottes wird überprüft.

In Marburg steht mitten in der Oberstadt eine Kirche, deren Turm schief gebaut ist. Der Legende nach hat sich der Baumeister nach Fertigstellung des Turms von dort hinabgestürzt. Alle würden von nun an sehen, dass er kein guter Baumeister war. Was hätte er sonst tun können? Alles abreißen und neu anfangen? Ob ihn sein Stolz daran hinderte? Oder seine Angst, beim nächsten Versuch ebenso zu versagen?

Das Bleilot, das Gott an mein Leben anlegt, soll mich nicht in Verzweiflung stürzen. Es soll mir aber deutlich machen, wo ich falsch gebaut habe. Immerhin soll das Gebäude meines Lebens selbst in stürmischen Zeiten stehen bleiben. Und wenn Gott mir zeigt, dass die Mauern falsch gebaut sind, dann will ich sie abreißen und neu anfangen. Wir alle brauchen diesen objektiven Maßstab für unser Leben. Ohne die Gebote Gottes, ohne diese Orientierung, können wir nicht klug bauen.

Was habe ich mit den Bausteinen meines Lebens gemacht? Mit meiner Familie, meiner Ausbildung, meinen Gaben? Habe ich feste Mauern gebaut, die belastbar sind? Habe ich ohne Plan gebaut und stehe vor den Trümmern meines Lebens? Habe ich mich mehr um die christliche Fassade gekümmert als um tragfähige Beziehungen zu Gott und anderen? Wenn Gott heute mein Leben beurteilt, wo wird sein Bleilot wacklige Mauern finden? Ich will nicht vom Stolz gehindert werden, neu anzufangen. Noch heute.

Elke Werner

»Die Zeit wird kommen«, spricht Gott, der Herr, »da ich eine Hungersnot ins Land schicke – aber nicht Hunger nach Brot und Durst nach Wasser, sondern den Hunger nach dem Wort des Herrn. Die Menschen werden in alle Himmelsrichtungen aufbrechen und das Wort des Herrn suchen; sie werden hierhin und dorthin laufen, doch sie werden es nicht finden.«

(Amos 8,11-12; NL)

Erinnern Sie sich an die siebziger Jahre? Eine heiße Zeit. Jeder suchte nach der Wahrheit, nach einem besseren Leben. Viele Menschen reisten nach Indien, nach Nordafrika, zu Gurus und Imamen, um Frieden in ihrer Seele zu finden. Menschen nahmen Unmenschliches auf sich, um das Heil zu finden. Eine Suche, wie sie Amos beschreibt. Hippies auf ihrem Trip, gefangen in Drogen, in Sekten missbraucht, aber auch normale Bürgerliche: alle sprachen offen über Glaubensfragen. Es war auch eine Zeit, in der Gott hunderttausende Jugendliche zu sich zog. Die so genannte »Jesus-Revolution« begann, die Jesus-People fanden Zulauf. Bis heute treffe ich Menschen, die wie ich in dieser geistlich hungrigen Zeit Jesus kennen lernten.

Auch heute suchen Menschen nach dem Sinn im Leben. Sie suchen in der Esoterik, im Okkultismus. Sie lassen sich im Fernsehen ihr Horoskop erstellen, suchen Rat und Hilfe für ihr Leben. Doch wer zeigt ihnen den Weg zu Jesus? Wer hat den Mut, von der *einen* Wahrheit zu sprechen, die sich in Jesus offenbart?

Nicht jeder wird uns mögen, wenn wir der Beliebigkeit unserer Zeit das einmalige Angebot Gottes entgegenhalten. Es sind eben nicht die vielen Wege, die alle das gleiche Ziel erreichen. Es gibt nur einen Weg zu Gott, und das ist Jesus Christus. Es gibt nur ein Wort des Herrn: das Mensch gewordene Wort Gottes.

Ich wünsche mir, dass Gott noch einmal solch einen Hunger in unser Land schickt. Und dass wir Christen bereit und mutig sind, anderen den Weg zu Jesus zu zeigen.

Elke Werner

»An jenem Tag richte ich die verfallene Hütte Davids auf, ihre Risse vermauere ich, und ihre Trümmer richte ich auf, und ich baue sie wie in den Tagen der Vorzeit.«

(Amos 9,11; E)

Ich kann mich an keine Zeit erinnern, in der Naturkatastrophen so viel Zerstörung über Menschen gebracht haben wie in den letzten beiden Jahren. Da waren: der Tsunami, die Erdbeben, Feuersbrünste, schwere Hurrikans. Wir alle haben noch die Bilder vor Augen: Menschen, die vor den Trümmern ihrer Häuser stehen. Doch erstaunlich ist: Die Katastrophe ist gerade vorbei, da fangen die Menschen schon wieder an, ihre Städte neu aufzubauen. Alles soll wieder so werden, wie es vor der Katastrophe war, oder sogar noch besser als vorher.

So stelle ich mir die Situation bildlich vor, die Gott hier anspricht. Das Gericht Gottes ist gerade erst geschehen, die Spuren der Zerstörung sind noch sichtbar, da beginnt er auch schon mit dem liebevollen Wiederaufbau. Die, die überlebt haben, werden Zeugen des Handelns Gottes. Er wird aus den Trümmern etwas Neues machen.

Die größte Katastrophe der Menschheitsgeschichte war der Moment, in dem Jesus starb. Hier wurde der gerechte Sohn Gottes von Menschen hingerichtet, die er liebte, für die er starb. Er stieg hinab in das Reich des Todes, den am stärksten zerstörten Ort dieser Welt. Und dort verkündete er, dass er den Preis für die Schuld gezahlt hat. Dass alle, die an ihn glauben, nicht verloren gehen, sondern das ewige Leben haben.

Der Wiederaufbau beginnt schon während der Stunden, die Jesus im Grab verbringt. Das neue Leben setzt sich durch: Gott lässt ihn am dritten Tag auferstehen, und die Wiederherstellung der Menschheit nimmt ihren Anfang. Das leere Grab ist der Beweis: Gott baut wieder auf. Er schenkt neues Leben. Er heilt die Wunden unserer Vergangenheit, er kittet die Risse in unseren Beziehungen, er baut uns neu auf und macht uns schöner als wir je waren. Das Gericht Gottes über Jesus am Kreuz ist unsere Rettung. Der Anfang unseres neuen Lebens.

Elke Werner

Der Buchstabe tötet, aber der Geist macht lebendig.

(2. *Korinther* 3,6; *L*)

So ist nun die Liebe des Gesetzes Erfüllung.

(*Römer* 13,10; *L*)

Wow! Welche Erleichterung durchflutet mich! Wunderbar – solch ein Satz (wie der erste Vers) steht in der Bibel? Kaum zu glauben! Jedenfalls für mich, die ich in einem christlichen Elternhaus und im Schoß einer Gemeinde aufgewachsen bin. Für meine Ohren klingt das fast ein wenig nach Ketzerei!

Nein, es war nichts falsch daran, dass ich Bibelverse auswendig gelernt habe. Es war nicht falsch, am Biblischen Unterricht oder Konfirmationsunterricht teilzunehmen. Es war nur oft so einseitig. So wenig lebendiger Geist war für mich spürbar. So wenig war brauchbar für den Alltag, für mein Leben. Gebote und Gesetze und Regeln wie: »als Christ tut man dies und das nicht«, hatten deswegen wohl ein großes Gewicht auf der Waagschale, die mein Leben prägte.

Martin Luther muss es vielleicht ähnlich ergangen sein, denn es ist seine Übersetzung, die an dieser Stelle so wunderbar klar und bestimmt formuliert ist: »Der Buchstabe tötet, aber der Geist macht lebendig!« Als junge Frau entdeckte ich in einer Lebenskrise diese beiden Bibelverse. Paula Bonhoeffer hat sie ihrem Sohn Dietrich in seine Bibel geschrieben. Gerade die Zuordnung zur Liebe, fand ich, drückte etwas aus vom geistlichen Leben dieser Frau, von der ich sehr beeindruckt war und bin. Mich haben diese beiden Verse in eine Weite katapultiert, die ich mir nie hätte träumen lassen – und zu viel Leben in Liebe ermutigt. Sie haben mir geholfen, meinem Kindheitsglauben zu entwachsen und in eine neue Richtung zu gehen. Für mein Leben sind es Schlüsselverse geworden – Schlüssel zu neuen Räumen, Schlüssel zur Weite …

Christel Eggers

Halte dir Gottes große Macht vor Augen. Er ist der beste Lehrer, den es gibt.
(Hiob 36,22; Hfa)

Gemeinsam mit meinem Mann und dem Verlag werden Pläne konkret, eine Frauenzeitschrift zu starten. Ich darf mich als Redakteurin einbringen. Zwar habe ich einige Erfahrung mit Frauenseminaren vorzuweisen, aber ich bin nicht vom Fach, habe nicht studiert, bin keine Intellektuelle und muss mich durch manche Selbstzweifel quälen. In Psalm 68,12 erfahre ich eine geistliche Berufung für diese Zeitschrift: »Der Herr gab den Befehl. Und viele Frauen verbreiteten die freudige Nachricht vom Sieg.« Das trifft für mich den Nagel auf den Kopf. Das ist mein Ziel für diese Zeitschrift: Sie soll Frauen in allen Lebenslagen ermutigen, diese Nachricht weiterzusagen! Auf Gottes Befehl hin …

Nun sitzen wir hier mit den anderen Mitgliedern unserer Lebensgemeinschaft im Wohnzimmer und mein Mann stellt die spannende Frage: »Würdet ihr Christel das zutrauen?« – Schweigen. Noch mal Schweigen. Dann kommt zögerlich eine Antwort: »Na ja, sie hat ja dich an ihrer Seite!« Das stimmt. Ich habe einen erfahrenen Redaktionsleiter an meiner Seite, von dem ich viel lernen kann. Aber die Unruhe treibt mich um. Dieses Votum reicht mir nicht! Am nächsten Morgen setze ich mich mit der Frage: »Herr, wie siehst du das, traust du mir das zu?« und mit meiner Bibel und dem Losungsheft in meinen Sessel. Was ist, wenn ich mich mit meinem Mann und »Meister« streite? Wenn ich andere Vorstellungen habe, aber nicht genug Kompetenz und Ahnung? Gott überrascht mich wieder einmal, wie konkret er antwortet! Ich stoße im angegebenen Lehrtext auf den Vers aus Hiob: *Gottes* große Macht! *Er* ist der beste Lehrer! Und ein wunderbarer Friede zieht ein in mein unruhiges Herz. Gott schafft es mal wieder, meine Blickrichtung komplett um 180 Grad zu drehen: Ich schaue von mir weg, auf ihn. Ja, *das* reicht! Gottes große Macht vor Augen – *ihm* ist alles zuzutrauen! Und er ist der beste Lehrer, den es überhaupt gibt und der *mich* am allerbesten kennt. Diesen Meister an meiner Seite … Daraufhin wage ich es!

Christel Eggers

»Simon, Simon! Der Satan ist hinter euch her, die Spreu vom Weizen zu trennen. Aber ich habe für dich gebetet, damit du den Glauben nicht verlierst. Wenn du dann zu mir zurückkehrst, so stärke den Glauben deiner Brüder!« »Herr, wie kannst du so etwas sagen?«, fuhr Petrus auf. »Ich bin jederzeit bereit, mit dir ins Gefängnis zu gehen und sogar für dich zu sterben.« Doch Jesus sagte: »Petrus, ich sage dir: Noch ehe morgen früh der Hahn kräht, wirst du dreimal geleugnet haben, dass du mich kennst.«

(Lukas 22,31-34; Hfa)

Haben Sie in Ihrem Leben schon einmal eine so tiefe Krise erlebt, dass Sie nicht mehr wussten, ob Sie mit diesem Gott noch etwas zu tun haben wollten? Ich schon! Und seitdem bin ich eine andere. Seitdem gibt es Szenarien, die ich mir nicht wünsche. Seitdem gibt es Fragen, auf die ich keine Antwort mehr habe. Und ich habe gelernt, dass ich – genau wie Petrus – nicht für mich garantieren kann. Weil ich mir trotz meiner Erfahrung nicht sicher bin, wie ich das durchstehen würde. Dieser Text berührt mein Herz in ganz besonderem Maße, weil Jesus – obwohl er weiß, dass Petrus versagen wird – ihm *jetzt schon* einen Auftrag gibt: *Wenn du dann zu mir zurückkehrst, so stärke den Glauben deiner Brüder (und Schwestern)*. Vielleicht hat dieser Satz Petrus davon abgehalten, aufzugeben oder sich umzubringen nach seinem Versagen, seinem Verrat, so wie er es von Judas wusste? Wenn du dann zu mir zurückkehrst – welch eine Einladung! Eine zweite Chance, ein Rückweg! Und so war es dann ja auch für ihn. Ich habe in der Tiefe meiner Krise etwas sehr Kostbares gelernt: Nicht ich halte mit meiner Kraft an Jesus fest, sondern er hält mit seiner Kraft an mir fest! Er gibt mich nicht auf. Er wird mich nicht verlieren. Nicht meine Kraft ist es, mit der ich es schaffen muss, sondern Jesus setzt sich dafür ein, dass ich meinen Glauben nicht verliere. Das trägt mich. Über mein Versagen hinweg auch mit einer dritten und vierten und … Chance – bis in die Ewigkeit.

Christel Eggers

Petrus fragte: »Herr, was wird denn aus ihm?« Jesus erwiderte: »Wenn ich will, dass er so lange lebt, bis ich wiederkomme, was geht es dich an? Folge du mir nach!«

(Johannes 21,21-22; Hfa)

Was bin ich froh, dass die Jünger so menschlich waren! Sie waren auch nicht besser als ich! Wie oft schiele ich nach der anderen? Sie hat alles das, was ich nicht habe: Abitur, Studium, sie ist schlanker, ihr Haus ist schöner, größer oder besser in Schuss oder die Wohnung aufgeräumter ... Ergänzen Sie diese Liste um Ihre eigenen Wünsche oder Komplexe ...

Petrus ist so herrlich normal! Gerade erst hatte er ein wunderbares, intensives Seelsorgegespräch mit Jesus, vermutlich *das* Gespräch seines Lebens – und Jesus deutet ihm am Schluss an, wie es ihm im Alter ergehen wird. Petrus wirft einen Blick zur Seite und sieht Johannes stehen. »Was wird denn aus ihm?«

Mir geht es oft genauso: Ich kann gerade eben erst die tollste Erfahrung mit Jesus gemacht haben – im nächsten Moment tappe ich schon wieder in die Falle des Vergleichens. Und es ist so befreiend für mich, wie herrlich direkt Jesus hier sofort einen Riegel vorschiebt: »Was geht es dich an?« Er wendet meinen Blick weg von der Person, mit der ich mich vergleiche, hin zu ihm und zu meinem persönlichen, individuellen Weg mit ihm: »Folge du mir nach!« Das ist mein Auftrag, da habe ich genug zu tun! Denn da liegt doch die Fülle des Lebens für mich, weil er *meinen* »Bauplan«, *meine* »Bedienungsanweisung« hat – und daraus für mich das Beste machen will – wenn ich mitmache!

Immer wieder bin ich – sind wir – aufgefordert, dem zu vertrauen. Und es einzuüben: den Blick zur Seite wegzulassen. Einfach so! Einfach? Auf jeden Fall befreiend, gesund!

Christel Eggers

In solchem Vertrauen verließ Mose Ägypten und fürchtete sich nicht vor dem Zorn des Königs. Er hatte den unsichtbaren Gott vor Augen, als ob er ihn wirklich sehen würde, und das gab ihm Mut und Ausdauer.

(Hebräer 11,27; GN)

Wer wünschte sich nicht einen solchen Glauben? Luther übersetzt: »... fürchtete nicht den Zorn des Königs; denn er hielt sich an den, den er nicht sah, als sähe er ihn.«

Das hätte ich auch gerne! Ich möchte Gott auch gerne folgen, als sähe ich ihn! Sich nicht fürchten vor den Umständen, Menschen, dem Leben, dem Zorn des Königs. Mose hätte allen Grund gehabt, sich zu fürchten. Das Leben ist manchmal zum Fürchten ... Mose aber hielt sich an den unsichtbaren Gott – als sähe er ihn.

Irgendwann einmal werde ich Jesus sehen, werde das Unsichtbare sehen. Hier in diesem Leben bleibt mir nur das als Antwort, was hier über Mose gesagt wird: Mose hatte Vertrauen – obwohl er nicht sah. Aber er lebte, als würde er sehen. Und deswegen habe ich Hoffnung für mich – für mein langsam wachsendes Vertrauen, denn Mose war ungefähr 80 Jahre alt, als das über ihn gesagt wurde.

Er hatte ein ganzes Leben lang Zeit, um sich in wachsendem Vertrauen zu üben. Gott hatte ihn gut vorbereitet. Schritt für Schritt. Allerdings macht mich das auch unruhig: Ich dachte, mit Achtzig müsste man nicht unbedingt mehr aufbrechen? Allerdings: Mut und Ausdauer – die möchte ich auch gerne haben. Nicht erst mit achtzig.

Was mir hilft? Zum einen: das »Schwert Gottes« zu nehmen und der Schlange namens »Sollte Gott gesagt haben?« den Kopf abzuschlagen. Zum anderen: mich immer mehr und tiefer einzulassen auf die Beziehung, nach der das größte Wesen des gesamten Universums sich sehnt. Gott liebt mich. Ich möchte ihn gerne immer mehr kennen- und lieben lernen.

Christel Eggers

Als aber der Herr sah, dass er hinging, um zu sehen, rief Gott ihn aus dem Busch und sprach: »Mose, Mose!« Er antwortete: »Hier bin ich.« Gott sprach: »Tritt nicht herzu, zieh deine Schuhe von deinen Füßen, denn der Ort, darauf du stehst, ist heiliges Land!«
(2. Mose 3,2-5; E)

Der junge amerikanische Pastor Rob Bell beeindruckte mich, als er während einer Predigt ein Streichholz anzündete und fragte, wie lange es wohl brennen würde. Und wie lange muss man stehen und zusehen, um zu bemerken, dass ein Busch brennt, aber nicht verbrennt? Wenn ich an das Osterfeuer denke, das wir jedes Jahr bei unserem Tagungszentrum Dünenhof in Cuxhaven miterleben, dann weiß ich, dass es Stunden wären …

Immer, wenn es in der Bibel eine sprachliche Doppelung gibt, heißt das, dass diese Stelle besondere Aufmerksamkeit verlangt. Es wird mit Nachdruck darauf hingewiesen. »Er sah: und siehe …«. Mose hat also hingesehen. Wie lange? Brennende Wüstenbüsche waren sein Alltag. Dann musste er eine einfache Entscheidung treffen: Gehe ich näher heran – oder gehe ich weiter? Wie oft in unserem Leben stehen wir vor solch scheinbar einfachen, simplen Entscheidungen? Lese ich zwischen den Zeilen – oder gehe ich vorbei? Schaue ich durch die Oberfläche – oder bleibe ich gleichgültig? Werde ich beten?

Interessant: Gott macht sein Handeln abhängig von unseren Entscheidungen. Er redet mit Mose erst, als er sieht, dass Mose näher kommt. Und dann redet er ihn mit seinem Namen an. Und wieder hängt viel von seiner Reaktion ab: Hier bin ich! Er drückt Bereitschaft aus: Ich stehe zu deiner Verfügung. Ich bin hier.

Wie oft habe ich gedacht, dass eine Berufung so aussehen müsste: Ich lege Gott die Frage vor – und er wird mir dann schon sagen, was ich tun soll. Hier ist ein anderer Ablauf sichtbar: 1. Hinsehen, 2. Entscheiden, 3. Zur Verfügung stehen, 4. Auftrag entgegennehmen. Mir wird klar: Ich verpasse Aufträge, verpasse heiliges Land, wenn ich nicht hinsehe, und mir nicht die Zeit nehme, und mich nicht entscheide zu sagen: Hier bin ich.

Christel Eggers

»Es sollen wohl Berge weichen und Hügel fallen, aber meine Gnade wird nicht von dir weichen«, spricht der Herr.

(Jesaja 54,10; L)

Vor diesem Sommerurlaub habe ich mich so gefürchtet: So viele verschiedene Erwartungen – von Teenagern, Kids und einem Ehemann – sind unter einen Hut zu bringen. Und dazu bin ich selbst so ausgepowert, so ruhebedürftig! Wir sind angekommen in der Schweiz, in Ladir im Rheintal, machen Ausflüge, kommen nach Andermatt, haben Glück, weil die Seilbahn Jubiläum und deshalb erschwingliche Preise für eine sechsköpfige Familie hat. Oben auf dem Gemsstock, 2400 m hoch mit herrlichem Panoramablick über die Gipfel ringsum, klettern wir wie die Gemsen, schmeißen ein paar Schneebälle und bewundern von der Plattform aus die Aussicht ... Viel mehr kann man hier allerdings auch nicht unternehmen – also kraxeln wir wieder zum Seilbahnhaus. Mein Mann schaut mich an. »Wie wäre es, wenn ich mit den Kindern schon eine Station bis zum Restaurant voraus fahre – und du hast hier noch eine halbe Stunde?« Ich könnte ihn küssen! Dankbar winke ich ihnen nach und schaue mich um, nach einer schönen, einsamen Stelle mit Ausblick.

Diese Ruhe! Diese Weite! Dieser Ausblick auf die Gipfel – ein Gefühl von ehrfürchtigem Staunen erfasst mich – fast ist es so, als bräuchte man nur noch *einen* Schritt höher zu gehen und man käme in den Himmel ... Meine Hand spielt mit einigen Schieferstückchen, die sich vom Fels gelöst haben – und mir kommt dieser Bibelvers aus Jesaja in den Sinn. Im Angesicht der Bergriesen wird mir so ganz klar bewusst, wie stark der Vergleich ist, den Gott hier zieht: Zwar gibt es Frostsprengung und Erdrutsche, aber wie lange wird es dauern, bis einer dieser 3000er Giganten ganz weg ist? Kaum vorstellbar! Und noch hinter das Unvorstellbare legt Gott sein Versprechen, seine Verheißung, seine Gnade für mich. Kaum zu fassen ...

Als ich in der Seilbahn meinem winkenden Völkchen entgegenfahre, ist auch mein Herz Lift gefahren, ist empor gehoben, dankbar und ruhig.

Christel Eggers

26. November

Durch Gottes Güte bin ich, was ich bin.

(1. Korinther 15,10; L)

Wer sich als zu schlecht und unbrauchbar für Gott empfindet, sollte nach Ansicht von Peter Reid an folgende biblische Personen denken:

Noah hat sich betrunken;
Abraham war zu alt;
Isaak war ein Tagträumer;
Jakob war ein Lügner;
Lea war hässlich;
Josef wurde misshandelt;
Mose war ein Mörder
(wie David und Paulus);
Gideon hatte Angst;
Simson hatte lange Haare;
Rahab war eine Prostituierte;
Jeremia und Timotheus
waren zu jung;
David gab vor, geistesgestört
zu sein; hatte eine Affäre und
rannte vor seinem eigenen
Sohn weg;
Elia war ein Selbstmordkandidat;
Jeremia war depressiv;
Jona rannte weg vor Gott;
Naomi war eine Witwe;
Hiob verlor alles;
Johannes der Täufer aß
Heuschrecken;
Petrus war jähzornig;
Johannes selbstgerecht;
die Jünger schliefen ein beim
Beten;
Martha hatte sich um alles
zersorgt;
Maria war zu faul;
Maria Magdalena war von
Dämonen besessen;
die Samariterin schlief mit
mehreren Männern;
Zachäus war zu klein;
Petrus zu impulsiv;
Markus hat aufgegeben;
Timotheus hatte ein
Magengeschwür
– und Lazarus war tot.

Durch Gottes Güte bin ich, was ich bin. Das finde ich unglaublich befreiend! Ich bin nicht abhängig davon, was andere über mich sagen, nicht abhängig von dem, was ich besitze oder was ich leiste. Die drei Werte, nach denen alle Menschen dieser Welt in der einen oder anderen Form streben …

Mein Wert ist festgemacht an einer unverrückbaren, unvergänglichen Größe: Der Güte und Liebe Gottes. Ich bin und bleibe geliebte Tochter. Seine Prinzessin. Was auch immer kommen mag.

Christel Eggers

27. November

»Sei stark und mutig, denn du sollst meinem Volk zu dem Land verhelfen, das ich seinen Vorfahren versprochen habe.«

(Josua 1,6-9 (hier:6); NL)

Josua steht vor einer großen Herausforderung. Er soll in die Fußstapfen von Moses treten, seine Arbeit übernehmen und das verheißene Land Israel einnehmen. Doch Josua hat auch Angst davor. Er kennt die Versprechungen Gottes und doch kennt sein Herz auch die Fragen, Zweifel und Ängste. In diese Situation hinein, spricht Gott Josua den oben genannten Vers zu. Drei Dinge, die mir wichtig geworden sind: Erstens, Gott fordert Josua auf stark und mutig und auch entschlossen zu sein. Aber woher die Kraft nehmen? Die Kraft kommt von Gott, der die Aufgabe bereitet hat und verspricht, dass Josua diese Aufgabe auch erfüllen kann. Zweitens macht Gott Josua klar, dass es wichtig ist, die »Gebrauchsanweisung« genau zu befolgen. Josua soll sich an das ganze Gesetz halten – noch mehr, Josua soll diese Gebote in seinem Herzen bewegen und Tag und Nacht über sie nachdenken und sie verinnerlichen. Dann verspricht Gott ihm Erfolg bei der Aufgabe. Drittens erfährt Josua die Zusage, dass er nicht alleine ist, sondern dass Gott mit ihm geht, wo immer er auch hingeht. Diese drei Zusagen dürfen wir auch auf uns heute beziehen. Gott, der Allmächtige und Schöpfer des Universums und des Menschen, ist meine Burg und mein Fels, von ihm kommt Hilfe und Kraft. Durch Jesus darf ich mutig und stark sein und die Aufgaben, die vor mir stehen, auch bewältigen. Gott macht aber auch deutlich, wie wichtig es ist, sich an der Bibel zu orientieren. Sie ist wie eine Laterne auf dem Weg – sie gibt die Richtung an. Deshalb ist es wichtig, dass ich die Bibel und die Gebote Gottes für mein Leben kenne. Jesus sagt uns zu: »Ihr seid meine Freunde, wenn ihr meine Gebote haltet« (Johannes 15,14). Und wie auch Josua bekommen wir Jesu Zuspruch, dass er bei uns bleibt bis an der Welt Ende. Wir dürfen uns der Gegenwart Jesu gewiss sein. In dieser Ermutigung dürfen wir die Aufgaben des Tages angehen und auf Gott vertrauen, dass er die Kraft schenkt und uns begleitet.

Daniela Kurz

Später werden eure Kinder einmal fragen: »Was bedeuten diese Steine?« Dann könnt ihr ihnen antworten: »Sie erinnern uns daran, dass der Jordan sich teilte, als ihn die Bundeslade des Herrn durchquerte.«

(Josua 4,4-7 [hier: 6-7]; NL)

Vergessen Sie manchmal die schönen Dinge der Vergangenheit? Irgendwie merken wir uns Enttäuschungen, Schmerzen oder Ähnliches oft besser als gute Momente im Leben. Josua wird aufgefordert, ein Denkmal zu bauen, damit das Volk nicht vergisst, was Gott getan hat, und damit auch die nachfolgende Generation erfährt, welche Wunder Gott für das Volk Israel vollbracht hat. Aber warum sind solche Denkmale denn von Bedeutung? Weil Gott uns Menschen und unsere Art kennt. Das Volk erlebte ein Wunder, und schon Stunden später sieht es Feinde und vergisst alle Zusagen und Wunder, die Gott getan hat. Wir tendieren dazu, in schwierigen Zeiten zu vergessen, dass Gott bei uns ist, und denken zu selten darüber nach, was Gott uns Gutes getan hat.

Das Denkmal, das Josua setzte, sollte eine stetige Erinnerung an Gottes Gnadenwunder sein, dass die Israeliten trockenen Fußes durch den Jordan gehen konnten. Und so dürfen wir uns auch heute kleine und große »Erinnerungsdenkmale« setzen. Wir haben eine Erbschaft in Jesus und er verspricht uns, dass er uns verändert, uns hilft und trägt, wo sich Umstände nicht verändern. Wir sollen lernen, uns in Krisenzeiten an die Wunder Gottes zu erinnern. Dies gibt uns, wie dem Volk damals, den Mut und die Kraft, an Gott zu bleiben, und stärkt unser Vertrauen. Wir können etwas kaufen oder basteln, was uns an Gottes Durchtragen erinnert, ein Dankestagebuch, in dem wir notieren, welche Gebete Gott erhört hat. Oder »Kleinigkeiten« erwerben, die meinen Dank und Gottes Wunder symbolisieren. In schwierigen Zeiten und für die nächste Generation sollen wir uns dann daran erinnern und erkennen, dass Jesus immer da ist.

Daniela Kurz

Ich bin der Anführer der Heerscharen des Herrn und bin eben eingetroffen.
(Josua 5,13-15 [hier: 14]; NL)

Kennen Sie schwierige Situationen? Haben Sie manchmal das Gefühl, der Boden unter den Füßen drohe Ihnen zu entweichen? Josua ist auch in einer schwierigen Situation. Die Eroberung des Landes Kanaan ist gar nicht so einfach, und er steht vor der Toren Jerichos und ist sich nicht sicher, ob er wirklich gewinnen wird und ob das Volk mitmacht. Er kennt das Volk. Es fängt bei Schwierigkeiten leicht zu murren an. Kurz bevor er die Schlacht von Jericho eingehen soll, erlebt Josua etwas Eigenartiges und gleichzeitig Wunderbares. Er begegnet einem Mann mit einem Schwert. Interessant ist, dass Josua keine Angst hat und auch nicht sofort anfängt zu kämpfen. Nein er fragt ihn: »Gehörst du zu uns oder zu unseren Feinden?« Josua sieht nur diese zwei Möglichkeiten. Der Fremde macht aber eine neue Wirklichkeit ganz klar: »Ich bin ein Engel« – und damit ist die Dimension der unsichtbaren Welt in Josuas Blickpunkt gerückt und Josua wirft sich zu Boden. Warum? Aus Ehrfurcht und um den Befehl entgegenzunehmen. Josua ist klar, dass der Engel eine Ermutigung für ihn ist und dass die Kämpfe unseres Lebens in der unsichtbaren Welt gekämpft werden. Paulus beschreibt es so in Epheser 6,10-12: »Werdet stark durch den Herrn und durch die mächtige Kraft seiner Stärke! Legt die komplette Waffenrüstung Gottes an, damit ihr allen hinterhältigen Angriffen des Teufels widerstehen könnt. Denn wir kämpfen nicht gegen Menschen aus Fleisch und Blut, sondern gegen die bösen Mächte und Gewalten der unsichtbaren Welt, gegen jene Mächte der Finsternis, die diese Welt beherrschen, und gegen die bösen Geister in der Himmelswelt.«

Wir haben die Ermutigung im Kampf des Alltags notwendig und dürfen gewiss sein, dass Gott uns im Gebet auch so ermutigt wie Josua. Denn Gott der Herr kämpft für uns!

Daniela Kurz

»Wenn ihr hört, dass die Priester ihre Hörner blasen, soll das ganze Volk lautes Kriegsgeschrei anstimmen. Daraufhin werden die Stadtmauern zusammenbrechen.«

(Josua 6,1-14 [hier: 5]; NL)

Wenn man diese Geschichte liest, kann man nur staunen. Man kann hier eine der seltsamsten Kampfführungsmethoden der Geschichte beobachten. Josua soll das Land Kanaan einnehmen. Er ist bereit zu kämpfen und drauflos zu gehen. Und dann kommt dieser merkwürdige Befehl Gottes: Sie sollen tagelang um die Stadt herumlaufen und ihre Instrumente benutzen. Wird man so das Land Kanaan einnehmen? An dieser Geschichte werden drei wichtige Dinge deutlich, die auch für uns heute noch eine Rolle spielen. Erstens: Gott »kämpft« anders als wir manchmal denken. Seine Wege sind nicht unsere Wege, und was uns manchmal als seltsam erscheint, könnte gut Gottes Weg sein. So kann nicht jeder Weg Gottes rational erklärt werden, wir werden nicht alles begreifen, und manchmal staunen die Menschen um uns herum und belächeln uns. Zweitens: Gott möchte, dass wir seinen Geboten und Wegen vertrauen. Josua wusste, wie man kämpft, und als Führer des Volkes hatte er sicherlich viele Ideen, Ratgeber und Methoden. Aber er vertraute auf Gottes Weg, auch wenn dieser am merkwürdigsten erscheint. Drittens: Was mag es für ein Bild gewesen sein, vor allem für die Einwohner Jerichos? Da kommt ein großes Volk und zieht Tag für Tag um die Stadt und bläst seine Hörner. Sicherlich gab es genug Lächelnde und Spötter, die sich über diese Art zu kämpfen lustig gemacht haben. Gottes Wege haben in der Geschichte immer wieder Spott geerntet. Auch heute noch macht sich so mancher lustig darüber, wie Christen leben. Wenn uns dies geschieht, dürfen wir uns in bester Gesellschaft wissen. Gottes Wege haben so manchen zum Lachen gebracht. Doch hier gilt: Wer zuletzt lacht, lacht am Besten – in der Ewigkeit. Lassen Sie Menschen staunen und bauen Sie auf Gottes Wege.

Daniela Kurz

1. Dezember

Josua betete vor ganz Israel zum Herrn und er sagte: »Möge die Sonne stillstehen über Gibeon und der Mond über dem Tal von Ajalon.«

(Josua 10,1-15 [hier: 12]; NL)

Die Jahreszeiten haben etwas Faszinierendes an sich. Viele lieben ihren Wechsel. Die Erinnerung an wunderbare Frühlingstage, warme Sommernächte, goldene Oktobermorgen oder kalt-klare Winternachmittage bringen uns zum Staunen und Lächeln. Hier erkennen wir, dass die Natur ihre eigenen Gesetze hat, die niemand beeinflussen kann. Außer Gott, dem Schöpfer! Josua kennt seinen Gott und hat in den letzten Wochen und Monaten viel mit ihm erlebt. Er hat gelernt, dass Gott der Schöpfer von Himmel und Erde ist. Und Josua hat einen Glauben an einen großen Gott – er bittet, dass die Sonne stehen bleibt über Gibeon. Diese Bitte zeigt uns, dass Josua sich sicher ist, dass Gott die Sonne und den Mond lenkt. Gott gewährt in diesem Fall dem Josua seine Bitte. Ein genialer Gedanke für den Leser: Josua macht klar, dass Gott der Schöpfer des Alls ist; auch den Menschen hat er geschaffen, und der Mensch darf von ihm Unglaubliches erbitten! Das zeigt, dass wir kein Produkt des Zufalls sind, sondern geliebte und geplante Geschöpfe eines wunderbaren Gottes.

Daniela Kurz

Nicht eine einzige Verheißung, die der Herr Israel gegeben hatte, blieb unerfüllt. Sie trafen alle ein.

(Josua 21,43-45 [hier: 45] NL)

Sind Sie schon mal enttäuscht worden? Haben Sie erlebt, dass ein Versprechen nicht gehalten wurde? Sicherlich ist es jedem im Leben schon mal so ergangen. Menschen versprechen Dinge und halten sie dann nicht. Unser Wunschdenken, dass Menschen alle ihre Versprechen halten, wird oft schon in frühester Kindheit zerstört. Die Täuschung wird aufgehoben und wir sind ent-täuscht. Im Grunde genommen ist es gut, dass wir ent-täuscht werden – aber es tut einfach weh und sollte nicht so ein. Aber dann erkennen wir, dass wir selbst schon andere enttäuscht und so manches Versprechen nicht gehalten haben. Anders ist das bei Gott. Josua erkannte, dass kein Versprechen, dass der Herr gemacht hatte, nicht auch erfüllt wurde. Diese Verse weisen auf eine großartige Wahrheit über Gottes Wesen hin. Gott verspricht und hält alles, was er verspricht. Gott kann nicht lügen oder seine Versprechen nicht halten. Dies ist für uns alle eine wunderbare Tatsache, die unsere Hoffnung und unsern Glauben immer wieder nährt. Die Bibel ist voll von Versprechen Gottes für den Menschen. Aber ich neige manchmal dazu zu zweifeln, ob Gott seine Versprechen wirklich hält. Dann werden die Erfahrungen, die Josua und das Volk gemacht haben, für mich zur Ermutigung. Alles ist eingetroffen. Gott hat Wort gehalten. Und Gott hält auch weiterhin Wort. Die Bibel ist voll von solchen Ermutigungen. Wichtig ist, dass wir lernen, Gott neu zu vertrauen und zu glauben, dass Gott alle Versprechen hält.

Daniela Kurz

3. Dezember

Ich und meine Familie werden jedenfalls dem Herrn dienen.

(Josua 24,14-15 [hier: 15], NL)

Fallen Ihnen Entscheidungen manchmal schwer? Jeder Tag ist geprägt von vielen Entscheidungen. Wir entscheiden, wann wir aufstehen, was wir anziehen, was wir essen, was wir tun und was uns wichtig ist. Die Wichtigkeit von Dingen ändert sich immer wieder im Leben, und so muss man sich diese Frage auch immer wieder stellen. Wir neigen dazu, Vergleiche zu ziehen und zu überlegen, was für uns wirklich »gut« und wichtig ist. Josua ruft das Volk auch zu einer Entscheidung auf. Zu einer wichtigen Glaubensentscheidung. Sie kennen die Götter der Vorfahren und der Amoriter und haben gleichzeitig den wahren Gott erlebt, wie er Wunder um Wunder geschenkt und alle seine Versprechen gehalten hat. Und genau an diesem Punkt fordert Josua das Volk auf, sich zu entscheiden. Josua selbst hat seine Entscheidung getroffen. Er will Gott dem Herrn dienen, und das mit ganzer Hingabe. Das Glaubensbekenntnis macht auch deutlich, dass Josua sich nicht nach der Masse entscheidet, sondern danach, was er glaubt und erlebt hat. Er entscheidet sich für Gott! Wie entscheiden Sie sich heute?

Daniela Kurz

4. Dezember

Ich bin ausgeschüttet wie Wasser [...] Meine Kräfte sind vertrocknet wie eine Scherbe [...]

(*Psalm* 22,15-16; *L*)

Der Milchkrug liegt zerschlagen auf dem Boden, die Milch ist verschüttet. Alles unbrauchbar. Dreckschüppe und Besen her, weg mit dem Kehricht!

In diesem Psalm stöhnt ein Mensch: »Ich bin ausgeschüttet, meine Kräfte sind hin, ich bin eine Scherbe, ein Nichts, Kehricht!« Erschreckend!

Erschreckend auch, wie die Leute mit ihm umgehen, getreu dem Motto: Wer den Schaden hat, braucht für den Spott nicht zu sorgen. Sein Selbstwert sinkt dadurch noch mehr: »Ich bin ein Wurm!«, jammert er. Er ist unbrauchbar, hinderlich oder gar eklig für andere. Zerbrochene Seele, kaputte Existenz, verwirrter Verstand ... wer will solche Menschen noch?

Lese ich den ganzen Psalm, wird mir klar, dass er auch der Leidenspsalm Jesu ist. Christus selbst wurde wie Kehricht aus der Stadt gebracht, zerbrach, schüttete seine Seele in den Tod aus. Der Sohn Gottes wurde eine Scherbe, ein Nichts und der Spott der Leute!

Deshalb fühlt er mit Zerbrochenen! Und noch mehr: Er ist ein Archäologe, der sich mit Haarpinsel und Schüppchen liebevoll über dem Scherbenhaufen meiner Seele niederbeugt, pinselt, pustet und das Gefäß wieder zusammensetzt. Er sieht trotz allem Zerbruch das heile Ganze vor sich. Er erachtet mich für wertvoll, ist ganz begeistert von mir! Und was an mir unter dieser Sonne nicht perfekt wird – wenn ich bei ihm angekommen bin, wird es das sein!

Ist das nicht prächtig, Christus sagt: Du bist brauchbar, du bist liebenswert, du bist einzigartig für mich!

Du bist mein auserlesener Schatz und diesen Tag bestehen wir gemeinsam!

Dafür lieb ich ihn, meinen Archäologengott!

Christine Schlagner

5. Dezember

Wir sehen, dass der Herr mit dir ist.

(*1. Mose 26,28a; NL*)

Isaak hat Stress. Ständig gibt es Streit um die überlebenswichtigen Wasserrechte. Als endlich Frieden herrscht, atmet er auf: »Jetzt hat der Herr uns Raum geschaffen!« Da stehen seine potentiellen Feinde vor der Haustür. Mit einer Kriegserklärung? Nein, Isaak wird von ihnen als Vertragspartner in einem Nichtangriffspakt gebraucht. Er ist ihnen zu mächtig geworden, weil sein Gott so stark ist, nicht etwa weil Isaak ein Held wäre. Seine Vertragspartner benennen es präzise: »Wir haben deutlich gesehen, dass der Herr mit dir ist, du bist nun einmal ein Gesegneter des Herrn.«

Eine Freundin ruft mich an. Kurzer Austausch über die letzten familiären Ereignisse und Kümmernisse.

Und dann höre ich einen Satz, ganz ohne Häme oder Spitze, nur tief überzeugt und liebevoll:

»Ich wünsche dir viel Kraft und gute Nerven für deine Situation und Gottes Beistand. Aber den hast du ja sowieso!«

Dankbar lege ich den Hörer zur Seite.

Gottes Beistand hab ich sowieso(!), hallt es wie ein Echo in mir nach. Ist das nicht wirklich wunderbar, dass ich das wissen und erfahren darf? Gott ist auf meiner Seite, er steht bei mir – er steht mir bei! Was mich tief berührt:

»Gottes Beistand hast du sowieso«, das sagt eine Frau, die noch auf der Suche nach dem Vaterherzen Gottes ist.

Dass Gott mir beisteht, wird sichtbar für meine Mitmenschen.

Ich bin erstaunt: Gott gebraucht mein Leben, meinen kleinen Mut, wenn ich von ihm erzähle. Er gebraucht mein Miteinander mit ihm, damit Menschen beobachten können und zu staunen beginnen. Staunen über mich? Nein, über *ihn*, den allmächtigen Gott.

Gottes Beistand hab ich sowieso! Na, mit so einer Zusage lässt sich doch gut in den Tag gehen, oder?

Christine Schlagner

6. Dezember

Ich liege und schlafe ganz mit Frieden; denn allein du, Herr, hilfst mir, dass ich sicher wohne.

(Psalm 4,9; L)

Ich muss wohl leicht bebrezelt gewesen sein, als ich diesen Vers für ein Andachtsbuch vorschlug, das im Regelfall in den frühen Morgenstunden seinen Leserinnen die Aufwartung macht. Ich hoffe, Sie haben gut geschlafen! Oder war Ihre Nacht mies und Sie fragen sich, wie Sie in diesem Zustand die Kraft für einen kompletten Tag aufbringen sollen? Dann ist Ihnen mein geballtes Mitgefühl sicher, denn so was ist mir vertraut.

Vielleicht macht Ihnen dieses kleine Erlebnis ein wenig Mut, sich dennoch ins tägliche Wagnis zu stürzen:

Ein Findelbabykater fand bei uns ein Zuhause. Er hatte nur ein großes vierpfotiges, schwarzes Problem: unseren alten Kater, der sich sein Revier nicht streitig machen lassen wollte und recht athletisch Backpfeifen verteilte.

An einem Nachmittag legte sich der kleine Kater auf die Fußmatte in den Sonnenschein, ich ruhte auf dem Stuhl neben ihm aus. Völlig entspannt schlief das Tierchen zu meinen Füßen, kein ängstliches Zucken, kein böser Traum. Was für ein Luxus! Es schien, als sei sich dieser Knirps vollkommen bewusst, mit mir die Sicherheit in Person gepachtet zu haben. War ja auch so!

Dieses ruhig-behütete Bild begleitet mich seither. Gott ist in seiner imposanten Größe und Mächtigkeit neben mir, egal wie groß, vielfüßig und schwarz Probleme mich belauern. Wenn er sich erhebt oder auch nur seinen Arm bewegt, dann geht die Post ab!

Ich weiß nicht, wie es Ihnen geht. Meine größte Schwierigkeit besteht darin, dass ich mir der Größe, Nähe und der machtvollen Fähigkeiten meines Gottes nicht so richtig bewusst bin. Ich wünsche Ihnen und mir, dass wir ihn heute in live erleben. Seien Sie behütet!

Christine Schlagner

7. Dezember

Ich freue mich und bin fröhlich über deine Güte, dass du mein Elend ansiehst und nimmst dich meiner an in Not[…] Du stellst meine Füße auf weiten Raum.

(Psalm 31,8-9; L)

Ich komme ins Zimmer und treffe dort auf eine panisch flatternde Kohlmeise. Sie ist bemüht, sich an einem Poster festzukrallen, das prompt einreißt. Vor Schreck lässt sie ein Häufchen fallen. Kurzum, ich muss das arme Ding einfangen, bevor es sich suizidgefährdet gegen die große Fensterscheibe stürzt. Die Meise muss sich durch ein kleines Dachfenster hierher verirrt haben. Ich brauche zwei Versuche, bis ich das vor Schreck und Todesangst bebende Tierchen zwischen meinen Handflächen halte. An dem flink geöffneten Fenster sitzt der Vogel auf meiner ausgebreiteten Hand und ich flüstere ihm aufmunternd zu: »So, jetzt starte durch!« Nach einer Schockminute, in der er wie tot dasitzt und ich staunend bemerke, dass eine Meise sogar kleine Wimpern hat, berappelt er sich und fliegt zur Birke gegenüber. Ich weiß nicht wie das Halleluja einer Meise klingt, aber so was in der Art ist kurz darauf von dort zu vernehmen.

Auch wir kennen Räume der Angst und Not. Irgendwie sind wir hineingeschlittert. Unser Körper bebt, Magen und Darm rebellieren. Wir suchen Halt an Dingen oder Personen, die keinen Halt geben können. Und manchmal sind wir für Gott schwer greifbar, weil auch vor ihm auf der Flucht.

Wenn wir uns aber fassen lassen, uns ihm anvertrauen, macht er das wahr, was die Meise und der Psalmsänger erlebten:

»Du stellst meine Füße auf weiten Raum, du gibst Freiheit.
Ich darf mich freuen, weil du mir hilfst!«

Christine Schlagner

Danach sprach der Herr zu Mose: « Schreibe dies zum Gedächtnis in ein Buch, und lege in die Ohren Josuas, dass ich das Gedächtnis Amaleks ganz und gar unter dem Himmel austilgen werde. «

(2. *Mose* 17,14; *E*)

Es herrscht Krieg. Gerade wurde ein Sieg errungen. Josua und die Soldaten sind schweiß- und blutüberströmt, bewegen sich abgewrackt zu ihren Zelten. Mose hat noch Krämpfe in Armen und Schultern. (Ist gar nicht so leicht, lange mit erhobenen Händen zu beten!) Da fordert Gott ihn zum Tagebuchschreiben und zum Josua-in-den-Ohren-liegen auf.

Also bitte, hat ein Mann wie Mose nicht was anderes zu tun? Was Praktisches wie Sitzungen vorbereiten, für die Versorgung des Volkes sorgen, Recht sprechen? Er soll sich hinsetzen und das Geschehene aufschreiben und Josua erzählen, was Gott tat und tun wird? Mose meutert nicht, er schreibt. Dieser Appell gegen das Vergessen ist bei ihm angekommen! Und er schreibt reichlich, sodass wir heute noch davon profitieren. Für Josua, der noch viele Kämpfe durchstehen muss, sind die Informationen des Mose über seine Feinde in den folgenden Jahrzehnten von enormer Wichtigkeit: wegweisend und Mut machend.

Nicht jede Frau schreibt Tagebuch. Viele sind mehr fürs Praktische. Der Alltag ist so voll, dass kaum Zeit zum Durchatmen bleibt, geschweige denn, um all den »Kram« zu notieren. Ich habe deshalb eine Schachtel mit kleinen Zetteln und einem Stift drin. Da schreibe ich Zitate, Gebetserhörungen, Versprecher meiner Kinder, super Bibelstellen u. v. m. auf, die mich erfreuen. Von Zeit zu Zeit blättere ich darin und bemerke, wie mit der Erinnerung an Gottes Handeln und an die schönen Dinge, die er mir gibt, sehr viel Dankbarkeit und Mut in mein Leben kommt. Wenn ich mit diesen Erlebnissen dann anderen »in den Ohren liege«, bin ich erstaunt, dass es auch sie bereichert.

Christine Schlagner

9. Dezember

Und Jesus spricht zu ihnen: »Ihr werdet alle Anstoß nehmen [...] Aber nach meiner Auferweckung werde ich euch vorausgehen nach Galiläa.«

(Markus 14,27-28; E)

Ich habe das Gefühl, Petrus und seine Freunde überhören diesen Satz im Eifer des Gesprächs. Petrus wehrt sich heftig dagegen, dass er Jesus verleugnen wird. Die Übrigen behaupten, auch sie würden ihren Rabbi nie verlassen! Mir ist, als will Jesus sagen: »Jungs, hier gibt's gleich ein beklemmendes Finale, die bringen mich um! Aber ich mach schon mal einen Termin mit euch: nach meiner Auferstehung, Treffpunkt bei uns zu Hause in Galiläa!« Tatsächlich, der Engel am leeren Grab erinnert daran. Und schließlich gibt's ein Treffen am See Genezareth, mit einem leckeren Frühstück, von Jesus selbst (!) zubereitet, und ein anschließendes bahnbrechendes Seelsorgegespräch.

Warum Galiläa? Weil es zur Aufarbeitung und Bewältigung von Lebensniederlagen und seelischen Verletzungen, zur Reflektion von Motivation und Selbstwahrnehmung sehr hilfreich sein kann, den Ort des Geschehens eine Weile zu verlassen und »nach Hause« zu gehen, an einen Ort, zu Menschen, die mir Sicherheit bieten. Familie, Freund, Ort meiner Berufung, geistliche Heimat, Verwandte ... Ich habe schon viele Menschen erlebt, die dies ganz intuitiv taten und damit nicht auf dem Holzweg waren.

Die Bewältigung einer Krise ist wie ein Weg durch feindliches Land, aber Jesus verspricht: Ich gehe vor dir her.

Ich bereite dir einen Tisch im Angesicht aller feindlichen Ängste, Schuldgefühle, Versagens -und Verlustschmerzen ...

Ich nehme mich deiner Seele an.

Und, ob du's gerade glauben kannst oder nicht:

Ich bereite dein Comeback vor. Vieles (auch du selbst) wird nach der Krise anders sein, aber ich richte dich wieder auf, denn: Ich liebe dich!

Christine Schlagner

Es war eine Prophetin, Hanna [...] Sie hatte sieben Jahre mit ihrem Mann gelebt [...] und war nun eine Witwe an die vierundachtzig Jahre; [...] die trat auch hinzu zu derselben Stunde und pries Gott und redete von ihm zu allen, die auf die Erlösung [...] warteten.

(*Lukas* 2,36-38; *L*)

Den Hinweisen zu Hannas Biographie ist nicht zu entnehmen, ob sie Kinder hatte und sie allein durchbringen musste. Aber ganz abwegig ist das wohl nicht, weshalb ich es einfach mal annehme und titele:

Wertschätzung Gottes für Alleinerziehende, Witwen und Seniorinnen pur!

Denn zu dem »erlauchten« Kreis von Personen, die das Jesuskind als Retter erkennen, gehört Hanna. Sie kann ein Lied über die besonderen Lebensumstände von Frauen in diesen Phasen singen: oft am Rand stehen, nicht so richtig dazugehören, Geldsorgen, allein durch Probleme strampeln, Einsamkeit ... Jetzt aber jubelt sie, weil Gott ihr seinen Christus in die Arme und damit dicht und warm ans Herz legt!

Ich schmücke wieder aus, aber wenn Sie Hanna gewesen wären, hätten Sie Jesus nicht auch mal an sich gedrückt? Ich ja – und es zutiefst genossen!

Christus, klein und verletzlich, vermittelt mir den Eindruck, dass mir hier ein Gott nahe kommt, der meine Verletztheit und Verletzlichkeit, mein Leben kennt, versteht und mitfühlt. Ihm bin ich alles andere, nur nicht egal!

Gott füllt Hannas Seele mit Freude und Lob. Die alte Dame humpelt, auf ihren Stock gestützt, durch Jerusalem und erzählt Freunden und Freundinnen, die auf den Retter warten, dass ausgerechnet sie – just in time, zur richtigen Zeit am richtigen Ort – ihrem Retter begegnen durfte!

Was für ein Tag!

Christine Schlagner

11. Dezember

Lobe den Herrn, meine Seele!

(Psalm 103; L)

Im Psalter findet jedermann, in welcher Lage er auch sei, Psalmen und Worte, die seine Lage genau treffen und ihm so angemessen sind, als wären sie allein um seinetwillen so gesprochen, so dass er selbst sie auch nicht besser hätte sprechen und finden oder sich wünschen können.« (Martin Luther 1528 in seiner Vorrede zu den Psalmen)

Worte zu finden, die meine Lage genau treffen, das ist es doch, was ich mir wünsche, wenn ich in der Bibel lese. Und so habe ich in den letzten Jahren besonders die Psalmen für mich entdeckt. Sie finden eine Sprache, wo ich sprachlos bin. Sie formulieren Hoffnung und Zuversicht so, wie ich sie nicht in Worte fassen kann. Oft bete ich mit Psalmworten, wenn um mich herum »der Sturm tobt«.

Mein Lieblingspsalm, Psalm 103, ist deshalb der Text für die nächsten Tage.

Martin Luther überschreibt Psalm 103 mit den Worten: »Das Hohelied der Barmherzigkeit Gottes.« Weil ich mich nach dieser Barmherzigkeit zutiefst sehne, mag ich diesen Psalm besonders. »Barmherzig und gnädig ist der Herr, geduldig und von großer Güte« (Vers 8). »Wie sich ein Vater über Kinder erbarmt, so erbarmt sich der Herr über die, die ihn fürchten« (Vers 13).

Diese Barmherzigkeit wünsche ich mir für mein Leben und für die Menschen, denen ich begegne. Und merke doch, wie schwer mir das barmherzig sein fällt, wie hart ich mit mir selbst und anderen umgehe. Da tut es mir gut, mich in diese Worte zu flüchten. Mit ihnen zu beten, als wären sie allein um meinetwillen so geschrieben. Und ich spreche dem Beter nach, der es in seinen Worten sagt:

»Der Himmel hält mich mit seiner Gnade und sein Erbarmen beschützt mich mit seiner Güte. Seine Barmherzigkeit berührt mein Herz, und die Schläge meines Herzens schlagen den Takt zu seinem Lob: Ich danke dir Gott, dass ich bin.«

Christiane Rösel

12. Dezember

Lobe den Herrn, meine Seele, und was in mir ist, seinen heiligen Namen! Lobe den Herrn, meine Seele, und vergiss nicht, was er dir Gutes getan hat.

(Psalm 103,1-2; L)

»Wo nicht unerträglich widrige Umstände stören, scheint Lob nichts anderes zu sein als hörbare innere Gesundheit.« (C.S. Lewis)

»Lobe den Herrn, meine Seele.«

Ist das der richtige Anfang? Bin ich es Gott schuldig, ihn zu loben? Etwa so nach dem Motto: »Sei nicht undankbar, vergiss nicht deine Pflicht«? Dank und Lob lassen sich nicht wirklich befehlen, wenn sie echt sein sollen. Aber ist das denn der Ton, der hinter diesen Sätzen steckt? Klingt das nicht eher nach einer werbenden Aufforderung: Quäle dich nicht länger, meine Seele. Nimm dir Zeit, Atem zu schöpfen!

Denn »Loben« heißt in der Bibel soviel wie Durchatmen, Atem schöpfen. Das Loben ist der wieder gewonnene Atem des Lebens, das Aufatmen der Seele. Aber oft fehlt mir dazu die Sprache. Ich merke, ich muss die Sprache des Lobens und damit die Sprache des Lebens erst wieder buchstabieren lernen. Wenn ich lobe, bleibe ich nicht bei mir selbst stehen. Ich blicke über mich selbst hinaus.

Aber dann ist da ja noch der zweite Teil des Satzes:

»Vergiss nicht, was er dir Gutes getan hat.«

Meldet sich hier nicht doch noch der erhobene Zeigefinger? Nein, das ist kein Satz, der mir ein schlechtes Gewissen machen, sondern der mir helfen will, mich zu erinnern. Offen zu sein für das Gute, das mich erwartet in vielen kleinen und auch großen Dingen meines Alltags; aufmerksam zu sein und wahrzunehmen.

Und ich spüre, dass ich diese Erinnerung brauche. Das Negative und Zerstörende haben oft eine große Macht über mich. Das Gute wird dagegen schnell verdeckt.

Behalte das Gute im Blick, sagt der Psalm, vergiss es nicht.

Christiane Rösel

... der dir alle deine Sünde vergibt und heilet alle deine Gebrechen, der dein Leben vom Verderben erlöst, der dich krönet mit Gnade und Barmherzigkeit, der deinen Mund fröhlich macht, und du wieder jung wirst wie ein Adler.

(Psalm 103,3-5; L)

Vergiss nicht, was er dir Gutes getan hat. Das ist wichtig, klar. Aber da gibt es doch auch noch andere Erfahrungen: Verletzungen, Feindseligkeiten von Menschen, Krankheit und Nöte. Dann sagt die Seele, nein, sie schreit es heraus: »Ich kann nicht mehr!« Das Loben ist nicht so leicht, wenn wir unsere ganze Lebenswirklichkeit in den Blick nehmen. Es muss begründet sein, sonst bleiben uns schon die ersten Worte im Hals stecken. Und ganz behutsam beschreibt der Psalm unterschiedliche Erfahrungen: Es gibt, so sagt er, nicht nur Verletzungen, es gibt auch die Freude darüber, dass sie wieder heilen. Es gibt nicht nur schwere Krankheit, sondern auch das tröstliche Erleben, gesund zu werden. Und es gibt nicht nur die beschämende Erfahrung des Versagens, sondern auch die andere, trotz allem akzeptiert zu sein, neu anfangen zu können, alte Fehler hinter sich zu lassen. Welche der Erfahrungen wiegt schwerer? Wenn wir sie auf die Waage legen, sinkt die Waagschale mit den Verletzungen, der Angst, der Müdigkeit nach unten. Und der Psalm, der uns das Loben lehren will und mit dem Loben das Leben – was hat er dagegen zu setzen? Ermahnungen, Aufforderungen, Imperative? Wir alle wissen, wie wenig diese helfen. Was aber dann? Was der Psalm kann und was er tun will, ist uns die Augen zu öffnen, die Sinne zu schärfen. Glauben lernen heißt also erst einmal wahrnehmen zu lernen. Gott zu sehen als den, der er ist. An den Gott zu glauben, der mich nicht nur geschaffen hat, sondern der auch mein Leben erhält: den Arzt für meine Krankheit, den Wiedergutmacher für meine Fehler, »... der dein Leben vom Verderben erlöst«.

Gott hält Gutes für mich bereit, schon heute.

Christiane Rösel

14. Dezember

Barmherzig und gnädig ist der Herr, geduldig und von großer Güte.

(Psalm 103,8; L)

Der 103. Psalm lehrt uns, die ganze Fülle der Gaben Gottes, von der Erhaltung des Lebens bis zur Vergebung der Sünden, als eine große Einheit zu verstehen und für sie dankend und lobend vor Gott zu treten. »Wenn wir aber empfangen, was wir bedürfen, so sollten wir nicht aufhören, Gott von Herzen zu danken, dass er um Jesu Christi willen so freundlich ist.« (Dietrich Bonhoeffer)

Der ausgedehnte Mittelteil des Psalms weist auf das Heilswirken Gottes in Geschichte und Gegenwart hin. Die Erwähnung von Mose erinnert an den Bund, den Gott mit seinem Volk geschlossen hat. So bezieht sich Vers 8 auf 2. Mose 34,6. Vers 8 steht auch im Mittelpunkt dieses Abschnitts und wird in den weiteren Versen vertieft.

»Barmherzig und gnädig ist der Herr, geduldig und von großer Güte.« Dieses Wort der Gnade Gottes wird erläutert durch die folgenden »nicht«-Formulierungen: »Er wird nicht für immer hadern, noch ewig zornig bleiben. Er handelt nicht mit uns nach unsern Sünden und vergilt uns nicht nach unsrer Missetat.« Die Ahndung der Sünde spielt keine Rolle mehr. Im Gegenteil, in drei Bildern von packender Schönheit beschreibt der Psalmist die überragende Größe der Gnade Gottes:

»Denn so hoch der Himmel über der Erde ist, lässt er seine Gnade walten über denen, die ihn fürchten. So fern der Morgen ist vom Abend, lässt er unsre Übertretungen von uns sein. Wie sich ein Vater über Kinder erbarmt, so erbarmt sich der Herr über die, die ihn fürchten.«

Es sind Bilder, die Zeit brauchen, damit ich sie erfassen kann, nicht nur mit dem Kopf, sondern mit dem Herzen.

Christiane Rösel

15. Dezember

Ein Mensch ist in seinem Leben wie Gras, er blüht wie eine Blume auf dem Felde; wenn der Wind darüber geht, so ist sie nimmer da, und ihre Stätte kennt sie nicht mehr. Die Gnade aber des Herrn währt von Ewigkeit zu Ewigkeit über denen, die ihn fürchten.

(Psalm 103,15-17; L)

Das Ganze der Geschichte, das Ganze der Menschheit, das Ganze des Menschen wird in den Psalmen in Beziehung gebracht zu Gott.« (Claus Westermann)

Ähnlich wie in Jesaja 40,6-8 wird in den Versen 14-16 in verschiedenen Bildworten die Vergänglichkeit des Menschen verdeutlicht und im Gegensatz dazu in den Versen 17 und 18, die Beständigkeit der Gnade Gottes. Sie bleibt, über Generationen hinweg, von Ewigkeit zu Ewigkeit. Gottes Geschenk ist, dass der vergängliche Mensch Anteil hat an der ewigen Gnade. Erst in der Gegenüberstellung von vergänglich und ewig wird die Dimension deutlich, die dahinter steht.

Im letzten Abschnitt dann, den Versen 19-22, beschreibt der Psalmist die Königsherrschaft Gottes. Sein eigenes Lob reicht nicht aus, deshalb ruft er den »himmlischen Hofstaat« auf, in dieses Lob mit einzustimmen. Es ist ein weltumspannendes Lob, »alle seine Werke, an allen Orten seiner Herrschaft.«

Bis sich zum Schluss der Kreis wieder schließt und der Psalmdichter seine Seele auffordert, sich einzuordnen in dieses Gotteslob: »Lobe den Herrn, meine Seele!«

Das Lob Gottes ist die höchste Lebensäußerung des Menschen. Es findet sich in vielfältiger Weise in unseren Liederbüchern:

»Lobet den Herren, alle, die ihn ehren; lasst uns mit Freuden seinem Namen singen und Preis und Dank zu seinem Altar bringen. Lobet den Herren.«

Christiane Rösel

Lobet den Herrn, alle seine Werke, an allen Orten seiner Herrschaft!

(Psalm 103,22; L)

»Wie kaum ein anderer Text rühmt Psalm 103 die große Barmherzigkeit und vergebende Liebe Gottes und damit gerade das, was Jesus in seinem Gebet lehrt, aber auch in seinem Verhalten bewährt hat.« (Otto Betz)

Zwischen dem Psalm 103 und dem Vaterunser (Matthäus 6,9-13 und Lukas 11,2-4) lässt sich eine Brücke schlagen vom Alten Bund Gottes mit Israel zum Neuen Bund, der mit Jesus selbst seinen Anfang genommen hat. Diese Beobachtung des Tübinger Theologen Otto Betz hat mich fasziniert und angesprochen. Dazu einige Beispiele.

»Unser Vater im Himmel!«, so beginnt Jesus sein Gebet (Matthäus 6,9). Diese Anrede legt auch Psalm 103,13 nahe: »Wie sich ein Vater über Kinder erbarmt, so erbarmt sich der Herr über die, die ihn fürchten.« Der Vater im Himmel, das ist der hohe und erhabene Gott, der sich über mich erbarmt.

Die erste Bitte des Vaterunser lautet: »Dein Name werde geheiligt« (Vers 9). Auch der Psalm beginnt mit einem Lob des Gottesnamens. Wenn es in Psalm 103,5 heißt, dass Gott uns »mit Gutem sättigt« (Elberfelder), bitten wir im Vaterunser um das tägliche Brot (Vers 11). Schließlich beten wir: »Und vergib uns unsere Schuld, wie auch wir vergeben unsern Schuldigern« (Vers 12). Weil wir es mit dem Gott zu tun haben, »der dir alle deine Sünden vergibt« (Psalm 103,3). Aber ist daran nicht eine Bedingung geknüpft, die wir so im Psalm nicht finden? Jesus lehrte doch gerade die Gnade Gottes, die immer zuerst kommt. Otto Betz sagt dazu: »Für Jesus hat meines Erachtens der in Psalm 103,13 angestellte Vergleich, zwischen menschlichem und göttlichem Erbarmen, eine uns verpflichtende Kraft.« Aber Gottes Güte verpflichtet nicht nur, sie befähigt auch zur Vergebung – und damit erwartet sie sie auch.

Christiane Rösel

17. Dezember

»Da hatte der König Mitleid mit ihm, ließ ihn frei und erließ ihm seine Schulden. Doch sobald der Mann frei war, ging er zu einem anderen Diener, der ihm eine kleine Summe schuldete, packte ihn am Kragen und verlangte, dass er auf der Stelle alles bezahlen sollte.«

(Matthäus 18,23-35; NL)

Mit Psalm 103 freuen wir uns über Gottes Vergebung. Doch wie oft muss ich vergeben? Das ist die spannende Frage des Petrus. Und Jesus antwortet, wie so oft, mit einer Geschichte: Ein Diener schuldet dem König eine unvorstellbar hohe Summe Geld. Er kann nicht bezahlen und fleht um Gnade. Und seine Riesenschulden werden ihm erlassen. Unmittelbar nach seiner Begnadigung sorgt der Diener dafür, dass ein Kollege wegen vergleichsweise geringer Schulden ins Gefängnis wandert. Damit zieht er sich den Zorn des Königs zu. Wie der König im Gleichnis, erhört Gott das Bitten um Erbarmen und vergibt unsere Sünden, weil er »von großer Güte« ist (Psalm 103,8). Dem Erlass der riesigen Schuld entspricht die Distanz, die der vergebende Gott zwischen uns und unsere Sünden legt: »So fern der Morgen ist vom Abend, lässt er unsre Übertretungen von uns sein« (Psalm 103,12). Dagegen erweist sich der Diener als gnadenlos. Das väterliche Erbarmen Gottes (Psalm 103,13ff) erwartet und ermöglicht aber auch unsere Bereitschaft zur Vergebung. Sein Erbarmen geht unserem Handeln immer voraus. Das beschreibt Jesus in dem Gleichnis sehr anschaulich, wenn es um die große Schuld des Dieners und die vergleichsweise kleine seines Kollegen geht. Diese Güte Gottes ist es, die unser Herz verwandeln möchte. Auf eindrucksvolle Weise hat Jesus selbst das gelehrt und auch gelebt. Zu solchem Erbarmen befähigt er auch uns. Denn er ist es, der uns »krönet mit Gnade und Barmherzigkeit« (Psalm 103,4).

Christiane Rösel

Flöge ich hinauf in den Himmel, so bist du da; stiege ich hinab ins Totenreich, so bist du auch da. Nähme ich die Flügel der Morgenröte oder wohnte am äußersten Meer, würde deine Hand mich auch dort führen und dein starker Arm mich halten.

(Psalm 139, 8-12; NL)

Ein uraltes Gebet aus der Mitte der Bibel. Wir wissen nicht, wo genau es zum ersten Mal gesprochen wurde, in welcher Situation es entstanden ist. War der Dichter auf der Flucht, im Krieg oder voller Herzschmerz, todkrank oder lebensmüde, geschah es beim Abschied oder aus Heimweh? Liest man den ganzen Psalm, dann merkt man: Hier spricht auf jeden Fall ein sehnsüchtiger Mensch. Dort, wo er jetzt ist, fehlt es ihm an Glück. Er guckt sich den Himmel an und möchte weglaufen; er schaut zur Erde und möchte sich eingraben, verstecken; er sieht wieder zum Himmel. Fliegen können wäre schön; von einem Engel beflügelt getragen. Leicht sein, sich erheben können über diese Erde; das Schwere, was dich runterzieht, zurücklassen. Bis zum Meer laufen; am Strand entlang; mit den Wellen reiten, mit den Wolken ziehen, mit dem Morgenrot weiter fliegen. Weglaufen wollen, fliehen – nach innen oder nach außen –, sich ablenken, beschäftigen, betrinken, wegträumen in eine andere Welt. Zudröhnen mit Arbeit oder immer neuen Ideen oder Bildern. Kino im Kopf, jemand anders sein, woanders sein oder einfach schlafen, sich ausknipsen. Sehnsüchtig sind wir, und wissen manchmal nicht, wohin mit uns. Und da passiert etwas Wunderbares. Du bist da. Und wenn ich weit weg fliegen würde, deine Hand hält mich. Du hältst immer. Zu mir. Geborgenheit. Frieden. Leichtigkeit. Stille, die mich gut umgibt und gütig erfüllt.

Und wenn du dich auf den Kopf stellen oder zum Mond reisen, Tiefsee tauchen oder nie mehr aus deinem Zimmer raus kommen würdest: Die Sehnsucht deiner Seele gehört zu dir als Mensch. Und das Überwältigendste, was eine Menschenseele erleben kann, ist dieses Lied an Gott zu singen, das sagt: Du bist da!

Christina Brudereck

19. Dezember

Viele Menschen breiteten ihre Mäntel vor Jesus auf der Straße aus. Andere schnitten Zweige von den Bäumen und bestreuten den Weg damit. Er befand sich in der Mitte des Zuges, und die Menge um ihn herum jubelte [...].

(Matthäus 21, 1-11; NL)

Gedrängel. Enge. Anspannung. Sanft, mutig, zielsicher bahnt sich ein Mensch auf einem Esel seinen Weg durch die Menge. Und die Menge weiß auf einmal nur noch ein Lied zu singen: »Hosianna. Hoscha na! Bitte, hilf uns!« Jesus zieht in Jerusalem ein. Und muss gewusst haben, dass es jetzt enger wird für ihn. Hier sitzen die Mächtigen, das Römer-Regime und die Religionselite. Und es ist gefährlich, denen ins Gehege zu kommen. Aber Jesus zieht sich nicht zurück aufs Land und nimmt kein Wort zurück von seinen Ideen. Es gibt Verabredungen hinter seinem Rücken. Anordnungen von höchster Stelle: Behaltet den Unruhestifter im Blick! Bestechung. Falsche Zeugen. Es wird enger. Er liebt weiter. Er ist zu anders, zu kritisch, er vergibt. Er stört das System. Sie wollen ihn loswerden. Innerhalb kürzester Zeit gibt es einen Stimmungsumschwung. Dieselben Menschen, die ihn gerade noch heiß umjubelt haben, wollen jetzt nicht nur nichts mehr mit ihm zu tun haben, sie wollen, dass er stirbt; sie wollen ihn leiden sehen. Schnell-lebig nennt man das. Und ganz schnell tot ist der eine, der gerade noch bejubelt wurde. Menschen sind so. Mengen und Massen sind so. Instabil. Gefährlich. Ich mag das Gejammer über den angeblichen Individualismus weder in säkularen noch in christlichen Zeitschriften mehr lesen. Ich denke vielmehr: Ein paar echte Individualisten mit ein paar wahrhaft originellen Ideen – das wäre doch etwas wunderbar Erfrischendes! Das geistliche Klonen und dieses zeitgeistgemäße »wir alle« hat nicht die Kraft des Neuen. Individualität ist nicht gleich Egoismus, sie ist das Ernstnehmen der eigenen Lebensberufung. Individualität kann bedeuten, wahrhaft Verantwortung zu übernehmen, für das eigene Leben und für das große Ganze. Hosianna zu singen, wenn alle singen, ist einfach. Dieser eine geht seinen Weg. Es braucht Menschen, die aufstehen. Er ist die Auferstehung selbst.

Christina Brudereck

Vom Heiligen Geist erfüllt, verließ Jesus den Jordan. Der Geist brachte ihn in die Wüste, wo der Teufel ihn vierzig Tage lang in Versuchung führte. Während dieser ganzen Zeit aß er nichts, sodass er schließlich sehr hungrig war.

(Lukas 4,1-13; NL)

Er war eine ganze Zeit lang weg gewesen, genau für 40 Tage. Was er wohl erlebt hatte? Kurz vorher hatte er noch den größten Triumph erlebt, die absolute Bestätigung. Johannes, sein Cousin, der Radikale, hatte ihn getauft. Und Gott hatte ihn mit lauter Stimme berufen. Die göttliche Beglaubigung, der Himmel war offen, was für ein Erlebnis!

Und dann war er plötzlich verschwunden. Auf und davon. Man munkelte, er war in der Wüste. Nach dem Wasser die Wüste. Nach der Bestätigung – die Versuchung?

Aber als er zurückkam, wirkte er noch stärker. Als wollte er sagen: »Das Band zwischen mir und Gott hält mich – immer in seiner Nähe. Wir sind ewig verbunden. Ich gehe, wohin er will. Ich verlasse mich auf ihn.«

In der Wüste hatte sich Jesus an einen trockenen Baum gelehnt. Und ganz allmählich hatten sich dunkle Gedanken herunter in sein Herz geschlängelt. Die Schattenseite. Er sah ihr ins Gesicht. Die Macht war verlockend. Der Triumph. Die Befriedigung aller Eitelkeit. Genugtuung. Einfluss. Aber er traf eine Entscheidung und riss sich los. Und die Schlange verschwand.

Nach der Erfahrung in der Wüste war sein Heimweh wohl noch größer als vorher, aber auch sein Mitgefühl mit den Menschen. Er sah jetzt die Wüste in ihren Herzen, diese trockene, öde Angst. Er sah, wie ihre Wünsche und heimlichen Sehnsüchte an ihnen zogen und zerrten. Er verstand sie jetzt noch besser, liebte sie noch mehr als vorher. Er konnte losgehen.

Wenn ich in den Spiegel sehe, entdecke ich nicht nur die Schlange, die ich selber bin. Ich weiß auch, dass Jesus mich ansieht. Ich reiße mich los von meinem Spiegelbild, los von meinem schlimmsten Feind. Und ich bete mit Jesus: »Du, das Band zwischen Gott und mir hältst mich. Wir sind ewig verbunden.«

Christina Brudereck

21. Dezember

Als er mit seiner Predigt fertig war, sagte er zu Simon: »Nun fahr weiter hinaus und wirf dort deine Netze aus, dann wirst du viele Fische fangen.«

(Lukas 5,1-11 [hier: 4], NL)

Fahr noch einmal raus!«, sagte Jesus zu Petrus, dem Fischer. »Wirf ein weiteres Mal die Netze aus! Ich weiß, du hast viel versucht, du bist müde, – tu es trotzdem. Tu es, weil ich es sage!«

»Fahr noch einmal raus!«, sagt Jesus zu uns, denen die nachfolgen, Menschenfischern. »Ich weiß, du hast deine Erfahrungen, du machst diesen Job schon Jahre lang. Trotzdem fordere ich dich auf: Versuch es noch einmal! Wirf die Netze aus!« Was sagt Jesus da? »Tu, was du immer getan hast – fischen! Aber nicht, weil du es gewohnt bist, sondern weil ich es sage! Tu deine Arbeit, unermüdlich, aber tu sie auf meine Verheißung hin! Zieh dich nicht zurück, frustriert, ausgepowert, desillusioniert – sondern fahr noch einmal raus!« Jesus bietet eine weitere Chance. Petrus schenkte Jesus Vertrauen. Für einen Moment vergaß er seine berufliche Erfahrung, sein über Jahre angesammeltes Know-how. Außerdem setze er sich über Kommentare seiner Kollegen hinweg und riskierte es, sich lächerlich zu machen. Beobachtet von seinen engsten Freunden tat er, was den anderen idiotisch, vielleicht übermütig vorkommen musste. Er überwand seine Müdigkeit, verscheuchte den angenehmen Gedanken an Ausruhen und machte sich erneut an die Arbeit. Petrus schenkte Jesus Vertrauen – und mehr als das: Er war gehorsam. Er ließ sich auf sein Wort ein und tat, was Jesus sagte. »Weil du es sagst, will ich es wagen!«

Immer wieder wirbt Jesus um uns Menschenfischer, die wir ihm nachfolgen, dass wir diesen Glaubensschritt tun. Dass wir auf sein Wort hin noch einmal ins Boot steigen. Noch einmal zur Mitte des Sees fahren. Erneut die Netze auswerfen. Uns zum wiederholten Mal an die Arbeit machen. Jesus will nicht, dass wir blind drauf los rudern. Er fordert uns dazu heraus, einen Glaubensschritt zu tun, seinem Wort zu vertrauen und zu gehorchen!

Christina Brudereck

»Nicht durch Gewalt und Kraft wird es geschehen, sondern durch meinen Geist«, spricht der Herr, der Allmächtige.

(Sacharja 4,6; NL)

Segeln statt rudern

Ich saß an meinem Schreibtisch und der Wind nervte mich. Ich wollte schweigen, mich konzentrieren, schreiben, suchte nach Worten, und der Wind störte mich. Er heulte um das Dach und pfiff und die Bäume rauschten und ich wurde allmählich ganz nervös. Und dann kamen auch noch Kinder aus dem Kindergarten nebenan. Dreißig Kinder mit Regenmantel und Gummistiefeln, und sie tobten durch die Blätter, und ich war am Ende sehr genervt. Da habe ich irgendwie sehr albern gebetet, etwa so: Herr, wie soll ich dich hören, wenn ich so abgelenkt werde? Ich muss mich dringend konzentrieren, das weißt du doch. Ich habe nur noch eine Stunde Zeit, um das hier weiterzudenken, kannst du nicht für Ruhe sorgen …? Und die Kinder spielten und sangen so ein typisch evangelisches Kindergartenkinderbibelwochenkinderherbstlied: »Hör doch mal den Wind. Hör doch mal den Wind …« Und es war so, als würde mir der Wind um die Ohren wehen und als würde Gott sagen: »Hallo! Das war extra für dich. Ich wollte dir nur kurz sagen: Bete nicht gegen den Wind. Leb nicht gegen den Wind. Mach es nicht aus eigener Kraft. Du bist ja so verbissen, als wäre der Wind dein Feind.« Und dann: »Du sitzt nicht in einem Ruderboot, du segelst, mein Schatz. Der Wind bestimmt, wo es lang geht.«

Da musste ich erst einmal über mich selber lachen. Und dann wurde ich ruhiger, gelassener, hörte hin. »Nicht durch Gewalt und Kraft wird es geschehen, sondern durch meinen Geist«, spricht der Herr, der Allmächtige.

Christina Brudereck

23. Dezember

Wir können nicht aufhören, von dem zu erzählen, was wir gesehen und gehört haben.
(Apostelgeschichte 4,20; NL)

Wir können es ja nicht lassen

Petrus und Johannes vor Gericht. Da sollen die Apostel erklären, was sie eigentlich an diesem neuen Glauben an Jesus so fasziniert. Sollen sagen, warum sie nicht endlich den Mund halten, warum sie ihr ganzes Leben auf den Kopf stellen. Sie sollen erklären, aus welcher Kraft sie kurz vorher einen Gelähmten geheilt haben. Und Petrus redet frei und offen, erzählt die ganze Geschichte vom Gott Israels, dem Schöpfer und Befreier, erzählt die Jesusgeschichte, von seinem Leben, seinem Tod am Kreuz, von der Auferweckung und von der Kraft des Geistes, und redet … und merkt, es ist schwer zu erklären … und sucht nach den passenden Worten und dann sagt er: »Wir können einfach nicht anders! Auch wenn ihr uns für verrückt haltet, wenn ihr uns droht, wenn ihr uns ignoriert und den Kopf schüttelt – wir können es nicht lassen, von dem zu reden, was wir gesehen und gehört haben.« So spricht ein wortgewaltiger, mutiger Prediger, denke ich. Aber würde ich von mir selber auch sagen: »Ich kann nicht anders«?

Ja, ich merke, es ist wahr: Was wir sehen und hören, bestimmt unser Leben. Wie wir die Menschen und die Dinge ansehen, bestimmt, wie wir mit ihnen und über sie reden. Was wir uns anhören, bestimmt, über welche Themen wir sprechen. Ich muss mich fragen: Was siehst du dir an? Wo hörst du hin? Woher kommen die Themen in deinem Leben? Und wer bestimmt eigentlich, was dich beschäftigt? Was machst du, wenn du gute Worte brauchst? Wohin wendest du dich, wenn du Zeichen der Liebe entdecken möchtest?

Ich entscheide mich neu: Ich möchte reden, und deshalb möchte ich auf Jesus sehen und auf Jesus hören. Er soll mich beeindrucken. Seine Botschaft soll meine werden, seine Sicht der Dinge meine Sicht prägen, seine Stimme meine Stimmung bestimmen.

Jesus, das Evangelium hat die Kraft, uns zu prägen. Ich bete: Ich will auf dich sehen und auf dich hören, und davon will ich reden. Amen.

Christina Brudereck

[...] Als sie [Maria] das Haus betrat und Elisabeth begrüßte, hüpfte Elisabeths Kind im Bauch seiner Mutter, und Elisabeth wurde vom Heiligen Geist erfüllt. Sie rief Maria laut entgegen: »Du bist von Gott gesegnet vor allen anderen Frauen und gesegnet ist auch dein Kind.«

(Lukas 1,39-45; NL)

Jesus will zur Welt kommen!

Oft habe ich die Begegnungsgeschichte von Maria und Elisabeth gelesen und mit anderen Frauen gemeinsam besprochen. Ich habe sie aus der Sicht der jungen Maria gelesen, aus der Sicht der kinderlosen Elisabeth, am allerliebsten aber aus Schwesternsicht, und dabei sind die beiden Frauen mir zu großen Vorbildern im gegenseitigen Segnen geworden. Maria und Elisabeth segnen einander. Beide sagen damit Gutes über die andere.

Jesus ist der lebendige Herr. Ich vertraue darauf, dass er immer da ist, als Heiland an meiner Seite und als Licht in dieser Welt. Gleichzeitig will er immer wieder zur Welt kommen, geboren werden in uns und in den Seelen der Menschen, die sich nach dem Retter und Friedefürsten sehnen, nach der ewigen Liebe und dem Ziel ihrer Sehnsucht.

Jesus will zur Welt kommen! Er braucht junge Frauen – wie Maria –, die sich überraschen lassen, über sich hinaus wachsen, sich wieder finden lassen in einer großen bedeutenden Geschichte, sich vollkommen hingeben.

Jesus will zur Welt kommen! Er braucht ältere Frauen – wie Elisabeth –, die sich überraschen lassen, immer noch jeden Tag mit ihm rechnen, nicht müde werden und: die junge Frauen unterstützen und segnen. Besonders in den Zeiten, wo diesen zum Kotzen zumute ist oder sie am liebsten aus allem ausbrechen würden.

Jesus will zur Welt kommen! Er braucht junge Frauen, er braucht Mütter, er braucht Tanten, Hebammen, Geburtshelferinnen. Er braucht Menschen, die ihn willkommen heißen, mit seinem Erscheinen rechnen und die am liebsten jeden Tag Weihnachten feiern würden – zu Hause und in den Häusern ihrer Nachbarinnen.

Christina Brudereck

25. Dezember

Siehe, ich verkündige euch große Freude, die allem Volk widerfahren wird; denn euch ist heute der Heiland geboren, welcher ist Christus, der Herr.

(Lukas 2,10-11; L)

Freude? Das ist nichts für mich! Ich bin krank. Meine Familie ist zerbrochen. Meine Arbeitsstelle habe ich verloren. Es gibt viele Gründe, warum wir uns nicht freuen können. Aber gerade in den Unwegsamkeiten des Lebens, erinnert uns dieser bekannte Text aus der Weihnachtsgeschichte, wo der Grund unserer Freude liegt: in Jesus Christus. Gott hat seinen Sohn als Heiland und Retter für uns geschickt. Seine Zeit auf dieser Erde war nicht gespickt mit freudigen Ereignissen, sondern geprägt von Armut, Unverständnis, Verleumdung, offener Feindschaft, schließlich dem gewaltsamen Tod. Und das alles, damit wir leben können! Damit wir Frieden und Vergebung bei Gott finden können! Wenn das kein Grund zur Freude ist!

Übrigens waren es einfache Leute, die diese Freudenbotschaft zuerst hörten. Hirten, die nicht viel galten, die am Rande der Gesellschaft lebten. Sie zogen sofort los, um zu sehen, was ihnen die Engel gesagt hatten. Sicherlich hätten sie viele Argumente gehabt, erst später oder gar nicht zu gehen: »Nicht mitten in der Nacht!« – »Wer passt auf unsere Schafe auf?« – »Das glaubt uns doch niemand, wenn wir erzählen, was wir erlebt haben.« – »Zu müde nach einem langen, harten Tag!« Doch sie zogen einfach los! Und nach dem Besuch bei Maria und Joseph erzählten sie allen davon, die sie erreichen konnten. Sie wollten diese Freude nicht für sich behalten. Freude macht beweglich! Sie dachten nicht darüber nach, ob sie dafür erst eine Ausbildung machen müssten oder einen speziellen Auftrag oder Rahmen brauchten. Nein, sie erzählten einfach weiter, was sie gehört und gesehen hatten! Diese Freude wirkt ansteckend! Lassen wir uns anstecken?

Gudrun Neumaier

26. Dezember

Du zeigst mir den Weg, der zum Leben führt. Du beschenkst mich mit Freude, denn du bist bei mir. Ich kann mein Glück nicht fassen, nie hört es auf.

(Psalm 16,11; Hfa)

Mit Freude beschenkt – wer wünscht sich das nicht?! Kommt es darauf an, möglichst positiv zu denken, ein Optimist zu sein, an das Gute zu glauben? Der Psalmist sagt hier deutlich, Freude ist für ihn ein Geschenk Gottes und besteht darin, dass Gott bei ihm ist und ihm den Weg zeigt, der zum Leben führt. »Wenn ich nur wüsste, was ich tun soll«, seufzt mancher. Haben wir denn Gott schon gefragt, was der Weg zum Leben für uns ist? Und sind wir auch bereit, diesen Weg zu gehen? »Ich kann mein Glück nicht fassen!« Ob es David damals gerade besonders gut ging, dass er zu solchen Höhenflügen ansetzte? Auf jeden Fall kannte er auch andere Zeiten, in denen er nicht wusste, wie es weitergehen sollte, wo er auf der Flucht war, wo er mit Schuld zu kämpfen hatte, wo Siege und Niederlagen zu bestehen waren. Er begrenzt Glück nicht nur auf das irdische Leben, sondern freut sich darüber, dass es nie aufhören wird, also ewig währt. Dadurch relativieren sich die gegenwärtigen Ereignisse. Wer mit der Freude beschenkt ist, dass Gott bei ihm ist, kann die täglichen schwierigen, unangenehmen oder traurigen Erlebnisse anders einordnen. Auch wenn sich äußerlich nichts verändert, trägt die Gewissheit, dass Gott bei uns ist, zur inneren Freude bei. Luther nennt diesen Psalm den »schönsten und herrlichsten aller Psalmen«. Warum wohl?

Gudrun Neumaier

»Ich sage euch: So wird auch Freude im Himmel sein über einen Sünder, der Buße tut, mehr als über neunundneunzig Gerechte, die der Buße nicht bedürfen.«

(Lukas 15,7; L)

Gott freut sich über einen Menschen, der zu ihm umkehrt. Der Einzelne zählt, nicht nur die Masse – das wird in der liebevoll erzählten Geschichte vom verlorenen Schaf deutlich. Dabei war das Schaf selber weggelaufen! Ob das Gras auf der anderen Seite des Zaunes wohl grüner aussah, ob es die Fürsorge und die damit verbundenen Regeln und Ordnungen satt hatte, ob es endlich mal etwas selber ausprobieren wollte, ohne die Zustimmung des Hirten? Was auch immer die Gründe waren, es lief weg – und saß dann fest, weit weg von jeglicher Hilfe.

Und der Hirte? Er entdeckte, dass ein Schaf fehlte und machte sich auf die Suche. Gott macht sich auf die Suche nach uns, egal warum und wohin wir uns verlaufen haben. Können wir uns das überhaupt vorstellen bei den Milliarden von Menschen, die es gibt: Gott macht sich auf die Suche nach mir, nach jedem Einzelnen?! Nicht nur die Geschichte vom weggelaufenen Schaf ist erstaunlich, sondern auch die Erklärung, dass sich im Himmel alle mitfreuen, über einen, der sich finden lässt von Gott.

Gott ist mehr als nur ein guter Hirte. Er ist unser Schöpfer. Er liebt uns, und deshalb ist es ihm nicht egal, was aus uns wird. Auch wenn wir selber weggelaufen sind, sucht er uns und möchte uns nach Hause tragen. Wir hören hier nichts von einer Strafpredigt oder Strafe, sondern das Schaf wird nach Hause getragen, weil es vielleicht zu erschöpft ist, um selber zu laufen. Freuen wir uns mit, wenn ein Weggelaufener wiedergefunden wird? Ist es uns wichtig, mitzuhelfen beim Suchen?

Gudrun Neumaier

Aber ich will mich freuen des Herrn und fröhlich sein in Gott, meinem Heil.
(*Habakuk* 3,18; *L*)

Der Prophet Habakuk hatte die schwere Aufgabe, Juda zu zeigen, dass das Abwenden vom Glauben der Väter Folgen haben würde. Die Chaldäer würden über sie herfallen, das Land zerstören und die Bewohner vertreiben. Aber niemand wollte ihm zuhören und sein Leben ändern. Eine schlimme Situation! Trotzdem resignierte der Prophet nicht, sondern beschloss: »Ich will mich freuen!« Sich freuen in so einer aussichtslosen Situation? Da hilft kein Optimismus oder eiserner Wille, sondern allein das Wissen: »Gott ist mein Heil!« Unbegreiflich, aber erfahrbar!

Freude hat etwas mit unserem Willen zu tun. Sie ist nicht von unserer Stimmung, von Menschen oder Situationen abhängig. Wir können uns entscheiden, uns zu freuen oder aufhören zu klagen. Wenn wir uns für die Freude entscheiden, geschieht etwas in uns: Wir können ruhig sein, auch wenn wir nicht alles verstehen oder der Ausgang ungewiss ist. Klingt abgehoben? Dann wären die Appelle an verschiedenen Stellen in der Bibel auch unrealistisch, wenn es heißt: »Freut euch!« (z. B. Philipper 4,4). Da geht es nicht um ein *Keep smiling*, sondern darum, dass wir Frieden und Freude in Gott und seinem Sohn Jesus Christus finden.

Interessant ist es schon, dass die Aufforderung, sich zu freuen, so oft erwähnt wird. Offensichtlich ist es nötig, daran erinnert zu werden, denn von Natur aus sind wir vielleicht ängstlich oder resignieren leicht, besonders wenn wir mit unseren eigenen Möglichkeiten am Ende sind. Gott hat uns kein problemloses Leben versprochen, aber er hat uns zugesagt, dass er mit uns ist: »Fürchte dich nicht, ich bin mit dir; weiche nicht, denn ich bin dein Gott. Ich stärke dich, ich helfe dir auch, ich halte dich durch die rechte Hand meiner Gerechtigkeit« (Jesaja 41,10). Da kommt Freude auf!

Gudrun Neumaier

29. Dezember

Jubelt dem Herrn zu, ihr Völker der Erde! Dient ihm voll Freude, kommt zu ihm mit fröhlichen Liedern.

(Psalm 100,1-2; Hfa)

Die Grundstimmung dieses Psalms ist Dankbarkeit und Freude. Ist das nicht eine Zumutung für Menschen, die wenig Grund zur Freude haben? Und dann noch fröhliche Lieder singen? »Sich freuen heißt, ausschauen nach Gelegenheiten zur Dankbarkeit«, stellt Karl Barth fest. Der Psalmdichter nennt Gründe für diese Aufforderung zum Jubeln und Singen: »Der Herr ist unser Gott! Er hat uns zu seinem Volk gemacht, ihm gehören wir! Er sorgt für uns.« (Vers 3) – »Denn der Herr ist gut zu uns, seine Gnade hört niemals auf, für alle Zeiten hält er uns die Treue.« (Vers 5)

Dankbarkeit und Freude sollen im »Gottesdienst« ganz konkret werden. Das geht über die sonntägliche Veranstaltung hinaus. Es betrifft unser ganzes Leben: Gott dienen mit unserem Zuhause, im Beruf, durch unser Tun und Lassen, in unserer Familie, mit der Gesundheit, in der Gemeinde … Wie sieht das konkret im Alltag aus? Bedeutet das 24 Stunden im Dienst zu sein? Und dann noch »voll Freude«? Ist da nicht ein »Burn-out« vorprogrammiert? Es geht hier nicht um Leistung oder einen vollen Terminkalender für Gott, sondern um die Möglichkeit, in der Gegenwart Gottes zu leben, der »gut zu uns ist«. Er möchte, dass wir ihm voll Freude dienen. Wie kann für mich Dienst voll Freude aussehen? Wem diene ich? Mir selbst, anderen oder Gott?

Gudrun Neumaier

»Doch darüber freut euch nicht, dass euch die Geister untertan sind. Freut euch aber, dass eure Namen im Himmel geschrieben sind.«

(Lukas 10,20; L)

Das Frauenfrühstück ist gut gelaufen. Es sind sogar mehr Besucherinnen gekommen als sonst. Das Programm war ansprechend, die Referentin mitreißend ... – große Freude und Erleichterung bei den Mitarbeiterinnen. Szenenwechsel: Jesus hat seinen Jüngerkreis um 72 Männer erweitert und in die Städte und Dörfer geschickt. Sie sollen predigen, heilen und seinen Dienst vorbereiten. Als sie zurückkommen, berichten sie ganz begeistert, dass ihnen sogar die bösen Geister untertan waren. Dabei war ihnen vorher bestimmt ein bisschen mulmig gewesen: »Wie sollte das gehen, ohne Geld und festes Quartier einfach loszuziehen?« Müssen sie da nicht Jesu Aussage (»Darüber freut euch nicht.«) als Dämpfer, vielleicht sogar als Rüge gesehen haben? War etwas falsch gelaufen?

Jesus erinnert sie daran, dass er ihnen Macht gegeben hatte, aber dass das nicht das Wichtigste war. Viel wichtiger war, dass ihre Namen im Himmel geschrieben, dass sie gerettet sind, dass sie die Ewigkeit mit ihm verbringen werden, und dass das offensichtlich nicht von ihrem Erfolg oder ihrer Leistung abhängt. Das ist Grund zur Freude!

Sollen wir uns also nicht freuen, über das, was gut läuft? So ist das bestimmt nicht gemeint! Aber die Perspektive muss stimmen, es muss klar sein, wer das Gelingen schenkt. Wir können es nicht machen, dass Menschen frei werden von ihren Gebundenheiten und ein neues Leben beginnen. Zum Glück! Denn: Was ist, wenn trotz intensivem Einsatz nichts oder wenig passiert? Gott erwartet von uns nicht den großen Erfolg, sondern die Bereitschaft und Treue, zu gehen und zu handeln in seinem Auftrag. Sind wir dazu bereit?

Gudrun Neumaier

31. Dezember

Die Frucht aber des Geistes ist Liebe, Freude, Friede, Geduld, Freundlichkeit, Güte, Treue, Sanftmut, Keuschheit.

(*Galater* 5,22-23a; *L*)

Freude – eine Frucht des Geistes! Früchte wachsen und reifen, sind nicht einfach über Nacht da. Und wenn man noch so sehnsüchtig den neu gepflanzten Kirschbaum anschaut, wachsen die Früchte deshalb nicht schneller. Übertragen auf die Frucht des Geistes, geht es also nicht um unsere Anstrengungen, unsere Möglichkeiten. Wie tröstlich und ermutigend!

Die Frucht des Geistes hat viele Facetten, unter anderem die Freude. Sie wird gleich nach der Liebe genannt, die in 1. Korinther 13 als die Größte bezeichnet wird. Sie wächst in Menschen, die in Christus leben. In dieser Beziehung wächst etwas heran, reift, wird sichtbar, ist für andere erfahrbar. Jesus sagt: »Wer in mir bleibt und ich in ihm, der bringt viel Frucht; denn ohne mich könnt ihr nichts tun.« (Johannes 15,5)

Manchmal fragen wir uns vielleicht, was der Sinn unseres Lebens ist, was eigentlich dabei herauskommt. Hier ist die Antwort: In Jesus bleiben! Nicht unsere Leistung oder unsere Fähigkeiten sind entscheidend, sondern allein, in ihm zu bleiben. Dann ist unser Leben nicht ergebnislos! Das nimmt uns eine Menge Druck und Erfolgszwang und lässt die Freude über die Gegenwart Gottes in unserem Leben reifen. Geben wir dem Geist Gottes Raum, damit seine Früchte in uns wachsen können!

Gudrun Neumaier

Bibelstellenregister

Bibelstelle	Datum	Autorin
1. Mose 1,31	24. Oktober	Angela Werth
1. Mose 8,22	23. Januar	Friedlinde Koberg
1. Mose 26,28a	5. Dezember	Christine Schlagner
1. Mose 33,112	28. Juli	Christine Schollmeier
1. Mose 50,20	25. Juni	Christine Schirrmacher
2. Mose 1,17.20-21	26. Juni	Christine Schirrmacher
2. Mose 3, 2-5	24. November	Christel Eggers
2. Mose 17,14	8. Dezember	Christine Schlagner
2. Mose 20,1	20. August	Marina Franz
2. Mose 20,2-3	21. August	Marina Franz
2. Mose 20,2-7	22. August	Marina Franz
2. Mose 20,8-11	23. August	Marina Franz
2. Mose 20,12-17	14. Mai	Verena Birchler
2. Mose 20,12-17	24. August	Marina Franz
2. Mose 20,14	25. August	Marina Franz
2. Mose 20, 17	26. August	Marina Franz
2. Mose 29,45-46	27. Juni	Christine Schirrmacher
2. Mose 33,14	1. Januar	Maren Hoffmann-Rothe
3. Mose 19,32	28. Februar	Beate Dangelmaier
5. Mose 8,11-14+17-18	28. Juni	Christine Schirrmacher
5. Mose 16,13-17	23. Juni	Anna-Maria Heinemann
5. Mose 28,47-48	13. Februar	Ursula Wiesemann
5. Mose 30,11-14+19	29. Juni	Christine Schirrmacher
5. Mose 32,10b-12	12. Mai	Ruth Bai-Pfeifer
Josua 1,6-9	27. November	Daniela Kurz
Josua 4,1-9	20. Juni	Anna-Maria Heinemann
Josua 4,4-7	28. November	Daniela Kurz
Josua 5,13-15	29. November	Daniela Kurz
Josua 6,1-14	30. November	Daniela Kurz
Josua 10,1-15	1. Dezember	Daniela Kurz
Josua 21,43-45	2. Dezember	Daniela Kurz
Josua 24,14-15	3. Dezember	Daniela Kurz
Richter 9,54	23. Juli	Christine Schollmeier
1. Samuel 16,7	21. Juni	Anna-Maria Heinemann
2. Samuel 13	26. Februar	Beate Dangelmaier
1. Könige 19,5	17. August	Ursula Hauer
2. Könige 5,10	3. April	Regine Parzany
2. Chronik 16,12	24. Juli	Christine Schollmeier
Nehemia 8,10	24. Februar	Marion Assmann
Ester 2,9	4. März	Alexandra Depuhl
Ester 2 ,20	5. März	Alexandra Depuhl
Ester 4,14	6. März	Alexandra Depuhl
Ester 4,16	7. März	Alexandra Depuhl
Ester 5,3	8. März	Alexandra Depuhl
Ester 6,1	9. März	Alexandra Depuhl
Ester 9,28	10. März	Alexandra Depuhl
Hiob 36,22	20. November	Christel Eggers
Psalm 4,9	6. Dezember	Christine Schlagner
Psalm 16, 5+9	8. Februar	Doro Zachmann
Psalm 16,11	26. Dezember	Gudrun Neumaier

Bibelstelle	Datum	Autorin
Psalm 19, 8-9	29. März	Elizabeth Domig
Psalm 19,15	31. März	Elizabeth Domig
Psalm 22,15-16	4. Dezember	Christine Schlagner
Psalm 23,5	9. Februar	Doro Zachmann
Psalm 31,8-9	7. Dezember	Christine Schlagner
Psalm 31,16	29. Oktober	Monika Kuschmierz
Psalm 32,8	27. Januar	Friedlinde Koberg
Psalm 37,5 8.-	14. Januar	Angelika Steeb
Psalm 40,6	6. Mai	Ruth Bai-Pfeifer
Psalm 45	18. Juni	Anna-Maria Heinemann
Psalm 50,15	19. Februar	Marion Assmann
Psalm 55,23a	25. Oktober	Angela Werth
Psalm 55, 23b	26. Oktober	Angela Werth
Psalm 56,9	19. August	Ursula Hauer
Psalm 68,13	30. August	Hannelore Illgen
Psalm 68,20	3. Juni	Astrid Eichler
Psalm 71,17-18	2. November	Monika Kuschmierz
Psalm 73,25-26	7. Juni	Astrid Eichler
Psalm 86,11	8. Okotber	Luise Korte
Psalm 90,10	8. Mai	Ruth Bai-Pfeifer
Psalm 90,12	25. Mai	Erika Best-Haseloh
Psalm 91,11	21. Februar	Marion Assmann
Psalm 91,14a	29. September	Lilo Keller
Psalm 91,14b	28. September	Lilo Keller
Psalm 91,15a	30. September	Lilo Keller
Psalm 91,15b	24. September	Lilo Keller
Psalm 91,15b	26. September	Lilo Keller
Psalm 91:16a	27. September	Lilo Keller
Psalm 91:16b	25. September	Lilo Keller
Psalm 95,8	30. Juli	Ingrid Seeck
Psalm 100,1-2	29. Dezember	Gudrun Neumaier
Psalm 103	11. Dezember	Christiane Rösel
Psalm 103,1-2	12. Dezember	Christiane Rösel
Psalm 103,3-4	10. Februar	Christiane Rösel
Psalm 103,3-5	13. Dezember	Doro Zachmann
Psalm 103, 8	14. Dezember	Christiane Rösel
Psalm 103,6–13	16. Dezember	Christiane Rösel
Psalm 103,15-17	15. Dezember	Christiane Rösel
Psalm 103,22	16. Dezember	Christiane Rösel
Psalm 119,37	9. Oktober	Luise Korte
Psalm 119,105	22. Februar	Marion Assmann
Psalm 121, 1-2	7. April	Regine Parzany
Psalm 126,1-2	10. Mai	Ruth Bai-Pfeifer
Psalm 127, 2	28. August	Hannelore Illgen
Psalm 131,2	5. Juni	Astrid Eichler
Psalm 133	3. März	Beate Dangelmaier
Psalm 139, 8-12	18. Dezember	Christina Brudereck
Psalm 139, 9-10	22. September	Kerstin Wendel
Psalm 139,23-24	23. September	Kerstin Wendel
Sprüche 3,5-6	8. April	Friedegard Holmer
Sprüche 4,23	12. August	Sibylle Stegmaier
Sprüche 11,24-25	15. März	Margit Pflüger
Sprüche 15,13	9. Juli	Antje Rein

Bibelstelle	Datum	Autorin
Sprüche 15,23	31. Oktober	Monika Kuschmierz
Sprüche 16,3	10. Juli	Antje Rein
Sprüche 16,24	25. Februar	Marion Assmann
Sprüche 29,25	4. Juli	Antje Rein
Sprüche 31,30b	31. August	Hannelore Illgen
Prediger 3,1-8	30. Oktober	Monika Kuschmierz
Prediger 3,13	29. August	Hannelore Illgen
Prediger 7,3	24. Mai	Erika Best-Haseloh
Hohelied 4,1-2.7	27. Februar	Beate Dangelmaier
Hohelied 8,6b	8. Juni	Astrid Eichler
Hoheslied 8,6b-7a	9.+10. Juni	Astrid Eichler
Jesaja 30,15	23.-29. April	Christiane Bladt
Jesaja 35,3+4	12. Juli	Antje Rein
Jesaja 40,29	13. Juli	Antje Rein
Jesaja 41,10	5. Mai	Ines Emptmeyer
Jesaja 42,3	14. Juli	Antje Rein
Jesaja 43,1-2	26. Januar	Friedlinde Koberg
Jesaja 43,25	31. Juli	Ingrid Seeck
Jesaja 50,4	28. März	Elizabeth Domig
Jesaja 54 10	15. Juli	Antje Rein
Jesaja 54,10	25. November	Christel Eggers
Jesaja 58,8	29. Februar	Beate Dangelmaier
Jesaja 58,11	26. Juli	Christine Schollmeier
Jesaja 59,21	21. Januar	Marieluise Bierbaum
Jesaja 61,1	27. Juli	Christine Schollmeier
Jesaja 66,13	4. Juni	Astrid Eichler
Jeremia 1,8	20. Februar	Marion Assmann
Jeremia 6,16	19. Mai	Verena Birchler
Jeremia 15,16	16. Januar	Marieluise Bierbaum
Jeremia 17,7	14. Juni	Christel Hausding
Hesekiel 36,26-27	1. August	Ingrid Seeck
Daniel 6,11	4. April	Regine Parzany
Hosea 7,8	25. Juli	Christine Schollmeier
Amos 3,8	12. November	Elke Werner
Amos 5,1	13. November	Elke Werner
Amos 4,12	14. November	Elke Werner
Amos 5, 23	15. November	Elke Werner
Amos 7,8	16. November	Elke Werner
Amos 8,11	7. Mai	Ruth Bai-Pfeifer
Amos 8,11-12	17. November	Elke Werner
Amos 9,11	18. November	Elke Werner
Micha 6,8	27. März	Elizabeth Domig
Habakuk 2,1	18. September	Kerstin Wendel
Habakuk 3,18	28. Dezember	Gudrun Neumaier
Zephanja 3,17	27. August	Hannelore Illgen
Sacharja 4,6	22. Dezember	Christina Brudereck
Sacharja 14, 20-21	29. Juli	Christine Schollmeier
Maleachi 3,23-24	13. August	Ursula Hauer
Matthäus 4,4	15. Januar	Marieluise Bierbaum
Matthäus 5,3	15. Oktober	Susanna Oppliger
Matthäus 5,4	16. Oktober	Susanna Oppliger
Matthäus 5,5	17. Oktober	Susanna Oppliger
Matthäus 5,6	18. Oktober	Susanna Oppliger

Bibelstelle	Datum	Autorin
Matthäus 5 7	19. Oktober	Susanna Oppliger
Matthäus 5,8	20. Oktober	Susanna Oppliger
Matthäus 5,9	21. Oktober	Susanna Oppliger
Matthäus 5,44	14. Februar	Ursula Wiesemann
Matthäus 6,5-15	6. Oktober	Ingrid Kern
Matthäus 6,12	13. Mai	Verena Birchler
Matthäus 6,14-15	12. Februar	Ursula Wiesemann
Matthäus 6,16-18	16. September	Elisabeth Vollmer
Matthäus 6,19-21	10. September	Elisabeth Vollmer
Matthäus 6, 31-32	11. September	Elisabeth Vollmer
Matthäus 6,33	23. Februar	Marion Assmann
Matthäus 6,33-34	12. September	Elisabeth Vollmer
Matthäus 7, 1+3	13. September	Elisabeth Vollmer
Matthäus 7,8+11	14. September	Elisabeth Vollmer
Matthäus 7,12	15. September	Elisabeth Vollmer
Matthäus 11,29	13.+14. April	Friedegard Holmer
Matthäus 12,11-12	21. September	Kerstin Wendel
Matthäus 13,44-46	18. April	Ruth Lieberherr
Matthäus 14,28-33	4. Oktober	Ingrid Kern
Matthäus 15,28	1. September	Hannelore Illgen
Matthäus 16,26	23. Oktober	Angela Werth
Matthäus 18,1-5	3. Oktober	Ingrid Kern
Matthäus 18,3	17. Mai	Verena Birchler
Matthäus 18,23-35	17. Dezember	Christiane Rösel
Matthäus 19,13-15	13. März	Margit Pflüger
Matthäus 21, 1-11	19. Dezember	Christina Brudereck
Matthäus 21,5.8-9a	17. März	Margit Pflüger
Mathäus 23,37	14. März	Margit Pflüger
Matthäus 25,40	1. März	Beate Dangelmaier
Matthäus 28,18-20	21. März	Marit Studer
Markus 1,35	25. März	Elizabeth Domig
Markus 2,5	6. April	Regine Parzany
Markus 2,5	26. Mai	Erika Best-Haseloh
Markus 2,13-17	1. Oktober	Ingrid Kern
Markus 4,1-20	15. April	Ruth Lieberherr
Markus 4,26-29	16. April	Ruth Lieberherr
Markus 4,30-34	17. April	Ruth Lieberherr
Markus 6,30-32	1. November	Monika Kuschmierz
Markus 9,34	6. August	Sibylle Stegmaier
Markus 10,14-15	20. März	Marit Studer
Markus 10,17-22	2. Oktober	Ingrid Kern
Markus 10,47-48	7. August	Sibylle Stegmaier
Markus 10,49	8. August	Sibylle Stegmaier
Markus 10,50	9. August	Sibylle Stegmaier
Markus 10,51	10. August	Sibylle Stegmaier
Markus 10,52	11. August	Sibylle Stegmaier
Markus 14,27-28	9. Dezember	Christine Schlagner
Lukas 1,39-45	24. Dezember	Christina Brudereck
Lukas 2,10-11	25. Dezember	Gudrun Neumaier
Lukas 2, 29-30	19. Januar	Marieluise Bierbaum
Lukas 2,36-38	10. Dezember	Christine Schlagner
Lukas 4,1-13	20. Dezember	Christina Brudereck
Lukas 5,1-11	21. Dezember	Christina Brudereck

Bibelstelle	Datum	Autorin
Lukas 5,3	18. August	Ursula Hauer
Lukas 6,19	18. Januar	Marieluise Bierbaum
Lukas 6,27-28	6. September	Sabine Vetter
Lukas 6, 38b	7. September	Sabine Vetter
Lukas 8,40–56	10. Oktober	Luise Korte
Lukas 9,57-62	5. Oktober	Ingrid Kern
Lukas 10,20	30. Dezember	Gudrun Neumaier
Lukas 10,25-37	19. April	Ruth Lieberherr
Lukas 10,26-37	15. Mai	Verena Birchler
Lukas 11,28	20. Januar	Marieluise Bierbaum
Lukas 13,10-17	2. September	Hannelore Illgen
Lukas 14,15-24	20. April	Ruth Lieberherr
Lukas 14,33	22. Oktober	Angela Werth
Lukas 15	21. April	Ruth Lieberherr
Lukas 15,6b-7	27. Dezember	Gudrun Neumaier
Lukas 18,40-41	16. August	Ursula Hauer
Lukas 19,10	18. März	Marit Studer
Lukas 22,31-34	21. November	Christel Eggers
Lukas 22,42-43	27. Oktober	Angela Werth
Lukas 22,60-62	9. April	Friedegard Holmer
Lukas 24,31-32	26. März	Elizabeth Domig
Johannes 3,16	18. Mai	Verena Birchler
Johannes 7,17	11. Juni	Christel Hausding
Johannes 8,7-9	15. August	Ursula Hauer
Johannes 8,12	6. Januar	Maren Hoffmann-Rothe
Johannes 10,27-28	5. Januar	Maren Hoffmann-Rothe
Johannes 14,12	7. Januar	Maren Hoffmann-Rothe
Johannes 15,1	2. August	Ingrid Seeck
Johannes 15,16	13. Juni	Christel Hausding
Johannes 16,33	16. Juni	Christel Hausding
Johannes 19,30	23. März	Marit Studer
Johannes 20,19-23	7. Oktober	Ingrid Kern
Johannes 20, 24	5. April	Regine Parzany
Johannes 21,3-6	10. April	Friedegard Holmer
Johannes 21,21+22	22. November	Christel Eggers
Apostelgeschichte 2,42-47	11. März	Margit Pflüger
Apostelgeschichte 4,12	3. August	Ingrid Seeck
Apostelgeschichte 4,20	23. Dezember	Christina Brudereck
Römer 5,8	16. Mai	Verena Birchler
Römer 6,8	9. September	Sabine Vetter
Römer 8,1	22. März	Marit Studer
Römer 8.14	5.-11. November	Dorothea Keucher
Römer 8,18-25	11. Oktober	Luise Korte
Römer 8,26	12. Oktober	Luise Korte
Römer 8,28	11. Februar	Doro Zachmann
Römer 8,28	20.-23. Mai	Erika Best-Haseloh
Römer 10,9-10	15. Februar	Ursula Wiesemann
Römer 11,36	28. Januar	Friedlinde Koberg
Römer 12,1-2	2. Mai	Ines Emptmeyer
Römer 13,10	19. November	Christel Eggers
1. Korinther 1,18	22. Juni	Anna-Maria Heinemann
1. Korinther 1,27-28	5. Februar	Doro Zachmann
1. Korinther 3,11	22. Januar	Friedlinde Koberg

Bibelstelle	Datum	Autorin
1. Korinther 6,12	3. Januar	Maren Hoffmann-Rothe
1. Korinther 7,7	6. Juni	Astrid Eichler
1. Korinther 11,11-12	18. Februar	Ursula Wiesemann
1. Korinther 12,4-6	2. April	Regine Parzany
1. Korinther 15,10	26. November	Christel Eggers
2. Korinther 2,14-16	17. Januar	Marieluise Bierbaum
2. Korinther 3,6	19. November	Christel Eggers
2. Korinther 4,7	11. Mai	Ruth Bai-Pfeifer
2. Korinther 5,17	17. September	Kerstin Wendel
2. Korinther 9,8	30. April	Ines Emptmeyer
2. Korinther 9,10.11	30. März	Elizabeth Domig
2. Korinther 10,5	4. Januar	Maren Hoffmann-Rothe
2. Korinther 12,9	19. März	Marit Studer
2. Korinther 12,9	4. September	Sabine Vetter
Galater 1,10b	12. April	Friedegard Holmer
Galater 5,17	29. April	Ines Emptmeyer
Galater 5,22-23a	31. Dezember	Gudrun Neumaier
Galater 6,10	3. November	Monika Kuschmierz
Epheser 1,2	2. Juli	Franziska Stocker-Schwarz
Epheser 1,2b	3. Juli	Franziska Stocker-Schwarz
Epheser 1,4	4. Juli	Franziska Stocker-Schwarz
Epheser 1, 4b-5	5. Juli	Franziska Stocker-Schwarz
Epheser 1,7+8	6. Juli	Franziska Stocker-Schwarz
Epheser 1,11-12	7. Juli	Franziska Stocker-Schwarz
Epheser 1,13-14	8. Juli	Franziska Stocker-Schwarz
Epheser 2,8-9	30. Januar	Birgit Bolay
Epheser 3,16-17	29. Januar	Birgit Bolay
Epheser 4,2-3	31. Januar	Birgit Bolay
Epheser 4,15-16	1. Februar	Birgit Bolay
Epheser 4, 23-24	2. Februar	Birgit Bolay
Epheser 4,26	3. Februar	Birgit Bolay
Epheser 4,31-32	4. Februar	Birgit Bolay
Epheser 5,1-2	12. März	Margit Pflüger
Epheser 5,15-17	4. November	Monika Kuschmierz
Epheser 6,18a	25. Januar	Friedlinde Koberg
Philipper 1,3-4	27. Mai	Brunhilde Blunck
Philipper 1,18	28. Mai	Brunhilde Blunck
Philipper 1,21	4. Mai	Ines Emptmeyer
Philipper 2,6	13. Oktober	Luise Korte
Philipper 2,17-18	29. Mai	Brunhilde Blunck
Philipper 2,29-30	30. Mai	Brunhilde Blunck
Philliper 3,1	31. Mai	Brunhilde Blunck
Philipper 3,13-14	2. Januar	Maren Hoffmann-Rothe
Philipper 4,4-5	7. Februar	Doro Zachmann
Philipper 4,4-6	1. Juni	Brunhilde Blunck
Philipper 4,10	2. Juni	Brunhilde Blunck
Kolosser 3,13	17. Juni	Christel Hausding
Kolosser 3,16	19. September	Kerstin Wendel
Kolosser 3,17a	20. September	Kerstin Wendel
Kolosser 3,23	4. August	Ingrid Seeck
1. Thessalonicher 5,18	16. Februar	Ursula Wiesemann
2. Thessalonicher 2,17	28. Oktober	Angela Werth
1. Timotheus 6,6-7	19. Juni	Anna-Maria Heinemann

Bibelstelle	Datum	Autorin
2. Timotheus 1,7	24. Januar	Friedlinde Koberg
2. Timotheus 2,13	17. Juni	Christel Hausding
Titus 2,3-4	14. August	Ursula Hauer
1. Petrus 3,15	24. Juni	Anna-Maria Heinemann
1. Petrus 5,7	6. Februar	Doro Zachmann
1. Petrus 5,7	3. September	Sabine Vetter
2. Petrus 3,13	24. März	Marit Studer
1. Johannes 1,7	1. April	Regine Parzany
1. Johannes 2,15	5. August	Ingrid Seeck
1. Johannes 3,20	14. Oktober	Luise Korte
Hebräer 2,17-18	30. Juni	Christine Schirrmacher
Hebräer 4,15-16	1. Mai	Ines Emptmeyer
Hebräer 10,22	11. April	Friedegard Holmer
Hebräer 10,35-36.11,1	3. Mai	Ines Emptmeyer
Hebräer 11,1	9. Mai	Ruth Bai-Pfeifer
Hebräer 11,1.16	1. Juli	Christine Schirrmacher
Hebräer 11, 27	23. November	Christel Eggers
Jakobus 2,15-16	16. Juli	Annekatrin Warnke
Jakobus 2,25	17. Juli	Annekatrin Warnke
Jakobus 3,1	18. Juli	Annekatrin Warnke
Jakobus 3,3	20. Juli	Annekatrin Warnke
Jakobus 3,5	19. Juli	Annekatrin Warnke
Jakobus 3,5-6	21. Juli	Annekatrin Warnke
Jakobus 4,6	22. Juli	Annekatrin Warnke
Jakobus 4,8	5. September	Sabine Vetter
Offenbarung 3,11	8. September	Sabine Vetter
Offenbarung 7,15b-17	16. März	Margit Pflüger
Offenbarung 14,6	17. Februar	Ursula Wiesemann
Offenbarung 21,4-7	2. März	Beate Dangelmaier

Anmerkung des Lektorats: Nein, es ist kein Versehen: Weil die Autorinnen jeweils etwas zu ihren Lieblingsversen schreiben sollten, kommen einige Verse doppelt vor. Die Andachten sind jedoch so verschieden, dass wir im Lektorat beschlossen haben, sie trotz der Dopplung aufzunehmen. Warum sollte man sich im Laufe eines Jahres schließlich nicht zwei Mal mit demselben Bibelwort beschäftigen? Die entsprechenden Andachten wurden zeitlich möglichst weit auseinandergerückt.

Die Autorinnen

Marion Assmann (Jahrgang 1961), arbeitet als Krankenschwester und Gesundheitstrainerin. Sie gehört zur Evangelisch-Freikirchlichen Gemeinde Heikendorf.
19. – 25. Februar

Ruth Bai-Pfeifer (Jahrgang 1954), verheiratet, leitet die Organisation Glaube und Behinderung in der Schweiz und lebt in Pfäffikon/ZH. Sie gehört zur Chrischona-Gemeinde.
6. – 12. Mai

Erika Best-Haseloh (Jahrgang 1950) ist gelernte Betriebswirtin. Sie gehört zur Evangelisch-Freikirchlichen Gemeinde (Baptisten) in Minden und ist dort in der Frauenarbeit tätig.
20.-26. Mai

Marieluise Bierbaum arbeitet als Lehrerin in Bremen und ist Mitglied im Hauptvorstand der Deutschen Evangelischen Allianz. Sie gehört zur Landeskirche.
15. – 21. Januar

Verena Birchler (Jahrgang 1955), lebt in Pfäffikon (Kanton Zürich) in der Schweiz. Sie arbeitet als Kommunikations-Designerin und gehört zur Landeskirche.
13. – 19. Mai

Christiane Bladt (Jahrgang1953), verheiratet, drei erwachsene Kinder, arbeitet in einem Büro, gehört zur Evangelisch-Freikirchlichen Gemeinde Gießen und leitet ehrenamtlich die Geschäftsstelle der *ABF (Arbeitsgemeinschaft biblische Frauenarbeit)*.
22. – 28. April

Brunhilde Blunck (Jahrgang 1935) wohnt in Essen. Sie gehört als Theologin und Verkündigerin zur Evangelischen Landeskirche.
27. Mai – 2. Juni

Birgit Bolay lebt mit Mann und 4 Kindern in Schwalbach/Taunus, arbeitet Teilzeit in einem Unternehmen der Entwicklungszusammenarbeit und gehört zum Redaktionskreis von »Unterwegs», der Zeitung der Evangelisch-Methodistischen Kirche, und *JOYCE*.
29. Januar – 4. Februar

Christina Brudereck (Jahrgang 1969) ist Theologin und arbeitet als Autorin und Sprecherin zu spirituellen Themen. Sie baut mit an einem JugendKirchenKultur Projekt, dem CVJM *e/motion* im Essener Norden.
18. – 24. Dezember

Beate Dangelmaier (Jahrgang 1970) teilt ihre Wohnung nach wie vor mit zwei Katzen. Von Beruf ist sie Industriekauffrau und Krankenschwester. Zurzeit arbeitet sie in der Pflege und ist Mitglied der Freien evangelischen Gemeinde in Böblingen.
26. Februar – 3. März

Alexandra Depuhl ist Mitbegründerin des *Christ Camp* in Krefeld und Mitglied im Hauptvorstand der Deutschen Evangelischen Allianz. Als Vortragsreisende, Seminar-

organisatorin und Mentorin ist sie viel unterwegs. Freie evangelische Gemeinde.
4. – 10. März

Elizabeth Domig wohnt in Hallein bei Salzburg und arbeitet zusammen mit ihrem Mann in der Ehe- und Familien-Beratung und -Bildung. Sie gehört zu einer Evangelisch-Freikirchlichen Gemeinde.
25. – 31. März

Christel Eggers (Jahrgang 1959), Erzieherin, Mutter von vier Kindern, seit 5 Jahren JOYCE-Redakteurin (www.joycenet.de). Mit ihrem Mann Ulrich lebt sie in Cuxhaven an der Nordsee. Beide gehören zur Lebensgemeinschaft »WegGemeinschaft«, die das Tagungszentrum »Dünenhof« in Cuxhaven-Berensch (www.duenenhof.org) betreibt. Ihre Leidenschaft gehört seit 18 Jahren der Frauenarbeit. Zur Erholung besucht sie gerne Kunstausstellungen und genießt Wolken, Wind und Weite bei Strandspaziergängen.
19. – 26. November

Astrid Eichler (Jahrgang 1958) ist Pfarrerin der Evangelischen Landeskirche und arbeitet als Gefängnisseelsorgerin in Berlin.
3. – 10. Juni

Ines Emptmeyer (Jahrgang 1977) ist Camp-Koordinatorin im *Christ Camp* in Krefeld, Mitglied im Mülheimer Verband und im Vorstand von SPRING e.V.
29. April – 5. Mai

Marina Franz (Jahrgang 1961) baute mit ihrem Mann die Arbeit von *Horizonte weltweit e.V.* in Uhrsleben/Sachsen-Anhalt auf. Seit 1999 ist sie selbständige Farb- und Stilberaterin. Außerdem ist sie ehrenamtlich in der Frauenarbeit tätig.
20. – 26. August

Ursula Hauer (Jahrgang 1962) wohnt mit ihrer Familie in Stuttgart. Sie arbeitet als freie Journalistin und liebt die Vielfalt in den kirchlichen Gemeinden.
13. – 19. August

Christel Hausding, Dr. (Jahrgang 1949) lebt in Langenau bei Ulm, Referentin u.a. bei Frühstückstreffen und Autorin. Sie ist Mitglied der Württembergischen Evangelischen Landessynode und der EKD-Synode.
11. - 17. Juni

Anna-Maria Heinemann (Jahrgang 1984) studiert Germanistik und Geschichte in Hannover und ist Mitglied des Redaktionsteams von *JOYCE*.
18. – 24. Juni

Maren Hoffmann-Rothe (Jahrgang 1975) lebt in Wetzlar und arbeitet als Moderatorin und Redakteurin. Sie gehört der Gemeinde *Haus Gottes* in Gießen-Linden an.
1. – 7. Januar

Friedegard Holmer (Jahrgang 1956) wohnt in Bad Blankenburg, ist Hausfrau und gehört dort zur Ev. Kirchgemeinde und zur Landeskirchlichen Gemeinschaft.
8. – 14. April

Hannelore Illgen (Jahrgang 1948) ist Grundschullehrerin, 1. Vorsitzende der Frauenorganisation *FILIA* und Mitglied der Christengemeinde Elim Hannover, die zum Bund Freikirchlicher Pfingstgemeinden gehört.
27. August – 2. September

Lilo Keller leitet gemeinsam mit ihrem Mann Geri die Dienst- und Lebensgemeinschaft *Stiftung Schleife* in Winterthur (Schweiz). Mit der von ihr geleiteten Reithalle-Band hat sie viele bekannte Lobpreis-CDs produziert.
24. – 30. September

Ingrid Kern lebt in Berlin. Sie arbeitet mit in der *Womens' Commission,* der weltweiten evangelischen Allianz (WEF) und gehört zu einer Evangelisch-Freikirchlichen Gemeinde.
1. – 7. Oktober

Dorothea Keucher (Jahrgang 1943), ist diplomierte Religions-Pädagogin i. R. und gehört zur Lutherkirchgemeinde Chemnitz. Sie arbeitet mit in der Geistlichen Gemeinde-Erneuerung in der EKD.
5. – 11. November

Friedlinde Koberg (Jahrgang 1965) betreibt gemeinsam mit ihrem Mann einige Ferienwohnungen. Außerdem arbeitet sie als Krankenschwester in einem Pflegeheim. Geistlich ist sie in der Landeskirchlichen Gemeinschaft in Süderbrarup zu Hause.
22. - 28. Januar

Luise Korte (Jahrgang 1949) lebt mit ihrer Familie in Georgsmarienhütte. Sie ist Mitglied der Evangelisch-Freikirchlichen Gemeinde (Baptisten) in Osnabrück.
8. – 14. Oktober

Daniela Kurz (Jahrgang 1967) ist Referentin für Frauen und Senioren im Bund Freier evangelischer Gemeinden. Sie lebt in Wetter/Ruhr.
27. November – 3. Dezember

Monika Kuschmierz (Jahrgang 1963) hat Theologie studiert und ist als Autorin, Referentin, freie Mitarbeiterin beim Bibellesebund sowie als Gastdozentin an der Bibelschule Wiedenest tätig. Sie gehört zu einer Freien evangelischen Gemeinde.
29. Oktober – 4. November

Ruth Lieberherr (Jahrgang 1955), wohnt in Innsbruck und arbeitet in verschiedenen übergemeindlichen Werken in Österreich mit. Ihre Gemeinde ist die Evangelikale Freikirche Innsbruck.
15. – 21. April

Gudrun Neumaier (Jahrgang 1946) hat 20 Jahre mit ihrem Mann in Mikronesien gearbeitet. Jetzt wohnt sie im Nordschwarzwald und ist, neben ihrem Beruf als Redakteurin, als Referentin bei Frauenfrühstückstreffen, Seminaren etc. unterwegs. Ihre geistliche Heimat sind die Landeskirche und die Landeskirchliche Gemeinschaft.
25. – 31. Dezember

Susanna Oppliger (Jahrgang 1951) lebt in Pfäffikon in der Schweiz. Sie ist Mitglied im Leitungsteam *Sunnebad*, Haus der Stille, in Sternenberg und arbeitet dort als Kursleiterin und geistliche Begleiterin. Sie gehört zur *Chrischona*-Gemeinde.
15. – 21. Oktober

Regine Parzany (Jahrgang 1940) ist Hausfrau und lebt in Kassel. Gemeindlich ist sie in der Landeskirchlichen Gemeinschaft zu Hause.
1.– 7. April

Margit Pflüger (Jahrgang 1961) ist Erzieherin in der deutschen Fernschule und Autorin zweier Kinderbücher. Sie ist Mitglied der *Jesus-Gemeinschaft*, ihre Gemeinde ist der Christus-Treff in Marburg.
11. – 17. März

Antje Rein (Jahrgang 1967) arbeitet teilzeitlich in der Evangelischen Kirche als Gemeindepädagogin und nebenberuflich als Seelsorgerliche Lebensberaterin. Sie wohnt in Oebisfelde/Sachsen-Anhalt und gehört mit ihrem Mann zur überkonfessionellen *Brückengemeinschaft Oebisfelde*.
9. - 15. Juli

Christiane Rösel (Jahrgang 1963) lebt in Lahntal (bei Marburg). Sie ist Gemeindepädagogin und freiberufliche Referentin und gehört der Freien evangelischen Gemeinde in Marburg an.
11.-17. Dezember

Christine Schirrmacher, Dr. (Jahrgang 1962) wohnt in Bonn. Die Islamwissenschaftlerin ist wissenschaftliche Leiterin des *Instituts für Islamfragen* der Deutschen Evangelischen Allianz. Sie gehört zur *Kirche am Rhein*.
25. Juni – 1. Juli

Christine Schlagner (Jahrgang 1963) wohnt in Neuenrade(Sauerland), arbeitet im Sozialdienst eines Altenheims und ist Mitglied der Freikirchlichen Gemeinde Neuenrade.
4. – 10. Dezember

Christine Schollmeier lebt mit ihrem Mann in Hamburg St. Pauli. Sie sind für die Heilsarmeegemeinden in Norddeutschland verantwortlich.
23. – 29. Juli

Ingrid Seeck (Jahrgang 1952) ist Referentin bei Frauenfrühstückstreffen und anderen Veranstaltungen. Sie lebt mit ihrer Familie in Bretten und gehört dort zur Evangelisch-Freikirchlichen Gemeinde (Baptisten).
30. Juli – 5. August

Angelika Steeb ist Hausfrau und Mutter und lebt mit ihrer Familie in Stuttgart. Sie gehört zur Evangelischen Landeskirche.
8. – 14. Januar

Sibylle Stegmaier lebt mit ihrer Familie in Kronau bei Bruchsal und arbeitete teilzeitlich als Krankenschwester.
6. – 12. August

Franziska Stocker-Schwarz (Jahrgang 1962), Mutter von drei Kindern, hat gemeinsam mit ihrem Mann eine Pfarrstelle in der Ludwig-Hofacker-Gemeinde Stuttgart inne.
2. – 8. Juli

Marit Studer-Andestad (Jahrgang 1951) wohnt im schweizerischen Wettingen. Sie arbeitet als Katechetin und gehört zur Evangelisch-methodistischen Kirche Badens.
18. – 24. März

Sabine Vetter lebt mit ihrer Familie in Mülheim/Ruhr und arbeitet als Familienfrau und Autorin. Sie gehört zum Mülheimer Verband Evangelisch-Freikirchlicher Gemeinden.
3. – 9. September

Elisabeth Vollmer (Jahrgang 1970) wohnt in Merzhausen bei Freiburg und ist als Integrationshilfe für ein behindertes Kind in einem Regelkindergarten tätig. Sie gehört zur katholischen Kirche und ist Mitglied der katholischen Gemeinschaft *Neuland – Gemeinschaft im Gemeindeaufbau*.
10. – 16. September

Annekatrin Warnke ist Familienfrau, Referentin, Autorin mehrerer Bücher und lebt in Quickborn bei Hamburg, wo sie auch zu einer FeG gehört.
16. – 22. Juli

Kerstin Wendel (Jahrgang 1965) arbeitet in Marburg als Autorin und Referentin. Sie gehört zur Evangelisch-Freikirchlichen Gemeinde Marburg.
17. – 23. September

Elke Werner (Jahrgang 1956) wohnt in Marburg. Sie ist als Referentin und Autorin tätig und gehört mit ihrem Mann Roland zum Christus-Treff Marburg.
12. – 18. November

Angela Werth (Jahrgang 1951), wohnt in Wetzlar, ist verheiratet, hat drei Kinder, gehört zur Rheinischen Landeskirche. Sie ist tätig als Seelsorgerliche Lebensberaterin beim Weißen Kreuz in der Beratungsstelle Wetzlar, Vorsitzende beim CVJM-Wetzlar, engagiert in der Frauenfrühstücksarbeit und beim Eine-Welt-Laden Wetzlar.
22. – 28. Oktober

Ursula Wiesemann, Prof. Dr., ist Linguistin im Dienst der Wycliff-Bibelübersetzer, wohnt in Dietzhölztal bei Gießen, wenn sie nicht gerade bei den Kaingang-Indianern in Südamerika unterwegs ist, und gehört zu einer Freien evangelischen Gemeinde.
12. – 18. Februar

Doro Zachmann (Jahrgang 1967) ist Sozialpädagogin und arbeitet seit 1999 als freie Autorin. Zusammen mit ihrer Familie lebt sie in Pfinztal und engagiert sich in der Freien evangelischen Gemeinde Karlsruhe.
5. – 11. Februar

JOYCE